U0504328

"一带一路"与海外华人研究

主　编　林晓峰　方勇
副主编　曾少聪　肖庆伟　王建红

中国社会科学出版社

图书在版编目（CIP）数据

"一带一路"与海外华人研究/林晓峰，方勇主编．—北京：中国社会
科学出版社，2018.10
ISBN 978 - 7 - 5203 - 3450 - 1

Ⅰ.①一⋯　Ⅱ.①林⋯②方⋯　Ⅲ.①"一带一路"—国际合作—
关系—华人经济—文集　Ⅳ.①F125 - 53②F063.6 - 53

中国版本图书馆 CIP 数据核字（2018）第 247881 号

出 版 人	赵剑英	
责任编辑	孙铁楠	
责任校对	林福国	
责任印制	张雪娇	

出　　版	中国社会科学出版社	
社　　址	北京鼓楼西大街甲 158 号	
邮　　编	100720	
网　　址	http://www.csspw.cn	
发 行 部	010 - 84083685	
门 市 部	010 - 84029450	
经　　销	新华书店及其他书店	

印　　刷	北京君升印刷有限公司	
装　　订	廊坊市广阳区广增装订厂	
版　　次	2018 年 10 月第 1 版	
印　　次	2018 年 10 月第 1 次印刷	

开　　本	710 × 1000　1/16	
印　　张	23	
插　　页	2	
字　　数	341 千字	
定　　价	98.00 元	

凡购买中国社会科学出版社图书，如有质量问题请与本社营销中心联系调换
电话：010 - 84083683
版权所有　侵权必究

前　　言

2013 年 9 月 8 日，国家主席习近平在访问哈萨克斯坦时发表题为《弘扬人民友谊，共创美好未来》的重要演讲，提出共同构建"丝绸之路经济带"；同年 10 月 3 日，习近平主席在印尼国会发表题为《携手建设中国—东盟命运共同体》演讲时提出共同建设 21 世纪"海上丝绸之路"。"一带一路"倡议已经成为我国重要的发展战略，得到越来越多国家和国际组织的认同和参与，在共建人类命运共同体中的作用日益凸显。

"一带一路"建设需要动员各种积极力量，而人数众多和经济实力雄厚的华侨华人是其中不可忽视的重要力量之一。他们可以在政治、经济和文化等层面发挥重要的作用。政治上，他们可以真实宣传中国的国家形象，推动中国与居住国良性互动，传达"一带一路"建设的内涵。经济上，他们不仅是推动"一带一路"沿线各国现代化进程的重要助力，还能为中国经济发展，助推中国企业"走出去"和实现国际化发挥重要的作用。文化上，他们是传播中华文化的重要力量，也是介绍"一带一路"沿线国家的优秀文化到中国的重要渠道。同时，通过他们，可以搭建人文交流网络，倡导文化共同体的建设。因此，海外华人在"一带一路"建设中将发挥独特的和不可替代的作用。不过，我们也应理性地看待他们所发挥的作用，既不要高估他们的力量，但也不要忽视他们的作用。

漳州月港是海上丝绸之路的一个重要港口，漳州在中国海外贸易和海洋移民史上占有重要的地位。明朝海禁，民间海外贸易被迫转型为走私性质的私商贸易，泉州港作为宋元两朝官方大港，受到严格管控压制，私商贸易逐渐集中到月港。隆庆元年（1567），明朝廷迫于内外压力，解除海禁开放月港，"准贩东西洋"。有关东西洋的分界，张燮在《东西洋考》中说得十分清楚。"文莱，即婆罗国，东洋尽处，西洋所自起也。"① 这里指称的东洋与西洋则分别对应东洋针路与西洋针路所经诸国了。② 关于东西洋的范围，向达指出："明代以交址、柬埔寨、暹罗以西今马来半岛、苏门答腊、爪哇、小巽他群岛，以至于印度、波斯、阿拉伯为西洋，今日本、菲律宾、加里曼丹、摩鹿加群岛为东洋"③。而从墨西哥阿卡普鲁科到菲律宾马尼拉的太平洋航路（1565—1815年）④，经马尼拉使得月港与太平洋航路连接起来，从而形成了联系东西方的海上丝绸之路。漳州的海外贸易带动了大批的海洋移民，使得漳州成为我国著名的侨乡和港澳台同胞的祖籍地之一，漳州的华侨华人主要集中在东南亚，并遍布世界各地。

鉴于漳州在中国海外贸易与海洋移民的重要地位，中国社会科学院国际移民与海外华人研究中心与闽南师范大学，于2016年5月20—23日在福建省漳州市华侨饭店联合召开"'一带一路'与海外华人国际学术研讨会"，本书是这次学术研讨会的论文集。

论文集分为三部分。第一部分是华侨华人与"一带一路"建设，主要探讨"一带一路"倡议与中华民族的伟大复兴，华侨华人在"一带一路"建设中的地位和作用等问题。第二部分为海外华人社会研究，探讨海外华人的民间信仰、社会组织、文化杂糅，以及少数民族的华侨华人等问题。第三部分为侨乡和侨务工作研究，主要探讨侨乡的经济、社会和文化与海外华人的关系，我国海洋观的演变、维护海洋权益等问题。需要强调的是，把论文归为三部分以及对文章的编

---

① 张燮：《东西洋考》卷五《东洋列国考·文莱》，中华书局1981年标点本，第102页。

② 曹永和：《台湾早期历史研究》，联经出版事业公司1981年版，第115—116页。

③ 向达校注：《两种海道针经·序言》，中华书局1961年标点本，第7页。

④ William Lytle Schurz, *The Manila Galleon*, Quezon：R. P. Garcia Publishing Co. Inc., p. 21.

排，只是出于编者的考虑，实际上每位作者的论文还各有自己不同的学术脉络和内在关怀。

　　总之，本论文集是不同学者在"'一带一路'与海外华人"这一主题下的研究成果，从各篇论文中我们可以看出他们共同的学术兴趣，同时也可以由此探思出这一主题下许多可以再加努力的方向。

编者

2016 年 8 月 12 日

目　录

侨乡和侨务工作研究

华侨华人与"一带一路"建设

"一带一路"倡议与中华民族的复兴

何星亮*

摘　要：本文认为，"一带一路"倡议对复兴中华民族具有重要的战略意义。它是中国人提出的合作共赢、共同富裕的国际性现代化战略，是近代以来中国人提出的第一个"走出去"的发展战略，是促进国内东西部平衡发展的战略，是海防和塞防并重的战略体系，是古代丝绸之路的超越版和升级版。"一带一路"倡议是我国前所未有的战略创新，是一项举世瞩目的系统工程。中国将通过"一带一路"建设，为沿线国家实现现代化作出应有的贡献，为世界发展中国家的平衡发展、共同富裕和社会稳定担负起更大的国际责任。

关键词："一带一路"　中华民族　合作共赢　共同富裕

根据国家统计局资料，从 2010 年起，中国的经济总量位居世界第二。国际货币基金组织根据购买力平价法测算，2014 年中国的国内生产总值为 17.6 万亿美元，超过美国的 17.4 万亿美元，位居世界第一。[①] 不管根据什么方式测算，中国还只是个经济意义上的世界大国。美国学者谢淑丽（Shirk）把中国称为"脆弱的超级大国"[②]。

复兴中华民族，仅靠经济力量是不可能的。英国学者布尔

---

* 何星亮，中国社会科学院学部委员，中国社会科学院民族学与人类学研究所研究员。

① http://news.china.com.cn/txt/2015-03/04/content_34951537.htm.

② ［美］谢淑丽：《脆弱的强权：中国崛起背后》，温洽溢译，台北远流出版公司 2008 年版。转引杜德斌、马亚华《"一带一路"：中华民族复兴的地缘大战略》，《地理研究》2015 年第 6 期。

（Bull）认为世界大国必须具备三要素：经济实力、军事实力和国际影响力。① 只有在经济上、政治上、军事上和文化上都对世界各国具有举足轻重的影响力，才能成为真正意义上的世界强国。由经济大国向政治大国、军事大国、文化大国发展还需要几十年甚至上百年的时间。

实现中华民族的伟大复兴，必须有相应的战略构想。2013 年 9月，中共中央总书记、国家主席习近平在访问中亚四国时提出建设"新丝绸之路经济带"的构想；同年 10 月，在访问印度尼西亚时，又提出建设"21 世纪海上丝绸之路"的构想。"一带一路"倡议融通古今、连接中外，是前所未有的战略创新，为实现中国梦、复兴中华民族、建设世界强国提供了战略思维和理论基础，同时也为世界发展中国家的平衡发展、共同富裕和社会稳定担负起更大的国际责任提供了思想基础。

一 "一带一路"倡议是中国人提出的合作共赢、共同富裕的国际性的现代化战略

为什么说，"一带一路"倡议是中国人提出的合作共赢、共同富裕的国际性发展战略？

近代以来，中国人为实现现代化，赶上世界发达国家，政界和学界主要考虑国内的现代化，没有考虑世界各国的现代化问题。因此，有关的理论都是关于国内的现代化理论，如"中体西用"论和"全盘西化"论等。

"中体西用"是中国第一个近代化或现代化理论。"中体"是指以儒家为中心的主流思想体系；"西学"是指西方近代以来的先进科学技术。这一思想的雏形最早是由冯桂芬在 1861 年（咸丰十一年）

---

① ［英］赫德利·布尔：《无政府社会：世界政治秩序研究》，张小明译，世界知识出版社 2003 年版。

提出来的。① 1898 年，张之洞综合了 30 多年来的有关观点，② 在《劝学篇》一书中较系统阐述了"中学为体，西学为用"的思想。他强调"中学为内学，西学为外学；中学治身心，西学应世事"；"西学"为"中体"服务。"中体西用"思想对中国的近代化建设影响极大。首先，"中体西用"思想起到了解放思想的作用，打破了中学一统天下局面，冲破了保守主义的樊篱；其次，使中国人学习西方先进科技合法化，为洋务运动的兴起提供了思想基础；最后，为中华民族的整合提供了共同的意识和共同的思想。

　　"全盘西化论"主要代表人物是胡适和陈序经等。1929 年，胡适发表《中国今日的文化冲突》，最早提出"全盘西化"这个概念；③陈序经于 1934 年发表《中国文化的出路》一书，较全面地论述了"全盘西化"思想，他认为文化是不可分的整体，是一种系统，要学习西方，便要全盘照搬。因此，他的理论被称为"全盘西化论"。胡适于 1935 年发表的《充分世界化与全盘西化》表示"完全赞同陈序经先生的全盘西化论"，并指出"全盘西化"一词招致诸多争论，不妨改作"充分世界化"。④

　　上述两种理论着眼点和立足点仅限于国内，没有从周边国家和世界的角度考虑中国的现代化建设。当代世界是开放的世界，是全球化、信息化的时代，各国的之间的关系是"你中有我、我中有你"的命运共同体。任何国家的现代化都与内外环境密不可分，只考虑内部因素而不考虑外部因素是不可能完全实现现代化的。"一带一路"倡议正是从全球的角度、开放的角度、为"一带一路"沿线发展中

① 冯桂芬在 1861 年（咸丰十一年）编印的《校邠庐抗议》（政论集）一书中说："以中国之伦常名教为原本，辅以诸国富强之术"，最早提出了"中体西用"的思想。

② 南溪赘叟于 1895 年（光绪二十一年）4 月发表《救时策》（载《万国公报》）一文，对"中学为体，西学为用"的概念作了较为明确的表述。礼部尚书孙家鼐于 1896 年《议复开办京师大学堂折》中再次提出，"自应以中学为主，西学为辅；中学为体，西学为用"。

③ 见英文版 1929 年《中国基督教年鉴》。胡适在该文中提出"中国必须充分接受现代文明，特别是科学、技术与民主"的主张。转引罗荣渠主编《从"西化"到现代化——五四以来有关中国的文化趋向和发展道路论争文选》中册，黄山书社 2008 年版，第 376 页。

④ 胡适：《充分世界化与全盘西化》，载欧阳哲生编《胡适文集》第 5 册，北京大学出版社 1998 年版，第 453—455 页。

国家共同实现现代化而提来的。

"一带一路"倡议建立在互利平等的基础上，主张"共商、共建、共享"的原则，强调开放包容、多边共赢和均衡发展理念；主张沿线各国不同文明之间进行对话，不干涉他国内政，尊重各国发展道路的选择；强调求同存异、和平共处、兼容并蓄、共生共荣。主张沿线各国之间政策沟通、设施联通、贸易畅通、资金融通、民心相通，共同打造政治上互信、经济上融合、文化上包容的命运共同体、利益共同体和责任共同体。

所以，"一带一路"倡议，不仅是使中国走向现代化的战略，同时也是使"一带一路"沿线国家改变贫困面貌、消除恐怖主义和极端主义、摆脱战乱不息的状况、走向现代化的战略，是中国人提出第一个合作共赢、共同富裕、共享发展的国际性的现代化战略。

二 "一带一路"倡议是近代以来中国人提出的第一个"走出去"的发展战略

为什么说"一带一路"倡议是近代以来中国人提出的第一个"走出去"的发展战略？

首先，中国历史上的主流文化是内向型、保守型的文化，与西方的外向型、进取型文化完全不同，没有形成对外发展的战略。

不少学者都认为，中国文化属于内向型文化，西方文化属于外向型文化。[①] 古代中国人十分爱好和平，不喜欢战争，以防守为主，主张后发制人。主要通过内部控制来维护国内的稳定与安全，不太重视外部环境对自身安全的影响。西方文化则不同，注重外部环境影响本国的安全，强调通过对外扩张来保障自身的安全。把战争视为国家的常事，喜欢在不断向外扩张中巩固和发展自己。强调先发制人和主动攻击，喜欢把对手消灭在崛起过程之中。辜鸿铭曾说："西洋人贪得无厌

---

① 何星亮：《中西文化的差异性与互补性》，《思想战线》2011 年第 1 期。

不知足，而东洋人则是知足者常乐。"① 陈独秀也说："西洋民族以战争为本位，东洋民族以安息为本位。"② 日本著名学者村山节在《东西方文明沉思录》一书中也认为，西方文明（以美国为代表）是男性文明，具有较强逻辑性和占有欲，呈现一种攻击性的男性性格和不断扩张的特点。以中国为代表的东方文明则不同，具有较强的保守性和综合性，呈现出一种非攻击性、温和的女性性格与宽容的特点。③

从中国历史上的治边政策来看，也主要采用防御性策略。对边疆地区的部落、部族首领多采用册封制度、羁縻制度和土司制度等政策，主要目的是稳定边疆，保护京城和内地的安全。对某些反叛的部族或地方性政治的军事打击或征讨，也是为了边疆的安定和内地的安全。总的来说，中国历代大多数王朝在保守、内向的文化心理影响下，对周边地区采取的是安全防御政策，不是对外发展的战略。

其次，近代以来，中国现代化建设属于回应型模式。

世界各国的现代化模式一般分为三种：第一种是内生型。它主要通过内部变革和创新引起社会和文化现代化，如欧洲英法等发达国家的近代化或现代化均属于内生型现代化模式。第二种是属于回应型，即许多国家内部创新机制，没有活力，无力从内部产生强大的动力，以促使社会和文化转型。在发达国家的社会和文化的冲击下，社会和文化逐步走上现代化进程，如中国、日本等国均属回应型。第三种是同化型，即非洲和拉丁美洲等被殖民统治的国家，被迫采用殖民统治者国家的社会制度，以代替原有的传统的制度。

中国在从传统向现代转型的过程中，一直处于被动应对的状态。美国著名中国问题专家费正清（John King Fairbank，1907—1991）在《美国与中国》和与邓嗣禹合著的《中国对西方的反应》一书中认为，中国传统的儒家学说长期以来占据了意识形态上的正统地位，从而使中国社会保持极大的稳定性。即使有发展，也不过是内部稍作调

---

① 何星亮：《中西文化的差异性与互补性》，《思想战线》2011 年第 1 期。
② 陈独秀：《东西民族根本思想之差异》，《新青年》1915 年第 1 卷第 4 号。
③ 参见［日］村山节、［日］浅井隆《东西方文明沉思录》，平文智等译，中国国际广播出版社 2000 年版。

整。中国传统社会缺乏自身发展的内在动力，只有经过西方的冲击，才有可能摆脱困境，获得发展。他在论述中国的近代化或现代化过程时，用"冲击—回应—再冲击—再回应"理论来说明中国社会和中国文化走向近代化的历程。即中国在西方文明的冲击下引起对挑战的种种反应（积极的或消极的）。19世纪中叶以后，在先进的西方文明刺激之下，传统、落后的中国文明不得不逐渐做出反应，从而使内外发生变化，逐步走向现代化。①

由于以上两种原因，近代以来，我国并没有形成对外发展战略。"一带一路"倡议是新时期一套系统的涉外战略构想，是中国与沿线国家经济和文化深度互动的新型合作模式，积极主动地与丝绸之路上的沿线各国共建共享，积极主动地在陆上与海上同时进行"丝路"建设，形成海陆统筹、"一体两翼"、面向全球、东西互济的对外发展格局。陆上"丝绸之路"的建设包括两个方面，一是"新丝绸之路经济带"建设，包括古代丝绸之路的沿线国家；二是"经济走廊"建设，包括"中巴经济走廊""中蒙俄经济走廊"和"孟中印缅经济走廊"等。"新丝绸之路经济带"与"经济走廊"相结合成为陆上丝绸之路的基本战略布局。海上丝绸之路战略从沿海重要港口出发连通欧亚非三个大陆。"一带一路"倡议是中国"走出去"的发展之路，顺应了欧亚大陆经济互动和文化交流的需求。

三　"一带一路"倡议是海防和塞防并重的战略体系

众所周知，清代同治、光绪年间有"海防"和"塞防"之争。鸦片战争后，我国边疆危机迭生，尤以东南海疆和西北边塞为甚。何者为先，大臣们意见不一，形成三种不同的意见，一是"海防"为先，以李鸿章为代表；二是以"塞防"为先，以湖南巡抚王文昭为

---

① ［美］费正清：《美国与中国》，张理京译，世界知识出版社2008年版；仇华飞：《从"冲击—回应"到"中国中心观"看美国汉学研究模式的嬗变》，《上海师范大学学报》（哲学社会科学版）2000年第1期。

代表；三是"海塞并重"，以左宗棠为代表。左宗棠科学地分析了当时的国内外局势，忧虑"扶起东边倒却西边"。他强烈反对李鸿章提出的关于以牺牲"塞防"来保全"海防"的主张。他从全局的角度，把西北防御看作是一个完整的体系，认为新疆是中国的西北屏障和国防要冲。重新疆是为了保蒙古，保蒙古是为了卫京师。光绪元年（1875），清廷采纳左宗棠提出的"东则海防，西则塞防，二者并重"的主张，一方面派左宗棠督办新疆军务，积极准备平定新疆；另一方面派李鸿章督办北洋海防、沈葆桢督办南洋海防事宜。

　　"一带一路"倡议吸取了历史上"海防"与"塞防"并重的理论精华，两者同为中国国家安全的重心，也是一对战略平衡关系。中国是一个陆海复合国家，历史上塞（陆）防的重心在西部和北部，分裂势力十分活跃，游牧民族和农耕民族之间的冲突频繁，严重影响我国的统一和稳定。古代的塞防主要是防范分裂势力和游牧民族对农耕民族的侵扰。清末至20世纪初，塞防主要对象是沙皇俄国，我国西部和北部大片领土被沙俄占领。而现在塞防的主要对象是民族分裂势力、恐怖主义和极端主义及其组织。海上的重心在东南，历史上东南沿海是中国的大后方，至19世纪初，东南沿海没有外来威胁。19世纪中叶至20世纪上半叶，海防的主要对象是英国和日本，而现在主要是美国和日本。海防和塞防相辅相成，相得益彰。海上一旦有冲突，陆地边疆也不会平静。塞防一旦有事，海上邻国也会趁火打劫。塞防越稳固则海防越安全。海防应着眼维护国家主权，塞防应着眼于打下长治久安的基础。海防和塞防仅靠硬实力不能达到目的，必须硬实力与软实力相结合。

　　美国重返亚太，提出亚太再平衡战略，目的是遏制中国。从历史上看，大国的崛起之路是艰难曲折的，某些大国总是恐惧于新兴的大国，千方百计把新兴大国扼杀在崛起过程之中。中国要化解反华势力的围堵，必须采用"海防"和"陆防"并重的策略。海上丝绸之路可以化解反华势力从海上围堵中国的阴谋，建立强大的海防力量，维护东海和南海的主权和利益；陆上丝绸之路通过向西发展，建设横跨亚欧的新丝绸之路经济带，保证资源的运输畅通；与中亚、西亚和南亚诸国共同打击恐怖组织、极端组织和民族分裂势力，消除恐怖主义、极端主义和分裂主义生存的土壤。

四 "一带一路"倡议是加快国内东西部平衡发展、缩小差距的战略

改革开放以来，东西部发展严重失衡，差距不断扩大。自 2000 年开始实施西部大开发战略，成效显著，但东西部发展差距过大仍未能得到根本解决。以往的基本思路是"对口支援""内部帮扶"，让东部和中部先富起来的省份加大对西部支持，这种支援或帮扶是被动的，很难达到目的。

通过"一带一路"建设，可以进一步促进东西部平衡发展。首先，通过拓宽西部对外通道，促进西部地区进一步向西开放。对外通道与区域发展有密切的关系，两者互为表里、相辅相成。对外通道发达的地区，经济和文化的发展也较快。改革开放以来，东南沿海地区之所以能够迅速发展并成为我国经济的重心，与得天独厚的海洋运输通道有密切的关系。这些地区面向大海，开放程度大，接受新鲜事物多，思想解放较早，引进国外和我国港台资金、技术也较多。缩小东西部差距，加快发展西部地区，除了发达地区大力支持西部地区外，还必须加大力度拓宽西部地区的对外通道。"一带一路"倡议一个重要目标是拓宽西部地区的对外通道。大力建设和拓宽西部到中亚、西南亚、中东和欧洲的通道，促使西部进一步向外"再开放"，达到"以外促内"效果，借鉴欧亚发达国家的先进理念、技术和管理经营方式，以增强西部地区的发展内力。

其次，近年来，东部和沿海发达地区的企业受到多方面的限制，产能过剩，发展速度缓慢或停滞不前。东西部地区互补性很强，东部地区地少人多，资源贫乏，西部地区则相反，人少地广，资源丰富。长期以来，东部和沿海发达地区过分依赖海洋通道。只依赖海洋通道，难以实现可持续发展，只有海陆通道并举，东部和沿海发达地区才有可能进一步发展。通过"一带一路"建设，可以促进东部和沿

海发达地区积极主动地向西部再开发，也就是通过升级版的西部大开
发，倒逼中国国内改革红利的出现，一方面可以把过剩的产能用于西
部的开发；另一方面将现代的管理理念和技术带到西部地区，推动东
西部区域经济的平衡发展。

因此，通过"一带一路"建设，西部地区进一步对外开放，东部
和沿海发达地区则主动向西发展，在内外因素刺激下，必然会大大加
快西部地区的发展，有利于缩小东西部的差距，有利于全国各民族共
同富裕目标的早日实现。

五 "一带一路"倡议是古代丝绸之路的
超越版和升级版

"一带一路"倡议在空间上和内涵上都与古代的丝绸之路不同。

首先是在空间上的超越。当前的"一带一路"建设，在"合作空
间"上极大地超越了历史上丝绸之路的地理范围。改革开放以来，首
先在东南沿海地区开拓创新和寻求突破，然后从沿海地区向西部地区
不断扩展和推进，"一带一路"将为进一步向西扩展提供空间。沿线各
地既有发展中国家和新兴经济体，也有发达国家，有的学者认为，"一
带一路""在空间走向上与第二条欧亚大陆桥和中国西行远洋航线基本
重合"，分别从欧亚大陆北面的大陆核心地带和南面的大陆边缘地带从
东向西贯穿了这块大陆上几乎所有的重要战略枢纽区。"中国将能够通
过'以纲带目'引导欧亚大陆地缘政治的基本走向，从而在全球层面
塑造更加有利的战略态势。"① 扩大我国与沿线国家的合作空间，必将
提升新兴经济体和发展中国家在我国对外开放格局中的地位，同时也
将推动我国东南沿海发达地区和中西部地区进一步对外开放，推动开
放型经济转型升级，确保我国经济的可持续发展和良性循环。

其次是在内涵上的超越。历史上"一带一路"主要是经贸、文化

---

① 杜德斌、马亚华：《"一带一路"：中华民族复兴的地缘大战略》，《地理研究》
2015 年第 6 期。

和宗教交流。例如，自丝绸之路开通之后，我国的丝绸、彩锦等丝织品、茶叶、肉桂、茯苓等农产品，瓷器、火药、指南针和造纸术、活字印刷等，铁器及制造技术、穿井取水法等水利灌溉技术等，都沿着丝路先后西传到中亚、中东和欧洲各国。中亚、中东各国的良种马、葡萄、胡萝卜、扁桃（巴旦杏）、波斯枣、甜菜和苜蓿等植物也都传入中国。据班固《汉书·西域传》载，出使西域的"汉使采蒲陶（葡萄）、目宿（苜蓿）种归。天子以天马多，又外国使来众，益种蒲陶、目宿离宫馆旁，极望焉"。苜蓿是马最好的饲料之一，所以内地汉代除了引进西域马之外，同时也引进马喜欢吃的草。欧亚各国宗教艺术、音乐舞蹈等也都沿丝路逐渐东来。祆教、摩尼教、基督教、伊斯兰教、犹太教等宗教，沿着丝绸之路先后传入西域和内地，经过本土化，成为中国特色的宗教。

　　"一带一路"倡议并不是简单地重现古代丝绸之路的经贸、文化和宗教交流，而是集经济、政治、外交、国家安全等为一体的历史超越版。例如，经济上不再是简单的经贸往来，还包括交通设施建设、大型港口、水利发电站和油气管道建设，以及沿线各国共同进行现代化建设、共同发展、共同富裕等国计民生问题。国家安全包括经贸安全、能源安全、边疆安全反恐反极端反分裂等重大领域的问题。

　　总的来说，"一带一路"倡议不是古代丝绸之路的重复版，而是当代丝绸之路的超越版和升级版。

六　"一带一路"倡议与国际社会的反应

　　"一带一路"倡议提出来后，国外一些学者和政治家称为"中国版马歇尔计划"或"新马歇尔计划"。[①] 事实上，两者存在根本差别，

---

　　① 马歇尔计划（The Marshall Plan），官方名称为欧洲复兴计划（European Recovery Program），是第二次世界大战结束后美国对被战争破坏的西欧各国进行经济援助、协助重建的计划，对欧洲国家的发展和世界政治格局产生了深远的影响。该计划于1948年4月正式启动，并整整持续了4个财政年度之久。在这段时期内，西欧各国通过参加经济合作发展组织（OECD）总共接受了美国包括金融、技术、设备等各种形式的援助合计131.5亿美元。

不能相提并论。①

　　地缘政治关系是国际政治经济关系中最敏感、最复杂的因素之一。"一带一路"建设，打破现有的地缘政治关系和政治格局，直接影响到沿线周边国家及部分大国的利益。美国、日本、俄罗斯、印度等大国因国家利益诉求不同，对"一带一路"持有不同态度。东南亚、中亚、西亚等发展中国家也因对"一带一路"构想的理解不同而持不同的态度。

　　当前，国际社会对"一带一路"建设的态度主要有如下三种：

（一）支持和合作

　　"一带一路"倡议符合世界上大多数国家的根本利益，是国际合作新模式的探索，将为世界各国共生共荣、和平发展提供新的模式。"一带一路"倡议提出后，在国际社会产生了颇为积极的反响。沿线大多数国家都表示大力支持和合作，尤其是中东和中亚各国多数国家元首均表态支持。伊朗最高领袖阿里·哈梅内伊国际事务顾问、战略研究中心主任、曾任伊朗外交部长长达17年的阿里·阿克巴尔·韦拉亚，2014年6月在接受《中国经济周刊》记者采访时说："伊朗是丝绸之路另一端最重要的国家。""伊朗也是中东地区的一个大国，周边有15个邻国，伊朗可以成为丝绸之路经济带的中心，中国的产品可以通过进口到伊朗，一部分留到伊朗使用，也可以通过伊朗出口到其他国家。与此同时，中国也可以从伊朗和其他周边国家进口一些中国所稀缺的产品。"他还说："我要感谢中国政府，在科技、经济、贸易等领域加强与伊朗的合作，对伊朗给予了大力的支持。伊中两国关系源远流长，至少有两千年历史了。丝绸之路是两国关系发展的重要见证。尤其在最近习近平主席提出了建设丝绸之路经济带，要重新恢复丝绸之路的辉煌。现在我们也希望在丝绸之路历史上的两个重要的国家——伊朗和中国——成为新丝绸之路上两个最重要的国家。"②

---

①　张鑫：《"一带一路"根本不同于马歇尔计划》，《人民日报》2015年3月18日。

②　刘彦广：《丝绸之路经济带开启中伊合作新未来》，《中国经济周刊》2014年第25期。

他还介绍说，近20年来，中伊贸易额迅速增长，20世纪90年代初只有4亿美元，至2013年增加到395.4亿美元，近20年实现百倍的增长。中国的许多企业在伊朗投资建厂，包括华为、海尔等中国一流的大型企业。仅2013年，中国企业在伊朗承包的工程完成营业额21.8亿美元。①

(二) 阻挠和破坏

"一带一路"倡议构想引起世界某些国家的恐惧和担忧，并千方百计破坏"一带一路"倡议的实施，企图从陆路和海路控制中国的发展，采取措施破坏"一带一路"倡议的实施。近代以来的历史经验表明，一个大国在崛起过程中，其命运不外乎两种：一是被霸权国家扼杀在崛起的摇篮中，二是打破围堵并完成崛起。② "一带一路"倡议一经提出，便遭到部分国家的阻挠和遏制。③

冷战结束以来，西方一些政治家认为，俄罗斯再次称雄世界的条件已不存在，中国才是唯一能够挑战美国霸权的潜在力量。所以，长期以来美国对中国一直实施"接触加遏制"的外交政策。④ 随着中国经济实力和国际影响力的提升，美国对华战略也随之转变，由"接触加遏制"转变为军事"硬遏制"。有学者认为，美国近年来已在中国周边的东、南、西三个方向构筑了"C形包围圈"。⑤ 美国从多方面阻碍我国的"一带一路"建设，企图把我国扼杀在崛起过程中。前几年，美国政界和学界还提出"印太区域"的概念，把西太平洋和北印度洋作为统一战略区进行规划，企图控制我国的海上丝绸之路。⑥

---

① 刘彦广：《丝绸之路经济带开启中伊合作新未来》，《中国经济周刊》2014年第25期。

② 杜德斌、马亚华：《中国崛起的国际地缘战略》，《世界地理研究》2012年第1期。

③ 陆大道、杜德斌：《关于加强地缘政治地缘经济研究的思考》，《地理学报》2013年第6期。

④ 王帆：《美国对华战略的国际与国家因素》，《国际关系学院学报》2012年第3期。

⑤ 戴旭：《C形包围：内忧外患下的中国突围》，文汇出版社2010年版。

⑥ 韦宗友：《美国在印太地区的战略调整及其地缘战略影响》，《世界经济与政治》2013年第10期。

（三）误解和防患于未然

部分国家由于交流和沟通不够，受部分大国从中挑拨离间，使部分沿线发展中国家误解或误判"一带一路"的构想，使我们国家善意的构想和行为在某些国家眼里成为恶意的威胁。① 再加上美国和日本挑拨东南亚、南亚、中亚、中东等国与中国的关系，煽动反华情绪，阻碍"一带一路"的合作项目，某些发展中国家出于安全的本能，对"一带一路"倡议持抵触和戒备态度。例如，缅甸是中国进入印度洋最为关键的一站，该国与中国的经济互补性较强，本来应该与中国有较好的合作。但近年来，美国通过各种方式破坏中缅关系，企图阻断我国由西南通向印度洋的出海口。缅甸于2011年9月单方面停止中缅合建的密松水电站项目，2014年7月又搁置中缅合作的两国铁路项目。斯里兰卡也一样，于2015年3月暂停科伦坡港口城项目。② 中亚个别国家也出于误解，对我国抱有较强的戒备和防范心理，经济上担心受中国控制。某些国家在美日的诱导下，不断提高中国资本和企业进入当地的门槛。

据上，"一带一路"倡议是我国前所未有的战略创新，是中华民族智慧的结晶，是一项举世瞩目的系统工程，为当代中国未来的发展指明了方向。"一带一路"倡议对复兴中华民族具有重要的战略意义，它是中国人提出的合作共赢、共同富裕的国际性的现代化战略，是近代以来中国人提出的第一个"走出去"的发展战略，是海防和塞防并重的战略体系，是加快促进国内东西部平衡发展、缩小差距的战略，是古代丝绸之路的超越版和升级版，它获得世界上大多数国家的支持和合作。

目前，国际社会面临种种危机，经济萎靡不振，失业现象严重。部分国家和地区战乱不息，恐怖活动频繁，社会动荡不安，难民人数不断增加，严重影响世界和平与安全。建构一个和平、公正、包容、

---

① 杨扬：《社会学视角下的国际关系信任理论》，《太平洋学报》2012年第7期。
② 杜德斌、马亚华：《"一带一路"：中华民族复兴的地缘大战略》，《地理研究》2015年第6期。

有序的国际社会新秩序，需要中国的参与。中国无论在发展理念、扶贫脱贫、节能减排、发展循环经济等方面，还是在维护社会稳定和反恐反极端等方面，都为全球经济发展和社会稳定做出了实质性贡献，提供了可资借鉴的经验和模式。通过"一带一路"建设，中国可以把自己发展的一些宝贵经验和发展模式，供沿线国家借鉴和参考。英国著名思想家罗素早在80多年前便指出："中国人的思想能丰富我们的文化，就像同他们做生意能使我们的口袋鼓起来一样。"[1] 他甚至强调"从人类整体的利益来看，欧美人颐指气使的狂妄自信比起中国人的慢性子会产生更大的负面效果……中国人摸索出的生活方式已沿袭数千年，若能够被全世界采纳，地球上肯定会比现在有更多的欢乐祥和……若不借鉴一向被我们轻视的东方智慧，我们的文明就没有指望了"。[2]

我国著名思想家梁启超认为，复兴中华民族，并不是只考虑本国富强，而是还要给全人类带来幸福，他说："一个人不是把自己的国家弄到富强便了，却是要叫自己国家有功于人类全体。不然，那国家便算白没了。"[3] "我们人数居全世界人口四分之一，我们对于人类全体的幸福，该负四分之一的责任。不尽这责任，就是对不起祖宗，对不起同时的人类，其实是对不起自己。"[4] "一带一路"倡议，正是基于这种思想，中国将通过"一带一路"建设，为沿线国家实现现代化做出应有的贡献，为世界发展中国家的平衡发展、共同富裕和社会稳定担负起更大的国际责任。

---

① ［英］罗素：《中国问题》，秦悦译，学林出版社1996年版，第57页。
② 同上书，第7—8页。
③ 梁启超：《欧游心影录·中国人对于世界文明之大责任》，载《梁启超全集》第10卷。
④ 梁启超：《辛亥革命之意义及十年双十节之乐观》（1921年11月1—8日长沙《大公报》），载《饮冰室合集·文集之三十七》，第1页。

"一带一路"建设与海外华侨华人作用研究

李鸿阶　廖　萌*

　　"一带一路"沿线国家华侨华人占全球华侨华人总数一半以上，不仅是"一带一路"建设的重要推手，住在国与中国关系的重要桥梁；而且"一带一路"建设也为海外华侨华人的发展创造了重大机遇，提供了广阔空间，要积极引导他们参与和助力"一带一路"建设。

一　华侨华人参与"一带一路"建设的独特优势

　　近年来，海外华侨华人从业更加多元，经济、科技实力提升，政治社会地位提高，逐步融入当地主流社会，已成为"一带一路"建设的独特资源。

（一）人数众多，分布广泛

　　据新加坡美都出版社研究①显示，2007—2010 年海外华侨华人约4600 万，分布在世界上 210 个国家和地区，如表 1 所示。其中，南太平洋岛国图瓦卢华侨华人最少，仅 10 人，印度尼西亚华侨华人最多，

---

　　* 李鸿阶，福建社会科学院副院长、研究员，中国华侨历史学会副会长；廖萌，福建社会科学院华侨华人研究所助理研究员。
　　① 新加坡美都出版社研究采用了实证调查法。2007 年至 2010 年，研究人员通过考察采访，电话、电子邮件咨询各地政府、中国大使馆、民间代表性社团等方式，获得华侨华人人数的直接数据。

人数超过 1000 万。另据国务院侨办最新数据①，目前海外华侨华人有
6000 多万，分布在世界 198 个国家和地区。除东南亚等传统侨胞聚
居地外，北美、西欧、大洋洲、拉美和非洲一些国家已成为侨胞新聚
居地。在一些欧美国家，华裔成为当地最大的少数族裔。其中，4000
多万华侨华人分布在"一带一路"沿线国家，东南亚地区最为集中，
约 3000 万人②，是"一带一路"建设的独特资源。

表 1 海外华侨华人人数分布统计

洲别	地区	华侨华人数（人）	小计（人）
亚洲	东南亚	32025400	33231200
	东北亚	726100	
	南亚	139200	
	中亚	74800	
	西亚	265700	
欧洲	东欧	222850	2211650
	中欧	239050	
	南欧	437350	
	西欧	1252600	
	北欧	59800	
大洋洲		805660	805660
美洲	北美	4998000	9157498
	中美	367198	
	南美	3792300	
非洲	南非	498350	784900
	西非	96250	
	东非	79700	
	北非	110600	
合计		46190908	

资料来源：崔贵强：《有阳光的地方就有华人》，新加坡美都出版社 2010 年版。

---

① 2014 年 3 月 5 日，十二届全国人大二次会议新闻中心组织人民网等 12 家网站，联合举办主题为"凝聚海内外中华儿女力量同圆共享中国梦"的网络访谈，国务院侨办首次披露海外华侨华人已达 6000 多万。随后这一数据被学术界广泛认可并使用。
② 蔡建国：《华侨华人与"一带一路"战略》，《文汇报》2015 年 3 月 12 日第 5 版。

（二）经济实力比较雄厚

据不完全统计，2007 年世界华商总资产 3.7 万亿美元，2008 年降为 2.5 万亿美元，2009 年恢复增长到 3.9 万亿美元。[①] 2011 年世界华商企业资产达到 4 万亿美元。[②] 目前全球华商资产总规模接近 5 万亿美元，港澳企业约占中国外资企业总数的 70%，占中国实际利用外资总额的 60% 以上。[③] "一带一路"沿线华商经济实力占世界华商经济的 2/3 以上，世界华商 500 强中约 1/3 分布在东盟各国[④]，东南亚华人上市公司占整个股票市场上市公司的 70%，华人资本占亚洲（除日本、韩国、中国大陆外）10 个股票市场市值总额的 66%。[⑤] 虽然华商企业集团和跨国投资发展迅速，经济实力增强，但是华商企业实力还有较大增长潜力和提升空间。

（三）科技实力不断增强

经过多年发展，海外华侨华人从事职业更加多元，已逐渐从"三刀"（菜刀、剪刀、剃刀）转变为"三师"（工程师、医师、会计师）与"三家"（科学家、企业家、发明家）。据统计[⑥]，目前海外华侨华人专业人士接近 400 万，具有"大集中，广分散"特点。主要分布在发达国家，美国约占 33%、澳大利亚占 15%。在欧洲，以英国占比最大（9%），其次为法国（4%）和俄罗斯（2%）。在亚洲，以新加坡占比最大（9%），其次为日本（5%）和韩国（2%）。其中，

---

① 中国新闻社课题组：《2009 年世界华商发展报告》，2010 年 5 月 20 日。

② 资料来源：时任中华全国归国华侨联合会副主席王永乐在 2011 年 11 月 15 日首届"中国海外投资年会"上的演讲。

③ 贾益民主编：《华侨华人蓝皮书：华侨华人研究报告（2015）》，社会科学文献出版社 2015 年版。

④ 蔡建国：《充分发挥华侨华人在"一带一路"战略中的力量》，《人民政协报》2015 年 6 月 12 日。

⑤ 吴立源：《东南亚华商财富分布及其经济实力分析》，载贾益民主编《华侨华人蓝皮书：华侨华人研究报告（2015）》，社会科学文献出版社 2015 年版，第 98 页。

⑥ 王辉耀、苗绿：《海外华侨华人专业人士报告（2014）》，社会科学文献出版社 2014 年版。

有70%的海外华侨华人专业人士在企业工作，教育机构约占19%。从行业看，除传统的计算机、电子信息等领域外，开始向新生物工程与新医药、文化创意、新能源、节能环保、新材料等行业分散，华侨华人专业人士已成为"一带一路"建设宝贵的"海外人才库"和"战略资源库"，如图1所示。

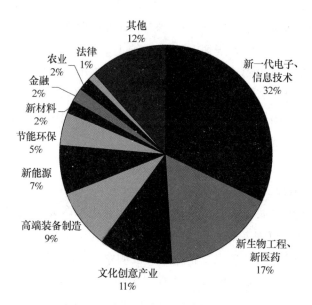

图1　海外华侨华人从事的专业工作或研究主要分布情况

（四）参政议政热情高涨

随着经济、科技实力增强，海外华侨华人逐渐融入住在国主流社会，公民意识、参政意识和维权意识有较大提高，一些华人已成为该国的部长、州长、市长、大使和各级议员，能够代表华人群体利益。在法国巴黎，一位年轻的华裔政治家担任巴黎19区副区长一职；在澳大利亚，中国大陆新移民王振亚成功当选西澳大利亚省议员。①2016年华裔李孟贤以绝对优势连任美国旧金山市长，成为旧金山165年历史上任职时间最长的一位市长。据洛杉矶加州大学亚美研究中心

———————

① 《华人参政风生水起》，《人民日报》（海外版）2016年3月21日。

的《美国亚裔政治年鉴》显示，在美国联邦、州、县、市的亚裔官员超过3000人，创下历史之最。① 这些参政的华侨华人大多数是二代华裔和新一代移民，与父辈移民的教育和成长环境不同，他们更愿意参加住在国的政治活动。

（五） 华文媒体影响力持续提升

海外华文媒体数量、种类、质量和影响力都在迅速提升。目前，海外华文媒体分布在61个国家和地区，总数1019家，其中报纸390家、杂志221家、广播电台81家、电视台77家、网站250家，已成为国际舆论不可或缺的组成部分。② 近年来，海外华文媒体呈现新的发展趋势：一是华语报刊、广播、电视、网络等媒体形态，由各自独立发展转向融合发展，逐步走向全媒体时代。二是海外华文媒体逐渐由单一的地方媒体转向多地联动、媒体平台齐备的传媒集团。三是由侧重华文内容向兼顾住在国主流语言、关心议题转变，内容交换、发行渠道不断本土化。华文媒体生于侨、长于侨，具有融通中外的优势，对消弭西方社会对中国大陆的误解有"四两拨千斤"的作用。

（六） 社团力量不断发展壮大

侨团、华校、华媒是海外侨社的"三宝"，其中，海外华侨华人社团一直是海外华人联系的重要纽带。随着海外华侨华人的发展壮大，目前海外华侨华人社团数量达25000多个③，主要集中在东南亚。这些社团组织程度很高，按地域、姓氏、宗亲、行业等划分，通过定期或不定期举办各种文化科技活动，成为维系乡情、密切乡音的纽带。近年来，涌现出一批以新华侨华人和留学人员为主的专业社团，集中在欧美发达国家，如加拿大多伦多市的各类华人社团就达400—

---

① 雷雨：《海外华人参政升温》，《南方日报》2012年4月29日。
② 何亚非：《海外华文媒体与中国梦》，《求是》2015年第1期。
③ 纪娟丽：《目前海外华侨华人社团数量达2.5万多个》，《人民政协报》2016年5月18日。

500 个①，成为中国联系海外华侨华人、东西方交流合作的重要桥梁，对中国引资引智引才和企业"走出去"发展有重要意义。

二 海外华侨华人参与"一带一路" 建设的作为空间

华侨华人移居海外历史悠久，他们了解祖籍地情况，熟悉住在国的政治、经济、法律和社会运作，能够熟练掌握不同文化，了解民众心理差异，是连接中国与住在国的"天然桥梁和纽带"，可在"一带一路"建设中扮演传播者、实践者、受益者的重要角色。

（一） 发挥政策沟通作用

政策沟通是"一带一路"建设的重要保障，华侨华人发挥"民间大使"功能，能够在政治互信和政策沟通方面发挥重要作用。

一是树立良好的国际形象。由于不了解"一带一路"倡议的重要意义，一些国家的政府和人民存有顾虑。海外华侨华人与当地社会联系密切，可借助他们及其华文媒体作用，宣讲"一带一路"建设意义，增强"一带一路"沿线国家的认同与支持，为"一带一路"建设营造良好的环境。二是增信释疑作用。可发挥华侨华人的政商界影响力，通过民间机构先行，多做政策沟通、增信释疑、凝聚共识工作，能够增进政府与官方合作，更易为各方所接受，为"一带一路"建设创造条件，打下良好合作基础，少走弯路。三是构建政策沟通机制。发挥海外华侨华人力量，构建从政府到民间、从行业到企业的多层次政策沟通机制，推动利益融合、政治互信，增强互利共赢共识。尤其是海外华商、华侨华人专业人士、华侨华人社团、华文传媒、华裔新生代政治家，能够更好地架接交流合作纽带，既可传递开放包容的合作理念，也向相关国家传递信息与需求，为共建"一带一路"出谋划策。

---

① 王辉耀、苗绿：《海外华侨华人专业社团的新特点与新作用》，《华人研究国际学报》2014 年第 1 期。

（二）发挥设施联通作用

"一带一路"建设以公路、铁路、经济走廊等基础设施建设为先。2012 年，亚洲开发银行研究所在《亚洲基础设施互联互通》一书中测算，2010 年至 2020 年，亚洲地区需要超过 8 万亿美元基础设施投资①，才能维持目前经济发展水平。另据经合组织（OECD）报告预测，2013—2030 年全球基础设施投资需求将达 55 万亿美元，其中港口、机场、铁路运输设施需求量达 11 万亿美元，航空客运到 2030 年要增长两倍，港口集装箱吞吐量增长 3 倍，才能满足全球经济发展需要②。

目前，欧美发达国家基础设施面临更新换代，相继推出庞大的基础设施改造和建设计划，促进经济复苏和推动就业。发展中国家基础设施建设普遍薄弱，随着工业化和城市化发展，有强劲的资金与技术需求。华侨华人可借"一带一路"建设之势，主动对接产业、资本与载体平台，积极参与基础设施项目运作，共享"一带一路"建设成果。一方面，华侨华人利用基础设施建设效应，实施产业新布局，整合资源、强强联合；另一方面，海外华侨华人企业可利用丰富的海外工程承包经验与中国企业联合，加大高铁、公路、港口、园区建设等方面投入，为企业发展带来长期稳定的资本收益。同时，通过与中国企业合作，承揽相关基础设施建设项目，采用政府与社会资本合作（PPP）方式进行投资。

（三）发挥贸易畅通作用

"一带一路"沿线国家经济结构互补性强，经贸合作潜力巨大。2015 年中国与沿线国家双边贸易总额达 9955 亿美元③，占全国贸易

---

① 福蒙蒙：《十年间亚洲基础设施投资需 8 万亿美元"亚太梦"下的中国机遇》，《华夏时报》2014 年 11 月 14 日。

② 博思数据研究中心：《2014—2019 年中国对外工程承包市场监测及投资前景研究报告》，2014 年 3 月。

③ 于阳：《中国与"一带一路"沿线国家贸易格局及其经济贡献》，《环球市场信息导报》2016 年 6 月 22 日。

总额的 25.1%，未来 10 年将突破 2.5 万亿美元。① 2015 年中国对
"一带一路"相关国家的直接投资达到 148.2 亿美元，同比增长
18.2%，占中国对外投资总额的 12.6%。② 未来 5 年，中国对外投资
额将有望超过 5000 亿美元。③

一是推动产业合作。利用海外华侨华人的产业基础和政商人脉，
推动"一带一路"沿线国家优化产业布局，整合产业生态链，提升
生产制造能力，带动关联产业协同发展。通过产业投资合作转移国内
优质产能，推动产业转型升级，推动沿线国家工业化发展。要充分发
挥比较优势，实现产业转移与承接多赢，为区域经济转型和扩大就业
带来成效。二是深化经贸合作。利用海外华侨华人通晓双方贸易规
则、拥有传统贸易渠道和商业网络优势，进一步提升中国与"一带一
路"沿线国家经贸合作水平，加快培育外贸竞争新优势。充分发挥海
外华商、华侨华人专业人士的桥梁纽带作用，积极参与中国"侨梦
苑"、创业园区工作。三是助力中国企业"走出去"。借助海外华商
企业雄厚实力，开展企业合作，走强强联合发展，帮助中国企业节约
成本；利用海外华商熟悉国情和市场运作，帮助中国企业把握投资方
向，避免盲目投资；借助海外华商网络优势，帮助中国企业顺利进入
当地市场，迅速打开营销渠道；借助海外华商与住在国的密切关系，
帮助中国企业融入当地主流社会，消除文化差异，减少投资摩擦；借
助海外华商的国际经营管理经验，帮助中国企业提高管理水平，尽快
与国际接轨。

（四）发挥资金融通作用

在"一带一路"建设中，海外华侨华人资金使用效率高，能够进
一步发挥金融桥梁和管道作用。一是提供资金支持。可有效整合海外

---

① 商务部：《中国对外贸易形势报告（2015 年春季）》，2015 年 5 月 5 日。
② 郭朝先、邓雪莹、皮思明：《"一带一路"产能合作现状、问题与对策》，《中国发展观察》2016 年第 6 期。
③ 习近平：《迈向命运共同体 开创亚洲新未来——在博鳌亚洲论坛 2015 年年会上的主旨演讲》，2015 年 3 月 28 日。

华商资本，为"一带一路"建设提供资金支持，获得保值增值机会。通过为沿线国家的基础设施建设提供融资业务，获得长期稳定的投资回报。二是推动人民币区域化。随着人民币国际地位提升，有利于人民币区域化发展。华侨华人在东盟经济、金融行业中占有重要位置，可以发挥华商的金融桥梁和管道作用，推动人民币国际化，更好地为区域经贸发展和金融稳定发挥积极作用。三是建立侨商银行。可采用政府与社会资本合作（PPP）融资模式，建立侨商银行，推动中国企业对接海外华人资本，开展跨国投资，提高境外资源配置能力。也可借助"一带一路"沿线国家双边货币互换、人民币离岸结算等机遇，进一步提升海外华商资本的资金融通作用。

（五）发挥民心相通作用

民心相通是"一带一路"建设关键，要发挥华侨华人血脉相通、同种同源等优势，促进民心相通，共同发展。一是侨务公共外交。侨务公共外交核心是"以侨为桥"，具有民间性的柔性特色，以此开展公共外交，比较容易为住在国民众所接受，更具说服力和感染力。要树立正面形象，引导住在国政府和人民了解中国，支持"一带一路"建设，实现华侨华人与中国共同发展。二是促进文化交流。海外华侨华人是中国与住在国文化交流的使者，他们融入住在国生活的方方面面，积累了中华文化与住在国文化相互融合的经验。通过他们向国外传媒、学界、民众、政府和非政府组织客观地介绍中国，解读"一带一路"，能够加深沿线国家人民的理解，实现民心相通。三是推广中华文化。在培养跨文化人才、讲好"中国故事"、培养民间感情、夯实"一带一路"合作民意基础等方面，海外华文学校、华侨华人社团、华文媒体具有润物无声的作用。目前，遍布世界的2万多所华文学校、2万多个华人社团、1000余家华文媒体以及独具特色的唐人街、中国城、中餐馆和中医诊所等，已成为传播中华文化、丰富各国多元文化的重要载体。

三 华侨华人参与"一带一路"建设模式与路径选择

要发挥华侨华人的独特优势，积极拓展参与和助力"一带一路"建设，在拓展华侨华人的发展空间的同时，为"一带一路"建设做出更大贡献。

（一）以资源整合实现互动联动发展

发挥侨力资源优势，积极参与"一带一路"重大项目建设，提升海陆空与信息通道设施水平，促进基础设施互通互联。加强港口、码头、物流园区、集散基地和配送中心等合作，加快打造经济合作走廊，构建海外能源和重要原料资源基地，形成"以点带面、从线到面、沿线串联、联通内外、便捷高效"的基础设施枢纽中心，促进区域联动发展。

（二）以差异发展构建产业"生态群落"

华侨华人是"一带一路"产业转移和经济发展推动者，要发挥华侨华人优势，强化分工协作，实现错位发展、差异发展，通过投资、贸易、技术合作等途径，推进现代农业、先进制造业、能源矿产业、旅游业、金融业等现代服务业合作，打造先进制造业中心、商贸服务中心、产业研发中心，形成新的经济增长极，构筑"一带一路"沿线国家的产业"生态群落"，不断拓展经济发展空间和增长潜力。

（三）以深化产业合作打造经济转型升级版

要以东盟国家为重点，深化重点领域和关键环节合作，强化与南亚、西亚、中东、非洲等国家经贸合作关系，全面提升对外经济合作空间，全力打造经济转型升级版。华侨华人也是人民币国际化的重要参与者，要充分利用"两个市场、两种资源、两种规则"，加快构建区域性、全球性金融中心，推进货币流通、人民币国际贸易结算，在国际上稳步增加人民币计价、高质量的金融资产，加快推进人民币走向国际化。

（四）以文化搭台提升融合发展水平

"一带一路"沿线国家的历史文化、宗教信仰差异性大，要串联好"宗教路带"，必须发挥华侨华人的中华文化走向世界的积极传播者作用，促进不同文明对话与交融，做到政策沟通、民心相通。要增强华侨华人的润滑政治和文明交流的重要功能，着力构建心灵沟通与文明对话平台，加快打造政治互信、经济融合、文化包容的利益共同体、命运共同体和责任共同体，提升沿线国家融合发展水平。

（五）以构建新型合作关系拓展地缘利益空间

发挥华侨华人独特作用，密切与"一带一路"相关国家的智库、非政府组织、社会社团联系，积极拓展民俗、宗教等民间往来，增进民心相通，促进多边商务合作，进一步拓展地缘利益空间。充分利用华侨华人的智力资源宝库，积极吸引海外高层次人才，挖掘和发挥华侨华人的科技精英、专家学者、研究机构作用，为"一带一路"建设提供强大的智力支撑和优质服务。

四　华侨华人参与"一带一路"建设的政策建议

"一带一路"建设要借助华侨华人力量，积极拓展境外市场，提高跨境资源配置能力。要以开放包容理念，不断完善对外开放总体布局，全面提升开放型经济发展水平。

（一）发挥侨力资源优势

充分认识华侨华人的天然"纽带"作用，加强与海外华侨华人社会接触，进一步挖掘侨资侨智，有效利用"两新"（新华侨华人、华裔新生代）、"两重"（重点侨团、重点人物）资源优势，以侨为"桥"，促进双向投资，扩大跨境经济合作效益。建议成立有侨务部门参加的"一带一路"工作协调小组,研究和摸索华侨华人参与"一带一路"建设方式及切入点,重视华侨华人的获得感。有效涵养侨务资源,以侨为"桥",维护好、保护好海外侨胞的合法侨益,不断提升侨务资源可持续发展能力。尽快完善相关贸易政策,营造良好的制度环境,为华侨华人的投资与生存发展创造更好环境。鼓励侨胞将自身事业发展和"一带一路"建设有效结合起来,让海外华侨华人成为推动侨务公共外交、人文交流的积极参与者,积极开展人文交流、友好城市合作。

(二) 加快构建载体平台

以"侨梦苑"、创新创业基地为载体,打造华侨华人与"一带一路"对接和落地平台。加强技术支撑体系和服务支持体系建设,充分地利用国内外科技资源,促进企业自主创新,支持侨资企业转型升级和做大做强。探索设立华侨产业园,加快培育若干侨商总部,建设一批侨资产业集聚园区,使之成为与"一带一路"沿线国家开展经贸合作的重要载体。建议与发达国家华侨华人科研机构和专业人士开展远程合作,推动高新技术成果产业化,引导更多的海外华侨华人创新创业。发挥汕头华侨经济文化实验区作用,将试验区打造成为通侨联侨的重要枢纽、华侨文化交流传播基地和侨务政策创新示范区。

(三) 拓展地缘利益空间

创新经贸合作方式,放宽投资准入,发展绿色总部经济,吸引重点侨商企业和侨资龙头企业投资,加快打造商贸物流、原材料生产及加工基地,拓展地缘经济利益空间。探索建立新型投资模式,加快构建利益共同体,帮助中国企业融入当地社会,促进华侨华人企业积极融入"一带一路"建设。借鉴国内产业园区成功经验,以马来西亚关丹工业园、泰中罗勇工业园、中新苏州工业园为样本,在"一带一路"重要节点城市,与华侨华人合作建设境外产业园区,推动产品和服务进入发达国家市场,促进国际产能合作和双边关系发展。利用海外重点侨商的经济实力、技术优势和网络资源,以现代农业、先进制造业、能源矿产、海洋产业和高科技产业为重点，鼓励中国国有企业或大型民营企业与其合作，实现强强联手。

（四）构建华文媒体协作网

构建"一带一路"华文媒体协作网，为世界华文媒体提供沟通合作机会。鼓励和支持华文媒体加入华文媒体协作网，成为"一带一路"建设的有效传播者和有力推动者，促进共商共建共享发展。聚焦"一带一路"周边沿线国家的华侨华人，引导他们积极参与、共同分享"一带一路"机遇。促进华文媒体战略转型与融合发展，推进内容创新和技术革新，快速地成长壮大，进一步增强在海外华侨华人及主流社会的话语权和影响力。

海上丝路、非洲与华侨华人

引子：海上丝路的历史

1498年，葡萄牙人达·伽马（1460—1524）绕过好望角，并在著名的阿拉伯领航员希哈布·艾尔-丁·阿哈马德·B. 马吉德的指引下渡过印度洋，抵达印度的马拉巴尔海岸。[①] 葡萄牙人为了垄断印度洋的贸易，不仅将欧洲人排除在这一海域之外，还将从古代以来一直在这片广阔海域里航行并贸易经商的阿拉伯人和其他民族排除在外。在他们看来，欧洲—印度洋的航线是他们"发现"的，他们作为印度洋的主人，可以没收任何未经许可便航行于印度洋的各国商人的货物，可以烧毁任何未经他们许可在海上航行的船只，可以消灭任何敢于挑战这些"好斗的侵入者"权威的人。

尽管达·伽马的船队与比早出他半个世纪到过非洲东海岸的郑和舰队相比小得可怜，但在争夺航线和沿途城市的过程中"任何暴行都不会使他们惧怕"。在这场类似征服的斗争中，"城市遭到蹂躏，在

---

[*] 李安山，北京大学教授。

[①] 有关达·伽马的航海日志，参见 E. G. Ravenstein, ed. , *A Journal of the First Voyage of Vasco Da Gama 1497 – 1499*, Cambridge University Press, 2010。有关此次航行较权威的研究，参见 K. G. Jayne, *Vasco da Gama and His Successors, 1460 – 1580*, London: Methuen & Co. , 1910; Henry H. Hart, *Sea Road to the Indies*, New York: Macmillan Co. , 1950; Boies Penrose, *Travel and Discovery in the Renaissance, 1420 – 1620*, Cambridge, Mass. : Harvard University Press, 1955; G. R. Elton, ed. , *The New Cambridge Modern History, II. The Reformation 1520 – 1559*, Cambridge University Press, 1958, pp. 594 – 596。

船坞的船只被焚毁，俘虏惨遭屠杀，他们被肢解的手、鼻子和耳朵被当作嘲弄的纪念品送了回来。一位婆罗门就被这样凌辱之后幸存下来，拖着残缺的身体回去见他的同胞。遗憾得很，这就是印度最初对西方人的认识"①。正是这种纯粹建立在残酷暴力基础上的"可怕的海军力量"——而不是正常的商人或私人企业家，开启了以外国国家的名义为其商人和自己而进行的商业活动。②

然而，达·伽马的航行被各种历史研究著作赞扬和歌颂。这一航行被欧洲的世界史学者称为一个伟大的事件，标志着一个时代的历史地理探索。布罗代尔声称"达·伽马航行（1498）没有破坏欧洲和印度洋之间的古代交通，而是打通了一条新的路线"③，他将此次航行称为"奇妙的航程"或"历史性的航程"。④ 希哈布·艾尔－丁·阿哈马德·B. 马吉德，他具有在印度洋上航行的丰富经验，为此次航行指出了正确的航线，从而使达·伽马能平安地走完这一航程，顺利地抵达印度。⑤ 当麦克尼尔赞扬达·伽马的伟大贡献并将他的航行称为"航海的非凡壮举"时，他丝毫未提及马吉德的关键作用。他在著作中对这条航路给予高度评价，认为这是"将科学航海的新技术的最显著的运用是由达·伽马于 1497 年选择的通往印度的航路"⑥。这是有

① ［美］帕尔默：《现代世界史 至 1870 年》，何兆武等译，世界图书出版公司 2009 年版，第 87 页。
② ［美］伊曼纽尔·沃勒斯坦：《现代世界体系》（第一卷），尤来寅等译，高等教育出版社 1998 年版，第 421 页。
③ Fernand Braudel, *The Structures of Everyday Life*, *The Limits of Possible*: *Civilization & Capitalism 15th – 18th Century*, Volume 1, trans. &revised by Sian Reynolds, New York: Harper & Row, 1981, p. 402.
④ Fernand Braudel, *The Perspective of the World*, *Civilization & Capitalism 15th – 18th Century*, Volume 3, trans. by Sian Reynolds, New York: Harper & Row, 1984, pp. 56, 139.
⑤ 关于马吉德的生平和他与达·伽马的关系，参见 Shihab al-Din Ahmad B. Madjid, *The Encyclopedia of Islam*, Vol. 4, London, 1934, pp. 362 – 370. 马吉德的 32 件手稿现存于巴黎的国家图书馆，索引号为 Arab 2292, 2559, Bibliotheque Nationale, Paris. 有趣的是，达·伽马在他的航海日志中提到他的领航员出生于古吉拉特。E. G. Ravenstein, ed., *A Journal of the First Voyage of Vasco Da Gama 1497 – 1499*, Cambridge University Press, 2010, pp. 40 – 46.
⑥ W. E. McNeill, *The Rise of the West a History of the Human Community*, London: A Mentor Book, 1965, p. 625.

意还是无意，我们不得而知。然而，这多少反映出世界历史研究中的某种话语权：欧洲人的贡献必须记上史书，至于其他人嘛，可有可无，也不必深究。自从达·伽马到达印度沿海地区后，葡萄牙人就在印度洋各处探险，并在东印度群岛、波斯湾以及东部非洲海岸一带建立了自己的势力范围。

　　然而，一个不容忽视的史实是：印度洋的海上航线特别是非洲和亚洲之间的航线已存在多时。这条被称为"海上丝绸之路"（简称为"海上丝路"）的航线在海上季风被阿拉伯人发现之后已经存在了许多个世纪。"公元二世纪，亚、非海路交通贸易达于全盛。"① 中国与埃及的贸易通过多条商路相互贯通。1993 年，奥地利科学家在研究古埃及第 21 王朝时期（公元前 1070—前 945）的一具女尸的头发时发现异物，经分析是蚕丝的纤维。当时只有中国能生产丝绸，"可以认定这是中国的产品"②。这说明中国的特产丝绸早已运至埃及。大家知道，在张骞西使（公元前 139—前 126）后约 200 年，汉代人一直称埃及为"犁靬"，即亚历山大城（Alexandre）的汉译。孙毓棠先生曾在他的论文《汉代的中国与埃及》中专门论述了当时中国与埃及的各种间接的贸易往来，其中丝绸是主要的商品之一。西汉末年尚无中国和犁靬交往的直接记载，但中国的丝织品沿着丝绸之路早已到达了亚历山大城。埃及女主克里奥帕特拉穿的丝衣据说就是用中国的丝织成的。③

　　在汉代，"丝绸之路"有多条。一条是所谓的"北道"，即从长安西行直到粟特，经安息诸城后至安息与罗马边界上的斯罗，再通过水路抵古叙利亚的安条克，然后经大马士革和加沙，越西奈半岛，即达埃及的亚历山大城。这是自中国至埃及的主要商路。另一条是"南道"，即从楼兰西行至莎车，逾葱岭至大月氏。再经罽宾（今阿富汗首都喀布尔），再南行至信度河上游，沿河南下，至今卡拉奇港口，

　　① 孙毓棠：《汉代的中国与埃及》，载孙毓棠《孙毓棠学术论文集》，中华书局 1995 年版，第 427 页。

　　② 《三千年前埃及已使用中国丝绸》，《人民日报》1993 年 4 月 2 日。

　　③ M. P. Charlesworth, *Trade-routes and Commerce of the Roman Empire*, Cooper Square Publishers, 1970, pp. 109 – 262.

然后可达西方和印度洋诸国。这种早期的中西交通也在世界古代史上留下可圈可点之迹。① 当时世界有三个帝国并立，古代罗马、中国与阿克苏姆（埃塞俄比亚）。"我们也应记得汉代的丝绸不仅由陆路，而且也由海路运往西方。海路以南印度、斯里兰卡为主要的中介或转运站，终点为埃及亚历山大城。"②

从中国到印度的海路早在汉武帝时已开通，至于亚历山大与东方和印度的海路交通有三条尤为重要。第一条从红海北部南航，环绕阿拉伯半岛东南部，北转入波斯湾到幼发拉底和底格里斯河口的航路。这是一条古航道，阿拉伯商人很早就利用它与古埃及进行贸易。"两汉、三国时代中国穿过安息陆运的丝绸，很多是再循这条海路到大秦的。"第二条海路从红海北部南行，出曼德海峡，转东沿阿拉伯半岛南岸东北向，再沿伊兰高原南海岸而东，到印度河口或再南至印度纳巴达河口。在印度运往大秦的商品中，有大量中国丝绸。第三条海路是从红海南岸出曼德海峡，一直东航到至南印度或斯里兰卡，与更东方的黄支、日南路衔接。随后，由于内乱增多，罗马与中国渐衰，印度洋商运逐渐落入萨珊波斯和埃塞俄比亚之手。③ 丝绸西运的最重要通道是经马六甲海峡这一路。汉代以后特别是唐以来，中国通过海路与东非海岸进行了更多的交往。与早期葡萄牙人在非洲的所作所为不同，中国与非洲之间的交往是一种平等的关系。正如肯尼亚考古学家基里亚玛所言：中国人与葡萄牙人与非洲早期交往的不同在于：一种是平等与和平的，另一种是傲慢与暴力的。④

"一带一路"：客观认识与准确定位

从"一带一路"倡议提出以来，中国与国际学者们都在探讨其起

① 孙毓棠：《汉代的中国与埃及》，载孙毓棠《孙毓棠学术论文集》，中华书局1995年版，第421—422页。

② 同上书，第422页。

③ 同上书，第424—427页。

④ Herman O. Kiriama, *The Africa China Exchange Systems in the Late First/Early Second Millennium BCE*, Lecture at Centre for African Studies of Peking University, Oct. 28, 2014.

始动机、战略布局、政治意图、经济作用、沿线环境、实施方案等各方面的问题。对"一带一路"的客观认识非常重要，摆正这一倡议的恰当定位、认识非洲以及华侨华人在这一战略布局中的作用，是本文的论点所在。

笔者认为，在全球化进程日益加速的今天，这一倡议需要全球化的战略思维。"一带一路"是努力实现亚欧非三个大陆的互联互通。这是建立在和平与发展战略基础上的大同境界。这是为中国人民的幸福也是为了其他国家的发展的互惠举措。这是为了建立互利互惠、合作共赢的人类发展与共同进步的命运共同体。

然而，无论在国际上还是中国，对"一带一路"均存在着各种不同的误读或狭隘的理解。有的人认为"一带一路"是二战后"马歇尔计划"的翻版，有的人认为这是中国势力扩张的直接表现，有的人认为这是对美国重返亚洲战略的应对布局，还有的人直接将其称为"新殖民主义"。这些国外的奇谈怪论已有学者进行过评论或批判，在此不多谈。①

在国内，确实存在着两种关于"一带一路"相对狭隘的误区。一种认为丝路经济带是中国的西进运动；另一种认为海上丝路是中国抢占贸易通道的战略布局。国内有的学者认为，"一带一路"是中国迄今为止能提出的最好的大国战略。因为它是跟美国战略东移的一次对冲。军队学者（如乔良与戴旭）习惯于从国家军事战略的层面分析这一倡议，他们的任务也是在和平环境下思考未来可能发生的冲突与战争并立足于打，这是一种职业操守和责任感的体现，要想避免战争，就必须先做好战争准备，这是完全合乎逻辑的。然而，如果我们将美国东移解读为"一带一路"的主要动因，则有失偏颇。② 不容否

① 关于西方的曲解、误读及其批判的文章较多，参见黄日涵、丛培影《"一带一路"的外界误读与理性反思》，2016 年 7 月 12 日，光明网（http：//theory. gmw. cn/2015 – 05/13/content_ 15650712. htm）。
② 乔良：《美国东移与中国西进——中国为什么搞"一带一路"》（http：//www. globalview. cn/html/strategy/info_ 2891. html）；戴旭：《"一带一路"与中国西进战略》（http：//m. qingting. fm/vchannels/109934/programs/3670621）。

认，"一带一路"倡议的提出与美国重返亚洲的战略有某种关联性，因为任何国家层面的发展计划必须与不断变化的实际相联系。然而，如果我们将"一带一路"作为国家的一种战略布局，那么其设计者和广大民众肯定希望它是带来和平与发展的巨大机遇。我们既要从国际关系特别是大国关系的现实背景下思考中国崛起对目前由美国主导的全球秩序带来的冲击，也要看到这一倡议带来的各种发展机遇与合作机会，而且这种机遇和机会并非中国一国的战略红利，因为它确实可以推动地区乃至全球经济发展与文明交汇。

当然，虽然丝路经济带主要包括中国西部发展的战略机遇，也是中国西部向西延伸并跨越不同文明地带进而抵达所谓"中心地带"的欧洲，但是它惠及中国四邻及包括东南亚地区的西太平洋地区，这绝不是中国的"西进运动"。由于这是一种包容性发展的倡议，它并非一种排他性的地缘战略。由于丝路经济带的指导思想是机遇共享、经济共赢、文明互鉴，包括各个大陆文明的互相交流，它的主旨是包容性发展，这与美国历史上的"西进运动"更是不可同日而语。

同理，海上丝路主要是中国通过西太平洋和印度洋，与沿线国家进行国际发展合作，推动双边和多边经贸关系的重要通道。从历史上看，这一地区的发展一直相对和平，只是因为西方殖民主义者带来的掠夺性开发导致了一百多年的贸易凋零。亚非国家意识到，只有共享海路，共谋发展，太平洋与印度洋才能有真正的繁荣。中国是和平海上丝路的受益者，沿线各国也是安全海上丝路的受益者。因此，海上丝路的发展绝不是为了抢占海上贸易通道，与大英帝国"统治海洋"的战略更是风马牛不相及。

非洲与"一带一路"：关联与位置

有关"一带一路"在非洲的适用范围与实施，已有学者讨论过。①

---

① 刘伟才：《"一带一路"战略在非洲的适用范围与实施》，《国别与区域研究》2016年第1期。

笔者想在此探讨非洲与"一带一路"的关联，特别是在海上丝路中的位置。这种重要性通过以下几点表现出来。

第一，诸多非洲东海岸的港口是海上丝路的重要组成部分。

第二，位于西印度洋的非洲岛（国）构成了海上丝路的重要支点。

第三，位于红海亚丁湾的海洋安全构成了海上丝路的重要保障。

第四，非洲正在成为亚洲国家举足轻重的重要投资和贸易合作伙伴。

第五，非洲也是亚洲与欧洲海上交往的重要枢纽和转运站。

位于印度洋西岸的诸多重要港口曾为这一地区的贸易繁荣做出诸多贡献。位于埃及纵深的亚历山大港口且不论，位于红海和西侧的港口是连接非洲—阿拉伯地区—亚洲的重要枢纽。可以毫不夸张地说，古代的阿克苏姆（位于今埃塞俄比亚）是当时世界贸易中的第一流贸易大国。首先，它占有优势的地理位置，并控制着红海的两个著名港口——阿杜利斯（在今厄立特里亚）和阿瓦里兹（阿萨布，在今厄立特里亚），以及一条十分重要的贸易航道。普林尼（Pliny）在公元 75 年指出，阿杜利斯港是红海最重要的停泊港之一，是"埃塞俄比亚最大的商业中心"。这使阿克苏姆王室有可能掌握世界贸易流通过程中的商品、信息、管理和通道。其次，从极其丰富的贸易商品来看，阿克苏姆与当时颇为繁荣的欧亚国家都有贸易往来。它既是各种舶来品的消费者，也扮演着转手贸易的掮客角色。例如，它从努比亚沙漠地带的布勒米人那里得到绿宝石，之后运到印度北部出售。同样，从阿杜利斯输出的一些商品实际上是从非洲内陆地区进口的。此时，阿克苏姆的关税制度已经建立，开始自己铸造货币。到阿克苏姆从事贸易活动的有希腊人、叙利亚人、印度人、波斯人、亚美尼亚人以及附近的埃及人、阿拉伯人和努比亚人，他们在阿杜利斯、阿克苏姆、马塔拉等市镇以及阿拉图、托孔达、埃奇马雷、德贡姆、哈盖罗－德拉圭、亨扎特等其他居民区居住，并带来了各种各样的颇具异国情调的衡器和生活用品。① 今天的吉布提港也在发挥着重要的国际

---

① 李安山：《非洲古代王国》，北京大学出版社 2011 年版，第 65—87 页。

港口的作用。此外，位于东部和南部非洲的摩加迪沙、蒙巴萨、达累斯萨拉姆、贝拉、马普托、德班、伊丽莎白和开普敦都构成了印度洋西部的重要港口群。

位于印度洋西部的马达加斯加、毛里求斯、科摩罗、塞舌尔、留尼汪等重要海岛（国）成为海上丝路的重要站点或中转港口。毛里求斯的经济发展自独立后一直比较平稳，印度裔移民构成了该国公民的主要成分。近年来，该国的经济逐渐转为多元化，目前又在进行新的经济转型。毛里求斯一直发挥着亚洲与非洲两个大陆间的移民和贸易中转站的作用。圣路易港同样起着重要的经贸和中转作用。科摩罗和塞舌尔是位于西印度洋的两个岛国，其独立后虽有过动荡，但目前发展趋势平稳。两个岛国的海港也起着重要的作用，它们与中国也保持着良好的关系。马达加斯加更是西印度洋的重要枢纽。它曾一直被认为是非洲和亚洲的联系枢纽。前总统菲利贝尔·齐腊纳纳曾表示："我们……一定不能忘记我们是亚洲裔非洲人。我们确实兼有非洲和亚洲的血统。在这两个大陆上居住着应该成为我们朋友的弟兄们，马达加斯加即是把这两个大陆连成一起的天然纽带。"① 虽然它占地仅62.7万平方千米，但是有东部的图阿马西纳、马南扎里和马纳卡拉，南部的藻拉纳鲁、图利亚拉（一译图莱亚尔），西部的穆龙达瓦、马任加以及北部的埃尔维亚、安采拉纳纳等近 10 个港口。

近些年来，亚丁湾的安全问题成为国际航运和世界媒体的重要关注点。亚丁湾西侧的北岸亚丁港、南岸吉布提港是印度洋通向地中海、大西洋航线的重要燃料港和贸易中转港，具有重要的战略地位。可以这样说，没有亚丁湾的安全就没有海上丝路的安全。

非洲与亚洲的经济贸易关系一直在稳步发展，这一点非常明显。根据 2011 年的统计，当时美国是在非洲投资最多的国家，法国位居第二。两个亚洲国家随后，马来西亚直接投资额为 193 亿美元，远高于中国。中国在非洲的直接投资为 160 亿美元，印度直接投资也达到

---

① ［美］科特雷尔、伯勒尔编：《印度洋在政治、经济、军事上的重要性》，上海人民出版社 1977 年版，第 390 页。

140 亿美元。① 从 2009 年起，中国超过美国成为非洲最大的贸易伙伴。2000 年中非贸易额首次突破 100 亿美元。2014 年，双方贸易额达 2200 亿美元。②

当然，非洲也在亚洲与欧洲的交往中扮演着日益重要的角色。不论是好望角还是苏伊士运河，这些都是亚洲通往欧洲的重要通道。

华侨华人的作用

近年来，由于中国人不断涌向非洲，华侨华人也成为国际上的一个"政治议题"，有时甚至被理解为中国对外扩张的工具。一些西方或私人基金会还专门提供基金或资助来研究这一问题。③ 有关这一问题的讨论，笔者已有专文论及，不在此赘述。④

当然，我们对非洲华侨华人的基本情况应有所了解。

非洲华侨华人总数并不多，但 21 世纪以来增长很快。1996 年，非洲的华侨华人只有 13.6 万人左右。笔者当时提出一个观点：由于中国经济发展需开拓新的市场，非洲发展具有巨大潜力，东亚快速发展以及华侨华人在世界各国树立的吃苦耐劳的形象，欧美国家开始实施严格的移民政策和非洲国家相对宽松的移民政策，这些因素将促使中国人走向非洲，中国人移民非洲将形成势头。⑤ 2002 年非洲华侨华

---

① "The Rise of BRICS FDI and Africa", UNCTAD Special edition, March 25, 2013, http://unctad.org/en/PublicationsLibrary/webdiaeia2013d6_ en.pdf，查阅日期：2016 年 7 月 8 日。还可参见 Tianyi Wang & Andy Lim, "Malaysia: Asia's Top Investor in Africa?" March 13, 2013, http://cogitasia.com/malaysia – asias – top – investor – in – africa/，查阅日期：2016 年 7 月 8 日。

② 《2014 年中国与非洲贸易额首次突破 2200 亿美元》，2016 年 7 月 8 日，环球网（http://china.huanqiu.com/News/mofcom/2015 – 01/5502968.html）。

③ Giles Mohan and Dinar Kale, "The invisible hand of South-South globalisation: Chinese migrants in Africa", 2007. Report for the Rockefeller Foundation Prepared by the Development Policy and Practice Department, The Open University, October 2007; Terence McNamee, et al. , *Africa in Their Words: A Study of Chinese Traders in South Africa, Lesotho, Botswana, Zambia and Angola*, The Brenthurst Foundation, Discussion Paper, 2012/13, pp. 36, 42.

④ 李安山：《国际政治话语中的中国移民：以非洲为例》，《西亚非洲》2016 年第 1 期。

⑤ 同上。

人粗略统计为 25 万人①，2006—2007 年为 55 万人②。根据新华社报道，2007 年高达 75 万中国人在非洲"超期"居住或工作。③ 2009 年，非洲华侨华人的估计数为 58 万—82 万人。④ 李新峰认为，2012 年非洲华侨华人达到 110 万。⑤ 可以看出，非洲华侨华人人数在不到 20 年的时间里增长了 9 倍。⑥

笔者在 2015 年年底与 2016 年上半年访问了 6 个非洲国家，颇有些感触，并在此与大家分享。2015 年 12 月，笔者在莫桑比克参加"中国之音在非洲"的小型项目研讨会。近十余年来，非洲大陆的经济发展一直呈现上升趋势，经济增长率始终保持在 5% 左右。国际上往往将非洲的这种持续发展解释为严重依赖油气资源的发展。不容置疑，由于非洲自然资源丰富，不仅西方国家一直主要依靠非洲的自然资源来发展经济，而且新兴经济体近年来的快速发展在很大程度上也得益于非洲的油气矿产资源。虽然石油在一些国家经济增长中所占比重较高（如安哥拉和尼日利亚），但是也有多个国家在缺乏油气资源的情况下发展迅速，这一点在莫桑比克就比较明显。根据国际货币金融组织最近发表的题为《地区经济展望：撒哈拉以南非洲——保持速度》的报告表明：非洲大陆一些缺乏油气资源的国家照样发展迅速。

---

① 丘进主编：《华侨华人蓝皮书》，社会科学文献出版社 2011 年版，第 24 页。

② 王望波、庄国土编著：《2008 年海外华侨华人概述》，世界知识出版社 2010 年版，第 7 页；李鹏涛：《中非关系的发展与非洲中国新移民》，《华侨华人历史研究》2010 年第 4 期。

③ Giles Mohan, Ben Lampert, May Tan-Mullins and Daphine Chang, *Chinese Migrants and Africa's Development：New imperialists or Agents of Change*, London：Zed Books, 2014, p. 3；吴晓琪：《一百万中国人在非洲摸爬滚打》，2015 年 9 月 15 日，网易（http://data.163.com/12/1017/01/8DVTB39G00014MTN.html）。

④ Edwin Lin, "'Big Fish in a Small Pond', Chinese Migrant Shopkeepers in South Africa", *International Migration Review*, 48：1（June 2014）, p. 181.

⑤ 李新烽：《非洲华侨华人数量研究》，《华侨与华人》2012 年第 1、2 期；李新烽：《试论非洲华侨华人数量》，2015 年 8 月 20 日，网易（http://iwaas.cass.cn/dtxw/fzdt/2013 –02 –05/2513.shtml）。

⑥ 根据台湾方面的统计，1990 年华侨为 2529.5 万，其中非洲华侨为 9.9 万；2000 年分别为 3504.5 万和 13.7 万；2009 年分别为 3946.3 万和 23.8 万。Peter S. Li & Eva Xiaoling Li, "The Chinese Overseas Population", in Tan Chee-Beng, ed., *Routledge Handbook of the Chinese Diaspora*, Routledge, 2013, Table 1.1, p. 20.

报告分析了布基纳法索、埃塞俄比亚、卢旺达、乌干达、坦桑尼亚和莫桑比克等国家如何通过努力达到较快发展速度的情况。[①] 中国驻莫桑比克的外交官在与笔者交流的过程中指出中非合作对解决中国产能过剩问题的重要性。中国在帮助非洲工业化的同时也在帮助自己，而要达到这些目的，需要人来实现。华侨剑虹于 2000 年抵达莫桑比克，先后经历了从商贸活动到筹备建厂，再到勘探开矿，不仅积累了丰富的经验，也为华侨华人在莫桑比克创业提供了一个难得的典型。由于莫桑比克讲葡萄牙语，中国人到莫桑比克投资相对较少，剑虹便开通了自己的网站，创办了《中莫商机桥》杂志，热情宣传到莫桑比克投资的优势。[②] 笔者在莫桑比克期间，他正在积极动员、筹划并接待从葡萄牙来从事投资视察的华人企业家。

在莫桑比克和坦桑尼亚访问时，笔者还遇见两位在当地进行投资贸易调研的背包客，一位来自义乌，一位来自上海郊区。这让笔者看到民营企业在非洲投资增长的巨大潜力。实际上，在东非的华侨华人也在积极协助国内私人企业认识非洲和投资非洲。坦桑尼亚的华人华侨联合会与东部非洲华文传媒联盟联合办了一本《东非瞭望》（*Global Magazine*）杂志。通过不同文章和版面，全面介绍东非特别是坦桑尼亚各方面的情况以及中非合作的进展。例如，《中国"一带一路"助力东非经济发展》分析了"一带一路"将给东非带来的机遇，《坦桑尼亚 2015 年以后的发展规划》《坦桑尼亚政府各部及其职能》《坦桑尼亚将建立单一海关区域》《东非共同体限制进口二手货》等文章介绍了坦桑尼亚和东非的发展规划、政府组织、投资政策和贸易措施等方面的情况，《中国企业进军石墨开采业》《一位中国房地产投资商对坦桑房产业困局的浅思》则提供了中国在当地投资的信息和思考。[③]

目前，中国在非洲的民间企业日益增多。根据 2014 年商务部发布的信息，在非中国企业 70% 属于民企。2015 年 8 月在义乌召开的

① *Regional Economic Outlook*, *Sub-Saharan Africa*: *Keeping the Pace*, International Monetary Fund, October 2013, pp. 31 – 54.

② 剑虹:《剑虹原创:投资莫桑比克十五大优势》,《中莫商桥》2013 年创刊号。

③ 参见《东非瞭望》(*Global Magazine*) 2015 年 4 月刊。

"中非民间论坛"上，一些非洲官员对中国企业在非洲的投资普遍持正面积极的看法。多哥议长德拉马尼认为，非洲完全不担心、害怕中国的崛起，而是支持中国的崛起。埃及"非洲社会"秘书长哈贾吉表示，许多中国商人和公司在非洲做生意，他们对工人的健康、教育和环境都很重视。他们还指出，在非洲大陆发生埃博拉疫情时，中国医护人员冒着生命危险成功帮助他们抑制了疫情蔓延。非洲人民很感激中国提供的帮助。① 布基纳法索的中国商人约 600 人，几乎全部"由寻找新经济机遇的私企经营者构成"。尽管中、布两国没有外交关系，华侨华人在实际操作上有些困难，但与当地人合作融洽。这样，"与当地人合作不仅是中国企业家所采取的贸易策略的必要条件，还是确保他们经营活动得以长期巩固和成功最有效的途径"。这里存在着个人之间的合作、通过中间人的合作、中资企业与当地企业之间的合作以及中国企业与行政机构代表人之间的合作。"这种合作的例子在布基纳法索的中国企业中随处可见。"尽管两国没有外交关系，中国企业却找到了与当地人合作共赢的适当方式。②

2015 年皮尤的全球态度调查中有一个"对中国的看法"（Opinion of China）项目。民意调查结果显示，绝大多数非洲人对中国持肯定态度（favorable）。在列出受访结果的所有非洲国家中，对中国表示好感的在加纳受访者中最高，为 80%，其次是埃塞俄比亚和布基纳法索，均为 75%，坦桑尼亚为 74%，塞内加尔、尼日利亚和肯尼亚三国为 70%，认可度最低的南非也有 52% 的受访者表示肯定。③ 由于这种调查结果反映的是非洲人对中国的整体感受，这无疑包括他们对当地中国企业和华侨华人的肯定。在布基纳法索的华侨华人普遍获得当地民众的正面评价，甚至比其他国家更高。布基纳法索与中国没有外交关系，为什么会出现这种情况呢？我们是否可以推断，没有外交

---

① 张蕾：《在非洲 中国民营企业是"尖兵"》，《中国青年报》2015 年 9 月 2 日。

② ［瑞士］季夫·穆罕默德：《中国人在布基纳法索：民间的中非合作》，载李安山、潘华琼主编《中国非洲研究评论 2014》，社会科学文献出版社 2015 年版，第 158—182 页。

③ Opinion of China（http://www.pewglobal.org/database/indicator/24/），查阅日期：2015 年 10 月 12 日。

关系以及大型国有企业的缺失减少了布基纳法索政府对中国企业"扩张"的担忧，也使西方国家和媒体较少聚集于中国移民存在的这一事实，从而使当地民众在较少受到西方媒体影响的情况下做出自己的判断？

华侨华人给非洲经济带来了积极影响，推动了中国与非洲的合作。① 中国商人不但为非洲提供了大量廉价商品，也为当地小生意提供了机会。中国人的商店对非洲人的消费至关重要，他们并没有取代当地现存的商业，而是开办新的商品市场。纳米比亚的中国批发商是奥希坎戈商业繁荣的重要组成部分，他们被称为"创造性先锋"（creative pioneers）。② 华侨华人和尼日利亚在加纳和贝宁的移民的创业精神各有特点，但在劳动分工和比较优势基础上合作，对当地的减贫和将廉价商品送到偏远地区作用显著。③ 1995 年，华侨在佛得角开了第一家商店。2005 年相关移民在佛得角所做贡献的民调表明，对中国人评价最高。85% 的佛得角人对亚洲移民（实际上主要指中国人）的贡献持正面评价，比对欧洲移民的评价（74%）要高。调查发现，当地人对中国来的移民表明了"一种惊人的正面看法"（a strikingly positive view）。为何如此？中国进口商品对当地生产未造成影响，商品价格便宜使当地购买力提高，并未导致大批佛得角人失业。中国移民并未对佛得角民族认同产生影响。当然，确实存在着一些抱怨，当地居民对来自中国商品质量和劳资关系有所不满。④ 这大概是一种普遍现象。可喜的是，非洲一些国家的华侨华人正在通过组

---

① Giles Mohan and Dinar Kale, "The Invisible Hand of South-South Globalisation: Chinese Migrants in Africa", *A Report for the Rockefeller Foundation Prepared by the Development Policy and Practice Department*, The Open University, October, 2009.

② Gregor Dobler, *South-South Business Relations in Practice: Chinese Merchants in Oshikango, Namibia*, Unpublished Paper, May, 2005.

③ Dirk Kohnert, *Are the Chinese in Africa More Innovative than the Africans? Comparing Chinese and Nigerian Entrepreneurial Migrants Cultures of Innovation*, German Institute of Global and Area Studies Working Papers, No. 140.

④ Jorgen Carling and Heidi Ostho Haugen, "Mixed Fates of a Popular Minority: Chinese Migrants in Cape Verde", in C. Alden, D. Large, R. S. de Oliveira, eds., *China Returns to Africa: A Rising Power and a Continent Embrace*, London: Hurst, 2008, pp. 319 – 337.

织各种公益活动，增进中国人与非洲人的交流和互动，改善自己在非洲人心目中的形象。①

　　"一带一路"为沿线国家的华侨华人提供了又一个机会，只有认清形势，因势利导，才能抓住机会，做到双赢。

---

　　①　南非华人网（http：//www.nanfei8.com/huarenzixun/nanfeishilingguan/2015 - 09 - 04/20391.html），津巴布韦华人网（http：//www.zimbbs.com/thread - 8823 - 1 - 1.html）。

福建海洋发展与海上丝绸之路

曾少聪[*]

　　摘　要： 我国不仅是一个大陆国家，而且也是一个海洋国家。位于东南地区的福建省是一个陆海兼具、生态环境多样的省份，陆地和海洋同为福建人民生存和发展的重要环境。本文探讨福建的海洋发展与海上丝绸之路的关系，说明福建的海洋环境是福建向海洋发展的前提和基础。福建人民凭借优越的海洋条件，积极地向海洋发展，参与海上丝绸之路的活动，成为我国向海洋发展的一支强劲力量。本文提出福建的海洋活动推动了海上丝绸之路的发展；海上丝绸之路的商贸活动带动了福建的海外移民，形成了福建的华侨华人群体；福建的华侨华人在"一带一路"建设中一直发挥重要的作用。

　　关键词： 福建　海洋环境　海洋发展　海上丝绸之路　华侨华人

　　我国不仅是一个大陆国家，而且也是一个海洋国家。位于东南地区的福建省，是一个陆海兼具、生态环境多样的省份，陆地和海洋同为福建人民生存和发展的重要环境。福建九成陆地面积为丘陵地带，被称为"八山一水一分田"。福建的海岸线长度居全国第二位，海岸曲折，陆地海岸线长达3751.5千米。福建岛屿众多，共有岛屿1500多个。[①] 由于福建优越的海洋环境，为福建的海洋发展、福建的海外移民提供了前提和条件。又因福建位于东海与南海的交通要冲，由海

---

　　* 曾少聪，中国社会科学院民族学与人类学研究所新疆历史与发展研究室主任，中国社会科学院国际移民与海外华人研究中心主任，研究员。
　　① 参见 http://baike. so. com/doc/5345568 - 5581013. html。

路可以到达东北亚、东南亚、南亚、西亚、东非，是历史上海上丝绸
之路、郑和下西洋的起点，也是海上商贸的集散地。

一　福建的海洋活动推动海上丝绸之路的发展

地处我国东南边陲的福建省，长期处于中央王朝权力控制的边缘
地带，又承袭了闽越族善舟楫的传统，海洋经济、社会和文化得到较
大的发展，成为中国向海洋发展的一股强劲力量。福建省的先民是百
越民族的一支——闽越族，越人善于用舟，习于水战。他们"以船为
舟，以楫为马，往若飘风，去则难从"。① 福建人接受了汉人的农耕
文化，也继承了闽越族的海洋文化，他们在发展农业生产的同时，也
积极地向海洋发展，踊跃参与东西洋航路的商贸活动。宋、元时期，
泉州已成为世界一大名港。自明中叶开始，漳州月港兴起，成为中国
著名的走私港。特别是太平洋航路开辟以后，月港进入了前所未有的
发展时期。太平洋航路是指从西班牙殖民地墨西哥的阿卡普鲁科港至
马尼拉，再从马尼拉到我国月港与广州港的航路。从 1593 年起至
1821 年墨西哥独立，这两百多年间就是历史上著名的大帆船贸易时
期②，福建人是我国参与太平洋航路贸易活动的主力。在西班牙占领
菲律宾初期，中国每年仅有两三艘船舶航返于菲律宾群岛之间。③ 在
太平洋航路开辟以后，吕宋成为东西方商品的集散地，菲律宾群岛航
运的中心，中国往返于吕宋的船只不断地增多。据张燮《东西洋考》
记载，月港鼎盛时期，从这里往外通商达 40 多个国家和地区。清代，
厦门港逐渐地取代了月港，成为我国一个著名的港口。

（一）福建的海洋发展与东洋航路的开辟
东洋航路的开辟与福建的海洋发展有着密切的联系。所谓东洋是

---

① （汉）袁康：《越绝书·越绝外传记地传》，转引自陈国强等《百越民族史》，中国
社会科学出版社 1988 年版，第 41 页。
② William Lyile Schurz, *The Manila Gallcon*, Quezon：R. P. Garcia Publishing Co. Inc.
③ 曹永和：《台湾早期历史研究》，联经出版事业公司 1981 年版，第 117 页。

相对于西洋而言的。我们现在的南洋,明代称为"东西洋"。有关东西洋的分界,张燮在《东西洋考》中说得十分清楚。"文莱,即婆罗国,东洋尽处,西洋所自起也。"①关于东西洋的范围,向达先生指出:"明代以交趾、柬埔寨、暹罗以西今马来半岛、苏门答腊、爪哇、小巽他群岛,以至于印度、波斯、阿拉伯为西洋,今日本、菲律宾、加里曼丹、摩鹿加群岛为东洋。"②东洋包括吕宋、苏禄、高乐、猫里务、网中礁老、沙瑶、呐哔、班隘、美洛居、文莱10个国家和地区,其范围大概在今天的菲律宾群岛、马鲁古群岛、苏禄群岛以及北婆罗洲一带。③

东西洋的范围,在不同时期其范围有所差异。宋元时的西洋仅指印度南部之极为狭小的区域;东洋则包括爪哇以及其北方相当广阔的地域。后来人们关于南海知识的认识的精细不同,东西洋的含义略有不同;明初郑和七次出使,以后西洋所包括之区域扩大,殆指郑和所经往全部之地。至万历年间,张燮撰《东西洋考》时,东洋与西洋则分别指于东洋针路与西洋针路所经诸国了。④

关于东洋针路,《东西洋考》卷九云:"太武山(用辰巽针七更,取彭湖屿);彭湖屿(是漳、泉间一要害地也。多置游兵,防倭于此。用丙巳针五更,取虎头山);虎头山(用丙巳针七更,取沙马头澳);沙马头澳(用辰巽针十五更,取笔架山);笔架山(远望红豆屿,并浮甲山,进入为大港)大港……"⑤据曹永和的研究:"虎头山"应指今台南东方之山。"沙马头澳"当是沙马矶头山,即指今恒春之南岬猫鼻头。"浮甲山""笔架山"当在巴旦(Batan)和白蒲延(Babuyan)诸岛中。⑥可见,东洋针路即从福建的港口放洋,向东南经过澎湖,大约到现在的安平海面,再沿台湾西南岸南下,到台湾的

---

①　(明)张燮:《东西洋考》卷五《东洋列国考·文莱》,中华书局1981年标点本,第102页。

②　向达校注:《两种海道针经·序言》,中华书局1961年标点本,第7页。

③　李金明:《明代海外贸易史》,中国社会科学出版社1990年版,第139—140页。

④　曹永和:《台湾早期历史研究》,联经出版事业公司1981年版,第115—116页。

⑤　(明)张燮:《东西洋考》卷九《舟师考》,中华书局1981年标点本,第182页。

⑥　曹永和:《台湾早期历史研究》,联经出版事业公司1981年版,第116页。

猫鼻头，再望见红头屿，浮甲山，而后经笔架山到吕宋岛卡迦扬的阿巴里，再沿吕宋岛南下的至民答那峨岛，或转东抵摩鹿加（Molucca）诸岛，或取西经苏禄（sulu）列岛而抵婆罗洲。或经吕宋经过巴拉望（Palawan）岛抵婆罗洲的文莱之路线。①

明清时期，中国到东西洋各地去，多从福建出发，出发的港口有大担、浯屿、北太武、泉州和福州。大担、浯屿、北太武都可归入金门岛，为那时最重要的到东西洋去的出口港。从金门出发所到的国外和地区，有吕宋、麻里吕、诸葛担篮、老维，属于东洋，从泉州出发到渤泥、文莱、杉木，也属东洋。②

东洋航路什么时候被开辟？肇始于哪个时代？元大德年间的《南海志》已有东洋、西洋的记载，可知当时广州已有通东洋的航路。但是，从福建出发的东洋针路是什么时候开辟的呢？和田清博士与松田寿男氏以为：第一，自《岛夷志略》一书，始有东洋、西洋之区别。第二，麻逸国当即菲律宾的明多罗（Mindoro）岛，三屿即武苏安加（Busuanga）、卡拉密安（Calamian）与巴拉望，而均见于《诸蕃志》，可知在宋时已为国人所知，但其时似由西洋针路经婆罗洲，再折至该地。在《岛夷志略》中，三屿称为三岛，且似经台湾而抵该地。这里隐约表示东洋针路的起源，应当不迟于元顺帝时。③曹永和先生认为：和田清博士等之推定似可相信，然《岛夷志略》琉球条末句"海外诸国，盖由此始"一句，乃其确证。此句可以解释为琉球（即台湾）是东洋针路的起点。④邱炫煜则认为东洋针路可以追溯到五代闽国和宋代。他指出："由于福建地狭人稠，山多田少，对于海外贸易需求甚殷，在五代时，闽南为了避免与南汉的广州海商在南海贸易上发生严重龃龉的考虑下，不无凭据航海知识、技术的先进，发展出

---

① 关于东洋针路，可参看黄重言《〈东西洋考〉中的中菲航路考》，《学术研究》1978年第4期。

② 向达校注：《两种海道针经》，中华书局1961年标点本，第7—8页。

③ 转引自曹永和《台湾早期历史研究》，联经出版事业公司1981年版，第117—118页。

④ 曹永和：《台湾早期历史研究》，联经出版事业公司1981年版，第118页。

'东洋航路'，由泉州开船，而直驶菲律宾、婆罗洲的可能。"①

清代的东洋针路，杨国桢教授根据伦敦大英图书馆东方和印度部图书阅览室（Oriental and India office Collections Reading Room）里保存的一套道教科仪抄本（编号 No. 12693，共有 35 种），他从书中添加的一些地方性内容，考证它们是闽南海澄县（今属龙海市）、漳浦县民间道士使用的遗物。② 在这抄本里，有一篇《安船酌钱科》，其中记载往东洋的航路。"往东洋"航路所经的海外国家和地区有：

> 交雁、红豆屿、谢昆美（吕宋岛北部）、吉其烟、南阗、文莱（Brunei）；密雁（Vigan）、美洛阁、布投（即布楼屿）、雁同、松岩、玳瑁、磨老英、里银、中卯、吕宋（Luzon）；吕房（即今马尼拉 Manila）、磨老英、闷闷、磨里你、内阁、以宁、恶同、苏落（即苏禄 Sulu）、斗仔兰、蓬家裂、文莱。③

清代由广州去吕宋的航路，据《海录》等书的记载，出珠江口，经长沙门（即东沙群岛和南沙群岛之间的海面），抵菲律宾群岛和加里曼丹岛。④ 陈伦炯在《海国闻见录》中也说："广之番舶洋艘，往返南洋吕宋、文莱、苏禄等国，皆从长沙门出入。"⑤

综上所述，清代去吕宋的航路有两条，一条从福建港口出发，经澎湖，到台湾，再到吕宋，即沿传统的东洋针路去吕宋。另一条是从广州出发，经长沙门到吕宋。换句话说，从福建港口与广州港去吕宋的航线不同。

---

① 邱炫煜：《明帝与南海诸蕃国关系的演变》，兰台出版社 1995 年版，第 79—80 页。
② 杨国桢：《从民间道教科仪书看清代闽南出洋航路》（打印稿），1995 年。
③ 杨国桢等：《明清中国沿海社会与海外移民》，高等教育出版社 1997 年版，第206—207 页。
④ 转引自余思伟《中外海上交通与华侨》，暨南大学出版社 1991 年版，第 156 页。
⑤ （清）陈伦炯：《海国闻见录》，转引自余思伟《中外海上交通与华侨》，暨南大学出版社 1991 年版，第 156 页。

（二）福建的海洋发展与太平洋航路的商贸活动

从现有的资料来看，东洋航路在五代时的闽国就已经开辟，从福建出发的东洋针路为什么迟至明代才发达呢？前辈的学者大都认为西洋诸国位于西南亚文明古国交通的要道上，或近于其分歧线，又物资丰富，因此西洋针路很早就发达，自汉代以来为国际贸易航路的干线或其支线。反之，东洋航路的发达却是比较滞后，它的繁荣和兴盛是在太平洋航路开辟，西班牙占领菲律宾以后的事情。

哥伦布（C. Columbus）和麦哲伦（Ferdinand Magellan）的海上探险[1]，导致了太平洋航路的开辟。1492 年，意大利热那亚水手哥伦布（C. Columbus）得到西班牙皇帝斐迪南二世（Ferdinand Ⅱ）的资助，他根据"地圆学说"，从欧洲向西航行，寻找另一条到达东方的航线。结果哥伦布到达了巴哈马群岛、古巴、海地一带，后来哥伦布于1493—1504 年又三次西航到达中南美洲海岸，当时误以为是到了印度，把当地居民称为"印第安人"。

当哥伦布发现新大陆以后，葡萄牙人麦哲伦（Ferdinand Magellan），受西班牙国王查理一世（Charles Ⅰ）之命，于 1519 年 9 月，尝试自美洲以西的航海探险。他率领 265 名手水，5 艘商船的探险队，横渡大西洋，抵达美洲后，沿着巴西海岸南下，于次年 10 月到达南美洲最南端的海峡［后来被命名为麦哲伦海峡（Straits of Magellan）］。麦哲伦等人通过南美洲南端，继续西行，进入一片浩瀚无际的水域，也就是现在所说的太平洋。1521 年麦哲伦船队到达了吕宋海面，麦哲伦在吕宋岛上被当地的土著居民所杀，而他的同伴则经葡萄牙人开辟的航线，经印度洋，绕过非洲南端好望角，于 1522 年回返西班牙。从此另一条由欧洲经南美洲到达东方的新航路，已经被开辟。西班牙势力范围也沿着新航路积极地扩张，当时整个南北美洲，除了现在的巴西是葡萄牙的势力范围外，几乎全是西班牙的势力范

---

[1]　邱炫煜：《明帝国与南海诸蕃国关系的演变》，兰台出版社 1995 年版，第 358—359 页。

围，后来又加上太平洋上的一些岛屿及菲律宾群岛。

太平洋航路是指从西班牙殖民地墨西哥的阿卡普鲁科港至马尼拉，再从马尼拉到中国漳州月港与广州港的航路。从 1593 年起至 1821 年墨西哥独立，这两百多年间就是菲律宾史上著名的大帆船贸易时期。① 在西班牙占领菲律宾初期，每年仅有两三艘船舶航返于中国与菲律宾群岛之间。② 自西班牙占领菲律宾以后，特别是太平洋航路的开辟，吕宋成为东西方商品的集散地，菲律宾群岛航运的中心，中国往返于吕宋的船只不断增多。也就是说，明代以前东洋诸国和地区社会经济比较落后，可供贸易的物品相对贫乏。这使得从福建出发的东洋航路迟至明代才发达起来。据张燮《东西洋考》记载，月港鼎盛时期往外通商达 40 多个国家和地区。

二　海上丝绸之路的商贸活动带动了福建的海外移民

海上丝绸之路的商贸活动带动了东南沿海地区的海洋移民。自西班牙占领菲律宾以后，吕宋成为东西方航运的中心，商品的集散地，中国往返于吕宋的船只不断地增多。比如西班牙于 1572 年占领吕宋时，在吕宋只有 150 名的华人。西班牙殖民者为了殖民地经济发展的需要，大批招募华人前往吕宋，正如《东西洋考》所载："有佛郎机者，自干系蜡国，从大西来，亦与吕宋互市……华人既多诣吕宋，往往久住不归，名为压冬。聚居涧内为生活，渐至数万，间有削发长子孙者。"③

有关福建海外移民的人数，有的学者认为 1847—1874 年，大概有 25 万—50 万福建人移民海外。④ 1900—1949 年，福建晋江地区，

---

① William Lyile Schurz, *The Manila Galleon*, Quezon: R. P. Garcia Publishing Co. Inc.
② 曹永和:《台湾早期历史研究》，联经出版事业公司 1981 年版，第 117 页。
③ （明）张燮:《东西洋考》卷五《东番考附》，中华书局 1981 年标点本，第 89 页。
④ 林金枝、庄为玑编:《近代华侨投资国内企业史资料选辑》（福建卷），福建人民出版社 1985 年版，第 18 页。

每年平均有5万人移民海外，50年间至少移民250万人；1900—1926年，每年平均有3万人移民印尼，其中福建人占一半，每年约有1.5万人；到1955年，福建的华侨华人达3676693人。① 改革开放后，福建人掀起了新一波的移民浪潮。1990年达到3.25万人，1996年达到53.35万人，2005年达到150万人，2009年达到200万人。② 据最新统计，福建省现有闽籍华侨华人1580万人，分布在世界188个国家和地区。③

　　自明中叶以降，福建开始了较大规模的海外移民。在不同的历史时期，福建海外移民的地区分布有所变化，呈现出动态性特征。宋元时期，福建人移民海外的人数增多，他们不仅到达苏门答腊、爪哇等东南亚地区，还东去日本，北上朝鲜。④ 明清以降至新中国成立时，福建华侨华人主要集中在东南亚地区。改革开放以后，福建人移民海外的范围不断扩大。这种状况，直到改革开放之后才发生变化。"20世纪70—80年代，福建人跨境迁移的主要方向最先以日本、美国为主，欧洲是在20世纪90年代才逐渐凸显为又一迁移的目的国。"⑤

　　自改革开放以来，福建海外移民的移出地也发生了变化。二战之前，福建人移民海外主要为闽南人、福州人、莆田人和客家人。改革开放后，八闽大地纷纷掀起了移民浪潮。据统计，福建"新华侨华人110.49万"，其中"福州38.09万人，莆田35.92万人，泉州28.39万人，南平2.8万人，三明1.52万人，厦门1.5万人，龙岩1.48万人，宁德0.47万人，漳州0.33万人"。⑥ 在明清时期，漳州人是福建海外移民的主力。自1978年以后，漳州的海外移民却急剧减少，而

---

　　① 林金枝、庄为玑编：《近代华侨投资国内企业史资料选辑》（福建卷），福建人民出版社1985年版，第29页。

　　② 郭玉聪：《福建省国际移民的移民网络探析——兼评移民网络理论》，《厦门大学学报》（哲学社会科学版）2009年第6期。

　　③ 《闽籍华侨华人达1580万　福建拟成立"世界福建侨商总会"》，2015年1月5日，福建新闻网（www.fj.chinanews.com/news/2015/2015－01－05/298268.shtml）。

　　④ 杨昭全、孙玉梅：《朝鲜华侨史》，中国华侨出版社1991年版，第45—55页。

　　⑤ 李明欢：《国际移民政策研究》，厦门大学出版社2011年版，第302页。

　　⑥ 张进华：《改革开放30年福建新移民的发展和贡献》，《八桂侨刊》2008年第4期。

莆田、南平、三明和宁德却后来者居上。就福建的海外移民而言，在明代漳州的海外移民是福建海外移民的主力；自清末开始，与泉州的海外移民相比，漳州的海外移民锐减；自改革开放以来，漳州的海外移民也很少。漳州的海外移民为什么会出现这种情况？有待进一步研究。

福建的海外移民形成了自己的网络，其移民分布的地域性特征较为显著。不论是早期移民占主角的闽南人、福州人、莆田人和客家人，还是改革开放后崛起的明溪新侨乡的"明溪人"，从他们的移民过程中往往能看到发达的移民网络。当移民中介尚不发达时，或亲缘，或地缘，或业缘等方式为纽带的移民网络在移民海外的过程中往往扮演至关重要的角色；即使在移民中介较为发达的今天，这种移民网络依然扮演着不可忽视的角色。有学者通过研究福建长乐、福清、明溪县等新移民网络，认为福建的先行移民具有牵引作用，这种牵引后来者具有普遍的现象，一带百是可能，百也可能再带千，形成家族式迁移。①这种家族式迁移的实现，根植于福建发达的宗族组织土壤。

三　福建华侨华人在海上丝绸之路建设中的作用

明清时期，中国的海上贸易除了官方的朝贡贸易曾得到中国政府的支持外，民间的海上贸易一直得不到中国政府的支持，有时甚至严遭海禁。与西方国家相比，葡萄牙人和西班牙人的海上贸易分别得到其皇室的支持，日本的幕府将军向日本海商提供中央支持。值得注意的是，明清时期中国的海上贸易主要是私人的海上贸易。福建移民菲律宾的人数远比西班牙人多，移居的时间也比他们早，况且菲律宾群岛就在中国近旁，中菲的海域畅通无阻。然而，侨居吕宋的华人，却惨遭西班牙殖民者五次屠杀和六次驱逐。② 明清朝廷对海外华人惨遭

① 郭玉聪：《福建省国际移民的移民网络探析——兼评移民网络理论》，《厦门大学学报》（哲学社会科学版）2009 年第 6 期。

② 廖西白：《九十年来华侨在菲之经济概况》，载《菲律宾华侨善举公所九十周年纪念刊》，马尼拉、菲律宾华侨善举公所，1967 年，第 29 页。

屠杀却漠不关心，把海外移民当弃民看待。1603 年，吕宋华侨华人第一次惨遭西班牙人屠杀，漳州长官复函西班牙驻吕宋总督的信，信中说："复皇帝命下，谓彼于此事极为震悼。然于吕宋不能兴师问罪者，其故有三：一、干系腊原为修好之国；二、如遽兴师讨伐，胜负未可感必；三、所杀华人，多系素无赖，于我国无益，且系久背乡井之人。有此三点，可勿视为重要。"① 由此可见腐败的明廷对海外移民的冷漠，以及对世界海洋发展的麻木。

海洋移民移居国外，由于得不到中国政府的支持，移民本身又没有足够的力量推翻殖民者残酷的剥削和统治，移居菲律宾的华人只能采取低姿态的侨商角色。正如王赓武教授所说："在吕宋的闽南社区倘若不去主宰政治经济事务的话，按道理应该能掌握自己的命运，但是这种局面并未出现。恰恰相反，被中国官员遗弃的闽南人，选择了侨商这种低姿态。而对西班牙帝国的势力，他们孤独无援，许多人实际上沦为西班牙人扩张的工具。"②

虽然明清时期福建的海外移民得不到朝廷的支持，海外移民在移居地的发展受到限制。但是，福建华侨华人凭借自身的条件和努力，积极地参与资本主义世界体系经济的运作，推动了移居地经济社会的发展。杨国桢教授指出：中国海外移民的商贸网络大致有三个层次，其一是中国移民社区之间的短途和长途贩运；其二是中国移民社区与移居地内地市场的商贸网络；其三是中国移民社区与海外市场的商贸网络。这包括两个部分，一是中国海外移民往来异国（包括中国），从事跨国性的经营活动，二是就地经营的国际贸易。它直接或间接地把传统亚洲经济圈和欧美经济圈连接起来。③ 菲律宾移民从事太平洋航路的贸易活动，使中国的产品通过马尼拉中转，运送到墨西哥，再从墨西哥销售到西班牙等欧洲国家，使中国产品

① 菲律乔治：《西班牙与漳州之初期通商》，薛澄清译，载中共龙溪地委宣传部、福建省历史学会厦门分会编印《月港研究论文集》，1983 年版，第 291 页。
② 王赓武：《没有帝国的商人：侨居海外的闽南人》，李原、钱江译，《海交史研究》1993 年第 1 期。
③ 杨国桢等：《明清中国沿海社会与海外移民》，高等教育出版社 1997 年版，第 205 页。

走向世界。这正如杨国桢教授所说的："中国海商利用这三个层次商贸网络在亚洲市场建立传统贸易的优势，并借助欧洲商人的转贩，使中国商品进入欧洲市场。"① 与此同时，移民从太平洋航路的贸易活动中带回大量的白银和黄金，缓解中国硬通货币的不足。②

关于福建的海外移民对福建省社会经济的作用主要有以下三个方面。其一是缓解了福建人口的压力，其二是输入大量的资金，其三是加强了福建与国外的联系。美国学者何炳棣先生指出："从人口统计学的意义看，对海外移民的作用仅限于东南沿海地区，但它的经济意义要大得多。C. F. 雷默估计 1914—1930 年期间平均每年的华侨汇款大约有 2 亿元。以后更具体的研究说明他的估计还是相当谨慎的。1937 年一年间，仅广东获得的侨汇就达一亿八千万美元，1931—1935 这五年间的侨汇总数为十三亿元。直到本世纪三十年代，当中国的进口飞速增长时，侨汇经常起着帮助中国平衡国际支付的作用。所以海外移民经济上的重要性已经远远超出了人口统计上的作用。"③何炳棣先生讲的是整个中国海洋移民的作用，而他所说的作用同样适合于菲律宾的华人。他们往往通过捐资、捐物和其他形式来参与和推动祖籍地的公益事业和家乡建设。清末至民国年间，福建华侨开始对福建进行投资。1905 年福建华侨投资建立了"福建铁路公司"（即漳厦铁路公司）。从 1919 年至 1949 年，福建华侨华人掀起了投资企业的两个高潮，分别为 1937—1945 年的 69399850 元和 1945—1949 年（主要集中在 1946 年和 1947 年）的 17226787 元。④ 这一时期，福建地区则几乎全为东南亚华侨投资。⑤ 自 20 世纪 80 年代末以来，东南

---

① 杨国桢等：《明清中国沿海社会与海外移民》，高等教育出版社 1997 年版，第 205 页。

② 参见梁方仲《明代国际贸易与银的输出入》，载于宗先等编《中国经济发展史论文选集》（下），联经出版事业公司 1980 年版，第 1495—1540 页。

③ ［美］何炳棣：《1368—1953 中国人口研究》，葛剑雄译，上海古籍出版社 1989 年版，第 168 页。

④ 林金枝、庄为玑编：《近代华侨投资国内企业史资料选辑》（福建卷），福建人民出版社 1985 年版，第 36—47 页。

⑤ 王望波：《改革开放以来东南亚华商对中国大陆的投资研究》，厦门大学出版社 2004 年版，第 41 页。

亚形成了以闽籍华商为主的对闽投资高潮。其投资领域以第三产业为主，并逐步拓展到港口、公路、桥梁、引水工程、电力、原材料等基础设施和基础产业领域，还参与了旧城改造和城市建设。截至2002年年底，新加坡华商投资福建的金额达14.02亿美元，而菲律宾华商为8.08亿美元。① 正是在包括侨资在内的外资的助推下，福建经济得到了快速发展，尤其是晋江、福清等侨力资源丰富的地区发生了翻天覆地的变化，形成了自己独特的发展模式，纷纷进入了全国百强县市行列。

四　结论

我国很早就开始向海洋发展，海洋成为东南沿海人民重要的生存空间。② 早在公元前3世纪，我国就与南中国海发生联系，以后这种联系越来越密切。③ 我国的海洋发展，开辟了通向海外的东西洋航路，并与太平洋航路对接，成为著名的海上丝绸之路。我国通往西洋的航路，自秦汉开始就已经发达起来。然而，我国通往东洋的航路，却迟至宋元以后，特别是在太平洋航路开辟以后才兴盛起来。东洋航路的开辟，与福建的海洋发展有着密切的联系。福建的海洋发展推动了海上丝绸之路的商贸活动，海上丝绸之路的商贸活动又带动了福建的海外移民。福建的华侨华人积极参与海上丝绸之路的商贸活动，不仅促进移居地经济社会的繁荣，而且也回馈祖籍地社会，正如王赓武教授指出："他们（菲律宾华人）成功的贸易将大量的白银输入了中国，他们的企业把蕃薯、玉米、花生和烟草之类新大陆的粮食作物引进了

---

① 王望波：《改革开放以来东南亚华商对中国大陆的投资研究》，厦门大学出版社2004年版，第156页。

② 参见杨国桢主编《海洋与中国丛书》《海洋中国与世界丛书》，这两套丛书自1998年开始在江西高校出版社陆续出版。

③ ［新加坡］王赓武：《越洋寻求空间——中国的移民》，《华人研究国际学报》2009年创刊号。

中国，改变了其故乡全省的主粮生产农业。"① 历史与现在，福建华侨华人对祖籍地的经济社会发展一直发挥了重要的作用。近年来，习近平总书记提出"一带一路"建设的国家战略，古老的海上丝绸之路焕发青春。福建作为海上丝绸之路的起点和核心区，在建设 21 世纪海上丝绸之路中必将发挥更为重要的作用。

---

① ［新加坡］王赓武：《没有帝国的商人：侨居海外的闽南人》，李原、钱江译，《海交史研究》1993 年第 1 期。

浙江华侨华人与"一带一路"

——以世界丽水、青田人为研究中心

李其荣*

摘 要：本文以世界丽水、青田人为研究中心，探讨了华侨华人在"一带一路"建设中的作用。文章认为，华侨华人在"一带一路"建设中可以为中国企业走出去牵线搭桥，发展自身事业；大力弘扬中华优秀文化，进一步树立民族良好形象；积极参与基础设施建设，与中国企业实行强强联合；积极参与中国经济转型升级，进一步实现合作共赢；加强海洋经济开发与合作，共奏"海上丝绸之路"交响曲；积极引进高新技术和优秀人才，增强我国自主创新能力；推动住在国经济社会发展，进一步融入当地社会；华侨华人可以成为"一带一路"的宣传者。华侨华人参与"一带一路"建设的路径：一是产业合作，借助中国产业转型升级，华人华侨和国内的企业在交通运输、港口、产业园等方面的合作；二是项目建设，发挥华侨华人在船舶、运输、仓储等领域的优势，参与"一带一路"的能源资源、港口等开发；三是生意的对接，围绕"一带一路"优先发展的领域和机会，来寻找我们可以做的项目，实现自身事业的提升；四是牵线搭桥，加强经贸等多领域的合作，可以作为华侨华人的一种事业；五是利用"一带一路"建设机会参与到中国与住在国的发展来提升侨商形象，促进侨商转型升级。华侨华人还是"一带一路"人文交流的使者，

* 李其荣，浙江丽水学院华侨学院院长、特聘教授，华中师范大学国际移民与海外华人研究中心/国务院侨办侨务理论研究武汉基地主任、教授。

浙江华侨华人通过华侨社团、华文媒体、华文教育等多重渠道为中华文化的海外传播做出了重要贡献。

关键词：华侨华人　"一带一路"　作用　丽水　青田

"一带一路"是指"丝绸之路经济带"和"21世纪海上丝绸之路"。在2015年11月北京召开的APEC会议上，中国表示将出资400亿美元设立丝路基金，为"一带一路"沿线国家基础设施、资源开发、产业合作和金融合作等提供融资支持。2015年12月5日的中央政治局会议明确提到推进"一带一路"。"一带一路"倡议是我国发展新常态下推出的统筹内外、兼顾现实与未来、全面布局新一轮对外开放的大战略。"一带一路"构想提出了一种全新的国际合作模式，倡导合作共赢、共同发展、共同富裕的理念。[1] 新丝绸之路建设"是中国全面深化改革的内在需要，将为区域经济一体化注入强大动力，为全球经济复苏和全球经济治理体系改革的顶层设计做出贡献"[2]。

浙江作为开放大省，充分利用这个机会推动产业转型升级，打造推动"一带一路"倡议的经贸合作先行区、"网上丝绸之路"试验区、贸易物流枢纽区，构筑陆海统筹、东西互济、南北贯通的开放新格局，机遇难得。[3] 据2014年最新侨情调查的结果公布，浙江籍海外华侨华人、港澳同胞有202.04万人，分布在世界180个国家（地区）。根据调查数据，居住在省内的归侨、侨眷、港澳同胞眷属112.42万人，归国留学人员5.67万人，海外留学人员8.96万人。以2013年11月1日为调查时点，浙江全省常住人口5498万人，按此计算，浙江省涉侨人员群体（不计海外留学人员、归国留学人员）占全省人口的5.7%，高于全国占比1.3个百分点。从涉侨人员的分

---

① 何亚非：《"一带一路"构想并非中国经济扩张计划》，2015年12月7日，中国新闻社（http://huaren.haiwainet.cn/n/2015/1207/c232657-29425919.html）。

② 何亚非：《海上丝绸之路与华商经济》，《侨务工作研究》2014年第2期。

③ 《"一带一路"战略下的浙江机遇 宁波勇闯新路谋作为》，2015年1月9日，凤凰宁波综合（http://nb.ifeng.com/zjxw/detail_2015_01/09/3404402_4.shtml）。

布情况来看，浙江籍海外华侨华人、港澳同胞主要分布在欧洲，占
54.2%，亚洲其次，占 20.8%，北美洲位居第三，占 19.6%。另外
在南美洲、大洋洲和非洲也有少量分布。^①浙江是侨务大省，在中国
"一带一路"建设中，我们如何充分发挥海外广大华侨华人的作用
呢？这是本文要讨论的问题。

一 华侨华人在"一带一路"建设中的作用

中国提出了"一带一路"建设的宏伟蓝图，目前"一带一路"
建设已经进入全面推进阶段。"一带一路"沿线覆盖44亿人口，年经
济总产值共计约2.2万亿美元。同时，沿线各国是华侨华人的聚集
区，"一带一路"沿线蕴含着丰富的侨务资源，生活着4000多万华侨
华人，他们在"一带一路"建设中完全可以大有作为。我们一方面
要充分发挥他们在促进中国经济转型升级和区域经济合作共赢中的
"生力军"作用；另一方面要积极引导他们搭建起与沿线国家和地区
友好交流的"彩虹桥"，充分发挥海外侨界拥有的侨团、人脉、媒体
等资源以及融通中外的独特优势，深化中外人文交流合作。同时，
"一带一路"沿线聚集着科技、经济、金融等领域的大量高层次侨胞
人才，有效引导好这些智力资源，将有助于构建起支撑"一带一路"
建设的全球人才网络。^②

"一带一路"对广大海外华侨华人来说，也是难得的发展机遇。
公开数据显示，全球华商企业资产约4万亿美元，其中东南亚华商经
济总量为1.1万亿至1.2万亿美元，世界华商500强中约1/3在东盟
国家。蔡建国分析称，海外侨胞拥有雄厚的产业和金融实力、全球化

---

① 黄筱、商意盈:《浙江侨情:浙籍海外华侨华人、港澳同胞超200万》，2014 年 10
月 29 日，新华网浙江频道（https://www.baidu.com/s? tn = 80035161＿2＿dg&wd =％
E5％9B％BD％E9％99％85％E7％A7％BB％E6％B0％91％E4％B8％8E％E6％B5％B7
E5％A4％96％E5％8D％8E％E4％BA％BA％E7％A0％94％E7％A9％B6）。
② 裘援平:《华侨华人在"一带一路"建设中大有可为》，2016 年 3 月 30 日，紫荆网
（http://www.zijing.org/2016/0330/691722.shtml）。

的生产营销网络、丰富的智力资源、广泛的政商人脉，不仅是"一带
一路"建设的重要桥梁，也能直接参与其中，这部分海外侨胞在
"一带一路"建设中的潜力不能忽视。①

海外华侨华人在中国企业走出去和中国与世界经济社会深度接轨
过程中发挥着独特的作用。丝绸之路沿线国家有相当一部分华侨华人
已经取得巨大的经济成就，他们有广泛的政、商人脉，拥有与住在国
各界良好的沟通渠道，拥有雄厚的产业实力和全球化生产营销网络。
他们本身就具有融通中外的民间外交优势。②

第一，华侨华人可以为中国企业走出去铺路搭桥。

分布在世界各地的华侨华人包括海外华商，"有着共同的血脉和
亲情，有着共同的语言和文化传承，是中国走向世界和世界了解中国
的重要桥梁和纽带"③。从古至今，丝绸之路的开拓发展离不开华侨
华人的参与，海外华侨华人是中国现代化建设的独特资源，他们对住
在国的社会、法律、风土人情了然于胸，对中国和家乡情况也很熟
悉。在配合国家对外开放战略中，起到"穿针引线"的作用，可以帮
助国内企业"走出去"，帮助解决"水土不服"等问题。由于各国资
源禀赋各异，经济互补性较强，彼此合作的潜力和空间将会得到充分
释放。华商可利用庞大网络，为中国走出去企业及沿线各国的企业搭
建更多务实、高效的信息交流和分享平台，创造更多合作和发展机
会。通过打破阻碍沿线各区域经济发展各种壁垒，消除相互之间文化
上的隔膜、误解。④ 侨商有自身的优势，"帮助国内企业牵线搭桥乃
至携手合作，做中国企业走出去的响应者、参与者、合作者"⑤。

---

① 蔡建国：《华侨华人可为"一带一路"穿针引线》，2015 年 2 月 27 日，中国新闻网
（http：//www.chinanews.com/hr/2015/02 - 27/7084253.shtml）。
② 赵万山、郭兰英、赵卿：《郝树声建议——让华侨华人成为"一带一路"建设的桥
梁和使者》，《兰州日报》2016 年 3 月 3 日。
③ 俞正声：《把握发展机遇 共创美好明天——在第十二届世界华商大会开幕式上的演
讲》，2013 年 9 月 25 日。
④ 陈式海：《华人华侨在"一带一路"中的机遇和使命》（http：//www.fjql.org/xjjkj/
4647.htm）。
⑤ 李源潮：《共同致力于实现民族复兴的中国梦——在中国侨商联合会第四次会员代
表大会上的讲话》，2013 年 1 月 8 日。

　　第二，华侨华人可以成为"一带一路"的宣传者。

　　"一带一路"倡议提出后，在不同国家和地区，还存在一些不理解和争议，甚至有一些误解。华侨华人在认识、理解了"一带一路"的重要意义之后，可以通过自身的优势做一些宣传工作，向所在国的人民大众和主流社会宣传"一带一路"的重大意义，宣传"一带一路"的理念和精神。所以，华侨华人可以成为中国政府与外国政府和社会的沟通者，可以发挥桥梁作用，把中国对"一带一路"的理念和做法与外国政府和民间沟通，使大家能够参与到"一带一路"中来。

　　第三，华侨华人可以积极参与基础设施建设。

　　中国政府正在鼓励中国企业走出去。2011 年以来，印度尼西亚、泰国等先后公布了基础设施建设中长期规划，预计 2011 年到 2020 年，东南亚地区基建投资规模将达到 1.5 万亿美元。2013 年，习近平主席倡议设立 500 亿美元的亚洲基础设施投资银行。华商企业与具有丰富海外工程承包经验的中国企业强强联合，在高铁、公路、港口建设等方面加大投入，不仅将为地区经济发展奠定坚实基础，同时会给企业带来长期稳定的资本收益。①

　　第四，华侨华人可以进行中外项目合作。

　　华商参与中外投资合作项目，是大有可为的。如：缅甸蕴藏着丰富的石油、水力、森林和矿产，这些资源并未充分开发，中缅两国在能源开发和基础建设上有很大的合作空间。比如缅甸有将近 2/3 的家庭得不到充足的电力供应，但其蕴藏发电量超过现有的 30 倍。由于华侨华人熟悉缅甸政策、语言和风俗，可成为大中华地区企业投资缅甸的向导。不少中国企业已与华商合资或以其名义在缅甸注册公司。如能善用华侨华人资源，不仅能推动中缅基础建设合作，还能吸引其他外资。有利于增加缅甸就业机会和刺激当地市场经济。②

　　第五，华侨华人要进一步融入当地社会。

　　广大侨胞要立足维护侨胞长期发展福祉，进一步融入当地社会；

---

　　①　何亚非：《海上丝绸之路与华商经济》，《侨务工作研究》2014 年第 2 期。
　　②　陈琮渊、敖梦玲：《缅甸华侨华人与"一带一路"建设》，2015 年 9 月，凤凰网（http://pit.ifeng.com/a/20150923/44717056_0.shtml）。

遵守住在国法律，尊重当地社会风俗和宗教习惯；坚守文明守法经营，注重回馈当地社会；加强社团团结，共同构建和谐侨社；用自己的劳动、创造和奉献赢得当地民众的信任和尊重，努力成为当地经济发展繁荣和社会文明进步的促进力量。①

第六，华侨华人企业应进行企业转型升级。

随着中国经济的发展，近年来海外华商在传统经营模式的基础上有了更高的需求。华商企业总体上来说都是家族式的企业，都是经过老一代创业者几十年甚至更长时间的积累发展起来的，企业创建者都具有艰苦奋斗、勤俭节约、诚信经营的中华传统美德，其成功在很大程度上也得益于在企业经营过程中对中华文化的传承和弘扬。② 在海外，按传统模式和理念经营的店铺、企业已经很难有大的突破，华商企业想要在海外站稳脚跟并且有更长远的发展，就必须进行转型、升级。新一代的华裔企业家接班人拥有更高的教育背景与更专业的知识，他们为企业注入的新鲜血液推动了海外华商产业的转型升级，让传统的产业焕发了新的生机。

第七，广开进贤之路，广纳天下英才。

在世界近 200 个国家和地区有 6000 万海外侨胞，其中有几百万专业人士。新华侨华人专业人士从事的工作涵盖了所有学科领域，涌现出一批批国际知名、有所建树的专家学者。他们具有全球视野、国际眼光和很强的创新意识和活力，掌握世界前沿的科技成果和先进的管理理念，既熟悉各自领域的研究状况和最新成就，又熟悉国内科技研发的思维特点。③ 党的十八大发出了"广开进贤之路，广纳天下英才"的号召，强调要"充分开发利用国内国际人才资源，积极引进和利用好海外人才"。我们要引进一批能够突破关键技术、发展高新

---

① 俞正声：《把握发展机遇　共创美好明天——在第十二届世界华商大会开幕式上的演讲》，2013 年 9 月 25 日。

② 张冬冬：《将推动华商企业转型升级》，2012 年 5 月 29 日，搜狐网（http://roll.sohu.com/20120529/n344281000.shtml）。

③ 裘援平：《中国的创新发展为海外华侨华人专业人士提供最佳发展机遇》，《侨务工作研究》2014 年，第 4—5 页。

产业、带动新兴学科的高层次专业技术人才，促进中国的创新体系建设，科学技术发展，经济结构调整，产业转型升级，发挥华侨华人专业人士独特而重要的作用。

"一带一路"是我国构建全方位对外开放新格局的大战略，是沿线国家深入参与经济全球化的大机遇。浙江将积极参与"一带一路"倡议实施，与沿线国家强化经贸合作、拓展产业合作、提升人文科技合作，努力成为"一带一路"建设的先锋。①"一带一路"沿线是浙籍华侨华人的聚集地区，也是浙江商人力量较强区域。沿线浙江商人是浙江参与"一带一路"建设的一支重要力量。

二　华侨华人参与"一带一路"建设的路径

丽水是侨务大市，全市共有海外华侨华人、港澳同胞40多万，分布在世界130多个国家和地区。以丽水籍海外华侨华人为主或担任会长的社团有265个，共有侨资企业741家。青田是中国著名侨乡，已有300余年侨史。该县总人口50万，华侨人口约25万，遍布世界五大洲120多个国家和地区。丽水和青田华侨华人具有创业精神，勇于开拓和进取。我们需要的是，发挥华侨华人集体优势，整合各方资源，搭建良好的商业平台。努力把握"一带一路"的战略机遇，加强与祖国的沟通联系，优化华侨华人的经济结构，采取抱团取暖模式，在实践中提升和完善侨团的凝聚力。

华侨华人参与"一带一路"建设主要有以下几种途径：

一是产业合作，借助中国产业转型升级，促进华侨华人和国内的企业在交通运输、港口、产业园等领域的合作。侨居西班牙的青田人朱光然，1991年把自己的工作重心放在了回国寻求商机上，2002年他开始在宁波杭州湾新区成立"欧洲工业园"，2003年园区第一家企业入驻投产。2012年已经有28家独资企业入驻。预计园区全部投入

---

① 王国锋：《浙江省长访西班牙与"一带一路"沿线浙籍侨领座谈》，《浙江日报》2015年5月19日。

使用年产值可达 20 亿美元，员工人数超过 3500 人。欧洲工业园开创了工业园区"以侨引外"独特的经营管理模式。①

二是项目建设，发挥华侨华人在船舶、运输、仓储等领域的优势，参与"一带一路"的能源资源、港口等开发。2016 年 2 月 24 日，（浙江）丽水华侨经济总部（万侨国际）项目在丽水经济技术开发区举行奠基仪式，开始动工建设。作为"浙江省服务业重点项目""丽水市服务业重点项目""丽水市重点建设项目"，国家、浙江省、丽水市级开发区"最惠政策基地"，集高端观景微豪宅、南城首席 5A 级写字楼、华侨金融汇三大产品于一身，是由侨商投资并与丽水经济技术开发区政府携手为华侨归国创业量身打造的总部基地及创业摇篮。据悉，该项目占地 1.5 万平方米，总建筑面积约 10 万平方米，计划总投资约 5 亿元。丽水，作为中国著名的侨乡有华侨华人和港澳台同胞 41.5 万人，他们当中有 6 万多人从事国际贸易，这些根在丽水的海外侨胞们，有相当部分人有回乡投资发展的意愿，为此丽水市经济开发区政府与侨商一起联袂打造服务侨商的"丽水华侨经济总部大厦"，并致力于将其打造为南城首席商务办公城市综合体，这也是丽水市唯一的华侨经济总部基地。②

三是生意的对接，围绕"一带一路"优先发展的领域和机会，来寻找华侨华人可以做的项目，实现自身事业的提升。干学雄是青田县侨居罗马尼亚的华侨，1995 年他成为首批回乡投资的华侨之一。他独资创建了"罗华山庄"，1997 年他在"罗华山庄"投资兴建了一个现代化的兰花种植场，取名为"罗华兰韵"，2012 年"罗华兰韵"被浙江省兰花协会评为"百佳兰苑"。③

青田县侨乡进口商品城位于青田县城，建筑面积 2.1 万平方米，

① 周加祥主编：《华侨华人：丽水文史资料》第 9 辑，团结出版社 2013 年版，第 183—185 页。

② 《丽水华侨经济总部项目奠基　打造对外招商引资平台》，2016 年 2 月 25 日，中国侨网（www.china9w.com）。

③ 周加祥主编：《华侨华人：丽水文史资料》第 9 辑，团结出版社 2013 年版，第 201—202 页。

内设进口珍品馆、精品馆、时尚馆。主要经营各类国外原装进口商品，包括红酒、食品、保健品、日用百货、服装鞋帽、化妆品等。进口商品城，具有浓郁的欧陆风情，是立足青田，面向全国的进口商品展示、展销平台，是集商品展示、电子商务、休闲购物、旅游观光为一体的浙南商贸实验区。侨乡进口商品城以承接青商回归、提升青田区域品牌为出发点，坚持资源整合、业态提升、模式创新，通过与全球青商的联动，与青田关联产业的互动，积极发展和培育"流通总部经济、现代采购配送、贸易金融服务"等现代商贸服务业态，力争将青田侨乡进口商品打造成全国有重要影响力的"欧洲商品—中国东部分拨中心""进口商品商贸实验区""国际名品电子商务总部基地"。①

四是牵线搭桥，加强经贸等多领域的合作，可以作为华侨华人的一种事业。② 2010 年 11 月 11 日，青田人林军洪创建了"义乌青田商会"。义乌青田商会的成立在更好地团结青田老乡，为企业和政府之间搭建互通的平台，方便青田籍华人和旅居国政府的沟通，带动外国企业家、政府官员来义乌考察洽谈等方面起到了至关重要的作用。③青田人在义乌采购的非常多，很多青田商人都是从义乌进货，卖向旅居国家。但是他们两边跑或长期旅居国外，对国内的市场信息难免把握不准。这时候商会发挥了重要作用。

五是提升侨商形象，利用"一带一路"建设机会参与到中国与住在国的发展来提升侨商形象、促进侨商转型升级。华侨华人可与中国、住在国在"一带一路"建设中实现三方共赢。海外华商群体在发展中从住在国人民的利益出发，帮助住在国引进中国企业，为中国企业"走出去"，在应对政治风险和其他障碍中发挥独特作用。"一带一路"建设主要是以市场驱动，驱动的主力就是企业。青田华侨的

---

① 《中国青田侨乡进口商品城》，2014 年，中国青田网（http：//qtnews. zjol. com. cn/zhuanti/2014/qxjkspc/）。

② 邵思翊：《谭天星出席浙江华侨与"一带一路"专题论坛》（http：//www. zjqb. gov. cn/art/2015/4/24/art_ 377_ 79338. html）。

③ 周加祥主编：《华侨华人：丽水文史资料》第 9 辑，团结出版社 2013 年版，第 187 页。

优势是对国内情况了解，对住在国情况也掌握得比较清楚，在全球经济低迷、国内经济处于"新常态"的情况下，华侨、青商怎么参与到"一带一路"中去？参与国内的建设，等于参与"一带一路"建设。① "一带一路"是要走出去，但走出去的前提是，国内要先建设好。华侨、青商可以利用自身优势，在家乡和住在国获得共赢。

六是发扬商业精神，实现华侨要素回流。华商吃苦耐劳、谨小慎微、稳扎稳打、步步为营、精明聪慧、注重乡情与亲情，并以此作为扩大经营规模的纽带，扩展商业连锁机构，坚持诚信经营，坚持做人准则，这些优秀的商业品质得到欧洲商人的认同和赞许。② 在"一带一路"建设中，华侨应继续发扬商业精神，实现"心的回流、情的回流、爱的回流"③。

海外浙商投身建设"一带一路"，要发挥海外侨胞的特殊作用。向沿线国家民众和政要宣传推介"一带一路"是互利共赢之路，汇聚起推动"一带一路"建设的强大力量；发扬创业天下、敢创敢拼的优良传统，拓展在"一带一路"沿线国家特别是新兴经济体和发展中国家的产业投资，积极参与各项事业建设；充分发挥在贸易领域的比较优势，拓宽贸易领域、优化贸易结构，推动更多浙江产品走向世界、国际品牌走进国内；将自身事业发展同参与"一带一路"建设结合起来，找准参与定位，创新合作模式，扬长避短，主动作为，加快产业转型升级，整合资源共享，实现合作共赢。④

三 华侨华人与"一带一路"人文交流

人文交流是"一带一路"这一重大构想的重要内容。加强"一

① 《沙祖康谈青田华侨华人：发挥优势 实现共赢》，2015年11月10日，中国青田网（http：//www.zgqt.zj.cn）。
② 郭剑波、陈红丽：《青田华侨华人与中欧文化交流》，《八桂侨刊》2009年第4期。
③ 周加祥主编：《华侨华人：丽水文史资料》第9辑，团结出版社2013年版，第94页。
④ 陈文文：《华侨倡议书得到热捧 海外浙商投身建设"一带一路"》（http：//szcb.zjol.com.cn/news/102031.html）。

带一路"人文交流，将有利于推动参与国家和地区的科技资源共享和智力支持，推动我国和沿线国家宗教和思想文化的交流，推动欧亚大陆的文明多维交融，推动中国人民对中华民族的认同。① 当今，文化多样性同世界多极化、经济全球化一道构成了世界发展的三大历史趋势，"一带一路"倡议的提出，为中华文化走向世界提供了难得的机遇，"一带一路"倡议的实施有利于推动中华文化走向世界，增强中华文化的国际影响力和中华民族在国际上竞争的软实力。

海外华侨华人也是中华文化向世界传播的使者。海外华侨华人与中华文化同根、同宗，不仅通晓中华优秀文化的精髓，更可贵的是他们大多能够以国外受众易于接受的方式推介中华文化。目前海外有华文学校近 2 万所，教师达数十万人，接受华文教育的学生有数百万人，有效地传播着中华文化。此外，通过他们向国外传媒、学界、民众、政府和非政府组织，客观地介绍中国，解读"一带一路"，本身就是与沿线国家共同打造政治互信、经济融通、文化包容的利益共同体和责任共同体的基础平台，在丝绸之路沿线国家的文化交流中会起到无可替代的作用。②

浙江历史悠久，人文荟萃，是中国古代文明的发祥地之一。浙江有 200 多万华侨华人，是浙江一张闪亮的金名片，是培育浙江经济社会发展的独特资源，也是助力"一带一路"建设的重要力量。长期以来，广大浙籍华侨华人不仅在推动浙江经济发展方面发挥了重要作用，还在推动中华文化走向世界和让世界了解中国、了解浙江中发挥了不可替代的桥梁作用，成为传播和弘扬中华文化的使者。我们希望广大浙籍海外侨胞积极发挥桥梁和纽带的作用，争做促进中外文化交流的大使，努力使自身成为助推"一带一路"经济文化建设的"彩虹桥"、生力军和促进者，成为"一带一路"这艘航船的新引擎，通过海内外的共同努力，使浙江成为全国参与"一带一路"倡议实施

---

① 孙存良、李宁：《"一带一路"人文交流：重大意义、实践路径和建构机制》，《国际援助》2015 年第 2 期。

② 赵万山、郭兰英、赵卿：《郝树声建议——让华侨华人成为"一带一路"建设的桥梁和使者》，《兰州日报》2016 年 3 月 3 日。

的排头兵、先行官和示范者，共同践行习近平总书记赋予浙江省的"干在实处永无止境、走在前列要谋新篇"的新使命。

"一带一路"沿线各国是华人华侨的聚集区，有超过4000万华侨华人，也是华商实力最强的区域。浙江作为华侨来源地的主要省份之一，"一带一路"建设将与华商经济紧密结合，这也为华侨提供了广阔的舞台。同时，华侨华人熟悉住在国的社会、法律、文化环境和风土人情，对中国家乡情况也很熟悉，是连接中国与周边国家的天然桥梁和纽带。我们要把桥梁和纽带打造得更好，传承和弘扬好"丝绸之路"的友好合作精神，讲述好中国故事，传播好中国声音，加强与沿线各国之间的文化交流，为"一带一路"倡议的顺利实施和深入推进提供文化助力。

（一）华侨华人社团是弘扬中华文化的主力军

弘扬中华文化，华人社团是主力军。据统计，目前由浙江籍华侨华人为主（含港澳），或以浙江籍华侨华人为主要骨干的海外社团有735个，分布在68个国家和地区。在欧洲侨界浙江华侨华人是许多重要侨团的发起人和领导者。华侨华人社团借助举办棋类、乒乓球、武术等丰富多彩的文化活动，以及不定期邀请中国的民族艺术团体赴住在国、展示中华艺术文化，集中展现了中华文化的神韵，推动了中西文化的交流。每逢中国传统节日，华侨华人社团往往会举办一些具有传统中华文化活动的世界性的联谊会，一方面，丰富了各社团的业余文化生活，加强了海外侨胞尤其是年轻一辈的华侨华人对祖籍地的认识和对中华文化的认同，为世界各地的同乡同宗提供了一个重温并强化某种群体意识的机会。另一方面，借此平台深化和扩大对住在国的文化辐射作用，加强与其他族裔之间的文化交流，为中华文化的海外生存和发展拓展多元化空间。

近年来，中国政府相关部门十分重视中华文化在海外的传播，除了开办孔子学院、华文教育基地、中华才艺培训基地等，还经常在世界各国开展形式多样的各类文化交流活动，如"文化中国·四海同春""中国寻根之旅"等。浙江华侨华人社团一直以来都积极配合、协助，受到了相关部门的高度评价和充分肯定。如在 2010 年 3 月，国务院侨务办公室专门向巴西华人文化交流协会发去感谢函，表彰其在接待和配合"文化中国·四海同春"南美慰侨艺术团方面做出的努力。这种协助客观上也起到了推动中华文化海外传播的作用。①

2015 年 2 月 17 日至 22 日，马德里华助中心代表旅西侨界参加了马德里市政府主办的圣诞国际文化节。西班牙华侨华人协会、青田同乡会、长青俱乐部、中国书法家协会和妇女联合会一起参与了这场动静结合的文化盛会。此次不仅派出舞龙舞狮队、武术队等参与了表演，还在中国展位中分别展示了中国书法、中文学习、中华美食、民族服装和中国茶道等优秀的中华文化。2015 年 10 月 3 日，协会与马德里中国文化中心联合举办了西班牙侨界第二届"我是超级演说家"中文演讲比赛。西班牙各地中文学校的学生，一共 25 名选手脱颖而出，参加了最后的决赛。举办旅西侨界两岸书画展。2015 年 11 月 5 日，协会与西班牙中国和平统一促进会以及西班牙青田同乡会一起联合举办了"旅西侨界两岸同胞书画展"。此次活动不仅向西班牙友人展示了我们优秀的书法作品和国画作品，让他们领略了中华文化的风采，同时也是首次将海峡两岸同胞的作品放在一起展示，对两岸的友好往来以及和平发展有着特殊的意义。②

华人文化交流协会，促进了中外文化交流。尹霄敏是青田人，为了让华侨华人有自己的精神家园，她创办了巴西华人文化交流协会活动。2006 年，她针对老华侨喜欢阅读纸质书籍，从国内购买了 5000多册图书，创建了协会图书馆，她还添置了一些民族乐器、文体器材，使协会的阵地活动内容有了新的拓展。协会还面向新华侨开办葡文读书班和中文读书班，让他们掌握巴西的官方语言和自己的母语。每年春节，协会都邀请政要、朋友、客户及主流媒体前来参加"文化中国、四海同春活动"。协会举办图片展览，在宣传中国、树立华侨

---

① 徐文永：《浙江华侨华人与中华文化在海外的传播》，《福建社会主义学院学报》2015 年第 5 期。

② 丽水市外事侨务办公室：《西班牙华侨华人协会 2015 年工作总结》（http://qtb. lishui. gov. cn/zwdt/hwqq/201601/t20160111_ 347334. html）。

华人良好形象、传播中华民族传统文化等方面发挥了积极的作用。协会也鼓励华侨华人积极参政，融入巴西主流社会，关心巴西国家大事，促进中巴文化交流，推动两国贸易往来与合作，维护华侨华人的权益。①

中华诗书画艺术，通过华侨华人得以在海外传播。据欧洲《华人街》报道，由意大利中华诗书画艺术联合会、米兰华侨华人工商会联合主办的意大利中华诗书画艺术联合会第二届书画诗词作品展览2016年1月8日在米兰开幕，展期两天。意大利中华诗书画艺术联合会成立于2013年12月，一直以来以弘扬中华传统文化为己任，广泛联络和团结旅意华人华侨特别是诗书画爱好者，接纳各方艺术人才，取长补短，在意大利为传承和弘扬中华文化做出了显著的贡献。举办会员作品展，旨在进一步巩固成绩，相互交流，共同提高，激发华侨华人诗书画爱好者们的创作热情，更好地彰显中华诗书画传统文化的魅力。②

华侨华人是传播中华文化的桥梁。叶培荣是青田人，旅居葡萄牙。他是中国艺术在葡的传播使者，他的书画作品不只是简单的艺术品，而是一种友谊的象征物。用自己的书画为中葡之交添色加彩，用笔墨渲染出华侨的爱国之情。1997年，他发起并组建了中葡艺术家协会，被推举为会长。1999年他在葡萄牙举办第一次"迎春画展"。他的作品有许多被本国以及葡萄牙的政界和艺术界的人士所收藏，受到了颇多的赞誉。③

（二）华文媒体是中华文化传播的重要平台

海外华文传媒与浙江侨乡的联系十分紧密，大量及时传送来自故

---

① 周加祥主编：《华侨华人：丽水文史资料》第9辑，团结出版社2013年版，第335—337页。

② 丽水市外事侨务办公室：《意大利中华诗书画艺术联合会在米兰举办第二届作品展》（http://qtb.lishui.gov.cn/zwdt/hwqq/201601/t20160111_347334.html）。

③ 周加祥主编：《华侨华人：丽水文史资料》第9辑，团结出版社2013年版，第283—284页。

土的乡情乡音，满足侨胞的文化需求。浙江侨乡的地方政府也非常借重海外华文传媒的力量，如青田县政府就由本地最大的《青田侨报》社发起，联合海外 17 家华文媒体，于 2013 年 9 月共同成立青田全球华文媒体合作联盟，参加联盟国外成员均为海外青田籍人士创办或协办的华文媒体，来自西班牙、意大利、希腊、荷兰等 15 个国家；联盟国内成员为具有丰富国际传播经验的国内媒体。据介绍，该联盟将通过信息共享、资源互补、传播互动等方式实现抱团发展，合作共赢，同时加强对国内和家乡的宣传报道，"讲好中国故事，传播家乡声音"。

在传播中华文化方面，值得一提的是《欧洲晚报》。吴靖年是侨居西班牙的青田县人。为回报社会，服务海外侨胞，促进西中经贸文化交流工作，2000 年 8 月 1 日，他协同崔勇等人筹资创办《欧洲晚报》，自任董事局常务执行董事兼常务副社长。《欧洲晚报》是一家华文周报，总部设在马德里，并在葡萄牙、法国等国设有分社。《欧洲晚报》当初发行量覆盖欧洲部分国家及西班牙全国各地，同时在杭州、丽水、上海等城市和一些侨乡均设记者站。西班牙华人有 10 万左右，大多学历较低，当地报纸看不懂，信息不通，谋生创业困难。报纸所报道的内容涉及中国国内文化、经济发展情况以及西班牙当地华人华侨生活求职信息、西班牙当局和国际重大新闻。《欧洲晚报》的创办给华侨华人提供了文化信息服务平台，便于旅西华侨华人与西班牙华人沟通、与祖国文化沟通、与世界文化沟通。[①]《欧洲晚报》以其内容的实用和轻松多彩受到华侨华人和广大读者的喜爱，在西班牙、欧洲其他地区才产生一定影响，不到 5 年时间，《欧洲晚报》成为西班牙、欧洲国家发行量最大的华人报纸。

国务院新闻办公室原主任赵启正曾深有感触地说过："你不讲中国的故事，别人就讲中国故事；你不讲真实的故事，假故事就要流行。"所以，华文媒体讲好中国故事是迫在眉睫的需求。青田侨报驻

---

① 周加祥主编：《华侨华人：丽水文史资料》第 9 辑，团结出版社 2013 年版，第 322—323 页。

欧洲特约记者林毅彬是浙江青田人，1989 年离开青田去到意大利，在外 20 多年的他并不感觉孤独，在他看来，最重要的任务就是报道海外华侨华人的消息，传播国家正能量。希腊雅典中文学校、《中希时报》社长吴海龙讲述了目前《中希时报》如何"讲好中国故事，传播家乡声音"。吴海龙说："我们已经开始把国家政策、国家领导人的讲话翻译成希腊文，让希腊当地更好地了解中国。"他表示，希望国内外媒体加强合作，共同讲好故事，宣传好家乡。我们希望华文媒体成为家乡青田建设的推动者；希望华侨华人、华文媒体成为青田形象的推广者；希望华文媒体成为青田华人、华侨在外信息的传播者。"希望海内外华文媒体发挥自身的优势，讲好青田故事，传播好青田声音，为青田发展注入更多的正能量，作出更大贡献。"①

（三）华文教育是传播中华文化的重要方式

弘扬和传播中华文化是提升中华文化软实力、实现"中国梦"的重要环节和应有之义，华侨华人是传播中华文化的天然桥梁和纽带。长期以来，浙江华侨华人通过华侨社团、华文媒体、华文教育等多重渠道为中华文化的海外传播做出了重要贡献。在全球化语境和"一带一路"倡议实施过程中，促进浙江华侨华人在海外传播中华文化，需要进一步完善机制和创新手段，加大扶持力度，挖掘当地侨社的文化资源；注重对华侨华人新生代中华文化的培育与涵养；倡导中华文化与住在国文化共生共存，和谐发展。

据统计，目前在世界各地由浙江籍华侨华人为主开办，或以浙江籍华侨华人为学校骨干的华文学校有 87 所。② 青田华侨在欧洲开设华文学校，以教授中文为主，兼及书法、武术、舞蹈等课程。教学对象除了华人子弟外，随着中欧经贸关系的升温，"汉语热"在全球的兴起，还吸引了不少当地青少年报名参加中文学校。华文学校还积极

---

① 佚名：《全球华文媒体青田联盟：讲好中国故事传播家乡声音》，2015 年 11 月 5 日，青田网（http://www.zgqt.zj.cn/zhuanti/2015/sjqtr/text.asp?id=18034）。
② 徐文永：《浙江华侨华人与中华文化在海外的传播》，《福建社会主义学院学报》2015 年第 5 期。

开展文化活动，如在中国传统节日春节和中秋节举办联欢会和文化节、书画展等，在当地国家节日表演中华传统文化等，让参与其中的当地民众亲身体会到富有中国民族特色的文化元素，增加了他们对中华文化的了解、喜爱和认同，客观上增强了中华文化的辐射力，对中国"软实力"的建设具有重要意义。①

据中新网青田 2011 年 8 月 17 日电，近年来，保加利亚的青田华侨子女不用回家乡就能学到原汁原味的汉语，当地商会的中文学校为他们提供了学习中华传统文化的平台。在这所学校，他们可以学习到中华传统文化。2011 年，以青田县先贤刘基命名的刘基中文学校在意大利诞生。筹办该所学校的是青田县侨领、意大利东北四省华侨华人联合总会会长王伟斌。他表示，要让当地的华人子女有学习母语的学校，以刘基名字命名，是希望能弘扬家乡刘基文化。青田县侨联有关负责人表示，青田华侨筹建中文学校，不单单是为居住国的华侨子女提供学习中文的场所，还将中华传统文化带出了国门，是爱国爱乡的表现，并且吸引了很多洋学生前来就读，促进了中西文化的交流合作。② 王伟斌是青田人，他侨居意大利，从一个商人到中华文化的使者。他做了 13 年的侨团会长。在传播中华文化方面：一是创办了刘基中文学校；二是创办了"伟松武术馆"。为了扩大中文学校的影响，他通过中国驻意大利大使馆和青田侨办的联络、沟通和撮合，让刘基中文学校和设在威尼斯的孔子学院挂钩，威尼斯的孔子学院又和北京的语言大学挂钩。"刘基中文学校"无论是规模还是教学质量，在意大利还是较有名气的。2006 年，他又创办"伟松武术馆"，办得有声有色，日益壮大。③

随着华文教育的发展，其谋求的已不仅仅是华人的文化认同，而

① 徐文永：《浙江华侨华人与中华文化在海外的传播》，《福建社会主义学院学报》2015 年第 5 期。
② 张爱微：《青田籍侨胞热衷华文教育　在海外建立中文学校》，2011 年 8 月 17 日，中国新闻网（www.chinanews.com）。
③ 周加祥主编：《华侨华人：丽水文史资料》第 9 辑，团结出版社 2013 年版，第 286—290 页。

是在所在国国民教育体系中地位的提高，这势必又会巩固和加强了中华文化在海外的阵地，进一步扩大中华文化在所在国主流社会的影响，加强了来自不同地区的华裔移民、同一地区的新老移民、不同政见的华裔群体之间的沟通与理解，促进了中华文化与华侨华人住在国文化的交流融通。①

总体来说，华侨华人在"一带一路"建设中可以发挥重要的作用。这些作用具体体现在：华侨华人在"一带一路"建设中可以为中国企业走出去牵线搭桥，发展自身事业；大力弘扬中华优秀文化，进一步树立民族良好形象；积极参与基础设施建设，与中国企业实行强强联合；积极参与中国经济转型升级，进一步实现合作共赢；加强海洋经济开发与合作，共奏"海上丝绸之路"交响曲；积极引进高新技术和优秀人才，增强我国自主创新能力；推动住在国经济社会发展，进一步融入当地社会；华侨华人可以成为"一带一路"的宣传者。华侨华人参与"一带一路"建设的路径：一是产业合作，借助中国产业转型升级，华人华侨和国内的企业在交通运输、港口、产业园等的合作；二是项目建设，发挥华侨华人在船舶、运输、仓储等领域的优势，参与"一带一路"的能源资源、港口等开发；三是生意的对接，围绕"一带一路"优先发展的领域和机会，来寻找我们可以做的项目，实现自身事业的提升；四是牵线搭桥，加强经贸等多领域的合作，可以作为华侨华人的一项事业；五是利用"一带一路"建设机会参与到中国与住在国的发展来提升侨商形象、促进侨商转型升级进行交流。华侨华人还是"一带一路"人文交流的使者，浙江华侨华人通过华侨社团、华文媒体、华文教育等多重渠道为中华文化的海外传播做出了重要贡献。

---

① 徐文永：《浙江华侨华人与中华文化在海外的传播》，《福建社会主义学院学报》2015 年第 5 期。

21世纪海上丝绸之路及印尼华商
在中国对印尼投资中的作用

林　梅　彭晓钊[*]

摘　要： 中国国家主席习近平在2013年10月访问印尼时提出建设"21世纪海上丝绸之路"倡议，2014年10月佐科当选为印尼第7任总统后，提出建设"全球海洋支点"战略。中国与印尼之间实现印尼的"全球海洋支点"战略和中国的"海丝之路"倡议对接，为中印尼的合作特别是中国投资进入印尼提供了更大的空间。印尼华商在海丝战略及中国对印尼的投资中，将一如既往发挥着桥梁和合作伙伴的作用。

关键词： 中国海丝之路倡议　中国对印尼投资　华商作用

佐科"全球海洋支点"战略与中国
"21世纪海上丝绸之路"战略对接

在印尼新任总统的执政纲领中，"全球海洋支点"战略是其核心。佐科在2014年5月的电视竞选秀中就提出"全球海洋支点"战略，即加强印尼的海洋安全、拓展涵盖印度洋和太平洋的地区外交、提高印尼海军在东亚地区的分量。在2014年10月20日就任印尼总

---

* 林梅，厦门大学国际关系学院暨南洋研究院副教授；彭晓钊，厦门大学国际关系学院世界经济研究生。

统的致辞中，再次重申把印尼建设成为"全球海洋支点"的愿景。印尼总统佐科详细阐述其"全球海洋支点"（global maritime axis）战略（亦称为海洋强国战略），是在 2014 年 11 月在缅甸举行的第九届东亚峰会上。佐科的"全球海洋支点"战略包括五大内容①，是涉及政治经济外交军事等方面的综合概念。

1. 复兴海洋文化理念（意识）。印尼位于印度洋和太平洋的交汇处，又是个海洋群岛国家，海洋对印尼未来的发展至关重要，或者说民族的繁荣和未来将与海洋认同和开发息息相关；

2. 管理好海洋资源，发展海洋渔业，实现海洋的"粮食安全"和主权；

3. 通过重点建设港口、航运和海上旅游等发展印尼互联互通和海洋经济；

4. 在海洋外交方面，重点加强与各国海洋安全合作，妥善处理领海争端、打击非法捕捞和海盗、滨海主权以及海洋环境保护；

5. 加强海上防御力量，保护国家领海主权完整和海洋资源，维护区域海洋航行安全。

2013 年 10 月中国国家主席习近平应邀访问印尼并在印尼国会发表演讲，提出与东盟共同建设"21 世纪海上丝绸之路"和命运共同体的建议。21 世纪海上丝绸之路建议得到大多数国家的积极响应，经过一年多的努力，2015 年 3 月 28 日中国国家发展改革委、外交部和商务部联合发布《推动共建丝绸之路经济带和 21 世纪海上丝绸之路的愿景与行动》（以下简称《愿景与行动》），海上丝绸之路从建议变成具体行动纲领，说明了中国政府愿与东盟国家真诚合作的愿望和行动，其中的共建原则有助于消除对海上丝绸之路有怀疑的国家和学者的疑虑。21 世纪海上丝绸之路战略涵盖政治经济文化等方面的内容，具体包括 5 大重点：政策沟通；设施联通；贸易畅通；资金融通；民心相通。

---

① Adelle Neary, *Jokowi Spells out Vision for Indonesia's "Global Maritime Nexus"*, http：// csis. org/publication/southeast – asia – scott – circle – jokowi – spells – out – vision – indonesias – global – maritime – nexus#commentary.

中国和印尼的领导人都意识到：21 世纪海洋对两国政治、经济和安全的重要性，并相继提出具有高度契合度的海洋发展战略，海洋也成为连接两国发展全面战略伙伴关系的蓝色纽带。中国政府倡导的"21 世纪海上丝绸之路"和印尼佐科总统倡导的"全球海洋支点"战略对接，已经写入 2015 年 3 月 26 日发布的《中国和印尼关于加强两国全面战略伙伴关系的联合声明》中。《联合声明》明确提出：双方同意发挥各自优势，加强战略交流和政策沟通，推动海上基础设施互联互通，深化产业投资、重大工程建设等领域合作，推进海洋经济、海洋文化、海洋旅游等领域务实合作，携手打造"海洋发展伙伴"。关于如何实施两国战略的对接，我国原国务委员杨洁篪（现中央外事工作委员会办公室主任）在博鳌论坛 2015 年年会的致辞中明确指出，共建 21 世纪海上丝绸之路的三个关键是：互信、对接、收获。对接不是你接受我的规划，也不是我接受你的规划，而是在相互尊重的基础上，找出共同点与合作点，签署政府间合作文件，启动编制合作规划，确定重点合作领域。对接的内容很多，包括发展战略对接、项目和企业对接、机制对接等。①

中国对印尼的投资

在中国国力不断增强和中国"走出去"政策的鼓励下，中国从 2015 年开始对外直接投资流量位居全球第二，首次成为资本净输出国。在这样的趋势下，随着中印尼政治经济关系不断巩固的过程，中国对印尼的投资趋向稳定增长。

（一）中国对印尼投资的金额不断提高，特别是 2008 年后中国对印尼的投资超过印尼对中国的投资

随着中国经济的快速增长，中国对印尼的直接投资不断增加，在

---

① 《杨洁篪在博鳌论坛 2015 年年会上的演讲（全文）》，2015 年 3 月 29 日，人民网（http：//world. people. com. cn/n/2015/0329/c1002 - 26766380. html）。

中国对外投资中的地位不断上升。从中国方面的统计数字看，截至
2003 年我国对印尼的投资累计为 5426 万美元；截至 2004 年我国对印
尼的投资累计增加到 1.2 亿美元；截至 2006 年中国对印尼的直接投
资累计进一步扩大到 2.25 亿美元，2006 年中国对印尼的投资进入中
国非金融类对外直接投资存量前 20 位国家（地区）中的第 19 位。中
国对印尼的直接投资在不断增加，但截至 2008 年，相对印尼对中国
的直接投资而言，我国对印尼的投资相对要少。从存量上看，截至
2003 年年底，我国共批准印尼来华投资项目增加为 1079 个，协议投
资金额 25.77 亿美元，实际投入 12.69 亿美元；截至 2006 年印尼来
华实际投资累计达 15.61 亿美元。从流量上看，2008 年中国对印尼
的直接投资流量（1.76 亿美元）第一次超过印尼对中国的直接投资
流量（1.67 亿美元）。这主要是因为中国对外投资开展较迟，特别是
2002 年党的十六大提出"走出去"战略后，中国的对外投资才大幅
增加，直到 2003 年中国政府才开始进行中国对外直接投资的专门
统计。

2012 年中国对印尼的对外直接投资增长迅速，当年对印尼的直
接投资流量达 13.6 亿美元，投资存量达到 30.98 亿美元（见表 1），
印尼进入中国对外直接投资存量前 20 位国家（地区）中的第 16 位，
占中国对东盟对外直接投资存量的 10.97%。据印尼投资协调局数
据，中国成为印尼 2015 年外国计划投资最大国家，2015 年中国投资
者在印尼申请的计划投资额达 277.59 万亿印尼盾（约 200 亿美元），
占印尼外国计划投资总额的 22.96%，与 2014 年中国在印尼的计划投
资额相比增加了 67%，中国投资的行业侧重于基础设施领域，最大
投资计划是在电力领域，占中国投资计划总额的 54.36%，其次是铁
路运输领域占 26.62%，金属工业领域占 6.04%，住房、工业园与办
公楼领域占 5.03%，以及贸易领域占 3.36%[①]。

---

① 印尼《星洲日报》2015 年 1 月 5 日报道。

表 1　2003—2016 年中国对印尼的直接投资流量和存量　单位：百万美元,%

年份	FDI 流量	流量增长率	FDI 存量	存量增长率
2003	26.8	—	54.3	—
2004	62.0	131.2	121.8	124.3
2005	11.8	−80.9	141.0	15.7
2006	56.9	380.9	225.5	60.0
2007	99.1	74.0	679.5	201.3
2008	174.0	75.6	543.3	−20.0
2009	226.1	30.0	799.1	47.1
2010	201.3	−11.0	1150.4	44.0
2011	592.2	194.2	1687.9	46.7
2012	1361.3	129.9	3098.0	83.5
2013	1563.4	14.8	4656.7	50.3
2014	1272.0	−18.6	6793.5	45.9
2015	1450.6	14.0	8125.1	19.6
2016	1460.9	0.7	9545.5	17.5

注：2003 年中国政府第一次对外公布中国非金融类对外直接投资（即不包括金融、石油天然气投资）统计数据书面报告。

资料来源：中国商务部各年《中国对外直接投资统计公报》。

中国对印尼的直接投资在中国对东盟国家的直接投资中居于重要地位。从流量上看，印尼在中国对东盟国家直接投资中保持居前的地位，2003 年居中国对东盟十国直接投资的第 2 位，2004 年上升为第 1 位，2005 年下降至居第 5 位，2011—2015 年一直居中国对东盟直接投资的第二位（新加坡长期居中国对东盟投资的第一位）；从存量上考察，2003—2005 年印尼居东盟十国的第 5 位（2006 年上升为第 4 位，见表 2），2009—2011 连续三年位于新加坡与缅甸之后，位居第三，但 2012—2014 年仅次于新加坡，上升到中国对东盟国家投资的第 2 位。

表 2 　　　　　　　　　2003—2016 年中国对东盟各国的直接
投资流量和存量　　　　　　　　　单位：百万美元

国别	2007 年	2008 年	2009 年	2010 年	2011 年	2012 年	2013 年	2014 年	2015 年	2016 年
1. 中国直接投资流量										
文莱	1.2	1.8	5.8	16.5	20.1	1.0	8.5	-3.3	3.9	142.1
柬埔寨	64.5	204.6	215.8	466.5	566.0	559.7	499.3	438.3	419.7	625.7
印尼	99.1	174.0	226.1	201.3	592.2	1361.3	1563.4	1272.0	1450.6	1460.9
老挝	154.4	87.0	203.2	313.6	458.5	808.8	781.5	1026.9	517.2	327.6
马来西亚	-32.8	34.4	53.8	163.5	95.1	199.0	616.4	521.3	488.9	1830.0
缅甸	92.3	232.5	376.7	875.6	217.8	749.0	475.3	343.1	331.7	287.7
菲律宾	4.5	33.7	40.2	244.1	267.2	74.9	54.4	225.0	-27.6	32.2
新加坡	397.7	1551.0	1414.3	1118.5	3269.0	1518.8	2032.7	2813.6	10452.5	3171.9
泰国	76.4	45.5	49.8	699.9	230.1	478.6	755.2	839.5	407.2	1121.7
越南	110.9	119.8	112.4	305.1	189.2	349.4	480.5	332.9	560.2	1279.0
总计	968.1	2484.4	2698.1	4404.6	5905.2	6100.3	7267.2	7809.3	14604.3	10278.7
2. 中国直接投资存量										
文莱	4.4	6.5	17.4	45.7	66.1	66.4	72.1	69.6	73.5	203.8
柬埔寨	168.1	390.7	633.3	1129.8	1757.4	2317.7	2848.6	3222.3	3675.9	4368.6
印尼	679.5	543.3	799.1	1150.4	1687.9	3098.0	4656.7	6793.5	8125.1	9545.5
老挝	302.2	305.2	535.7	845.8	1276.2	1927.8	2770.9	4491.0	4841.7	5500.1
马来西亚	274.6	361.2	479.9	708.8	797.6	1026.1	1668.2	1785.6	2231.4	3634.0
缅甸	261.8	499.7	929.9	1946.8	2181.5	3093.7	3569.7	3925.6	4258.7	4620.4
菲律宾	43.0	86.7	142.6	387.3	494.3	593.1	692.4	759.9	711.1	718.9
新加坡	1443.9	3334.8	4857.3	6069.1	10602.7	12383.3	14750.7	20640.0	31984.9	33445.6
泰国	378.6	437.2	447.9	1080.0	1307.3	2126.9	2472.4	3079.5	3440.1	4533.5
越南	397.0	521.7	728.5	986.6	1290.7	1604.4	2166.7	2865.7	3373.4	4983.6
总计	3953.2	6487.0	9571.4	14350.2	21461.7	28237.5	35668.4	47632.5	62716.0	71554.1

资料来源：中国商务部各年《中国对外直接投资统计公报》。

（二）中国在印尼直接投资的领域和方式

中国对印尼的直接投资涉及能源、矿产资源、基础设施、制造业和农业等领域，主要集中在能源、矿产资源、基础设施方面，并采取并购、BOT、投资设厂等投资方式。

1. 能源领域

中国对印尼能源领域的投资集中在石油、天然气和煤炭三个方面。石油、天然气和煤炭属于矿物燃料，印尼是东南亚地区首屈一指的油气大国，也是世界最大的煤炭出口国。印尼是中国矿物燃料从东盟进口的第一大供应地。据中国海关数据统计，2007—2011 年，中国从印尼进口的矿物燃料达 269.4 亿美元，占中国从东盟进口的矿物燃料总额的 33.4%。2016 年 6 月，中国从印尼进口的矿物燃料达 7.3 亿美元，占中国从东盟进口的矿物燃料总额的 42.44%。①

在油气领域，中国油气企业主要通过并购方式进行海外投资。中国自 1993 年成为石油净进口国以来，主要靠贸易方式进口石油，这一获取能源的方式受到国际市场上油价的严重影响。随着国际市场上油价一路攀升，中国石油的进口成本也越来越大。鉴于国际能源市场和国内能源现状，我国开始走能源国际化、多元化道路。在鼓励中国企业走出去的战略背景下，中国的石油部门也奉行走出去的政策，成为中国"走出去"政策的急先锋，中国的石油公司积极投资于海外石油领域。中国石油天然气集团有限公司（中石油）、中国石油化工集团公司（中石化）、中国海洋石油集团有限公司（中海油）3 家公司，已成为中国拓展海外石油市场的"主力军"。印尼因其丰富的能源资源和地理上的邻近成为中国实施石油国际化、多元化战略的目标地。中国对印尼能源的投资在不断扩大。早在 1994 年中国海洋石油集团有限公司（以下简称中海油）就购买了美国 ARCO 公司在马六甲区块的部分股权，这是自 1990 年中印尼双方恢复建交以来中国

---

① 《2016 年 6 月中国与东盟矿物燃料贸易同比下降 15.7%》，2016 年 8 月 18 日，南博网（http://customs.caexpo.com/data/trade/2016/08/18/3665165.html）。

表 3　2003—2014 年中国对东盟各国直接投资情况　单位：百万美元

国家	2003年	2004年	2005年	2006年	2007年	2008年	2009年	2010年	2011年	2012年	2013年	2014年
1. 中国直接投资流量												
新加坡	−321	4798	2033	13215	39773	155095	141425	111850	326896	151875	203267	281363
越南	1275	1685	2077	4352	11088	11984	11239	30513	18919	34943	48050	33289
泰国	5731	2343	477	1584	7641	4547	4977	69987	23011	47860	75519	83946
马来西亚	197	812	5672	751	−3282	3443	5378	16354	9513	19904	61638	52134
印度尼西亚	2680	6196	1184	5694	9909	17398	22609	20131	59219	136129	156338	127198
柬埔寨	2195	2952	515	981	6445	20464	21583	46651	56602	55966	49933	43827
老挝	80	356	2058	4804	15435	8700	20324	31355	45852	80882	78148	102690
缅甸	—	409	1154	1264	9231	23253	37670	87561	21782	74896	47533	34313
菲律宾	95	5	451	930	450	3369	4024	24409	26719	7490	5440	22495
文莱	—	—	150	—	118	182	581	1653	2011	99	852	−328
合计	11932	19556	15771	33575	96808	248435	269810	440464	590524	610044	726718	780927
2. 中国直接投资存量												
新加坡	16483	23309	32548	46801	144393	333477	485732	606910	1060269	1238333	1475070	2063995
越南	2873	16032	22918	25363	39699	52173	72850	98660	129066	160438	216672	286565
泰国	15077	18188	21918	23267	37862	43716	44788	108000	130726	212693	247243	307947
马来西亚	10066	12324	18683	19696	27463	36120	47989	70880	79762	102613	166818	178563
印度尼西亚	5426	12175	14093	22551	67948	54333	79906	115044	168791	309804	465665	679350
柬埔寨	5949	8989	7684	10366	16811	39066	63326	112977	175744	231768	284857	322228
老挝	911	1542	3287	9607	30222	30519	53567	84575	127620	192784	277092	449099
缅甸	1022	2018	2359	16312	26177	49971	92988	194675	218152	309372	356968	392557
菲律宾	875	980	1935	2185	4304	86734	14259	38734	49427	59314	69238	75994
文莱	13	13	190	190	438	651	1737	4566	6613	6635	7212	6955
合计	58695	95570	125615	176338	395317	726760	957142	1435021	2146170	2823754	3566835	4763253

资料来源：历年《中国对外直接投资统计公报》，笔者整理。

石油公司首次在印尼投资石油领域。2002 年 1 月中海油购买了西班牙最大油气公司 REPSOL－YDF 在印尼 9 家公司 5 个区块的油气开发权，总价为 5.85 亿美元，中海油这一跨国资产并购行为使其一举成为印尼最大的海上石油作业公司，将为其带来每年 4000 万桶约 500 万吨石油的份额。2002 年 4 月，中国最大的石油公司中国石油天然气集团有限公司（以下简称中石油）购买了美国德丰公司在印尼的 6 块油田，总价值 2.16 亿美元，进一步扩大了中国在印尼的能源投资规模。2003 年 4 月，中石油联手马来西亚国家石油公司收购了赫斯印尼控股公司（AHIH），整个收购耗资 1.64 亿美元，双方各占一半股份。2005 年 7 月，在印尼总统苏西诺访问中国期间，中国石油化工集团公司（简称中石化）与印尼国有石油公司（Petamina）签署联合兴建东爪哇杜班炼油厂的协议，总投资约为 10 亿美元。2002 年 9 月，中海油以 2.75 亿美元购入英国石油公司在印尼的液化天然气开发项目——东固气田 12.5% 的权益；2004 年 2 月，中海油又以 9810 万美元的价格成功收购英国 BG 公司在印尼 Muturi 产品分成合同中拥有权益的 20.77%，使中海油成为 Muturi 公司最大的股东，其股份从 44.0% 增加到 64.77%，由此，中海油在巴布亚东固天然气厂的股份也从 12.5% 上升到 16.96%。① 与此同时，2002 年 9 月，中海油与英国石油公司（BPPLC）、印度尼西亚国家石油公司（PERTAMINA）在雅加达正式签署了福建 LNG 销售与购买协议（SPA）：从印尼巴布亚省的东固（Tangguh）油田向中国福建沿海地区供应天然气，此项业务合同期为 25 年，合同价值 85 亿美元，计划于 2007 年起，每年向中国福建液化天然气接收站项目提供 260 万吨液化天然气。中国在印尼的天然气项目不仅向中国国内供应天然气，还直接销售给印尼当地的企业。2004 年 12 月，中海油与印尼国家电力公司签署天然气销售协议，从 2006 年到 2018 年，中海油将从拥有 65.3% 权益并任作业者的印度尼西亚东南苏门答腊海上产品分成合同区每天供应 800 亿 BTU 的天然气到位于西爪哇的 Cilegon 电厂。该项目是印度尼西亚东南苏

---

① 印尼《国际日报》2004 年 2 月 4 日（C2）。

门答腊产品分成合同区第一个商业性供气项目，将为有效开发利用印尼天然气资源做出贡献①，目前该项目的一期、二期工程已建成投产供气。

近年来，中国在印尼油气资源领域的投资开始走向多元化，更加注重对油气资源的合作开发与深层开发，通过合资兴建炼油厂、油气储备库等方式进行直接投资。由沙特的 Al - Banader 国际集团（40%）、中国国家电力设备公司（40%）和印尼的 PT Intanjaya Agro-megah Abadi（20%）三方合资成立的 PT Kilang MinyakIntan Nusantara 公司在印尼投资 60 亿美元建设两座炼油厂，已于 2005 年建成投产，原油炼制能力为 30 万桶/天。2010 年 10 月，中海油、印度尼西亚的 Samudra Energy Ltd. 以及 Husky Energy，HSE. T 共同签署备忘录共同投资 Madura Strait PSC 天然气项目。2012 年 10 月，中石化印尼巴淡仓储项目举行了开工仪式。随着油气投资方式的多元化，中国油气公司在印尼建立油库及炼油厂，既能够节省运输费用，其成品油又可借此跳板面向国际市场。

此外，在原油和天然气管道运输方面，中国对印尼的直接投资也取得了重大进展，2005 年，印尼国家天然气公司与中海油签署的兴建东加—中爪天然气管道工程协议；2013 年 1 月由宝钢集团生产的印度尼西亚首条天然气管线首批 5000 吨 HFW 焊管顺利发运，由来自印尼国家石油公司、印尼电厂、铁路公司、印尼能源矿业部等公司和国家部门组成的代表团，对焊管产品质量和交货期等给予极高评价，决定将该项目剩余总量为 1.1 万吨的合同追加给宝钢，宝钢取得印尼首条天然气管线全部合同。

在煤炭投资方面，中国对印尼的投资主要通过建立合资公司的方式进行。2006 年 10 月，印尼的 PT Sumber Gas Sakti Prima 和中国成达工程公司等中国公司在南苏拉威西省合作开发煤炭化学工厂项目，投资规模 6.87 亿美元。2008 年 1 月，中国神华能源股份有限公司在印尼合资建设煤电项目，进一步降低成本。2009 年 11 月，中投确认对

①　《中海油在印尼签署天然气销售协议》，《人民日报》2004 年 12 月 20 日第 6 版。

印尼煤炭商布密公司投资 19 亿美元。2010 年 3 月，中国中铁与印度尼西亚巴克塔山国有控股煤矿公司（PTBA）签署了印尼南苏门答腊煤炭运输线项目设计施工运营（DBO）合同，合同总额共计 48 亿美元，包括设计施工总承包合同 13 亿美元，合同工期 4 年；运营合同 35 亿美元，合同工期 20 年。2013 年 10 月，恒顺电气自 2011 年开始筹备的收购 PTCIS RESOURCES 公司 80% 股权项目（印尼东加煤矿收购项目）完成，并开始煤炭试产。中国在煤炭方面对印尼的直接投资从开采到运输，到煤炭深加工，形成了纵深发展的布局。

2. 矿产领域

印尼是世界上重要的金属矿产出口国，其铜矿出口占全球总量的 3%，镍矿占 18%—20%，铝土矿占 9%—10%。2011 年，中国铝土矿对外依存度为 59%，其中进口量的 47% 来自印尼，镍矿进口量的 54% 也来自印尼。2009 年印尼颁布新的矿业投资及矿产品出口条例，规定从 2012 年 5 月 6 日起，对包括铝土矿在内的 14 种金属原矿征收 20% 的出口关税。矿石出口税将逐步上调，直至 2014 年将彻底停止原矿石出口。该禁令适用于铜、铅、镍、金、银、锌、铬、锰、钼、铂、锑、铝土、海砂、铁矿石，所有原材料金属矿都必须按照 2009 年该国矿产和煤炭法的规定进行加工处理。与此同时，印尼工业部将协调财政部推出矿业冶炼优惠政策，为矿业企业因投资冶炼业自建发电厂出台相应的税收优惠政策。印尼政府为兴建冶炼厂的企业配套包括免税期、税收补贴、进口生产机器和设备免征进口税等财政鼓励政策。原矿出口禁令和矿业冶炼优惠政策，是印尼政府应对国内资源面临枯竭，生产和利用效率低下，为促进矿产深加工而推出的两组"重拳"。印尼是中国最大的铝土矿和红土镍矿供应国，印尼原矿出口禁令对于在印尼进行矿产投资的公司业务有较大影响。由于新建冶炼厂投资规模大时间长，目前在印尼进行矿产投资的中资公司多采用与印尼当地冶炼厂合作，进行原料加工的方式开展投资。同时，利用印尼矿业冶炼的优惠政策，投资矿产，尤其是煤炭、铝土和镍的深加工也成为中国矿产企业投资印尼的新选择。为应对原矿禁运政策，2013 年福建泛华矿业股份有限公司在印尼红土镍矿主产地马鲁古省西塞兰县投资建设"印尼·中国冶金工业园",该项目总投资 10 亿美元,将建成包含镍铁厂、焦炭厂、发电厂等在内的综合冶金工业园。2014年 2 月 18 日,恒顺电气位于印尼苏拉威西岛镍铁工业园一期项目建设启动,投资约 3 亿美元主要内容包括:建设 3 条 4.5m×110m 回转窑、3 台 33000kVA 矿热炉及公辅配套设施,年产 18 万吨含镍 10% 的镍铁,并配套建设 2×65MW 燃煤发电厂。恒顺电气旨在将工业园项目作为印尼产业链整合的最终平台,通过该项目的建设,将恒顺在印尼投资的煤矿资源、镍矿资源、电厂资源形成完整的链条。2013 年中国第一大镍铁生产商和第二大不锈钢生产商青山集团为应对 2009年印尼新矿业法,开始在印尼布局。2013 年 10 月 3 日中国—东盟投资合作基金(CAF)与上海鼎信投资集团有限公司(青山集团的下属公司)和印尼八星投资公司(印尼八星集团虽从事多样化经营,但主要业务包括在印尼苏拉威西岛生产红土镍矿)正式签署镍铁项目投融资协议,三方合作在印尼开发大型镍铁冶炼项目,该项目位于首个中国印尼工业投资合作区内(青山工业园)。该项目标志了中国第二大不锈钢生产商、印尼名列前茅的镍矿生产商和 CAF 将携手建设和运营印尼最大的镍铁冶炼厂。该项目计划投资 10.6 亿美元,在印尼中苏拉威西省摩罗多瓦县兴建以镍加工为核心的矿业加工产业园区。项目一期投资约 3.2 亿美元,建立年产 30 万吨镍铁的冶炼厂,二期将投资 6.4 亿美元,建立年产 50 万吨镍铁、不锈钢钢坯和其他不锈钢下游产品的综合矿业加工园区。2014 年 4 月,中色股份与印度尼西亚 PTDAIRIPRIMAMINERAL 公司(以下称 PTDPM 公司)签署铅锌矿合作项目,由中色股份作为主要承包商承建 PTDPM 公司位于印度尼西亚北苏门答腊省的 DAIRI 铅锌矿项目,包括年处理 100 万吨矿石的铅锌开采、选矿、冶炼以及精矿产品包销。中色股份不仅获得了重大金额的 EPC 工程建设总承包合同,为拓展中色股份在新兴印尼及东南亚工程承包市场奠定了基础,还为在有色资源丰富的印度尼西亚进行资源开发创造了条件。

3. 基础设施领域

在基础设施领域,主要采取 BOT(BOOT)和出口信贷方式进行投资。中国企业积极参与印尼的基础建设，中国政府也给予资金支持，截至 2010 年 8 月，中方已累计向印尼提供了 18 亿美元的优惠出口买方信贷，用于建设印尼急需的电站、大桥、大坝和公路等基础设施和相关民生项目。

中国在印尼的基础设施建设投资主要采取 BOOT 模式（建设—拥有—运营—转让）以及 EPC 模式（设计、采购、施工）和海外并购的方式进行，并取得良好成效。早在 2003 年 4 月，中国公司在印尼第一个建设经营转让（BOOT）的投资项目在雅加达签约，合同金额达 1 亿美元。2005 年，开始全面商业运营的印尼巨港水电站项目是中国公司实施"走出去"战略在印尼运作的第一个完整的 BOOT 投资项目。2009 年，由中国交通建设股份有限公司设计、施工总承包的东南亚最大跨海大桥——印度尼西亚泗水—马都拉大桥建成通车，主体部分采用中国自主知识产权技术，90% 资金由中国政府提供买方信贷。2010 年中国华电以 EPC 总承包方式投资兴建的印尼阿萨汉一级水电站竣工发电，项目的总投资达到 2.47 亿美元，是印尼的第二大水电站。2012 年 8 月，中国电建集团下属单位中国水电股份公司与印尼肯查纳公司顺利签署了位于印尼苏门答腊岛的白水水电站项目承包施工合同。中国的工程机械产品在印尼市场优势明显，工程施工能力和配套能力强，有利于承揽大型项目，如巨港电站、泗水—马都拉大桥都是上亿美元的特大项目。

4. 电信领域

2003 年开始，以华为、中兴为主导的中国电信网络设备供应商开始与印尼国内的电信巨头合作，参与到印尼电信行业的直接投资中。2003 年，华为牵手印尼电信业巨头巴克利电信（Bakrie Telecom）在印尼第三大城市万隆运用 ALL－IP 移动核心网解决方案，利用万隆已有 EI 中继，建成印尼最大的 IP over EI 组网。2006 年 5 月，中兴公司与印尼电信运营商金光集团签署合作协议，投入 2 亿美金建设 CD-MA 2000 网络，中兴获得了该公司控股权，占整个股份结构的 51%。经过一年时间的发展，该网络用户基数已突破千万。2009 年印度尼西亚主导电信运营商 Telkom（印尼电信，PT Telekomunikasi Indonesia）通过与华为及中兴签署总价值为 4 亿美元的卖方融资协议贷款为其 2010 年的电信基础设施投资计划提供资金。通过该协议，华为、中兴实质上以购买股权的形式参与对印尼电信的投资。2013 年 5 月印尼通信部与华为联合主办的"印度尼西亚 TD—LTE 峰会"在印尼举行。TD—LTE 技术是由阿尔卡特—朗讯、诺基亚西门子通信、大唐电信、华为技术、中兴通讯、中国移动等业者共同开发的第四代（4G）移动通信技术与标准，中国电信行业在印尼的发展得到进一步深化。2010 年 7 月，中国通信服务印尼分公司暨中国电信印尼代表处在印尼首都雅加达正式挂牌成立。作为中国通信服务在印尼唯一的正式拓展平台，致力于在印尼的中国跨国通信服务。上海阿尔卡特贝尔公司与印尼阿尔卡特—印尼公司签署兴建印尼东部电信基础设施与电信产品技术与商业的协议，作为阿尔卡特朗讯（法国）与印尼电信（Telkom Indonesia）在雅加达地区下一代睿智光网络（AON）建设的一部分。该网络基于 WDM/OTN 融合技术，将助力印尼电信提供 100G 业务。为电子旅游（E-tourism）等新应用的普及平铺道路。随着印尼经济发展，信息交换和流动的规模迅速扩大，印尼移动通信及互联网需求日益增加，电信业显示出巨大的市场潜力，随着印尼政府进一步取消对电信行业垄断的保护以及更多的国外公司参股电信业，中国电信企业在印尼的发展前景良好。

5. 造船航运领域

近年来印尼经济增长较快，带动有关货物如煤炭、油气、自然资源与工业产品等岛际运输需求量猛增，为印尼内海航运业带来巨大发展机遇。据印尼船东协会（INSA）统计，自 2005 年至 2012 年，印尼内海航运船只数量从 6041 艘增加到 12000 艘，增长了近 1 倍。INSA 预计，2013 年印尼航运企业将再增加 560 艘新船，包括拖轮、散货船、平台服务船等，货物运量将从现在的 1 万亿吨继续大幅增长 20% 至 1.2 万亿吨。但是，由于印尼本地公司普遍存在船只设备落后、技术人员缺乏、运作效率低下等现象，随着印尼经济持续发展，内海航运运力及船只的供需缺口将明显加大。中国造船及航运业拥有较为成熟的技术和人才，面临开发印尼内海航运及相关产业的良好机

遇。印尼政府对内海航运业实施较为严格的保护政策，根据印尼
2005 年总统令，除被批准的少数几种类型外国船只可以在印尼海域
从事油气开采和生产活动之外，所有在印尼海域从事内海运输及渔业
作业的船只必须是印尼当地企业所拥有，且必须悬挂印尼国旗，外资
只有与当地企业合资成立公司才可能获得内海航运业营运资格。因此
中国对印尼航运业的直接投资多采用成立合资子公司的方式。中远集
团和中国海运总公司是率先进入印尼航运业的中国企业。2009 年，
中国远洋运输（集团）总公司旗下中远散货运输有限公司与印尼环
球集团合资成立中远散运印尼环球运输有限公司，侧重印尼电力煤炭
散货市场的营销和开拓国际散货运输业务，并承担中远散运公司从印
尼到中国及世界各地的煤炭、铁矿、镍矿及铝矾土的船舶订舱事务，
以此切入印尼进出口煤炭运输市场。2005 年中海运集团在印尼成立
合资子公司——中海印尼船务有限公司，利用中海运在集装箱物流欧
洲航线的优势，开辟印尼直达欧洲的定期航线。为适应印尼离岸石油
和天然气的航海运输需求，除购买中国制造油船以外，印尼船舶企业
开始探索与中国造船企业进行技术合作，建立合资船舶企业。2013
年，印尼 ArdilaInsan Sejahtera 公司与福建省福安船舶工业协会合作兴
建造船厂，建造项目价值 7000 万至 1 亿美元。

6. 金融服务领域

2005 年之前，中国银行业很少在印尼投资。20 世纪 90 年代末金
融危机之后印尼银行业内进行整顿，通过整合与重组，印尼各银行的
资产负债结构改善，坏账减少。同时，随着中资银行实力增强和人民
币升值，中资银行开始将并购触角伸向海外，与中国经贸往来频繁的
印尼成为中资银行海外并购的目的地之一。中国在印尼银行业的直接
投资以并购为主，并且积极参与对印尼基础建设等投资的融资与贷
款。目前中国银行和中国工商银行在印尼的并购投资取得了良好的业
绩。2006 年 12 月，工商银行收购印尼 Halim 银行 90% 股权，这是工
商银行首次以收购方式进入海外市场。同时，Halim 银行正式更名为
中国工商银行印度尼西亚有限公司（PT Bank ICBC INDONESIA）。
2011 年工商银行印尼分支机构已达 17 家，覆盖雅加达、泗水、棉兰

和万隆等主要城市。中国银行于 2003 年进入印尼,2008 年 3 月,中国银行、汇丰控股、马来亚银行竞购由淡马锡控股的印尼第六大银行——印尼国际银行 55.7% 的股份。虽然最后由马来西亚银行成功收购,但是该次收购是中资银行在印尼并购的有益尝试。中国银行于 2009 年 7 月在印尼成功办理首笔跨境人民币贸易结算业务;2009 年 11 月成功开办全球第一笔海外人民币贷款业务。2009 年,印度尼西亚国家电力公司与中国国家开发银行和中国工商银行(印度尼西亚)有限公司签署了阿迪帕拉燃煤电站项目银团贷款协议,该项目是印尼燃煤电站"快速通道"项目下最大的燃煤发电机组合作项目,项目融资金额达 6.25 亿美元。中资银行在印尼的"走出去"战略,不仅有利于人民币国际化进程,也为中资在印尼的各项直接投资提供了资金支持。在保险业的外国直接投资方面,目前印尼法律禁止外资保险业在印尼成立分行,且保险业外资持股比例限制在 80%。作为 2015 年实现东盟经济共同体(AEC)的一环,预计从 2015 年起,印尼政府允准外资保险公司在当地开设分行,向符合资格的保险公司发放许可证,但是外资保险业在印尼开设分行将受到非常严格条件的限制,尤其在最低资本方面的规定,印尼财务业管理局(OJK)正在对有意在印尼开设分行的外资保险公司,拟定有关最低资本的最新法规。中国人寿、中国平安等公司实力雄厚,赔款准备金率充足,流动性和稳定性较好的保险公司也将海外投资的目光转向印尼。

　7. 制造业领域

　　在制造业领域,中国投资已经涉足摩托车、家电、汽车、钢铁、纺织与制鞋等,主要采取投资设厂方式进行。2000 年开始嘉陵、钱江、立帆、建设、南京金城、济南轻骑、重庆隆鑫、天津福士达等中国主要的摩托车生产商都在印尼合作建厂。[①] 印尼是中国家电企业"走出去"的重点国家,海尔、长虹、康佳、小鸭、海信、春兰等国内家电生产商也在印尼合资建厂。中国的吉利和奇瑞汽车制造商已经在印尼开设装配厂。

---

　① 由于不注重质量和恶性竞争,中国摩托车投资在印尼并不成功。

家电行业中国品牌表现较突出的长虹集团于 2000 年进入印尼，2002 年在印尼空调市场便占据了 20% 的份额。长虹在印尼选择与当地华人企业合作的方式，长虹提供技术、品牌，当地华人企业提供资金和人力。联合当地华人企业，有利于快速适应印尼市场，使长虹产品实现本地化生产，降低了成本，并且保证售后服务具有充足零配件。康佳集团采用散件进口方式在印尼组装，采取代理商包销的方式开拓印尼市场，与日韩彩电品牌相比具有质优价廉的优点，目前约占据印尼彩电市场 10% 的份额。

在制造业领域，印尼未来发展的重点是汽车制造，印尼提出汽车工业发展四大目标：东南亚地区最大的汽车生产国、最大的商务车生产国、最大的汽车市场和最大的汽车零部件生产基地。印尼目前是东盟仅次于泰国的汽车产业集聚地，共有外资及合资汽车企业 13 家，汽车零配件企业 380 家，年整车生产能力超过百万辆。2011 年以来，丰田、铃木、本田、日产、克莱斯勒、宝马和大发等汽车制造商都相继在印尼开设新厂或追加投资，大幅提高了印尼的汽车生产能力。目前进入印尼市场的中国自主品牌汽车主要是奇瑞汽车和吉利汽车，奇瑞汽车在 2006 年投资印尼遇挫后，2012 年重返印尼市场，与印尼 PT Gaya 汽车公司合资建立奇瑞汽车印度尼西亚分公司——PT 奇瑞印尼汽车（PT Chery Mobil Indonesia）。该公司作为奇瑞在印尼官方经销商，负责销售进口整车 CBU（Completely Built Up/Unit），主要向印尼销售的车型为 MPV、SUV 和皮卡。目前奇瑞在印尼的投资方式以销售为主，尚未投资设立工厂。吉利汽车于 2010 年 4 月进入印尼市场，目前在印尼拥有 20 家汽车专卖行，主要面向印尼市场销售 Panda 小型掀背车、MK 轿车和 MK2 小型车。吉利计划在印尼西爪哇贝卡西（Bekasi）的芝卡朗（Cikarang）建造汽车装配厂，在 2015 年开始组装吉利汽车。此外，中国潍柴动力股份目前已开始在雅加达开设旅游业巴士车和雅加达巴士专线的巴士维修服务业务，2012 年潍柴公司为雅加达巴士专线属下的 18 米长铰接式巴士，供应安凯（Ankai）牌机器。但是目前潍柴公司仍然不能将巴士车机器直接售予雅加达巴士专线巴士车，必须由印尼车厢制造厂（例如安凯）安装齐全后才由输入商输到印尼。总体而言中国自主品牌汽车制造商在印尼汽车产业的投资起步较晚，投资规模较小，尚处于以商品输入为主的阶段，与日本和欧洲汽车生产商存在较大差距。

8. 农业领域

中国对印尼农业领域的直接投资以技术输出为主，实现经济效益的同时注重投资的社会效益。

印尼是世界上第三大大米消费国，人均年消费稻米约 125 公斤，加之农业基础设施和生产技术制约，印尼不能完全实现稻米自给。解决粮食供需矛盾是印尼政府长期面临的课题之一。"中国—印尼杂交水稻技术合作项目"是 2010 年开始实施的政府间技术合作项目，由中国商务部提供援款，隆平高科负责实施。项目内容包括培训、合作科研、实验示范等工作。自 2010 年起，隆平高科项目专家组正式进驻印尼，经过一年的实施，杂交水稻技术已在印尼日惹特区、北苏门答腊、楠榜省、南苏拉威西、西加里曼丹、中加里曼丹、东爪哇、万丹省、中爪哇、西爪哇等地试验成功。2011 年，印尼使用杂交水稻种总量 7500 吨，推广面积 50 万公顷，占全国水稻种植面积的 4%，潜力十分巨大。杂交水稻技术在印尼的推广有利于提高印尼水稻单产量，巩固印尼国家粮食安全，也提高种粮农民收入和生活水平。

除了水稻生产，棕榈种植是中国对印尼农业直接投资的重点行业。2007 年以来，印尼成为世界最大的棕榈油生产国，2010 年印尼棕榈油产量为 2100 万吨，出口 1550 万吨；2011 年产量为 2320 万吨，出口超过 1800 万吨，印尼政府计划 2020 年将产量提高至 4000 万吨。同时，我国现已是棕榈油消费大国，全年消费棕榈油 560 万吨，占全球消费量的 15%。中国棕榈油全部依靠进口且逐年递增，已成为印尼棕榈油的出口大国，进口量占到印尼总出口量的 17%。目前棕榈油产业对印尼 GDP 的贡献率达到 10.48%，为 350 万人创造了就业机会，为促进棕榈油产业发展，印尼政府制定了一系列鼓励政策：2011 年 10 月 1 日起棕榈油出口关税从 25% 下调到 22.5%，政府计划从 2015 年开始只允许出口 50% 的原棕榈油，到

2020 年只允许出口 30% 原棕榈油，借以发展国内棕榈油下游产业，带动印尼经济增长。印尼全国的棕榈油种植园，有 15% 由来自马来西亚、英国、德国、新加坡等国的资本开发，天津聚龙集团是第一家进入印尼开发棕榈种植园的中国企业。2006 年下半年，聚龙集团在印度尼西亚加里曼丹岛建立了中国在海外的第一个棕榈种植园，栽种完成 1 万公顷。在印尼投资棕榈种植园产业虽然前景良好，但是也面临诸多困难，首先要解决种植园地区的基础设施建设，陆路运输道路和储存设施等一系列生产问题，以提高成品油质量及油品储备。虽然印尼棕榈油产量巨大，但是生产效率相对较低，印尼棕榈油生产效率为 3.8 吨/公顷，远低于马来西亚 4.6 吨/公顷。增强种植、收割工作的科学系统化，培养熟练技术工人是提高生产率的关键。

9. 渔业领域

中国与印尼之间的渔业合作始于 2001 年。2001 年 4 月，中、印尼两国在北京签订了《中华人民共和国农业部和印度尼西亚海洋事务与渔业部关于渔业合作的谅解备忘录》（简称《谅解备忘录》）。为了实施《谅解备忘录》，双方又于当年 12 月 19 日签订了《中华人民共和国农业部和印度尼西亚海洋事务与渔业部就利用印度尼西亚专属经济区部分总可捕量的双边安排》（简称《双边安排》）。2004 年 7 月 16 日，双方对 2001 年签订的《双边安排》进行了修订，签订了《关于修订〈中华人民共和国农业部和印度尼西亚海洋事务与渔业部就利用印度尼西亚专属经济区部分总可捕量的双边安排〉的议定书》。《谅解备忘录》涉及双方渔业合作的目标、合作领域、合作机制，以及争端的解决等一系列内容，是中国和印尼开展渔业合作的纲领性文件。2006 年以前，根据印尼海洋事务与渔业部规定，外国渔船在印尼水域作业的方式有两种：一是向海洋事务与渔业部申请在印尼专属经济区捕鱼执照，但必须将其渔获物的 30% 出售给当地加工厂；二是联合经营，即外国渔船主与当地已持有捕鱼执照的公司合作，利用该公司的执照在印尼专属经济区内捕鱼，由双方制定利益分成。而从 2006 年开始，印尼改变与外国渔业的合作方式，即由原先向外国渔船发放捕鱼许可证改为发放投资许可证（2006 年第 17 号海洋事务与渔业部长新条例），规定只有在印尼建立渔业加工厂的外国捕鱼公司才被允许在印尼水域作业，并且必须把其捕鱼量的至少 70% 出售给在印尼的渔业加工厂。印尼政府此项举措意在通过推动外国渔业公司与印尼公司成立合资企业，提高渔业生产效率，促进水产品深加工工业发展。与此同时，为鼓励外国公司与本国捕鱼企业合作，印尼将给予渔业合作企业诸如关税、收入税、增值税等税务优惠。2001 年开始中国福建省平潭县安达远洋渔业公司、福州宏东远洋渔业公司与印尼 MTJ 渔业有限公司合作，在图尔岛建立渔业综合开发区，目前拥有 51 条渔船，成为印尼最早的综合渔业基地。大连长海渔业公司于 2005 年收购印尼材源帝集团下属 PT DayaGuna Samudra 的渔产公司，在印尼东部北马鲁古的亚儿（Tual）、巴布亚的比亚克（B-iak）、北苏拉威西的比栋（Bitung）兴建渔产加工厂。2002 年，中国与印尼政府签订了第一轮渔业合作协定，合作期限为 2002 年 7 月至 2007 年 6 月。中国中水远洋股份有限公司全资子公司舟山海洋渔业公司、烟台海洋渔业公司等远洋渔业公司与印尼公司合作，赴印尼进行远洋捕捞；2006 年，根据中印尼双边渔业合作第二轮新框架要求以及 2006 年印尼海洋事务与渔业部关于外商渔业投资的新规定，福建远洋渔业集团与印尼 AG 集团共同投资 2000 万美元在印尼成立合资公司，在印尼建立远洋渔业基地，组建一支拥有 300 艘渔船的渔业捕捞船队，从事渔业捕捞、加工、销售及渔船补给等业务。2012 年 8 月中国农业部渔业局代表团与印尼渔业局合作签订了《海上渔业合作的框架协议》，共同探讨海上资源的深化合作，进一步携手开拓印尼海洋，协力挖掘海中蓝金。

为适应印尼新的渔业政策，中国渔业公司已经开始在印尼投资，建立渔业加工厂和建造渔船。据印尼《国际日报》报道，来自中国 9 家企业财团将在印尼投资 8 亿美元，建立鱼加工厂和捕鱼船队。中国在印尼投资的 8 亿美元主要分布在马老奇（Marauke）2 亿美元、德纳德（Ternate）3 亿美元、杜亚儿（Tual）3 亿美元。其中一家是大连长海渔业公司。大连长海渔业公司于 2005 年收购印尼材源帝集团

（Djayanti Group）属下 PT Daya Guna Samudra 的渔产公司，在印尼东部：北马鲁古的亚儿（Tual）、巴布亚的比亚克（Biak）、北苏拉威西的比栋（Bitung）兴建渔产加工厂。[①] 2006 年 10 月，福建远洋渔业集团与印尼 AG 集团签订福建—印尼远洋渔业合作项目，共同投资 2000 万美元在印尼成立合资公司，双方各占 50% 股份，计划在印尼建立远洋渔业基地，组建 300 艘渔船规模的渔业捕捞船队，从事渔业捕捞、加工、销售及渔船补给等业务。[②]

10. 中国—印尼经贸合作区及工业园：成为中国对印尼投资的新形式

2009 年，中国广西农垦出资 95% 与印尼方面合资成立中国·印尼经贸合作区有限公司，开发建设中国—印尼经贸合作区，属于商务部批准的 19 个国家级境外经贸合作区之一。合作区定位为发展精细化工、机械制造、家用电器等国内相对饱和的产业，重点发展围绕木薯作为原料的木薯淀粉、变性淀粉、燃料乙醇深加工等产业。自 2009 年启动建设以来，在基础设施建设和招商引资方面已取得一定的进展，2012 年年底一期项目投入使用，合作区累计投入建设资金 8717 万美元，已有中国西电集团、南通康桥油脂有限公司、印尼天泰投资有限公司等 19 家中外企业签订入园投资开发协议，其中中资控股企业 7 家。协议总投资额约 1.789 亿美元。同时与合作区进行密切联系的还有 20 多家中国企业，包括吉利汽车、厦门金龙联合汽车工业有限公司、宝钢集团、柳州五菱柳机动力有限公司、东方红粮食机械、浙江天杰电缆等企业。在合作区的建设过程中，中国政府还可给予 2 亿—3 亿元人民币的财政支持和不超过 20 亿元人民币的中长期贷款。中国—印尼自贸区的建设是对印尼投资平台的创新，有利于创造良好的投资环境，推动中国优势产业国际化。

目前，中国对印尼的投资主要是资源需求型和市场需求型的。

---

① 《9 中企落实投资 8 亿美元》，《国际日报》2006 年 4 月 5 日。

② 《福建—印尼远洋渔业合作项目签约》，2016 年 10 月，中国渔业政务网（http://www.cnfm.gov.cn/info/display.asp? sortid = 68&id = 17015）。

华商在中国对印尼投资中的作用

印尼是世界上华人最多的国家（1000多万人），华人大多从商，并取得巨大成功。在中国实施"21世纪海上丝绸之路"战略背景下，中国与印尼关系不断加强，中国加速对外投资和产能转移，印尼华商不仅成为投资中国大陆的先行者，而且在中国企业走出去，走进东南亚，走进印尼过程中，发挥着桥梁和合作伙伴的作用。

首先，华商（包括华人社团）在中国对印尼的投资中充当了向导推介的桥梁作用。早在2007年6月5日在云南昆明举办的"第五届东盟华商投资西南项目推介会暨亚太华商论坛"上，时任印尼中华总商会主席的陈大江就清晰表述过："居住在印尼的华人达一千多万，印尼有着世界上最大的华商群体。印尼华商无论与居住国或者与中国都有着血统、文化、人脉的传统关系，与东南亚其他国家以及欧美的华商也有着密切的联系。在中国改革开放初期，他们率先去中国投资、经商，把西方先进的技术和管理带入中国，为中国的腾飞做出了贡献，而他们自身企业也由此获得新的发展，今天他们又为中国企业走出国门，走向印尼不辞辛苦，积极奔走。事实上他们是沟通中国西南部和包括印尼在内的东盟的一支不可替代的力量。2001年发起成立的印尼中华总商会，其初衷之一就是为了推动印尼同中国间的友好与合作，我将此视作自己义不容辞的职责。"①

印尼著名华商、融侨房地产有限公司董事长林文境先生也曾在2004年北京举办的"第三届世界华人论坛"上对华商的优势和作用进行过精辟的阐述。他认为："华商有四大优势，即具有较强的经济实力；在国际和当地有很大的影响力；非常有兴趣参与中国—东盟自由贸易区的建设；有丰富的国际国内投资经验。因此，华商在中国—东盟自由贸易区以及中国对外投资中将发挥重要作用，那就是：桥梁—推介作

---

① 陈大江：《印尼中华商会主席在第五届东盟华商论坛讲话》，2017年12月25日，世界华商名人堂（http://www.hsmrt.com/chendajiang/column/2851）。

用；向导—服务作用；黏合剂—融合作用。第一，桥梁—推介作用。东盟华商在建立中国—东盟自由贸易区中，可以利用熟悉中国，与东盟的政治、经济、文化的特殊优势，收集东盟、中国投资机会、贸易机会、合作机会，而后进行评估、测算，一方面向东盟国家全面推介中国投资兴业机会，一方面向中国推荐东盟国家的投资兴业机会，以促进中国—东盟更密切的经济合作。第二，向导—服务作用。在建设中国—东盟自由贸易区中，两地的企业家要更好合作，共同发展，还需要有人导引、服务，华商在这方面也拥有得天独厚的优势，这优势能帮助对方在最短时间里获得成功。比如，中国商人到东盟投资，东盟的华商可以协助组织团队、可以负责早期规划、可以为他们的投资提供许多经验。东盟商人到中国投资，华商们同样可以利用自己在中国的人脉资源、经验，为他们提供帮助。第三，黏合剂—融合作用。东盟华商可以利用自己在东盟社会的广泛影响力，对建立中国—东盟自由贸易区做广泛的宣传动员，消除一些误解，调动更多的力量配合，这是保证中国企业投资东盟成功的要素之一；可以利用自己投资中国建立起来的资源，动员更多的人配合、支持东盟企业在中国的投资；可以通过各种形式集合起部分东盟商人与中国商人，联合起来投资一些大项目。为此，我们东盟华商将不遗余力，做先锋，做中介。一切有利于自由贸易区建立的事，我们都乐意去做，都竭尽全力去做"①。

新加坡集年投资有限公司董事主席黄鸿年认为：中国企业对外投资应分五步走。一是应先在中国国内市场树立品牌，并在其所属的行业占有一席之地，也就是说企业应先立足于国内市场，有了强大的中国国内市场作为后盾，然后才迈向国际市场；二是培养一批有胆识，有气魄和远见，有志于立足世界的企业领导人；三是寻求海外合作伙伴；四是与其他中国企业携手合作，避免相互之间价格战；五是结合当地华侨企业的力量。②

---

① 林文镜：《桥梁、向导、融合剂》，第三届世界华人论坛论文（http://61.161.113.221/upload/department/0/docs/20040918 - 171321 - 7.349927.doc）。

② 林文镜：《华商在 CAFTA 建立中的三大作用》（http://www.66163.com/fujian_w/news/fjqb/040806big5/1.11.html）。

事实上中国企业在走进印尼时，也充分利用了华商的力量，华商发挥了桥梁作用。如印尼工商会馆中国委员会在中国企业走进印尼中发挥了重要作用，曾任印尼工商会馆中国委员会主席的纪辉琦①，就是一位华人，祖籍福建福清，为印尼塔尼托煤矿有限公司董事长（人称煤炭大王）。2005 年 4 月胡锦涛访问印尼，中石化、华电、中信等中国大企业与印尼的国营或私营企业进行合作，纪辉琦主席发挥了很大作用。纪辉琦主席说：印尼工商会馆中国委员会的责任就是介绍中国企业到印尼发展，并帮助中国企业选择印尼合作伙伴，保障中国企业在印尼投资的利益。同时，要帮助印尼企业到中国投资，使印尼企业家和中国经常有机会相互接触，相互了解，做到互赢互利。② 印尼中华总商会（Indonesian Chinese Chamber of Commerce）于 2001 年在著名商人陈大江先生的倡议下成立，其使命是推动并配合海内外华商积极地发展实业，在印尼与中国的经贸往来中发挥中介桥梁作用。作为印尼工商会馆的补充，中华总商会在加强企业与政府沟通方面发挥了独特作用。据中华总商会秘书处提供的资料，2007 年中华总商会接待了来自中国的 37 个团组，422 人次。中华总商会为来自中国十几个省市的代表团举办产品推介会、各类法律法规讲座会、座谈会和经贸洽谈会等，吸引了数千人次参加。陈大江和其他商会领导还亲自率团到中国各地进行交流访问，介绍印尼的投资经商环境，为双方商家穿针引线，招商引资。③

其次，印尼华商除了发挥桥梁、向导作用外，还成为中国企业在印尼投资的合作伙伴。中国企业走进印尼，采用合作经营方式时，其

---

①　纪辉琦是印尼中华总商会（Indonesia Chinese Entrepreneur Association）总主席，还担任印尼国防部中国事务特别助理、印尼工商会馆中国委员会总主席、中国海外交流协会海外常务理事，中国全国归国华侨联合会海外委员、印尼—中国经济、社会和文化合作协会名誉主席、印华百家姓协会资深名誉主席、印尼华裔总会名誉主席、世界福清社团联谊会荣誉主席等社会职务。

②　孙翙：《印尼华商：印尼与中国建设项目的搭桥人》，《国际人才交流》2006 年第 1 期。

③　《专访：发挥印中友好合作的桥梁和纽带作用——访印尼中华总商会总主席陈大江》（http：//www. cic. mofcom. gov. cn/ciweb/cic/info/Article. jsp？a_ no ＝101854&col_ no ＝456）。

合作伙伴首选华商。1994 年，小天鹅在印尼建立帕莱玛小天鹅工业有限公司，其合资伙伴就是华商（占 54% 股份）。中国奇瑞汽车、柳工机械公司（建筑机械和设备生产商）、YTO 有限公司（拖拉机和农机生产商）、福田汽车公司（卡车和商用车生产商）以及长城汽车公司（公交车生产商），与印多汽车集团（华商）联营兴建装配工厂。[①]时任印尼工商会馆中国委员会主席纪辉琦，印尼塔尼托煤矿有限公司董事长，经营煤矿，已经与华电、华能、中国煤炭进出口公司合作，为中国广东、浙江、江苏提供煤炭。事实上，许多印尼华商一方面在中国进行投资；与此同时，又充当中国在印尼投资的合作伙伴，如前面提到的印尼材源帝集团（Djayanti Group）。印尼材源帝集团是一家从事木材加工、水产品捕捞等多行业为一体的跨国集团，在中国大陆有很多投资，或独资或合资，与此同时，也成为中国企业进入印尼的合作伙伴，如与大连长海渔业公司合作在印尼东部兴建渔产加工厂；与江西煤炭公司、江西有色金属地质勘察局等单位合作，合作开发印尼煤炭资源和印尼加里曼丹金矿资源；与中国西安火电工程公司合作，承建印尼 MEULABOH 电厂。

随着中国企业在印尼直接投资的增加，印尼华商的桥梁和合作伙伴的作用将越加突出。长虹集团于 2000 年进入印尼，2002 年在印尼空调市场占据了 20% 的市场份额。长虹在印尼选择与当地华人企业合作的方式，长虹集团提供技术、品牌，当地华人企业提供资金和人力。联合当地华人企业，有利于快速适应印尼市场，使长虹产品实现本地化生产，降低了成本并且保证售后服务具有充足零配件。中国著名的家电制造商海尔集团，把海外投资的第一站放在印尼。1996 年，在雅加达建立了境外的第一家以生产电冰箱为主的合资企业海尔—莎保罗（印尼）有限公司，此后，海尔在菲律宾、马来西亚、泰国先后建立合资公司。为了规避海外投资所面对的各类显性的和潜在的政治风险、法律风险、市场经营风险，海尔的海外工厂在坚持控股权前提下，均采取与当地投资商合资的方式。此举有两大收益：一是坚持

---

① 印尼《国际日报》2007 年 5 月 26 日第 B2 版。

控股权有利于在国际市场上顺利贯彻海尔创建自主品牌的战略；二是采用合资方式，既可以节约减少海外投资的财务压力，又有利于发挥合资方熟悉东道国的政治制度、民族理念，掌握东道国有关的法律和财务细则的优势，在出现各类摩擦与纠纷时，由当地参股方直接代表子公司与东道国各方进行交涉，减少投资风险。除了海尔外，中国在东南亚的家电企业采取了独资和合资形式，其中合资占大多数，特别是在初期阶段。这是因为缺乏海外经营人才和经验，对东南亚市场行情和发展趋势了解不足，而通过合资方式，能吸收和利用当地合作伙伴的优势和长处，享受东道国的优惠政策，也避免政治风险。

在制造业方面，中国的轻工、家电、摩托车、农产品加工机械、机床、中成药、农用化工、精细化工、医药，以及实用高科技产品、生物制品等，在印尼具有较大比较优势和市场空间，印尼政府也希望中国提高在制造业方面的投资，更多中国制造业企业将陆续进入印尼投资。与此同时，印尼华商也主要集中在制造业、服务业、银行业方面。因此，印尼华商不仅有机会而且有能力成为中国企业投资印尼的合作伙伴。

此外，印尼政府也希望中国投资与印尼企业（包括当地企业和华人企业）进行合作。例如，2006 年开始，印尼对外国捕鱼公司发放投资许可证，即只有在印尼建立渔业加工厂的外国捕鱼公司才被允许在印尼水域作业，并且必须把其捕鱼量的至少 70% 出售给在印尼的渔业加工厂。也就是说，如果外国渔业公司愿意在印尼水域捕鱼作业，唯有在印尼投资水产品加工厂进行。与此同时，为鼓励外国公司与本国捕鱼企业合作，印尼将给予渔业合作企业诸如关税、收入税、增值税等税务优惠。为适应印尼新的渔业政策，中国渔业公司已经开始在印尼投资，建立渔业加工厂和建造渔船。

中国政府与印尼政府已经在两国战略对接上达成共识，并于2015 年 3 月 26 日发布了《中国和印尼关于加强两国全面战略伙伴关系的联合声明》。《联合声明》明确提出：双方同意发挥各自优势，加强战略交流和政策沟通，推动海上基础设施互联互通，深化产业投资、重大工程建设等领域的合作，推进海洋经济、海洋文化、海洋旅游等领域务实合作，携手打造"海洋发展伙伴"。在 2015 年 4 月 21—24 日中国国家主席习近平再次访问印尼时，两国元首重申将全面对接"21 世纪海上丝绸之路"战略和"全球海洋支点"战略，加快制定《全面战略伙伴关系未来五年行动计划》，共同发展"海洋发展伙伴"，在电力、高铁、有色金属、造船、建材等产能领域进行深度合作，争取就产能优先项目清单进行对接，争取尽快实现"早期收获"。

海洋经济对于未来的中国经济和印尼经济而言意味着新的经济增长点，同时也是未来两国战略合作的重点领域。中国与印尼的海洋经济合作，将集中在：海上互联互通、海洋资源的开发（如海洋石油天然气、渔业及造船、滨海旅游等相关产业）、海洋生态环境保护。因此，印尼华商除了继续在制造业领域与中国投资合作以外，基础设施建设和海洋经济领域将成为印尼华商与中国投资的合作新领域，印尼华商在两国战略对接中将迎来更大的发展机遇。

在两国全面战略伙伴关系和两国海洋战略对接的大背景下，中国对印尼投资不断增长，印尼华商在中国对印尼的投资中的桥梁和合作伙伴的作用日益增强。

云南籍华侨华人在"一带一路"建设中的作用探讨

何作庆[*]

摘　要：本文在实地田野调查和大量收集资料的基础上，简要阐述了云南籍华侨华人曾扮演了历史上"西南丝绸之路"上的移民者、"一带一路"沿途国家和地区的建设者、跨境/跨国贸易促进者、中外友好使者、中外文化传播者，以及和平跨居民俗交融者等多种角色，为"西南丝绸之路"经济带的建设做出了贡献。同时，也应辩证看待这些作用对当今"一带一路"倡议带来的启示。

关键词：云南籍华侨华人　丝绸之路　作用　探讨

据史籍、族谱资料等记载，云南在历朝都有移民境外之族群，尤其以明末清初云南籍移民出境的人较多，清末民国时期云南籍华侨华人去越南、老挝、缅甸等周边国家经商或者务工较为突出；1910 年滇越铁路和 1938 年滇缅公路修通后，出境经商或者务工成为潮流，其中有不少人留居越、缅、老、泰等国家；新中国成立之初，新旧政权交替之际，不少疑虑者纷纷出国侨居；20 世纪五六十年代中华人民共和国在清匪反霸、土地改革、人民公社化等各个历史时期，一批批人因对政策不理解，以致走出国门。他们在侨居国从事各种社会职业成为华侨，其中不少人已加入或取得了外国国籍，或者经历无数次

---

　* 何作庆（1963—　），男，彝族，教授，硕士生导师，云南红河人，红河学院云南侨乡文化研究中心主任，主要研究方向为陆疆侨乡和少数民族华人华侨问题，主持完成和参与国家级、省级、地州级项目 10 项，发表文章 80 余篇，专著、合著、主编、合编书籍 13 部。

迁移，终在异国他乡成家立业，他乡即故乡，从而形成了云南籍在异国他乡的华侨华人。

一　云南籍华侨华人在"一带一路"建设中的作用

"丝绸之路"是古代中国与世界其他地区进行经济文化交流的陆海通道。作为一条交通要道，"丝绸之路"也是一条人员往来之路。在"丝绸之路"开辟之后，一批批的中国陆疆居民出于生计、安全、发展等需要循着"西南丝绸之路"的印迹走出国门，最终在境外生根发芽，形成云南籍华侨华人，并在"西南丝绸之路"中扮演了多种角色，发挥了多种作用。

历史上云南籍华侨华人是"西南丝绸之路"的参与者、建设者和见证者，他们曾经为"西南丝绸之路"的建设做出了独特的贡献。鉴于此，在"一带一路"倡议的背景下，考察云南籍华侨华人在"西南丝绸之路"中的历史作用，对其进行辩证分析，不仅有利于从理论上还原云南籍华侨华人的历史功绩，而且对于当今如何进一步发挥云南籍华侨华人在"一带一路"倡议重建中的作用具有丰富的学术价值和重要的现实借鉴意义。

（一）云南籍华侨华人是"一带一路"沿途国家和地区的移民参与者与建设者

云南与缅甸、越南、老挝等国接壤，又与泰国、柬埔寨相邻，在几千年的长期交往中，云南籍华侨华人及其眷属已成规模，他们从陆疆移居境外之后，秉承中华文明的优良传统，为侨居地和祖籍国的建设事业做出了杰出的贡献。对于侨居地而言，一方面，云南籍华侨华人通过给当地带去先进的技术、设备、物种、劳动力等影响了当地的生产力水平，促进了侨居地的农业与矿冶业生产的发展。另一方面，他们也与当地居民并肩劳作，拓荒垦殖，开矿冶炼，修桥造路，建立村镇，兴办文化教育事业等，为当地经济的发展和社会的进步贡献了力量。

1. 农耕生计移民参与了沿途国家和地区的农牧业开发

农耕生计移民就是以移民境外的方式直接或间接地再从异国他乡的自然界中得到衣食。云南沿边地区的少数民族华侨华人在邻国从事农耕的人数居世界各地华侨华人从事行业之首，他们除传统的农耕之外，很会种蔬菜，每家农户都有菜园，根据不同季节，分别种植萝卜、白菜、芥蓝、生姜、葱、蒜头等，其中居住在市镇郊区者多数依靠种菜卖菜为生。越南、老挝、泰国、缅甸的苗族华人、瑶族华人多居住在山区，主要生活来源于农业，以种植玉米、旱稻、三角麦、红薯、木薯、芋头、花生、瓜类、豆类、亚麻、黄麻、棉花、茶叶等山地作物为主。"1958年云南勐腊县曼庄的一个傣族寨子迁移到老挝丰沙里省，建立了曼勒寨"①，这些云南籍傣族移民大多数加入居住国国籍，成为居住国公民，成为在老挝从事农耕生产的云南籍华侨华人。

2. 参与了沿途国家和地区的市政建设

来自云南籍的大批泥瓦匠、木匠、皮匠、裁缝、小炉匠、砖瓦匠等各种工匠，随着商贸移民，远走东南亚邻国谋生，他们与东南亚各国侨居地的居民并肩劳作，建房盖屋、修桥造路等，为当地经济的发展和社会的进步贡献了力量。洪盛祥商号在"缅甸的八募、腊戍、锡卜、猛拱、洞己、瓦城、仰光，印度的加尔各答、哥伦堡均分别购置或自建号房"，这些"购置的房地产，用于商号经营或者员工侨居"②。上述此类投资、商贸活动为侨居地和祖籍国的建设事业做出了杰出的贡献。

19世纪末张德珩在缅甸创设协和公司，后与同乡寸如东、张德茂、刘宝臣一起合伙做玉石生意，后又创设合伙公司为宝济和公司。协和公司主要在缅甸怕敢、勐拱、多莫、会卡等地开采玉石，宝济和公司主要在八莫、香港、广州、上海等地销售玉石。张德珩被人们称为"翡翠大王"，他对缅甸的许多工程建设给予支持，受到英国驻缅政府的敬重，聘请他为华人总代理，为20世纪20年代英国皇太子爱

---

① 赵和曼：《少数民族华侨华人研究》，中国华侨出版社2004年版，第76页。

② 黄槐荣：《洪盛祥商号概况》，载《腾冲文史资料选辑》第三辑（内部版），1991年12月，第34页。

德华到缅甸巡视，还见了张德珩、寸如东等侨商大贾。英国女王授予张德珩金质奖章一枚。[①]

3. 矿工参与了沿途国家和地区的矿产/矿冶开发

18世纪以后，云南周边邻国封建统治者把开采金、银、铜、铁等矿当作增加国库收入、铸造钱币、制作兵器的一个重要来源。对于云南来说，相邻的缅甸蕴藏着丰富的玉石、银等矿产，但土著居民"不熟练（开采）法，故听中国往采"，中国云南等地不少贫苦农民和手工业者，也前往开采。具有地缘优势的滇籍人每年外出到境外打工逐步形成世代相传的规律，他们外出的路线主要分为滇西和滇南两线。滇西一带的人们自古就有"穷走夷方，急走厂"（"厂"是指缅甸、越南等邻国的银、铜、铅等厂矿，缅甸的玉石厂）的传统，出境到缅甸务工已经成为他们的谋生方式之一，自明清以来，留居缅甸当矿工，开采玉石的华侨较多。历史上流落在缅甸的大西军遗部和永历帝的随从，有一部分后来就从事银矿的开采。据史料记载，清初吴尚贤（石屏人）经营茂隆银厂时，宫里雁已在波隆开矿。他们都召集了数以万计的工人，其中一部分是"逃遁之民"，被雇用采矿。进入缅北开矿的人民中有相当一部分到玉石厂和宝石厂做开采工。18世纪，中国人在缅甸开办的两个最大的银矿为茂隆银矿（其所在地今属缅甸，距中国云南班洪、班老地方约100千米）和波隆银矿（其所在地在现在缅甸的包德温矿区），前者在鼎盛时有矿工二三万人，后者矿工也"不下数万"。据《清高宗实录》（乾隆十一年六月甲午）云贵总督张允随奏折：乾隆年间阿佤山的茂隆银厂"打槽开矿及走厂贸易者，不下二三万人"；人数最多的时候，据称是"聚众数十万"。[②]明清至民国的数百年间，因政府无确切档案记录，去当矿工的以祥云、弥渡两县为多，又以祥云人为最。1938年滇缅公路修通后，交通有了较大的改善，男人外出当矿工之风盛行，大批人留居缅甸开采玉石。祥云、弥渡等地农民去缅甸开采玉石，一般都是每年秋天庄稼

① 和顺乡侨联主编：《和顺乡》，和顺图书馆2014年版，第22—43页。
② 方树梅：《吴尚贤传》，载《滇南碑传录》，北平图书馆1937年排印本。

收割后才去缅甸当矿工,次年雨季前返回家乡,也有不少人因工作需
要长期侨居在缅北矿场做工。滇西、滇南一带就有"穷走夷方,急走
厂"的风俗习惯。滇西南华、祥云、凤仪、大姚、姚安一带贫民,每
年都有数千人至数万人相约到缅甸老银厂当矿工。平均每 3 户家庭就
有 1 人出国当矿工。一般立冬后入缅,第二年清明节以前返乡。但总
有半数以上的人因种种原因,长期待在缅甸,时间一长,成家立业,
变为侨民。1885 年 11 月第三次英缅战争后,英国资本大量投资开发
缅甸的矿业,需要大批劳工,云南等省的贫苦人民大量集中在南渡、
包德温等大矿区和克钦帮孟洪等地的玉石矿中当矿工。1891 年英国
人获得波龙银厂开采权,组成"缅甸矿山开发代理公司(后改为八
码公司)",波龙银厂进入现代化生产阶段,最盛时全厂约有 4 万人。
中国工人多为云南人,约为 3 万 5 千人。英国公司在老银厂实行"包
活"和"散活"两种劳动制。"包活"即计件劳动;"散活"即计时
劳动,中国人喜欢"包活",因为"包活"工资多。米轨火车作运输
之用,矿石自老银厂采出后,装上小火车运送至南渡(邦海),原矿
石先经南渡新泽选矿厂选定后,精矿石再由火车送入老泽冶炼厂冶
炼,最后再在老泽将粗锡产品装箱运往腊戍附近的标准轨火车站,再
用大火车经曼德勒、仰光运往英国精炼为成品。自缅甸矿业公司
(BURMA—MINES)开始开采波顿银矿——老银厂以来,该公司的矿
工主要来自滇西南地区的镇南、龙陵、祥云、弥渡、楚雄等地,工人
们成群结队而来,人数每年 2 万左右。第一次世界大战后,国际银价
大涨,从"民国四年至十二年(1915—1923 年)每年华工到海外缅
甸从事矿冶业的大约为 5 万—7 万人,这是南渡的黄金时代,这个时
期内著名的包工头有段予光、陈晋之、梁金山、杨载恩、杨升品、尹
天玉和杨延贵等人。从民国十三年至十八年(1924—1929 年),虽然
工作岗位较以前减少,但是每年华工到缅甸从事矿冶业至少也有三五
万人"①。但是,这些出境矿工的死亡率也相当高,如"民国九年

---

① 张诺鲁:《南渡华工概况》,载《腾冲文史资料选辑》第三辑(内部版),1991 年
12 月,第 290 页。

（1920年）初春，公司派西人职员二人到滇南个旧县，招雇精于采矿的工人。他们两人由个旧找来一百二十五人，沿途加添，共得一百四十七人。过了两个雨季，就死去七八十人。后来渐渐死亡离散，到现在只生存着下列的七人：（一）宣威李有东，（二）曲靖周邦和，（三）曲靖李明清，（四）沾益崔华春，（五）宣威李占成，（六）罗平张绍贤，（七）曲靖张学信"①。1931年，在缅北地区华侨（大部分是云南人）约占全缅华侨的1/3，有6万多人，其中矿工就不下3万人。在缅甸的中国矿工有不少是少数民族。"老银厂矿工最低日工资为1.1卢比，一卢比可兑换二元至二元五角云南半开，一般工人工资每月的工资收入可购2000斤大米，6天工资可购一条英国毛毯。因此，一般人在矿上工作几年，便可寄钱回家置房买地。如祥云人薛炳亮在矿上三年，即寄回1000元卢比购得地七亩。"② 尽管矿上工作艰苦、生活差，祥云、弥渡等地农民还是为生活所迫，每年有数千或数万人相约前往，不断出境到老银厂当华侨矿工。"工人普遍艰苦劳动，勤俭度日，积蓄卢比，或交云南富滇银行等设在老银厂的分支机构汇兑回乡，或由大商号寄付，或请本乡经商的可信赖者带回家。"八码公司"给予中国工人以免费医疗的优惠，但 …… 患硅肺病等疾病的人很多，因病或工伤事故而死亡者，英国公司一律发给三千六百个卢比，作为抚恤金"③。

（二）云南籍华侨华人是"一带一路"沿途国家和地区的中外贸易促进者

云南籍侨居"丝绸之路"沿线国家的华侨华人秉承重商务实、开放兼容的优良传统，长期从事着中国与境外各国的跨境/跨国长途贸易。东南亚是云南籍华侨华人的主要跨境/跨国移往地，在中国与东南亚之间从事中外贸易的云南籍华侨华人也比较多，并形成独特的华

---

① 张诺鲁：《南渡华工概况》，载《腾冲文史资料选辑》第三辑（内部版），1991年12月，第291页。

② 大理州侨务办公室编：《大理白族自治州侨务志》（内部版），1993年，第126页。

③ 同上书，第128—129页。

商群体。在明朝实行海禁时期，以云南为主的"西南丝绸之路"成为中国相对较为开放的陆路通道。中国侨商很快掌控了中国与越南、老挝、泰国、缅甸、柬埔寨等国家及其他地区间的大额中外贸易。孟中印缅通道的中外贸易也大部分掌握在侨商手里。清末民初是东南亚近现代华商群体形成的重要阶段，侨商群体和侨商社会开始形成，民国时期是云南籍华侨华人从事中外商贸的全盛阶段。

1. 云南籍华侨华人的跨境/跨国大商帮在境外开设了众多商号

在云南出现了以跨境/跨国经营而闻名的大商帮。如：临安帮、腾冲帮、喜洲帮、鹤庆帮、龙陵帮、迤萨帮等，此外还有虽未称"帮"，但实力、规模及成就均表现不俗的中甸、丽江、魏山等地商队。云南籍华侨华人在境外开设的众多商号，他们根据市场供求关系，以本地为中心，在内地设供销点，到海外设分号。云南籍华侨华人跨国商号在"一带一路"沿途国家和地区以经营洋纱、洋布、黄丝、石磺、药材、金银等商品为主；洋货中以日货较多，日本货物多从上海、重庆经昆明运入下关，英法等国货物多由瓦城（即缅甸曼德勒）经腾冲运入下关，滇越铁路通车后，云南侨乡中的不少商号货物——如大锡、药材由火车运至河口出口。民国时期鹤庆、喜洲等大商帮，掌握了滇西进出口贸易的大权，各大商号争先恐后到海外设号，如永昌祥、锡庆祥等商号形成"走印度，跑缅甸"热潮。云南籍华侨华人在缅甸、印度等国开设的中小商号以"经营绸缎布匹、百货、茶叶、纸烟、火柴、肥皂、衣服、鞋帽、织染、爆竹、糕点、水果、金属器皿、木器、五金器械、金银首饰、印刷、粮食制品、食馆、旅店、茶社、书籍、文具纸张、食盐、山货药材、日用百货、皮杂、土产等50多种行业，一般有几千元资本，少数商店有几万甚至一二十万元资本"①。

云南众多商帮几乎都是围在喜马拉雅山脉周边区，如："云南、四川、西藏、缅甸、尼泊尔、印度和孟加拉等国家和地区开展商贸。这些跨境/跨国经营者，长途跋涉，不畏艰险，依靠人力畜力，终年

---

① 大理州侨务办公室编：《大理白族自治州侨务志》（内部版），1993年，第94页。

累月地把本地茶叶、盐巴、药材、皮货和进口的棉纱、布匹、纸张和日用百货，如蚂蚁搬泰山般，运进输出。只有依靠人力畜力把货物运出大山后，才有条件换乘汽车、火车、轮船等现代交通工具转输到销售地。这些侨商帮的经营路线方向一般可以概括为：滇茶销川藏，川丝销缅甸，缅棉销滇，滇藏药销川；依靠长途贩运，互调余缺，获取高额利润。商人们主要经营的商品有：棉纱、布匹、茶叶、生丝、猪鬃、鸦片、黄金、白银、锡、钨、锑、外汇、山货、药材等，收购后加工又远销省内外和外国。有的商号还在下关、昆明及省外设有工厂、矿山。"[1] 他们是滇西南与海外商品聚散与土特产商品中转的中介，现代文明生活和乡村风尚引领的传递者。

2. 云南籍华侨华人组织了众多从事境内外物资运输的跨境/跨国马帮

清末民国时期形成以"鹤庆""腾冲""喜洲"等滇西南侨商帮为主的跨国商贸集团，更将腾冲、下关等地作为活动中心，从事进出口贸易，运至缅甸的货物主要是茶叶、粉丝、乳扇、弓鱼、核桃、火腿等日杂土产，回程则有玉石、日用百货等。鹤庆帮最早到缅甸设商号的是舒翼才的恒通裕号，该号于1910年前后入缅设号，随后兴盛和、福春恒等号接踵而至。喜洲帮则以永昌祥为先。光绪年间（1875—1908），这些跨境商号经营的货物有英国纱布、瓦花（棉花）、纸烟、洋油、洋蜡、大烟、火柴、绸缎等数十种，其中洋纱就有"金鸡""四人""人花""拉索""狮蛇"等牌子；德国货有颜料、毛巾、香水，各种日用品和化妆品；日本货有"皇佛纱"、布匹等十多种牌子，衣服、肥皂、小孩玩具和少数日用品等；美国的石油和泰国的少量绸缎等都运输到大理地区，于是大理成了各种洋货的集散地。滇南红河县迤萨侨乡的姚初、何楚等大老板都拥有自己的马帮从事跨国贸易运输。滇西北侨商的商贸活动以滇缅进出口贸易为主，出口以大烟、黄丝为大宗，石磺、药材、山货、皮毛、土布、宝石、玉器等次之；进口以棉花等为大宗，玉石、煤油、瓷器、干果、染

---

[1]　陈延斌：《大理白族喜洲商帮研究》，中央民族大学出版社2009年版，第19页。

料、洋杂货等次之。如丽江"包文财拥有100多匹骡马，每次能组织几百匹至上千匹的牲口开帮，主要承运'福春恒'及'永昌祥'两大商号的货物"①。

3. 云南籍华侨华人利用国际市场金融，促进了国际区域市场的大宗互惠商贸的流通

有些大额中外贸易，云南籍华侨华人通过国际金融机构来融资，参与了中国、居住国及第三国之间的多方贸易活动，极大地促进了云南参与世界贸易之中。辛亥革命以前，英国通过"汇丰"银行和其控制的"启基"，逐渐向滇西侨乡各大商帮投放贷款，输出资本，达到控制云南籍华侨华人成为商品销售和原料供给商的目的；辛亥革命以后，这种控制进一步加强。鹤庆帮的福春恒、兴盛和、恒通裕、怡和兴、日心德、德庆兴、洪盛昌等大商号，在第一次世界大战后，也纷纷向"启基"借款，每家一次借款四五万卢比，多达八万卢比，每年约借款四五十万卢比；该帮年借债总额六七百万卢比。这些借款，月利率约为4%，一般都不提取现金，而是到英国人在缅甸、印度开办的工厂或商号提取各种洋货，但还债都以黄金、白银和黄丝等工业原料偿付。因此，曾使黄金、白银滚滚外流，银价上涨。② 通过以各云南籍华侨华人为主的贩运转输，以机织洋布、火柴、煤油、洋纱为主的洋货由市镇深入穷乡僻壤，原各民族地方土特产品和资源成为对外出口的重要物资，他们在原来物资的余缺互济、品种调剂作用之外，又增加了外国货物的推销商和外流出口物资收购人的新功能。

（三）云南籍华侨华人是"一带一路"沿途国家和地区的友好使者

在历代王朝实施对外开放的时期，中国政府（或云南地方政府）都会借助华侨华人的力量发展对外交往，尤其是有宗藩关系的周边藩属国家或地区。至晚清时期，中国政府充分注意到了华侨华人的重要

---

① 陈延斌：《大理白族喜洲商帮研究》，中央民族大学出版社2009年版，第69页。
② 大理州侨务办公室编：《大理白族自治州侨务志》（内部版），1993年，第90页。

性，并开始借助华侨华人开展外交工作。

1. 云南籍华侨华人是中国与传统藩属关系或友好地区的友好使者

晚清时期中国政府充分注意到了华侨华人的重要性，并开始借助华侨华人开展外交工作。有些云南籍华侨华人受到一些中国（或云南地方政府）周边传统藩属国家或地区的信任和重用，被聘请为华侨华人官员，为中外交流效力。云南籍华侨华人在海外也经常为政府外交提供便利，如云南籍华侨华人经常为出使与中国有宗藩关系的国家或地区政府官员提供食宿方面的帮助，并开展了种种旨在争取政府地位、维护中国尊严和形象的活动。

云南华侨华人入缅，主要有从云南保山腾冲、德宏盈江等地以骡马运输进入缅甸八募的"西南丝绸之路"。腾冲县和顺乡是云南省著名的侨乡，这里在明永乐时就有华侨华人定居缅甸。和顺《刘氏家谱》记其祖先白马大将军刘总旗即到麓川、缅甸；《尹氏家谱》记二代祖尹资"袭千户奉使缅甸"，都是明洪武二十三年后的事。明弘治十七年，李姓祖先李瓒以缅王高级通事身份随使臣到中国宫廷，留任四夷馆教授；正德间，又有寸姓祖先寸玉等祖孙三代任鸿胪寺序班，四夷馆教授；清乾隆时尹姓祖人尹士楷、尹学才等任缅甸孟驳、孟陨王得高级通事，道光、咸丰年间尹蓉任缅甸敏同王的国师，督修曼德勒皇城。上述这些人都是云南旅缅华侨华人在缅甸兼通缅甸文化的佼佼者。① 如"尹子鉴（1874—1955）尹蓉之侄，子章之弟，字立周，腾冲和顺人，前清秀才，世代旅居缅甸，懂缅、印、傣、景颇语文，协助清政府、民国政府多次实地考察中缅边界，创办密支那新民华侨学校，又任仰光中华中学教员"。② 这说明尹子鉴以掌握四门外语而被政府聘为高级翻译人才使用，同时，他也利用中外语言兼通的优势，教书育人，培养人才，传播中华文化。

---

① 腾冲县政协文史资料编辑委员会编：《腾冲文史资料选辑》第三辑（内部版），1991 年 12 月，第 275 页。

② 尹子鉴：《尹子鉴诗》，载《腾冲文史资料选辑》第三辑（内部版），1991 年 12 月，第 331 页。

总之，与中国有宗藩关系的周边国家和地区来华进贡和贸易商队，沿途翻译工作基本上由云南籍华侨华人充任，甚至率领使团访问中国，受到清政府隆重接待。可见，云南籍华侨华人成为了当时中外交往的和平友好使者。

2. 云南籍华侨华人是中国与周边国家或地区的文明交流的和平使者

云南籍华侨华人以家庭或家族为单位，华侨家庭中的每个人都是移民链中的一个节点，他们开始时是单个移民，后来相互牵引，发展到一个家庭、一个宗族在"一带一路"上的文化传播者。如"尹纪泽（1929— ），男，1947 年由四川成都私立成公高级中学毕业，次年重庆大学文学系修业。1948 年尹纪泽随父尹靖臣由重庆返回喜洲，两人旋即赴缅，长期侨居仰光、瓦城两地，曾任瓦城庆阳公司会计等职；现在仰光从事中学中文教育。由于他思想进步，热心于侨胞的公益事业，团结侨胞，有一定影响，因此，从 50 年代开始，先后当选为瓦城新中国旅缅青年联谊会主席、瓦城华侨学校校务辅助推进委员会副主任，现任仰光云南同乡会秘书长"……"1984 年，他作为缅甸华侨 35 周年国庆观礼团秘书长，如愿随团参加了国庆大典。该年 12 月，他返乡探亲，受到州及大理市、鹤庆县等有关部门的热情接待。适逢大理州召开全州侨代会，并成立州侨联，他应邀参加了会议。"① 侨商尹纪泽家族分别在中国内地、缅甸、泰国及中国香港等地工作和生活，为发展中外关系贡献力量，也说明他是"一带一路"沿途国家和地区的友好使者。

"一带一路"也是"西南丝绸之路"上各国文化交流之路。云南籍华侨华人向境外的大规模人口移动，带有各自明显的族缘、语缘、血缘和地缘特色，基于这些特色，来自不同民族、地域和家族的移民均相对集中在不同的侨居地，并形成了相互协调的文化和组织。这种由"连锁迁移"所形成的"移民链"文化传承的特点，对于境外中

① 大理州侨务办公室编：《大理白族自治州侨务志》（内部版），1993 年，第 248—249 页。

华文化的传承，对后来的侨民提供帮助以及加强同家乡传统文化的联系，都产生了积极的影响。虽然云南籍华侨华人在东南亚为主的侨居地落地生根，但是依然在语言、服饰、建筑、生活习俗等方面还保留着故乡的传统文化，这些中国传统文化也随之大规模地传播到这些国家，对当地语言、社会习俗等方面产生了深远的影响。如"杨俊臣（1902—　　），男，白族，大理市喜洲镇市上街人。1910—1914 年在宾川读书，1915 年起在大理、下关等地做土杂、布匹生意。1926 年开始先后任永昌祥商号昆明、汉口、巨甸、腾冲等地分号经理。1930 年赴缅甸，任永昌祥腊戌、仰光分号经理，直至 1942 年才调至印度，任该号加尔各答分号经理，1949 年后自开百货商店，数年后又赴缅甸仰光，开粉丝厂及皮货商店。他在缅甸印度侨居时间长，一直未归，与当地上层人物及土司头人来往密切，印度人曾授予他特制黄丝土司衣服一件，在侨胞中联系广泛，热心公益事业，有一定声望"。①这说明侨商杨俊臣在中国、缅甸、印度开展商贸比较成功，是"一带一路"沿途国家和地区的民间友好使者代表之一。

（四）　云南籍华侨华人是"一带一路"沿途国家和地区的文化传播者和吸纳者

在中国历史进程中，云南籍华侨华人以其中西交融的独特环境，既充当近代化的样板，又构成中西文化碰撞、经贸、投资往来交流的触媒，成为中国近代对外开放，走向世界的文化传播者。

1. "一带一路"沿途国家和地区中华文化的传播者

近代云南籍华侨华人走南闯北，走村串户的各种活动，连接起了各种地域与不同文化，打破不同区域间的封闭与局限，将原本一个个相对孤立的地方民族文化联结在一起，或以各种活动成为边远山区中的文化传播者。有的侨商侨民在海外经商成功，吸引了大批的尚在国内度日维艰的乡邻戚友跟随他们跨境出国，在海外"聚族而居"。华侨在海外求得立足后，海外华侨华人总是对侨乡亲友邻居给予直接提

---

① 　大理州侨办公室编：《大理白族自治州侨务志》（内部版），1993 年，第 251 页。

携和互相介绍牵引，或为承接祖业，或为投亲靠友而络绎出境，成为侨乡社会一种颇为流行的社会现象。从迤萨侨乡迁移出去的海外侨民几乎绝大部分都是沿着商贸传统路线及其辐射地区分布的，最后形成了一些较大的侨居点。这个迁移过程的携带式特征决定在海外的宗族亲朋引导乡邻的迁徙方向和过程，侨民本人在迁徙之前不仅从先前的侨民那里得到迁入地有就业机会的信息，而且还可以得到先前的侨民提供的诸多方便如交通、食宿以及就业安排。这种由血缘、地缘、业缘、亲缘和语缘把移民源源不断地携引出去并集中在同一方向的地区，甚至还会逐渐形成新的侨居地。

　　云南华侨华人在海外的同乡会、宗亲会的主要宗旨一般是"敦睦乡（宗）谊，联络感情、共济互助、同谋福利"，这些民间组织相应的职能包括祭祀祖先与供奉神灵、恤弱扶困、赈济家乡、调解纠纷、兴办教育等。云南籍华侨华人为联络同乡情谊，互助互爱，发扬中华民族精神，传播祖国文化，非常热心在邻国侨居地建祖庙、关帝庙、会馆，形成了传统的地缘组织、业缘组织，传播中华文化。"近人张相时在《华侨中心之南洋》一书中说：'1835 年，八募共2000 户，华人占 1200 余户；人口一万数千，云南人居其大半。'八募和密支那正是腾冲入缅的最早落脚点，由于华侨华人到得早，人数多，经济实力逐渐雄实，到清嘉庆十一年（1806）就修建了八募关帝庙，密支那猛拱关帝庙，起着腾越会馆的作用"①。表明中华传统文化中的地缘组织、业缘组织，经过华侨华人在海外侨居地得到了复制与拓展，尤其是被华侨华人供奉为平安守护神，在一定程度上近似财神的关公得到了较为广泛的民间认可与信仰。下面几个个案正是中缅文化互相交流、学习、借鉴，云南籍华侨华人的地缘组织、业缘组织能吸纳多方有益文化的结果，如：八募关帝庙"三十年代以后，历任同乡会会长有刘玉和、马斯法、寸楚生、李惠泉、董立道等人。会长领头，于每年农历五月十三日于关帝庙杀猪宰羊，

---

① 尹文和：《缅京云南会馆及其创始人》，载《腾冲文史资料选辑》第三辑（内部版），1991 年 12 月，第 257 页。

召集旅居八募华人大会，欢宴一天，一是纪念关云长赴宴的英雄气魄，象征着华侨也是只身远赴异国谋生创业；'一心有汉'的爱国热情；二是不分籍贯的同乡联欢，以增进情谊，团结互助。关帝庙还提供同乡婚丧嫁娶时宴客使用。关帝庙内设管事房，有专职管事一人，负责管理关帝庙财产及同乡会的银钱出入；逢年过节还唱戏，平时经常上演皮影戏，有两支皮影箱子，虽然上演皮影戏多是封神、列国、三国、西游记、水浒等内容，但演出时不仅华人争相观看，连缅人、印度人都去看；腾冲同乡会还在关帝庙内开办了一间书报阅览室，图书均为同乡捐赠，报纸有缅甸华文报、香港中文报、国内报纸；同时开办了华侨小学二个班，一为初小混合班，一为高小混合班，后来发展为八募华夏学校。规模大了，就读学生，不仅腾冲人，广东、福建人的子女也到华侨小学读书。腾冲同乡会还出资购买木料，在关帝庙内雇有木匠一人专做棺木，对富有者卖出，贫穷者施舍"①。

瓦城云南会馆是瓦城云南会馆、洞谬观音寺、江边金多园土地庙和瓦城坟山四处的总称。"在缅京曼德勒筹建云南会馆（最初叫腾越会馆，后改迤西会馆，辛亥革命后才称云南会馆）。因尹蓉在中缅的声名威望极高，缅王慷慨划地三十余亩，并欣然说：'你们喜欢哪里就划在哪里'，结果会馆就建于缅甸中心地的通衢大街，即今汉人街。建筑经费也是由尹蓉一人劝导，华侨人人乐捐，多达二十余万卢比（当时一缅币合中国银元二元）。石工、木工都是由国内剑川、鹤庆、丽江请大师傅，并在腾冲运优质楸木，石料经八募上船送到曼德里，也用了一些缅甸大柚木。建筑造型以中国飞燕斗拱大屋民族形式为主，兼用西式水泥钢筋。会馆正殿像和顺乡中天寺皇殿，这座巍峨高大富丽堂皇的建筑，前后三进，以会馆为主体，附设有孔圣殿、关帝庙、观音殿、'施棺会'、'华侨新坟办事处'、'养病房'等，负责福利慈善事业。此外，华侨1916年创办的昌华学校、1923年创办的书

① 寸鹤志等：《八募的腾侨商情》，载《腾冲文史资料选辑》第三辑（内部版），1991年12月，第281页。

报社、1939 年兴办的新腾冲社等都附设于会馆内。"① 这说明云南华侨华人社会的地方化、区域化和国际化程度较高，是近代对外开放的窗口和试验田。因此，才在缅甸曼德勒（原瓦城，下同）形成了云南会馆和八募关帝庙等地缘组织、业缘组织，在侨居地起到了联络同乡情谊、互助互爱、发扬中华民族精神、传播祖国文化的作用。

2. "一带一路"沿途国家和地区的多元文化的吸纳者

云南华侨华人不仅促进了云南各民族文化的相互交流，而且促进云南与越南、老挝、缅甸、泰国等之间的跨国文化交流，有力地推动了云南华侨华人对与东南亚地区各国文化的吸纳。如尹辅成（1902—1974），又名尹懋官男，白族，大理市喜洲镇市户街人。1939 年至1947 年曾先后任下关商会会长（三年），下关昆明银行经理（二年）及喜洲电力董事长，下关玉龙电厂董事等职。1918 年天顺昌号派尹辅成到缅甸曼德里当店员，1923 年回乡结婚。1925 年其父尹聘三（莘举）筹资开设富春和商号，尹辅成助其父经营茶叶。由于尹家精于商道，管理得法，注重信誉，通过数年努力，在 20 世纪 30 年代后期一跃成为享誉滇西的喜洲商帮的四大家之一。除主营茶叶外，经营范围不断扩大，逐步涉及棉花、洋纱、洋布、黄丝、燃料、川烟及各种山货、药材、洋百货等行业。由于资金雄厚，商业活动不仅遍及国内各大商埠，而且经营进出口贸易，并逐步向工业方面发展，兴建各种小工厂，如下关茶厂所产的"金钱"牌沱茶、"富贵根基图"牌茶饼等产品畅销省内外，历久不衰。在尹聘三逝世后，尹辅成任该号总经理，不仅商务日益发展，而且与人合股积极筹建下关玉龙电力公司、喜洲万花溪水电站，两个电站分别于 1946 年元月前后发电，也使喜洲成为云南最早使用水电的农村集镇之一。万花溪电站的股份，他家约有百分之六十。他还关心本地区文化教育的发展，他们父子是大理五台中学的董事，他又是两届校董会董事长代理人。该号在下关建起滇西第一家电影院，在喜洲办电力碾米厂，为大理白族地区的社

---

① 尹文和：《缅京云南会馆及其创始人》，载《腾冲文史资料选辑》第三辑（内部版），1991 年 12 月，第 258—259 页。

会进步，以及经济、科学文化的发展作出了积极贡献。① 1974 年，他病逝于故乡。再如张子云在缅甸治病救人创立医药公司。张澐（1902—1954），字子云，腾冲和顺乡人，他"与侨居地药界名流广泛接触交往，相互切磋琢磨，探究医药精义，深得几位印度籍医师帮助，潜心钻研适应热带、亚热带地区常见、多发病药物，以仿制舶来品'班比腊'药水为主（1958 年始更名为'曼陀罗药水'）。同时，研制成'夷毒药水'、'腹痢药水'、'痧气水'、'清快水'、'万应油'等三十余种药品，为后来开设群众制药公司，奠定下良好基础。1927 年，张子云得到友人的襄助，独立创设'群益制药公司'于八募埠"。②

（五）云南籍华侨华人是"一带一路"沿途国家和地区的和平跨居民俗交融者

1. 与"一带一路"沿途国家和地区建立深厚的多元"胞波"情谊

"西南丝绸之路"作为云南省通江、达海、越洋的一条传统陆疆通路，必以江河航道探测、熟悉江河航线，或者翻山越岭、水陆（以滇西的"三江"并流为主）并进，抵达国内外沿海港口为前提，而不少华侨华人为此做出了贡献。如近现代史上的红河水陆路本身就可被视为从云南经过红河沿岸的水陆通道，达到越南海防港，再抵达香港，经过香港转运，最后越洋到达欧洲的新航道。这条通江、达海的传统陆疆通路与近现代的越洋新线的开辟之举，打通海外通道，开辟了沟通东南亚、南亚、西亚和东非等地的航线。近现代史上云南大锡的出口欧洲，实现了中国（云南）与欧洲大额贸易的快速交易。而不少"西南丝绸之路"的商贸、务工人员之后都留在了当地，成为华侨华人。侨居国外的侨商侨民必须首先适应邻国少数民族的文化传

---

① 大理州侨务办公室编：《大理白族自治州侨务志》（内部版），1993 年，第 242—243 页。
② 张孝仲：《张子云在缅甸创业纪略》，载《腾冲文史资料选辑》第三辑（内部版），1991 年 12 月，第 294 页。

统，才能在少数民族地区立足和生存；穿戴上，华侨华人在家乡穿戴各种本民族服装式样与饰品，但在侨居国家的华侨华人的服装深受侨居国少数民族的影响，如与越南、老挝、泰国等国的人打交道的归国华侨中就有人穿戴侨居国的服装式样与饰品——民族服装与帽子及饰品等，如越南式的叶帽、老挝式的头巾等。可见，在拓展"西南丝绸之路"的伟大事业中，也有华侨华人的一份功劳。

案例：李和仁回忆中缅的"胞波"情

"称呼华侨华人'胞波'一词的来源，'胞波'是亲戚的意思。因滇缅疆界毗连，腾人入缅娶缅妇女为妻的，数不胜数，如声名远播中外'马嘉里事件'的当事人李珍国参将，人们都叫他'李四老缅'，因为他的母亲是缅妇，他是缅妇生的第四胎；我祖父到缅甸也娶过一位缅妇；我的二嫂尹小玉也是缅妇所生；今天，我侄女心美嫁一缅甸医生，同在仰光行医。这些都是缅人称呼华人'胞波'一词的来源。"① 上述事例说明了中国华侨华人在缅甸安家后，中缅通过婚姻关系形成了新的婚姻的"胞波"情。

中缅人民长期和平跨居中的语言文化交往也体现在语言地名文化方面，如缅甸的地名"金多堰"，据说：缅甸朋友问华人华侨："'你们从哪里来？'马锅头回答：'我从老远的地方来！'缅语'我'叫'金多'，'堰'是中国话'远'的同音代语，因为这里还有中国'堰塘'的谱气，有点文化的侨商将'远'雅化为'堰'。'金多堰'成了半缅话半汉话。"② 这正是中缅友好、和平跨居中的美谈佳话。

2. "一带一路"沿途国家和地区的和平跨居民俗交融者

为了在侨居地求得生存与发展，云南籍华侨华人每到一处侨居

---

① 李和仁：《缅王宫见闻》，载《腾冲文史资料选辑》第三辑（内部版），1991年12月，第374页。

② 尹文和：《阿瓦云南观音寺》，载《腾冲文史资料选辑》第三辑（内部版），1991年12月，第251页。

地，就会主动试着融入侨居地的社会文化，学习侨居地各族语言，熟悉他们的风俗习惯，在侨居地娶妻生子，最终融入侨居地社会，显示着华侨华人较强的自我适调能力与水平，华侨华人具有的适应不同文化环境的综合素质，随遇而安的开放心态，大大推动了他们在侨居国的成功。不仅有一些云南华侨华人在侨居地融入越、老、缅、泰、印等国，也有越、老、缅、泰、印等国的少数群众随着双方的经贸文化交流的大潮来到云南，并融入中国侨乡社会之中。相反，随着华侨华人的回国返乡，他们也会将异域的一些语言、习俗带回家乡，从而形成比较独特的侨乡文化。当然，我们也应看到的是，无论是把中华文化传播到境外，还是把异域文化传播至中国，都不是简单地照搬照抄，而是有一个当地化的过程。

不仅有云南侨商融入缅印等国侨居地，也有不少缅甸的各民族群众随着商贸潮流的涌动漂泊流落来到滇西地区，并融入当地社会。如云南省红河县迤萨侨乡马帮老板周绍在老挝经商的过程中娶妻盘羊妹，并在数年后带回家乡，让她参与跨国马帮商贸活动。

二　云南籍华侨华人在"一带一路"建设中的作用的启示

1. 云南籍华侨华人是睦邻的民间纽带与跨境/跨国多元融会的族群

云南籍华侨华人在促进祖籍国与侨居国的地缘合作、睦邻关系、友好交往、沟通双方联系、消除隔阂与误会中发挥着积极的作用，成为维系国境多方国家和平的纽带与桥梁之一。云南籍华侨华人在跨境/跨国商贸中形成的各民族交错共生、互助互补互制的和平的人文社会环境，为培育中越、中老、中缅跨境/跨国民族和睦奠定了基础。云南籍华侨华人是中华民族一体多元的体现，构成了其文化和生态上的多样性、民族关系上的相互制衡性，有利于中国与周边国家的睦邻和社会的稳定。在清末民初，云南华侨华人的经济地位日益提高，他们对家乡的慷慨捐助也随之增加，故其在家乡的政治地位逐步获得了民众的广泛认可。新中国成立前，云南籍华侨华人中有许多人通晓中国陆疆邻国的各种民族语言，他们不仅懂得跨境多民族语言，而且对跨境各民族地方的风土人情、物资出产也很熟悉。云南籍华侨华人在一定程度上充当了促进对外交流沟通使者的角色，从高原到内地，从国内到国外，都有云南籍华侨华人的足迹。滇越、滇缅、滇老等双边贸易的开展使云南与邻国由过去零星自发的边境贸易变为对外贸易重要地区，整个云南边境成为进出口通途。

云南籍华侨华人在过去、现在和未来都是云南同邻国发展友好关系，进行经济文化交流的桥梁和纽带；他们深受中华文化的熏陶，同祖国有密切联系，对祖国、对家乡和亲人怀有深厚感情，常为祖国的盛衰安危魂牵梦萦，愿为振兴中华贡献力量。今天，侨居境外的云南籍华侨华人及其眷属，仍在为中华民族的振兴、祖国的统一、家乡的崛起而奋斗不息。

2. 云南籍华侨华人是多元文化展示和交融的推动者和吸纳者

云南籍华侨华人使一个交通阻滞、相对封闭的云南边疆区域成为连接云南与越南、老挝、缅甸等国际商贸市场链环的重要节点，使一个边缘地带逐步转变成近代云南边疆开放的前沿地区……上述变化，无不体现在云南籍华侨华人在这样一个特殊的边疆多民族文化之中，起到了率先倡导新理念、引领时代风向的作用。云南籍华侨华人在云南与邻国文化交融的过程中，孕育出了开放、开化和多元融合为特征的多元文化。

云南籍华侨华人是一种尊重和包容多样性文化的族群，云南籍华侨华人用容纳的姿态和多样的价值观，与不同人群的相处，这就是"和而不同"的文化并存策略，反对任何形式的文化偏见与歧视。走出国门的云南籍华侨华人虽身处邻国，在观念上、感情上而言，从来就不以为自己离家乡有多么遥远，没有那么强烈的"远涉重洋、身在异邦"的观念。在近代史上云南对外商贸的大潮中，云南籍华侨华人积极推动云南逐步从区域贸易里余缺互补、品种调剂的地方商品集散地，转变为外国商品的倾销展示场所和收购各地方土产以备出口的原料集散地。

从云南本土情结的视角来看，对境外的社会体制、道德观念、生活方式，云南籍华侨华人都从特定的立场和观点来进行选择和解读，他们比祖籍地的人们更多认识到西方文化的物质文明的先进性，接受西方文化相对容易一些。从缅甸、越南、老挝等国中转或者贩运到云南各地的法国、英国等国货物，如毛呢、洋纱、染料、锑锅、牙膏、牙刷、肥皂、毛巾、水笔、香水、化妆品、剃胡刀、自鸣钟、小刀、针、镜子、海产品等，在云南应有尽有，使清末民初的云南成为一个多国物质文明——商品展示场所。

云南在"一带一路"建设中将提速其云南对外文化借鉴和吸纳能力，进而促进整个云南的发展。目前"一带一路"倡议的实施是云南实现跨越式发展的绝佳机遇。云南籍华侨华人对于加强国内外各民族之间的和睦、交流、互助、合作等有积极的作用，同时，对于边疆民族团结、国家统一，也能起到政治、军事等"硬实力"所无法替代的"软实力"的重要作用。

3. 重铸"一带一路"建设中跨境/跨国文明交流的人际链环

人类社会文化发展的趋势是相互借鉴，取长补短，不断融合，共同发展。随着全球化进程的推进，在文化的彼此交流、借鉴、融合过程中，人类文化将逐步融合成一个多元共同体。只有不断认同不同的民族所创造的优秀文化或特色文化，才能日益丰富人类文化的宝库。

中华人民共和国成立后，随着社会主义改造和社会主义建设的发展，在历次政治运动中对云南归侨及其眷属进行土地改革、合作化运动和资本主义工商业的社会主义改造中，不少侨商侨贩不得不改商务农。当然，在新中国"一化三改造"的社会转型中，一些侨商面对各种突如其来的政治运动，积极或者消极地进行调适，终于得到善终。同时，一些侨商因种种原因受到错误的处理。在"大跃进""文化大革命"等运动中的极"左"错误路线影响之下，不少归侨、侨眷也因所谓"海外关系"被强加"特务""叛徒""里通外国"等罪名，遭到打击、迫害。因此，中外跨境/跨国文明交流的人际链环被人为因素中断。如何正确评价1950年以后，由于种种人为因素的限制干扰，云南与周边邻国这个初步形成的区域人际链环处于基本中断的状态，各相关区域单元间的封闭性也重新上升，有利于我们进一步牢记历史经验教训，切实推进和提升国家在"一带一路"倡议中，对云南沿边地区的"兴边富民"行动等中的重要战略举措，对加快和扩大中国西部地区的对外开放，推进边疆民族地区工业化和城市化进程中的人才会聚具有积极意义。

20世纪50年代至70年代政治认同与历史认同已被当今意义更为宽泛和实际的"文化认同"概念所吸收和取代，多元认同和双重效忠预示着今后云南籍华侨华人的一种新趋向。我们相信，重铸跨境中外交流的人际链环，云南籍华侨华人曾经有过的辉煌会在不久的将来重新复兴。

总之，云南籍华侨华人在"西南丝绸之路"中扮演了多种角色，并通过扮演这些角色至今仍延续成为"一带一路"沿线国家和地区的积极参与者和构建者及见证者。

参考文献

1. 云南省侨务办公室等编撰：《云南省志·侨务志》，云南人民出版社1992年版。

2. 红河哈尼族彝族自治州编纂委员会：《红河州志·侨务篇》（第七卷），生活·读书·新知三联书店1995年版。

3. 云南省红河县志编纂委员会编撰：《红河县志·侨务》（第二十一编），云南人民出版社1991年版。

4. 红河县人民政府侨务办公室、红河县归国华侨联合会编：《侨乡迤萨》，云南民族出版社1995年版。

5. 云南省侨联编：《云南侨乡文化研讨会论文集》（内部版），2005年12月。

6. 何作庆：《云南红河县侨乡文化的历史与发展研究》，《红河学院学报》2006年第1期。

7. ［法］亨利·奥尔良：《云南游记——从东京湾到印度》，龙云译，云南人民出版社2001年版。

8. 方雄普、冯子平主编：《华侨华人百科全书：侨乡传》，中国华侨出版社2001年版。

9. 庄国土编：《中国侨乡研究》，厦门大学出版社2000年版。

10. 赵和曼：《少数民族华侨华人研究》，中国华侨出版社2004年版。

11. 申旭、刘稚：《中国西南与东南亚的跨境民族》，云南民族出版社 1988年版。

12. 刘志山主编：《移民文化及其伦理价值》，商务印书馆 2010 年版。

13. 王谦、何作庆、黄明生：《陆疆侨乡名村——云南红河县迤萨镇跑马社区安邦村社会与经济调查报告》，社会科学文献出版社 2010 年版。

14. 腾冲县政协文史委编：《腾冲文史资料选辑》第三辑（内部版），1991年 12 月。

15. 大理州侨务办公室编：《大理白族自治州侨务志》（内部版），1993 年。

16. 陈延斌：《大理白族喜洲商帮研究》，中央民族大学出版社 2009 年版。

17. 张赛群：《对华侨华人在"海丝之路"中历史作用的辩证分析》，载华侨大学主编《华侨华人与海上丝绸之路研讨会论文集》（内部资料），2015 年 11 月27—30 日。

马来西亚在"一带一路"建设中的作用

齐顺利[*]

摘　要： 马来西亚是"一带一路"沿线的重要支点国家，马来西亚表示将全力支持"一带一路"。在"一带一路"背景下，马华公会、一马公司都与中国展开了深度合作，这不仅有助于中国企业在马来西亚进一步拓宽市场，获得投资良机，而且加深了中国与马来西亚的互信，推动了"一带一路"在马来西亚进一步的发展。

关键词： "一带一路"　马来西亚　马华公会　一马公司

一　马来西亚的需求与中国的对接

2013 年习近平主席在出访哈萨克斯坦和印度尼西亚时分别提出了共建"丝绸之路经济带"和"21 世纪海上丝绸之路"的倡议，简称"一带一路"。2015 年国家发改委、外交部和商务部联合发布了《推动共建丝绸之路经济带和 21 世纪海上丝绸之路的愿景与行动》，进一步廓清了"一带一路"的共建原则、框架思路、合作重点与机制等关键问题，为实施该战略提供了路线图。当前"一带一路"构想已成为全面深化改革和新一轮对外开放的施政重点，并上升为中国的国家战略。"一带一路"是在国际国内形势发生复杂变化下提出的构想。从国际而言，金融危机使得国际分工重组，需要开拓新市场；

＊ 齐顺利，广东工业大学通识教育中心讲师。

从国内而言，我国过去30多年主要实行"引进来"战略，随着形势变化，在"引进来"的同时，也要"走出去"。"一带一路"是新常态下我国对外开放的新战略，是打造中国与相关各国互利共赢、共同发展繁荣的构想。马来西亚是海上丝绸之路建设的重要支点国家。马来西亚已对"一带一路"做了正面表态。如何将"一带一路"构想与马来西亚对接，做好示范，是当前"一带一路"工作的重点。

2013年中马贸易额首次突破1000亿美元，2015年马来西亚是中国在东南亚最大的贸易伙伴，中国则连续7年是马来西亚最大的贸易伙伴。中马贸易占我国与东盟贸易总额的20.6%，在东盟国家中发挥引领作用。"一带一路"对于马来西亚的意义，马来西亚总理纳吉布在2015年"中国—马来西亚经济高层论坛"上发文指出："除了经贸，马中在历史、文化、语言等方面皆关系密切，大马会积极在各领域进一步深化与中国的关系，并期望'一带一路'策略能把中马关系带向更高峰。"①

马来西亚是一个以出口导向为发展战略的新兴国家。根据世界银行的标准②，马来西亚在20世纪70年代就成为中等收入国家，但是至今无法跨越中等收入陷阱，成为高收入国家。2008年金融危机以来，外部需求下降，出口导向的部门成为重灾区。马来西亚的比较优势集中于低附加值的初级产品，而一些技术含量高的产业则缺乏竞争力。金融危机以来，马来西亚整个制造业出口显示出从高附加值领域转移到原产品如橡胶、木材、纺织、原油等原料产业上的趋势。③2010年马来西亚政府推出经济转型计划，希望能够吸引国内外资本，大力发展第三产业，通过拉动内需来促进发展。为此，马来西亚确立了12个关键经济领域，包括石油、天然气及能源、棕油、金融服务、

---

① 纳吉布：《亚投行为基建提供融资 一带一路领马中臻高峰》，2015年11月24日，厦门大学网站（http://jjc.xmu.edu.cn/s/34/t/267/9b/41/info170817.htm）。

② 2016年世界银行将人均国民收入介于1045美元到12736美元的国家列为中等收入国家，中等偏上国家与中等偏下国家的分界点是4125美元，马来西亚是中等偏上国家。引用日期：2016年4月3日，http://data.worldbank.org/about/country-and-lending-groups#High_income。

③ 闫森：《马来西亚经济转型计划的实施与成效》，《亚太经济》2012年第4期。

旅游、商业服务、电子及电器、批发及零售、教育、保健、通信行业及建设、农业和大吉隆坡计划。服务业占了7项，成为经济转型计划扶持的重点。

对于外资，马来西亚采取积极引进的政策。纳吉布总理上任后，为促进经济发展，进一步开放服务业和金融业，先后撤销27个服务业领域的外资股权限制。政府鼓励外国投资者到出口导向的生产部门和高科技领域投资。可享受优惠政策的行业主要包括：农业生产、农产品加工、橡胶制品、石油化工、医药、木材、纸浆制品、纺织、钢铁、有色金属、机械设备及零部件、电子电器、医疗器械、科学测量仪器制造、塑料制品、防护设备仪器、可再生能源、食品加工、冷链设备、酒店旅游及相关的服务业等。①

在"一带一路"背景下，中国企业应以马来西亚经济发展和中国国际化提升为契机，加大对马来西亚的投资力度。与旅游、通信行业密切相关的交通、基础设施建设是马来西亚未来投资的一个重点。中国企业应积极承接基础设施建设项目，抓住马来西亚新一轮基础设施建设的机遇，重视信息化基础设施建设项目，努力扩大中国电子信息、电子装备企业的影响力，加强中国企业在马来西亚基础设施建设中的地位。

二　马华公会与"一带一路"

中国经济的腾飞以及拥有潜力巨大的市场，令马来西亚越来越依赖中国这个最大的贸易伙伴，在无形中提升了华人的地位。对中国提出的"一带一路"，马来西亚华人普遍持欢迎态度，希望在中国"走出去"时获得发展的良机。

马来西亚执政党联盟——国民阵线中的第二大党马华公会在华人社会率先响应"一带一路"构想。马华公会和中国共产党素有交往，

---

①　中国驻马来西亚大使馆商务参赞处：《宏观经济》（http：//my. mofcom. gov. cn/article/ddgk/201407/20140700648581. shtml）。

两者有着良好的党际关系。2015 年 5 月，在中国共产党的邀请下，马华公会总会长廖中莱带领马华中央委员访问中国，受到了时任中共中央政治局常委刘云山的接见。在这次访问中，马华公会与中国共产党达成了多项合作成果，包括加强两党党际交流，为马华公会培训干部，增加两党在教育、人文、学术方面的交流，推进中马两国在航空、港口、旅游方面的合作。在两党会谈的过程中，马华公会表示未来将全力配合和推动"一带一路"的经济合作概念。①

根据两党 5 月会谈的安排，2015 年 7 月 15 日，马华公会和中国经济联络中心共同主办的"一带一路"中国—马来西亚工商界对话在北京举行。在马华公会总会长廖中莱的带领下，马来西亚驻华大使馆、财政部、交通部以及马来西亚中华总商会的相关负责人参加了此次盛会。我国的中联部、外交部、发改委、工信部、商务部等有关负责人出席了此次大会。中马两国企业、智库和媒体等代表 400余人围绕"'一带一路'与中马合作""投资贸易——中马经贸合作的主线""金融创新——助力中马合作的发展""中小企业——中马合作的积极推动者""基础设施——'一带一路'建设的优先领域""'互联网+'改革发展的新动力"六个议题展开讨论。② 此次对话还设立了"中马清真食品及穆斯林用品认证与合作""中马港口合作"分论坛。马华公会妇女组主席王赛之指出，以马华公会名义组织企业来华尚属首次，但第一次就"一炮打响"非常难得。③ 中马工商界对话为中马企业提供了一个沟通、磋商的平台，有利于中国与马来西亚找到利益的契合点，进行合作。两国企业在此次对话中签署了 7 项合作备忘录，涵盖铁路、房地产、体育、食品等方面。廖中莱在这次对话中指出，为了配合"一带一路"，大马已做好准备，将马来西亚的优势与实际的需要对接，让马来西亚成为中国在东南

---

① 《马华总会长拿督斯里廖中莱率领马华中央委员中国考察团成果》（http：//www.mca. org. my/cn/2015/05/15/statement - 2095/）。

② 高媛媛：《党际渠道增互信、中马企业话商机——"一带一路"中国—马来西亚工商界对话侧记》，《当代世界》2015 年第 9 期。

③ 同上。

亚地区最合适的支点国家。①

随后"一带一路"被确立为马华公会未来工作的重点，马华公会在以下方面开始推进"一带一路"。首先，马华公会的中央领导层包括署理总会长魏家祥，总秘书黄家泉，副总会长李志亮、何国忠、周美芬，在各种场合宣传"一带一路"，呼吁华人要抓住这次良机发展壮大自己。其次，准备在马华公会大厦设立"一带一路"信息中心，同时也是联络中心，作为中马合作的平台，将"一带一路"的商机、研讨会、信息传达给有关人士。再次，多次举办关于"一带一路"的研讨会，这些研讨会都是由马华公会智库——策略分析与政策研究所举办，广邀中马两国的政要、著名学者参与，影响力较广。最后，在亚洲政党专题会议、世界华人经济论坛等多个国际会议上，大力宣扬"一带一路"概念，坚持认为"一带一路"为国际社会带来了机遇。

马华公会总会长廖中莱，也是马来西亚交通部部长，作为内阁成员，亦在政府层面支持"一带一路"。其一，在内阁中支持马来西亚对中国游客实施免签证制度，促进中马人民的友好交往。其二，在李克强总理2015年11月访问马来西亚期间，中马两国就马来西亚南部铁路等一系列合作规划达成共识，并且马来西亚欢迎中国企业参与马新高铁投标。② 其三，马来西亚交通部与中国交通部在马六甲皇京港打造深海港口和建立海洋工业园方面进行合作。其四，马来西亚交通部与广东省在港口合作方面达成共识，广东省在中马贸易中有着重要的地位，广东省占据了中马贸易总额的25%。马华公会充分利用自己在政府中的力量为推动"一带一路"做出了诸多努力。

马华公会为何如此用心推进"一带一路"，其深层原因在于马华公会当前所处的困境。族群分权向来是马来西亚政治制度一项重要内容。马华公会是代表华人的单一族群政党，其成员完全由华人和具有华人血统的公民组成。但是，马来西亚建国以来，马华公会一直未能

---

① ［马］廖中莱：《中国进东盟大马做"门户"》（http://www. mca. org. my/cn/2015/07/16/national‐3403/）。

② 《李克强"超级推销"连结硕果 中国铁轨铺进东南亚》，2016年3月24日，中国政府网（http://www. gov. cn/xinwen/2015‐11/25/content_ 2971843. htm）。

很好地解决它在华人社会代表正当性的问题。马来西亚的独立可以说是在三大族群政党——巫统(全称为马来人全国统一组织)、马华公会和印度人国大党的共同努力下争取而来的,但是独立宪法确立了华人不能与马来人享受平等权利。建国后,在事关华人社会生存与发展的诸多重大问题上,许多华人都认为马华公会没有很好地保护华人的权益。特别是在联盟党被国民阵线取代后,马华公会在执政党联盟中的角色更是从"代表性"政党转变为"从属性"政党,其在华人社会中的重要性进一步下降。面对国民阵线中最大政党巫统的政治霸权,马华公会无法动摇国家基本的政策格局,政治上的失意迫使它逃离政治转而投入服务路线之中,其功能也逐渐蜕化为成立之初的社团服务功能。①

在马来西亚两百多个国会议席中,马华公会在 2008 年的大选中赢得 15 个国会议席,2013 年的大选只赢得 7 个国会议席,遭受前所未有的惨败。马来西亚华人在"政权更替、改朝换代"的思潮下,以前所未有的热情支持反对党联盟,希望通过政权更替来获得平等的权利。2013 年 12 月,廖中莱在临危之际当选新一届马华公会总会长,随即对马华公会进行全盘改革,制定了《马华改革行动指南》。为改革马华公会,廖中莱推出马华改革三部曲。第一部曲"团结势更强"旨在团结马华公会内部。第二部曲"文明磁场"希望华人获得其他族群的认同和支持,共同将马来西亚建成一个多文明和谐相处的国家。第三部曲"十大经济方略"关注中下层华人,期望通过"一带一路"和新型城镇化计划推动华人经济的发展。

在马华公会的改革运动中,多项内容都与中国相关。一方面,马华公会希望利用中国共产党丰富的党建经验来为马华公会培训干部;另一方面,期望抓住"一带一路"的良机来推进华人经济乃至马来西亚经济的发展,以此来提升自身在华人社会中的合法性和增强在政府中的存在感。尽管华人社会对马华公会有诸多不满,但是马华公会

---

① 原晶晶:《"308 政治海啸"后马华公会的党争分析》,《东南亚研究》2012 年第 4 期。

是国民阵线中的第二大党，拥有110万名党员，华人仍然不得不将其视为自己在政府中的代表。基于马华公会在华人社会和国民阵线中的地位与作用，马华公会有能力成为联结中国与马来西亚乃至华人社会的桥梁，推动"一带一路"在马来西亚的进一步发展。

三　一马公司与"一带一路"

对于"一带一路"，马来人同样认为是机遇。纳吉布总理在出席中华大会堂大厦开幕式时指出，马来西亚全力支持"一带一路"，希望马来西亚华商与土著商家密切合作，成立跨族商业联盟，共同开拓商机。① 马来西亚中华总商会署理会长陈友信也提出，马中两国领导人希望在2017年达到1600亿美元的双边贸易额，但是目前两国双边贸易额刚突破1000亿美元，双边贸易额在两三年内增加600亿美元并不是件容易的事，要实现这一目标，光依靠华人企业是不够的，中国企业也需要和马来裔企业加强合作。② 可以看出，华人也希望马来人参与"一带一路"建设，共同抓住中国"走出去"的机遇。

实际上，在"一带一路"背景下，马来人已与中国展开了深度合作，比如一个马来西亚发展有限公司（简称"一马公司"）与中国企业之间的合作。纳吉布2009年4月出任总理后，成立了一马公司。一马公司是财政部下属的一个政联投资公司，作为财政部部长的纳吉布亲任顾问委员会主席。2014年3月一马公司债务高达420亿马元，引发国内外关注。反对党指责一马公司经常依靠地价重估的方式获利。政府曾将位于吉隆坡中心的敦拉萨国际贸易中心和马来西亚城两大黄金地段以低价卖给一马公司，一马公司随后将敦拉萨国际贸易中心部分地段以高价转卖给朝圣基金局，引发争议。2015年7月3日，美国《华尔街日报》爆料称，是年3月一马公司有7亿美元几经辗转

---

① ［马］纳吉布：《全力支持中国"一带一路"倡议 希成立跨族商业联盟》，2016年3月29日，环球网（http://china.huanqiu.com/News/mofcom/2016 - 01/8408953. html）。

② 《华人社会助力马来西亚搭上中国"一路一带"顺风车》，2016年3月29日，凤凰网（http://news. ifeng. com/a/20150525/43831298_ 0. shtml）。

流入纳吉布的个人账户。纳吉布开始不承认此事，后改口承认有这笔资金，但不是来自一马公司，而是沙特王室的政治捐助，"与个人利益无关"。

"七亿美元"随后在党内外引发了一系列风波。纳吉布先是改组内阁，清除"异己"，将在"七亿美元"风波中不支持自己的副总理慕尤丁解职，后解散调查一马公司的特别工作队。该工作队由总检察署、警方和反贪污委员会组成，原总检察长阿都干尼被解职，纳吉布另组新的特别工作队。2015 年 8 月 12 日，反对党人民公正党在法院起诉纳吉布，认为 7 亿美元政治献金超出选举法令规定数额的 26 倍，要求法院判决 2013 年的第 13 届全国大选无效，必须重选。纳吉布在 8 月 14 日回应称，马来西亚只有法律管制选举期间的开销，没有法律管制政治献金，所以不能针对他接受 7 亿美元捐款判断是对是错。①

随着"7 亿美元"事件的发酵，马来西亚前总理马哈蒂尔从幕后走向前台。2015 年 8 月 29 日和 30 日，干净与公平选举联盟在马来西亚多地同步举行"净选盟 4.0"的和平集会。马哈蒂尔两度现身会场，呼吁通过"人民力量"将纳吉布拉下台。马哈蒂尔与纳吉布的关系公开破裂。纳吉布原是在马哈蒂尔的扶助下当选新一任总理，两人关系一度密切。由于马哈蒂尔儿子慕克力在巫统仕途的不顺，使得马哈蒂尔与纳吉布之间有了间隙，特别是 2013 年，慕克力竞选巫统副主席失败，马哈蒂尔对纳吉布颇有微词。在马哈蒂尔与纳吉布关系破裂后，纳吉布在 2016 年 1 月向吉打州王室提出新的州务大臣，迫使时任州务大臣的慕克力辞职。马哈蒂尔随后退出巫统，与在野党、非政府组织联合在一起，在 2 月底发布《公民宣言》，要求纳吉布下台。马来西亚政府随即免除马哈蒂尔国家石油公司顾问职务，之后马哈蒂尔被迫辞去多个与政府相关的职务。马哈蒂尔与纳吉布的斗争进入白热化。

在"七亿美元"风波中，美国《华尔街日报》率先报道，引发马来西亚国内外媒体争相报道。随着《华尔街日报》不断跟进，美国《纽约时报》加入"围剿"纳吉布的阵营，甚至报道出美国司法

---

① 肖剑：《七亿美元的"缠斗"》，《检查风云》2015 年第 21 期。

部正在调查"一马公司"相关案件。对于国外力量对纳吉布的围攻，马哈蒂尔明确表示支持，并希望加以利用。他在接受采访时，指出"国内（包括巫统党内）纠正错误的管道已完全被封堵，现在必须允许外国势力干预我们的内政"。① 针对马哈蒂尔的一系列做法，纳吉布回击道："我们每五年大选一次，等到大选吧。即使要换领袖，等到大选。我们要由（来自）纽约和澳大利亚的人决定我们的领导人吗？"②

在"一带一路"背景下，中国在马来西亚的投资，客观上对纳吉布的政权起到了支持的作用。一马公司当前深陷舆论旋涡，债务问题尤为严重，而一马公司与中国企业的交易，使其债务压力大为缓解，同时中国也获得了投资良机，成功进入马来西亚市场。

2015 年 11 月 23 日，在李克强总理和纳吉布总理见证下，中国广核集团有限公司（简称中广核）与一马公司旗下公司——埃德拉全球能源公司达成购买协议，中广核收购埃德拉公司所有股权和新项目开发权。埃德拉公司是东南亚领先的独立发电商，其 13 个电力项目分布在马来西亚、埃及、孟加拉国、阿联酋、巴基斯坦五个"一带一路"沿线国家，以天然气清洁能源发电项目为主，在东南亚等地拥有丰富的清洁能源项目开发运营经验。③ 中广核通过埃德拉公司这个平台成功进入马来西亚电力市场。埃德拉项目所在国均为"一带一路"沿线国家，也是目前分布国家最广、规模最大的"一带一路"项目之一。④ 埃德拉公司售价 98.3 亿马元，合计 23 亿美元，主要用来偿还一马公司 110 亿美元的债务。⑤ 一马公司将这项交易视为公司重组

---

① 《马哈蒂尔外国施压纳吉下台》（http://www.zaobao.com/realtime/world/story2016 0409 - 603214）。

② 《纳吉暗批马哈蒂尔是"暴君法老强盗头子"》（http://www.zaobao.com/news/ sea/story20160331 - 599127）。

③ 《中广核收购"一带一路"沿线 13 个清洁能源项目，将在半年内完成正式交割》，《中国机电工业》2015 年第 12 期。

④ 同上。

⑤ *1MDB（Malaysia）Sells Edra Global Energy to China's CGN for US $ 2.3bn*，2016 年 4 月 2 日，http://www.enerdata.net/enerdatauk/press - and - publication/energy - news - 001/ 1mdb - malaysia - sells - edra - global - energy - chinas - cgn - us23bn_ 35000.html。

计划的里程碑。马来西亚和中国都将这项交易视为双赢。

马来西亚城则是一马公司与中国企业联合推进的又一重大项目。2015 年 12 月，中国铁路工程集团（马）私人有限公司与马来西亚伊斯干达依海集团以 74.1 亿马元从一马公司手中获得马来西亚城 60% 的股权，一马公司则保有 40% 的股权。这一交易将有力缓解一马公司的债务压力。另外，中铁集团在 2016 年 3 月 21 日宣布对马来西亚城投资 20 亿美元，以整合现有区域业务。纳吉布总理对马来西亚城的建设非常重视，将其视为马来西亚迈向高收入国家目标的综合计划。马来西亚城不仅是新马高铁的起点，而且也是泛亚铁路计划中的一部分，并通过衔接吉隆坡国际机场，成为马来西亚与世界接轨的门户。

小　结

中国与身处困境中的马华公会、一马公司合作，对马华公会和一马公司而言，这种合作是非常珍贵的，甚至可以称得上"雪中送炭"。由于马华公会、一马公司同属执政党阵营，在马来西亚两线制下，中国企业的投资还是有一定的风险。一旦纳吉布总理渡过了这次"政治献金"风波，国民阵线稳固了统治，将进一步深化中国与马来西亚的互信，有助于两国进行更为广泛、更高层次的合作。由于马来人和华人都能从"一带一路"中受益，马来西亚与中国之间又实现了双赢，乃至多赢，使得"一带一路"在马来西亚推进得较为顺利。

缅甸华人与"一带一路"建设：
角色、问题及对策

夏玉清[*]

摘　要：在中国推进"一带一路"建设的进程中，位于中南半岛的缅甸是中国周边外交的重要国家和"中缅孟印""中国—中南半岛"经济走廊重要节点。其对西南方向的"一带一路"建设具有重要地位和战略意义。保持中华文化认同的缅甸华人在"民心相通"、舆论引导以及投资合作中扮演重要角色，但受制于缅甸华人经济实力等因素，中国政府应大力加强与缅甸华人沟通和合作，使缅甸华人成为中国推进"一带一路"的参与者、推进者和获益者。

关键词：缅甸　华人　"一带一路"

2013 年，习近平先后提出要与国际社会共建"丝绸之路经济带"和"21 世纪海上丝绸之路"，这两大倡议合称为"一带一路"，并得到国内外的高度关注。为推进该倡议的实施，2015 年 3 月 28 日，国家发改委、外交部、商务部联合发布了《推动共建丝绸之路经济带和 21 世纪海上丝绸之路的愿景与行动》，标志着该倡议逐渐进入实施阶段。中国政府决定建设六大经济走廊以推进该倡议的实施。在中国西南方向，决定建设"中缅孟印""中国—中南半岛"经济走廊，位于中南半岛的缅甸是中国"一带一路"重要节点，对中国推进具有重

---

　* 夏玉清，男，汉族，云南师范大学华文学院副教授，历史学博士，硕士研究生导师，主要从事东南亚华人华侨、东南亚问题研究。该文为国务院侨办课题"云南沿边国家华人华侨与互联互通建设研究"（GQBY2016004）的成果之一。

要的互联互通、能源通道建设以及走向印度洋具有重要的战略意义。本文主要考察缅甸华人在中国推进"一带一路"建设中扮演的角色及存在问题，并就中国在缅甸推进"一带一路"建设提出相关对策和思考。

一 中国在缅甸推进"一带一路"现状及问题

（一）"一带一路"与中缅经济合作现状

缅甸位于中南半岛西部，北临中国，西接印度，南接中南半岛，战略位置重要。就中国而言，缅甸与中国之间有两千多公里国境线，缅甸不仅是中国周边外交的重要区域，也是中国重要的能源通道和中国进入印度洋的重要通道。缅甸亦是"孟中印缅""中国—中南半岛"经济走廊建设的重要节点和关键区域，其对"一带一路"实施推进具有重要的意义。

1988 年以来，中国与缅甸政府之间保持良好的经济合作关系。中缅经济合作包括贸易、投资、能源等多个领域。首先，中国在缅甸投资持续上升，其投资额高居首位。2016 年，据缅甸官方统计，中国是缅甸第一投资来源国。投资额 150 亿美元，共 126 个项目。中国投资主要分布在矿产、电力，天然气水电能源等领域。[①] 其次，中国为缅甸第一大贸易伙伴、第一大出口市场和第一大进口来源地。据缅方统计，2015 年 1—7 月，缅中进出口贸易总额为 61.46 亿美元，同比增长 20.9%，占缅外贸总额的 36.1%，缅中贸易包括通过一般贸易和边境贸易。其中，缅对华出口 25.04 亿美元，同比增长 61.2%，占缅出口总额的 35.5%，主要出口农产品、木制品、布匹和天然气等；缅自华进口 36.42 亿美元，同比增长 20.9%，占缅进口总额的 36.6%。[②] 中缅贸易快速增长的原因，一是边境贸易在中缅贸易中占有相当重要的地位，其中，滇缅边境贸易又占了中缅边境贸易的绝大

---

① *The Global New Light of Myanmar*, 20March, 2016.
② 《中国在缅投资居首位》（http://mm.mofcom.gov.cn/article/zxhz/）。

部分。据缅甸商务部消息，2015年4月至9月底，缅中边贸额达到27.5亿美元，其中出口19.1亿美元，进口8.4亿美元，边贸顺差10.7亿美元。据统计，缅甸上半财年边贸总额为32.73亿美元，缅中边贸占比为84%。缅甸主要通过木姐、拉扎、甘拜地、清水河等口岸与中国开展边贸，其中70%的出口商品通过木姐口岸出口。2014/2015财年缅甸边贸总额为66亿美元，其中缅中边贸额为52亿美元，占缅甸边贸总额的79%。①掸邦财税部部长说，木姐105码边贸口岸的贸易额占全缅边境贸易额的70%以上。二是来自中国的商品品种多样，适合缅甸不同阶层的需要；从出口贸易来看，中国的工业发展领域广泛，缅甸所有工业原材料在中国都有市场，货币结算也较方便。缅甸出口中国的主要是天然气、大米、玉米、豆类、水产品、橡胶、皮革、矿产品、木材、珍珠、宝石等初级加工品，而从中国进口的主要是燃料、工业原料、化工产品、机械设备、零配件、五金产品和消费品。

最后，中缅油气能源通道建设顺利并投入运营。中缅油气管道是我国第四条能源进口战略通道，全长7676千米。其中缅甸段长1564千米、中国境内段长6172千米。中缅油气管道国内段由天然气、原油和云南成品油管道组成，天然气管道在缅甸境内段长793千米，原油管道在缅甸境内段长771千米。两条管道均起于缅甸皎漂市，从云南瑞丽进入中国，在中缅双方的努力下，中缅跨国能源通道于2015年4月10日正式投入运营。②

（二）"一带一路"在缅甸推进中存在的问题

中国与缅甸之间的经济合作取得了一定成效，但受制于中国、缅甸政局以及域外国家影响等因素，中国在推进"一带一路"过程中存在着困难和挑战。

第一，文化差异影响中国投资方在缅甸投资和中国企业形象。缅

①《缅中边贸本财年上半年超过27亿美元》（http：//mm. mofcom. gov. cn/article/zx-hz/）。

② *The Global New Light of Myanmar*, 16Mary, 2016.

甸是一个佛教国家，佛教已有一千多年的历史，其在缅甸历史上占有重要的地位，曾被尊崇为国教。它对缅甸的政治文化和社会生活产生着重要影响。因此中国企业及其员工须尊重缅甸社会风俗文化，由于中国企业及其所属员工缺乏必要的培训，存在不尊重对方文化、歧视当地员工的现象，从而给中国企业在当地投资带来负面影响。

第二，中国在缅甸的投资面临复杂的舆论环境。近年来，缅甸国外非政府组织等活动较为活跃。2012 年，缅甸共有 53 个国际非政府组织（INGO）在缅甸开展社会活动，涉及农业、畜牧、粮食、教育、卫生等领域共 67 个项目。其中有 6 个 INGO 已得到缅甸政府正式批准注册。[①] 在国际非政府组织的推动下，缅甸国内非政府组织也得到迅速发展，双方在投资环境、生态环境保护等方面具有较大的影响。中国在缅甸的密松水电和铜矿的停工与缅甸非政府组织活动有密切关联。即缅甸官方在非政府组织舆论压力下而宣布暂停两个项目。在非政府组织的影响下，大多数缅甸民众也对政府密松水电站被搁置持支持态度，认为"缅甸民众担心项目对生态，环境的影响以及可能引发的自然灾害"[②]。由此可见在缅甸的投资面临复杂的舆论环境。

第三，缅甸官方对中国"一带一路"倡议充满疑虑，缺乏主动性。在中国提出"一带一路"倡议后，缅甸没有如泰国、老挝等国家一样主动与中国对接，特别是在政策和交通经济走廊建设方面尚没有正式纳入合作日程。对于中方主动提出建设铁路公路等基础设施，缅甸政府迟迟没有正面回应。例如，虽然中国油气管道投入运营，但是通过对缅甸民众调查，发现大部分缅甸人认为对中国有利，但不是缅甸最急需的。[③]

第四，中国在缅甸的软实力建设尚待提高。缅甸民间舆论不利于中国"一带一路"在缅甸的实施，西方媒体对中国在缅甸的意图存有偏见，在缅甸社会有一定的市场，进而影响"一带一路"的实施。

---

① 孔志坚：《国际非政府组织在缅甸发展及影响》，《国际研究参考》2014 年第 4 期。
② 卢光盛：《中国对缅甸的投资与援助：基于调查问卷结果的分析》，《南亚研究》2014 年第 1 期。
③ 同上。

第五，推进"一带一路"受到域外大国的影响。为避免过度受中国影响，缅甸推行平衡外交的政策，在依靠中国的同时，积极发展同日本、美国的关系。因此，中国企业面临激烈的竞争。

二 缅甸华人的角色

(一) 当前缅甸华人现状及特点

据不完全统计，缅甸华人约100万人，华人散布在缅甸各地，但主要居住在大城市或小城镇。全缅甸15个主要华人城镇居住的华人人口，约占全缅华人人口的一半。其中，最为集中居住的城市是首都仰光，缅甸南部的勃固、毛淡棉、土瓦和勃生，北部的曼德勒、密支那、腊戍、景栋、东枝和八莫。按照华人数量的多少排列，则仰光和曼德勒分列第一、二位，其中仰光超过10万人，曼德勒有6万—8万人，接下来依次为勃生、当阳（2万多人），密支那（1万—2万人），东枝和毛淡棉（1万人以下）。缅甸华人的祖籍主要是福建、云南、广东、海南等地。其中福建最多（约有35万人），云南次之（在20万—25万人），再次是广东。

与新加坡、泰国等国的华侨华人处境不同，缅甸的华人历经磨难和曲折，其主要是受制于缅甸国内政治变动的影响。但随着缅甸国内政治局势的缓和，缅甸华人地位趋向好转，并具有以下特点。

第一，缅甸华人已融入当地，熟知当地文化。1948年，缅甸获得独立，缅甸进入吴努执政时期（1948—1962）。1950年6月8日，中国和缅甸正式建立外交关系。此一时期，除了中缅的边界问题之外，缅甸境内华侨的双重国籍问题日益成为制约双方关系的障碍。缅甸政府对其国内众多的华侨倾向中国的行为尤为不满和猜忌。中国政府以解决华侨国籍问题为契机，为促进双边关系，中国政府主动与缅方协商解决双重国籍问题，1956年12月18日，周恩来总理代表中国向缅方表明，中国不承认双重国籍，要求华侨加入当地国籍，据统计，当时85%以上的华侨解决了双重国籍问题，缅甸华侨国籍问题的解决减轻了缅甸政府对中国的疑惧。① 如今，在缅甸的华人大多已经解决了政治上的认同问题，大部分获得了缅甸的公民身份（粉红色身份证）。与此同时，历经半个世纪的缅甸华人也接受缅甸佛教文化，与缅甸其他民族和谐相处。

第二，缅甸经济发展的主要参与者和贡献者。缅甸华人主要来自广东、福建、云南等地。无论是在英国统治时期还是缅甸独立后，缅甸华人主要从事商业，以小商业、中小企业为主。1988 年以后，因受西方制裁，缅甸逐渐加强与周边国家特别是与中国的合作。1988 年 11 月 30 日颁布《缅甸联邦外国投资法》，特别是《税收特赦令》和《公民投资法》，规定华人可在制造业、服务业等八大产业投资。1988 年 12 月 9 日，缅甸政府第一次在仰光召开以华侨领袖、商人为主的座谈会，讨论外国到缅甸投资和中缅边贸发展问题。由此可见，缅甸政府重视华人的经济潜力，目前，缅甸华人已经成为缅北中缅边境贸易的主要参与者，据远东经济评论统计，在中缅边境从事贸易的 80% 以上为缅甸华人。与此同时，缅甸南方的华人在缅甸与周边国家投资扮演了重要角色。因此，缅甸华人是缅甸经济发展和促进国际合作的重要群体，为缅甸经济转型和社会发展做出了重要贡献。近年来，缅甸政府逐渐认识到缅甸华人群体在其走向世界对外合作中的独特作用，吸引外来投资，特别是华商网络的重要性，2014 年 9 月 8 日，"世界缅侨同乡大会"在仰光召开即是重要体现。

第三，政治上缅甸华人被边缘化且缺少参政意愿。缅甸独立后，缅甸国内政治多变导致华人在运动中屡遭冲击，因此，在政治方面，当代缅甸华人依然被边缘化。其主要原因如下：首先，缅甸政府法律上限制华人参政。虽然缅甸华人大多数已经认同当地，落地生根，但是缅甸政府在法律上没有给予华人与原住民等同的政治地位，特别是沿用至今的《1982 年公民法》和《2008 年宪法》制约了华人参政，

---

① 范宏伟：《国籍　民族主义　"社会主义"：战后缅甸华侨国籍个案研究》，《东南亚研究》2005 年第 6 期。

在军人统治下的华人缺少民主参政的空间。其次，缅甸华人挥之不去的历史阴影使得华人避免涉及政治，缅甸独立后的"国有化运动""6·26"排华事件至今让华人心有余悸，对参与缅甸政治谨慎处之。以上原因导致缅甸华侨没有成立自己的政治社团，更缺少全国性的利益代言人（社团领袖）。

第四，华文教育勃兴，认同中华文化。虽然缅甸政府限制和打压华文教育，但是华侨社团以佛教寺庙、佛经班等方式开展华文教育，传承中华文化。随着中缅关系的改善和缅甸政局的稳定，华文教育得到了持续的发展，缅甸华人社团开办的学校进入快速发展时期。华文学校遍布主要华人居住区，据曼德勒庆福学校的李祖清博士统计，缅甸现有230所规模不一的华文学校，就空间分布而言，主要分布在缅甸北部地区。在仰光的"广东观音古庙"和福建"庆福宫"等社团一直把资助和发展华文教育作为主要的职能。为推广华文教育，2013年10月23日，曼德勒云华师范学校在云南会馆创办。在缅甸，华文教育不仅是一种语言教育，它亦是族群认同的符号和象征。因此，华文教育的传承和发展也增强了缅甸华人子弟对中华文化的认同。笔者在对所任职学校华裔子弟的问卷调查和访谈中发现，虽然他们在政治上认同住在国缅甸，但是作为华人，他们对中华文化持有较高的认同。除此之外，曾被缅甸政府所禁止的华文报刊网站也陆续创办，1999年11月4日《缅甸华报》获准出版，缅甸华人华文网站《金凤凰》成为华人发布信息的重要平台。

第五，与祖籍国互动频繁。随着中缅关系的改善，缅甸华人与祖籍国联系日益密切，互动频繁。中国国侨办、中国侨联以及地方侨务部门以"请进来"和"走出去"的方式开展形式多样的交流活动，主要包括缅甸华文教育师资培养、教材建设、合作办学等方面。此外，为培养缅甸华裔的中华文化认同，自2000年开始，每年国侨办举行"寻根之旅夏令营"活动。另外，深化华人社会之间的了解，2015年9月，云南省侨办举办"云南人同乡大会"，为增进了解与经济合作奠定了基础。

（二）缅甸华人在"一带一路"中的角色

鉴于缅甸华人的特点，缅甸华人在中国推进"一带一路"的进程中，可以扮演以下角色：

第一，为中国企业进入缅甸发挥桥梁和纽带作用。缅甸新政府成立后，缅甸政府首邀中国外长访问缅甸，打破外界中缅关系疏远的传言。中缅双方决定在多领域沟通合作，这为中国企业和缅甸华人合作带来新机遇。缅甸新政府成立后，面临民生、产能及基础设施等领域的发展①，为中国企业提供了机遇和挑战。缅甸华人作为缅甸经济转型的重要力量，具有熟知缅甸和中国文化的独特优势，可以充分发挥该优势，为中国企业在缅甸投资提供建议，在合作和规避风险方面发挥独特的作用。

第二，为"一带一路"建设塑造良好舆论环境。在缅甸新政府成立后，缅甸将更为开放。这也为西方和国内的非政府组织提供活动的机会和舞台。因此，中国在缅甸的"一带一路"将面临更多的舆论压力。熟知当地社会文化的缅甸华人能够在塑造良好舆论环境方面扮演重要的角色。

第三，"一带一路"民心相通的重要群体和力量。"民心相通"是"一带一路"建设的基础和根基。然而缅甸民众大多受西方媒体和非政府组织影响，对中国企业存在一定的偏见和误解。而缅甸华人大多居住在中小城镇，有的与缅甸其他民族杂居，相互之间融洽和谐。② 因此，缅甸华人可以发挥独特优势，向当地民众介绍和解释中国与缅甸的合作，是对双方有利的行为。

第四，中国"一带一路"建设的重要伙伴。一直以来，缅甸华人对缅甸的中小企业、商贸流通有重要影响。新政府成立后，缅甸政府重视中小企业的发展，因此，中国在经济走廊建设时应主动加强与缅甸华人的合作。

---

① 《王毅会见缅甸总统吴廷觉》，《金凤凰》2016 年 4 月 6 日。
② 笔者在任职学校对华裔学生采访时得知，随着中国影响的增加，与华人同村居住的一些少数民族也过中国春节，春节期间，当地少数民族也参与其中。

三 中国在缅"一带一路"的问题与建议

2016 年 3 月，缅甸新政府成立，缅甸顺利完成政权交接。缅甸发展引起世界关注，美国、日本等国纷纷主动与缅甸开展合作。缅甸作为中国周边的重要国家和最大的投资伙伴，更应开展深度合作。中国政府要充分运用缅甸华人这一独特资源，发挥缅甸华人的独特作用，为中国"一带一路"建设服务。但受制于缅甸国内政治影响，缅甸华人发挥作用也存在一定问题和困难。

第一，华文教育没有得到缅甸政府支持。由于特殊的历史原因，缅甸华文教育没有纳入缅甸国民教育体系，没有得到缅甸政府的支持。因此，缅甸华人大多是以佛教之名开办各种补习班开展教学。大部分华文学校存在师资短缺、教材不足以及办学条件不足等问题，少数学校因缺乏资金难以维持。[①]

第二，华文传媒整体实力不足，缺乏影响力。目前，《金凤凰》是缅甸唯一的华文报纸，该报创办于 2007 年，截至目前，该报已出版了百期，在传播中缅友谊、弘扬中华文化方面发挥了独特的作用。该报刊已经设有电子版，但发行量有限，仅限于华人群体。

第三，中国企业没有认识到缅甸华人社团和华人中小企业对中国在缅"一带一路"建设的重要性。与新马泰等国具有雄厚的华人企业不同，缅甸华商大多为中小零售企业。目前，中国在缅甸投资大多为大中型国有企业，没有意识到缅甸华人在民心相通和文化交接中的重要角色。

第四，缅甸华裔青少年对"一带一路"缺乏认知。一直以来，由于华文教育的开展，缅甸华裔新生代对中华文化保持强烈的认同感，其认同主要体现于中华传统文化，但对中国"一带一路"缺少认知。[②] 这不利于中国向缅甸民间解释和宣传"一带一路"建设。

有鉴于此，为发挥缅甸华人在推进"一带一路"中的独特作用，

---

① 夏玉清：《缅甸华人社团与缅甸汉语教育：现状、问题与对策》，《东南亚纵横》2015 年第 11 期。

② 笔者对任职学校缅甸华裔留学生的调查。

笔者提出以下建议。

第一，加大缅甸华文教育的支持。近年来，在中国政府的支持下，缅甸华文教育得到迅速发展。但在缅甸山区，华文教学、教学设施仍较为落后，不能满足华文教育发展的需要，中国政府应动员民间力量参与其中。随着缅甸社会转型和民主政治的发展，中国应以官方主导—民间团体合力支持缅甸华文教育发展。

第二，在尊重中缅胞波友谊的前提下，维护缅甸华人华侨的正当权益。加大在缅甸建设"侨爱工程"力度，多关注在缅甸北部的华人贫困群体。

第三，加强对缅甸华人的实地调查研究，了解缅甸华人的关切。目前，学界对缅甸华人的研究已经积累丰硕的成果，但随着中缅边境人口流动、缅甸华人的变迁，现有的研究不适应缅甸华人发展的变化，因此，开展实地调查研究尤为迫切和必要。

第四，支持华文媒体建设，传递中国声音。中国在缅甸推进"一带一路"建设中，面临复杂的舆论环境，中国政府要加强和华文媒体合作，采用缅文（语）英语等传递中国声音，为"民心相通"助力。积极利用网络平台，运用新媒体工具，塑造和谐友好的文化生态和舆论环境。向缅甸社会解释好"一带一路"的正面效应，构筑这个战略在缅甸的群众基础。

第五，重视华裔新生代，培养其对中国的文化认同。缅甸华裔新生代已经成为缅甸华人的重要群体，是传播中国文化和提升中国形象的新生力量。中国政府应继续开展"寻根之旅"等活动，增强他们对中华文化的认同。

第六，加大缅甸中华总商会等华人社团的经济合作。随着缅甸的社会转型和发展经济的需要，中国政府要与缅甸华人社团继续合作，并兼顾各方的利益和关切。

结　论

2016 年 3 月，以昂山素季为代表的民盟顺利建立缅甸新政府，缅甸成为世界各国关注的焦点和投资的热土。中国的"一带一路"建设也面临难得的机遇，同时存在巨大的挑战。缅甸华人作为中国"一带一路"建设的重要依靠力量，中国政府应及时了解缅甸华人的关切，在尊重缅甸政府的前提下，大力支持缅甸华人教育、华文传媒建设。随着缅甸政府推行民族和解政策，缅甸华人也面临更好的发展环境，中国政府应主动采取措施，使缅甸华人成为中国"一带一路"建设的参与者、推进者和获益者。

华侨华人与"海上丝绸之路"
研究述评(1991—2015)

吴 元[*]

摘 要:"海上丝绸之路"形成于宋代,兴盛于明清之后,古代移民沿此路至东南亚诸国,并逐渐定居下来,成为最早一批海外华侨。以往的研究多将此内容纳入中外关系史的考察范围,从历史角度进行考述,鲜少将其与华侨华人联系起来,且相关研究较少。随着国家"一带一路"倡议的提出,华侨华人作为连接中国与亚、欧、非等经济板块的重要桥梁,再次成为关注的焦点,相关研究也突破了传统的历史角度,延伸至社会、经济、文化等方面。由于研究对象的限制,关于华侨华人与"海上丝绸之路"的研究区域和群体,以闽粤地区的高等院校为主。虽然近年来相关研究成果辈出,但是也存在题目过于宏大、以对策性研究为主、缺乏可操作性等问题。

关键词:华侨华人 "海上丝绸之路" "一带一路"

一 成果总量及发展阶段

中国海外移民及贸易的历史源远流长,在长期的历史发展过程中,逐渐形成了为今人所熟知的"海上丝绸之路"。严格意义上的

---

* 吴元,福建省社会科学院助理研究员,研究方向为华侨华人、国际移民。

"海上丝绸之路"有东、西、南洋三条线路，其中南洋线路即是我们现在常说的海上丝绸之路。以往关于海上丝绸之路的研究多是从中外关系史的角度进行考察，探讨依托这条航线而进行的经济、文化等方面交流。东南沿海地区的不少人也通过这条线路向海外进行移民，他们或穿梭于中国与东南亚两地，或定居于海外，成为海上丝绸之路航线上最为繁忙的身影，也成为海上丝绸之路研究的一个重要课题。

随着国家"一带一路"倡议的提出，华侨华人作为连接中国与东南亚其他国家的重要桥梁，日益引起国家相关部门及学术研究者的关注。以"海上丝绸之路"作为关键词进行搜索发现，20世纪90年代以前相关研究不多，且多属于中外关系史范畴，较少涉及华侨华人研究。鉴于此，本文将研究时段定为1991—2015年，希望能够通过25年来中国大陆有关华侨华人与海上丝绸之路研究分析，为其后的学术研究及侨务政策的制定提供借鉴。

海上丝绸之路是一个较为庞大的研究领域，《中国"海上丝绸之路"研究百年回顾》从中国与东亚、东南亚、欧洲、美洲几个方面进行了回顾，并在每章中专辟一节论述海外移民的研究，但选取的论著既包含中外关系史内容，也涵盖华侨史研究。[①] 本文主要从华侨华人研究的角度出发，以中国知网（CNKI）为论文检索范围，采用文献计量分析的方法，对1991—2015年的有关华侨华人与海上丝绸之路研究的论文，从论文总量的变化趋势、作者及研究机构分布、发文期刊的类型分布、研究内容的分布、引文来源的分布等方面，进行有重点的统计分析和综合评价。[②]

经过统计，1991—2015年的25年间，中国知网收录的有关华侨华人与海上丝绸之路研究方面的论文及信息等共88篇。除会议综述

---

① 龚缨晏：《中国"海上丝绸之路"研究百年回顾》，浙江大学出版社2011年版。诸如此类的研究还有：龚缨晏主编《20世纪中国"海上丝绸之路"研究集萃》，浙江大学出版社2011年版；纪云飞主编《中国海上丝绸之路研究年鉴》（2013），浙江大学出版社2014年版；纪云飞主编《中国海上丝绸之路研究年鉴》（2014），浙江大学出版社2015年版。

② 统计中的一些说明：第一，一稿多用的论文，在统计时已经删除，但不免还有少数遗漏；第二，有些作者既使用真实姓名发文，同时也使用笔名发文，在统计过程中已合并统计，但恐有不足。

（5 篇）、新闻报道（3 篇）8 篇外，学术论文有 80 篇，其中大陆之外学者撰写的论文 5 篇（美国 1 篇、法国 1 篇、泰国 1 篇、中国香港 1 篇、中国台湾 1 篇），大陆学者 75 篇。把 25 年分为 3 个阶段，各阶段具体情况见表 1。

表 1　　1991—2015 年华侨华人与海上丝绸之路研究论文数量统计

时间	数量（篇）
1991—2000 年	14
2001—2010 年	18
2011—2015 年	43

　　整体而言，华侨华人与海上丝绸之路研究论文数量在华侨华人研究中所占比重较小，且呈现明显的分界线。以 2011 年为重要分界点，2011—2015 年相关论文数量超过前二十年论文发表数量之和。之所以出现这样的状况与国家政策的制定密切相关。2013 年 9 月，习近平主席在哈萨克斯坦演讲时提出了建设"丝绸之路经济带"的倡议；10 月，在印度尼西亚发表演讲时提出了建设"21 世纪海上丝绸之路"。这两次讲话构成了国家"一带一路"倡议的基本内容。由于华侨华人与海上丝绸之路关系密切，此后有关华侨华人与海上丝绸之路的研究论文层出不穷，仅 2014 年、2015 年两年就有 41 篇。

　　除了论文数量出现较大增长外，近两年各地还举办了一系列有关华侨华人与海上丝绸之路的会议，如 2014 年"'一带一路'战略与华侨华人主题研讨会""福建融入丝绸之路经济带和海上丝绸之路建设研讨会"；2015 年"华侨华人与海上丝绸之路""'一带一路'战略与华侨经济文化发展国际学术研讨会""'丝路的延伸：亚洲海洋历史与文化'国际学术研讨会"，地点涉及上海、福建、浙江等地。此外，在马来西亚还举办了"海外福州人与海上丝绸之路研讨会"。在研究机构方面，主要有华侨大学海上丝绸之路研究院、福建省社会科学院海上丝绸之路研究中心、中山大学 21 世纪海上丝绸之路研究院、中国南海研究院海上丝绸之路研究所等。

从学术发展的角度来看,1991 年联合国教科文组织主持的"海上丝绸之路"综合考察团在泉州进行了全面的考察,并举行了"中国与海上丝绸之路"国际学术讨论会,在这次会议上,联合国教科文组织认定泉州是海上丝绸之路的起点。在会议收录的论文集中,郑山玉《华侨与海上丝绸之路——部分侨乡族谱中的海外移民资料分析》、克洛蒂娜·苏尔梦《东爪哇韩氏家族:企业精神与政治舞台(18—19 世纪)》二文涉及了华侨华人与海上丝绸之路。① 此后,在中外关系史相关的研讨会上,也不断有学者提交有关侨华人与海上丝绸之路研究的文章。② 从以上这些信息可以看出,无论是国家战略层面,还是从学术自身发展而言,华侨华人与海上丝绸之路研究已经日益成为关注的重点。

二　作者群体与主要期刊

笔者统计研究论文目录的作者数据,根据国际惯例,对多作者文献只取第一作者。由于选取论文范围以中国知网收录为限,此处统计的发文量与实际发文量可能存在微小差别。据初步统计,1991—2015 年,发表过华侨华人与海上丝绸之路研究论文的作者共有 70 位,其中庄国土、陆芸各发表 3 篇,李金明、曾少聪、郑山玉、郑甫弘各发表 2 篇,其余作者均发表 1 篇。由于华侨华人与海上丝绸之路的研究范围狭小,因此,作者大多是在从事中外关系史、华侨华人研究的过程中,对相关问题进行过简单探讨,难以形成核心作者群。在作者群体中,值得注意的是福建省委书记尤权,虽然其文《打造 21 世纪海上丝绸之路重要枢纽》不能算严格意义上的学术性论文,但是代表了

---

① 两文随后分别于 1991 年、2010 年发表于《华侨华人历史研究》,郑山玉:《华侨与海上丝绸之路——部分侨乡族谱中的海外移民资料分析》,《华侨华人历史研究》1991 年第 1 期;〔法〕克洛蒂娜·苏尔梦:《东爪哇韩氏家族:企业精神与政治舞台(18—19 世纪)》,周南京译,《华侨华人历史研究》2010 年第 1 期。

② 袁晓春《海上丝绸之路东亚史料中的广东福建海商》、冯立军《略论 18—19 世纪东南亚海参燕窝贸易中的华商》,2014 年"全球视野下的中外关系史研究"学术讨论会会议论文。冯立军的文章随后发表于《厦门大学学报》(哲学社会科学版) 2015 年第 4 期。

福建对于建设海上丝绸之路的认识和思考。① 从时间上看，由于没有形成核心作者群，因此较少有学者能够对这一问题进行长时间的跟踪研究。

上述分析从作者群体进行了简单论述，学术研究需要相关的机构予以支撑，并以此为平台进行交流，因此有必要对各类相关研究机构作全面、具体的了解。

表2　　　　　　华侨华人与海上丝绸之路研究论文的机构分布

机构	发文量（篇）
学校	53
其他科研单位②	16
政府机关	4
其他	2

由表2可以清晰地看出，高校依旧是学术研究的主要阵地，高校的发文量是其他机构发文量总和的2倍还多。与高校相比，其他科研单位的发文量在数量上不具有突出优势，原因在于这些单位的科研人员数量较少，研究力量薄弱。发表相关论文的政府机关包括侨联、人大、省委、工商联等。当然高校的发文量统计中，也包含了在读的硕博士研究生，这也是造成高校发文量明显偏多的原因之一。

高校中厦门大学、暨南大学、华侨大学发文数量较多，这些也是华侨华人研究较为集中的机构。福建省社会科学院的发文量在其他科研单位中名列前茅，这些文章又多集中在华侨华人研究所，突出显示了省级社科院中唯一一个以华侨华人为研究对象的机构，在华侨华人研究中的优势地位。

上述所罗列的机构大多集中于福建省，这也引发对华侨华人与海上丝绸之路研究论文的省份分布的相关思考。

① 尤权：《打造21世纪海上丝绸之路重要枢纽》，《求是》2014年第17期。
② 其他科研单位主要包括各级社科院、档案馆（局）、博物馆等相关研究机构。

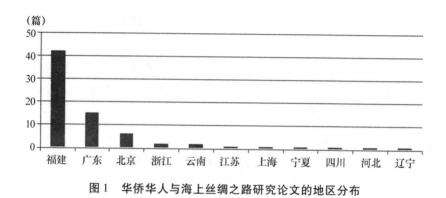

图 1 华侨华人与海上丝绸之路研究论文的地区分布

从图 1 中可以看出，福建省是发表华侨华人与海上丝绸之路研究论文最多的地区，其次是广东、北京、浙江、云南。这其中，北京拥有较强的科研力量，其余地区均与海上丝绸之路有着或多或少的联系。福建作为华侨华人研究的重点地区及"21 世纪海上丝绸之路核心区"，如何推动人文密切交流，发挥侨资侨力，成为政府机关及相关研究机构的工作重点，并最终以文章的形式展现出来。

在期刊分布上，集中发表有关华侨华人与海上丝绸之路研究的期刊不多，发表数量最多的《南洋问题研究》也仅有 6 篇，其他如《华侨华人历史研究》《福建论坛》《亚太经济》《海交史研究》《福建理论学习》《八桂侨刊》等只有 2—4 篇。这些期刊虽是中外关系、华侨华人研究的重要阵地，但限于研究主题较窄，有关华侨华人与海上丝绸之路研究的论文数量总体较少。从期刊级别上看，核心类期刊发表的有关华侨华人与海上丝绸之路研究论文数量不多，且较少被重要检索刊物收录，这主要与研究主题狭窄有关。

三 研究内容

根据论文内容，笔者对 1991—2015 年中国知网收录的有关华侨华人与海上丝绸之路研究的论文进行了初步分类与统计。有些论文的内容主题不止一项，笔者只选取其最重要的一项进行统计（见表 3）。

表3　　1991—2015 年华侨华人与海上丝绸之路研究论文内容统计　单位：篇

研究内容	1991—2000 年	2001—2010 年	2011—2015 年	合计
历史	9	10	5	24
经济	1	6	2	9
文化	2	1	8	11
宗教	1	2	0	3
对策	1	0	27	28

从发文量看，历史类、对策类研究各占总数的三分之一，是华侨华人与海上丝绸之路研究的重点，经济、文化、宗教类研究较少。具体而言，历史、经济、宗教、文化研究呈现逐年增多的趋势，对策类研究则受政策影响较大。从发表时间上看，2014 年以前的研究多是从历史角度进行考察，2014 年、2015 年关于华侨华人与海上丝绸之路的研究多以对策为主，探讨如何以华侨华人为桥梁加强中国与海上丝绸之路上其他国家经济、人文联系。

历史类研究文章数量较多的原因在于，学界习惯认为华侨史是中外关系史的重要组成部分，[1] 老一辈学者如朱杰勤、韩振华等人多是在从事中外关系史研究的同时兼治华侨史，因此华侨华人研究始终与中外关系史有着密不可分的关系，这也使得有关华侨华人与海上丝绸之路的研究多是从历史角度进行考察。相关文化、宗教类研究也多是从历史角度进行考察。经济类文章开始摆脱传统的历史角度，出现诸如《闽籍华商以及福建——东盟的农业经贸交流》与现实密切相关的文章。对策类研究与现实情况最为贴切，其写作初衷也是为政府决策机关提供政策建议。

在学位论文方面，基于"一带一路"倡议的提出，2015 年同时出现两篇涉及华侨华人与海上丝绸之路研究的硕士学位论文，分别来自华侨华人研究的重点学校暨南大学、华侨大学。从授予学科来看，

①　郭梁：《建设中国的华侨华人学：有关学科基本问题的几点看法》，载李安山主编《中国华侨华人学：学科定位与研究展望》，北京大学出版社 2006 年版。

两篇论文均为国际关系专业，与华侨华人研究有着千丝万缕的联系。就内容而言，两篇文章分别从华侨华人在建构国家软实力及"一带一路"方面所起作用进行了分析，但是两篇文章均是对现实情况的剖析和对策建议，并未从历史角度进行溯源，因此在深度上稍显单薄。

必须明确的是，华侨华人与国家软实力之间不能简单地画等号。在《华侨华人蓝皮书：华侨华人研究报告（2012）》中，作者特别强调，不能把华侨华人简单地说成是我们的软实力，更不能把他们当成我们的代理人，以免授人以柄。华侨华人的身份我们首先要将其看作是住在国的一部分，因此，媒体、教育、社团也均是住在国社会的有机组成部分，过分强调其特殊性，反而会阻碍华侨华人融入当地社会，不利于他们的生存和发展。①此外，华侨华人在海外生存发展的智慧也十分值得借鉴，即以谦虚姿态对待沿路的各方行为者，了解当地需要，建立互信基础。②简要言之，在海上丝绸之路建设的机遇下，以侨为桥，通过华侨华人理解当地情况，当可少走弯路，实现合作共赢。

应当看到的是，尽管近两年关于华侨华人与海上丝绸之路的文章层出不穷，但普遍存在以下几个问题：

第一，题目过于宽泛，主题不明确。从题目来看，近两年的论文虽紧扣华侨华人、"一带一路"主题，但在内容上两者之间却没有很好地衔接。这类文章的写作模式大多是先论述海外移民的发展历程，再提出华侨华人群体在建设海上丝绸之路中的作用。两者看似有关，但缺乏内在的逻辑连接。从习近平关于"一带一路"倡议来看，"一带一路"是中国与丝路沿途国家分享优质产能，共商项目投资、共建基础设施、共享合作成果。"一带一路"不仅是一种倡议，而且是一

---

①　陈奕平、范如松：《华侨华人与中国软实力：作用、机制与政策思路》，《华侨华人历史研究》2010年第2期；汤锋旺：《华侨华人与中国软实力：概念、方法及理论》，《东南亚研究》2013年第1期；张云：《华人华侨在中国国家软实力建构中的角色研究》，《史学集刊》2015年第2期。

②　贾益民主编：《华侨华人蓝皮书：华侨华人研究报告（2015）》，社会科学文献出版社2015年版。

系列具体措施，其核心是通过亚洲基础设施投资银行和丝路基金参与相关国家的基础设施建设，带动中国企业走出去。在这个过程中也可能会使更多的中国人走出海外。① 但目前相关研究主要集中在鼓励华侨投资、华文媒体传递中国主张等，较少从华侨华人与海上丝绸之路的关系、华侨华人与"一带一路"倡议的连接、具体政策的制定、实施过程中可能遇到的问题等方面进行解读，而这些正是华侨华人在"一带一路"倡议中所能发挥的作用以及可能遇到的问题，也是学者应当从学术角度为政府机关提出建议的方面。近日，华侨大学校长贾益民在接受香港凤凰电视台采访时也谈到了华侨华人与海上丝绸之路的内在渊源。

第二，以建议对策为主，缺乏理论支撑和研究基础。近年来出现的华侨华人与海上丝绸之路相关研究大多以政策性建议为主，这与国家政策的制定密切相关，但是这些文章大多是就事论事，并没有从理论上对华侨华人与海上丝绸之路的关系进行总结，也较少对华侨华人在住在国的情况、特点进行概述。华侨华人与国际移民存在部分重合，国际移民的理论也部分适用于华侨华人，这就提示我们可以从国际移民的角度出发，对华侨华人与"一带一路"进行解读。同时，对"一带一路"倡议的解读视角不一样，华侨华人与"一带一路"倡议的逻辑连接也不一样。从经济上看，华侨经济在东南亚各国所占比重不同，即便是同一国家，不同行业之间也存在较大差异；从政治上看，虽然部分华侨积极参与住在国的政治活动，并在相关部门承担职务，但是这些华侨大多已是侨二代、侨三代，与国内联系不多，政治影响也存在局限；从文化上看，老华侨的文化认同感较强，但侨二代、侨三代在语言、文化传统上已没有强烈的亲近感。从这些方面来看，推动华侨在"一带一路"建设中发挥桥梁作用还有很多亟须解决的问题。

第三，可操作性不强。虽然关于华侨华人在"一带一路"倡议中

---

① 王子昌：《"一带一路"战略与华侨华人的逻辑连接》，《东南亚研究》2015年第3期。

所起作用，学者们有着多种多样的解读，但是这些要求多是从大的方面提出建议，较少针对不同国家、不同地区、不同群体的华侨提出合理政策措施。① 东南亚是 21 世纪海上丝绸之路的首站，也是华侨分布最为集中的地区，但这一地区在历史上也曾多次出现严重的"排华"事件。即便在今天，也有类似"东南亚似乎已把经济领地交给华人掌管，本地人负责的仅仅是政权"② 的言论，从这一角度出发，在制定中国企业"走出去"的措施时应当慎之又慎，而目前所提出的相关措施并未注意到这一方面。③ 此外，虽然相关文章提出了不少建议，但是具体来看，这些建议多是从国内出发，较少考虑华侨在居住地的情况，对华侨在当地的生存与发展关注不够，这也使得提出的建议可操作性不强。

---

① 杨会祥：《以侨为桥建设 21 世纪海上丝绸之路的思考》，《南方论刊》2014 年第 12 期。

② ［美］约翰·奈比斯特：《亚洲大趋势》，蔚文译，外文出版社 1996 年版，第 12 页。

③ 王子昌在《"一带一路"战略与华侨华人的逻辑连接》谈到了"一带一路"实施过程中可能给华侨华人带来的机会和不利影响。王子昌：《"一带一路"战略与华侨华人的逻辑连接》，《东南亚研究》2015 年第 3 期。

"一带一路"背景下，海外侨团与中国外交转型问题研究初探

张应进*

摘　要：遍布海外的华侨华人社团是新时期我国外交转型中重要的社会行为体。如何利用海外侨团力量，推进公共外交与人文外交，夯实新时期外交转型的社会基础与群众基础，是我们处理海外侨团与中国外交转型间的关系的根本前提与依归。目前相关领域的研究存在一定的不足和缺失，尤其在"一带一路"倡议背景下，探讨海外侨团与中国外交转型间的关系有较强的理论意义与现实价值。相关研究可以针对公共外交在新时期外交转型中的作用、海外侨团在其中的重要地位、利用海外侨团推进我国外交转型的现实可能性、利用海外侨团推进我国外交转型中的机遇与挑战等问题进行深入的探讨。当然相关问题的研究亦存在一定的困难与问题，我们应该将之建立在对我国六十多年公共外交与侨务践行的总结与反思上。相关研究的有序推进也必将为中国的当前外交、侨务提供一定的借鉴之处。

关键词：海外侨团　外交转型　中国　"一带一路"

改革开放的三十多年中，中国与世界的关系发生根本性的变化。伴随着"一带一路"倡议的提出，中国以一种新的面貌融入现行的国际体系。中国外交也逐渐从一个处于国际社会边缘地带的"体制外革命者"转变为一个居于国际社会中心地带的"体制内参与者"。面

＊张应进，女，1987 年生，暨南大学国际关系学院/华侨华人研究院博士后。

对中国外交的大变革、大转型，如何妥善地规划与处理中国外交的走向，成为当前国际关系研究中的重要内容。全球化时代中国外交转型的根本落脚点在于处理好国家外交与社会外交间的关系。遍布海外的华侨华人社团是我国外交转型中可以利用的来自海外的最重要的社会行为体。如何利用海外侨团力量，大力推进公共外交与人文外交，夯实新时期中国外交的社会基础与群众基础，是我们处理海外侨团与中国外交转型间的关系的根本前提与依归之所在。本文将围绕这一问题的研究展开相应的思考与梳理，以期能为相关领域的深入探讨提供新的方向与思路。

首先，相关领域的研究存在一定的不足和缺失。随着中国在世界舞台上的崛起，国内外学界对中国外交走向这一问题格外关注，新时期中国外交转型亦成为目前国际关系研究中的热点问题。相关问题的探讨一直集中于为什么要推进中国外交转型，中国外交转型的目标、任务、道路和方向上，而对于其中的细化问题，如国家建设与国际体系间的关系、国家外交与社会外交间的关系，包括本文所关注的海外华侨力量、海外侨团与公共外交、新时期外交转型间的关系、重要性及功用等相关问题的探讨，仍不够深入与具体，仍存在一定可供挖掘与深入研究的空间。

其次，在"一带一路"倡议背景下，探讨海外侨团与中国外交转型间的关系，具有较强的理论价值和现实意义。以 2010 年中国成为世界第二大经济体为标志，中国外交开始进入"第三次转型"时期。在这场转型中，如何处理好国家外交与公共外交间的关系是我们不能回避的重要问题。而在统筹内外大局的过程中，海外侨团作为我国公共外交的重要海外力量，研究其在中国外交转型中的功用与作为，势必会为新时期中国外交转型的方向与探索提供一定的借鉴意义与参考价值。有关公共外交的研究一直是当下的研究热点，而对作为其中重要力量的海外侨团的细化研究，对其重要性、功用的理论剖析与探讨，必然会成为相关研究的重要范围，为新时期我国的外交转型方面的理论探索做出一定的贡献。而对海外侨团在新时期外交转型中功用的探讨，必然也会促进海外侨团在外交转型中相应功能的发挥，进而提升我国公共外交基础与社会外交水平。国家的外交走向,必须放到特定的历史、文化、社会、国际生态结构中去,才能全面客观地考察。新时期中国的公共外交必然离不开海外华侨的作用,而作为海外华侨的群体性组织,海外侨团的功能无可替代。对其功能进行探讨、梳理与总结,是我们利用民间外交力量、整合相应资源,有计划、有组织地利用海外侨团力量的必要前提与重要基础。

此外,我们必须明确相关研究的主要立足点及可能的研究方向。当前我国外交面临新中国成立后的第三次转型,其转型的核心就在于如何处理国家外交与社会外交间的关系。在积极发展与海外社会行为体的伙伴关系的基础上,华侨华人,尤其是海外华侨华人社团成为新时期我国公共外交、人文外交的重要潜在力量。在全球化的今天,在"一带一路"倡议的时代大背景下,海外侨团在中国外交转型过程中的作为及可行性举措已经成为中国外交转型的重要着眼点。对于其发挥功用有效途径的探讨,是相关研究最主要也是最重要的内容,相关问题的细化梳理与有效剖析,是对如何夯实中国外交的海外群众基础与社会基础的相关思考,也是促进我国新时期外交转型的重要探索。

海外侨团与我国外交转型间所涉及的问题较多,对相关内容的探讨可以从多方面入手。

第一,公共外交在新时期外交转型中的重要作用。当前我国面临的外交转型有几大核心问题,即如何面对新形势下来自国际社会的压力与挑战、如何准确定位自身在国际社会中的地位及如何正确处理我国与其他国家之间的关系。中国自身在国际社会中地位的转变,使我们必须在国际社会中根据国际形势、自身国情及我们的外交传统适当做出外交方面的调整与转型。这需要我们充分利用国内外的资源和优势,尤其是调动非官方的任何可能的社会外交力量,比如广散各地的华侨华人、遍布全球的华侨华人社团。积极发展同海外的社会行为体的伙伴关系,是全球化时代中国外交转型的重要立足点。

第二,海外侨团在新时期外交转型中的重要地位。海外华侨华人广布于世界各地,据统计,全球有各类华侨华人社团2万多家。海外侨团是华侨华人融入当地、联络情感、传递信息、开展经贸、互帮互

助的重要平台。海外侨团在我国外交转型中具有全面的多方位的推动
作用。它是我国公共外交与社会外交的重要参与主体,直接参与相关
的外事外交活动;它是我国国民外交的重要承担者,在海外舆论的传
播与反馈等方面拥有不可替代的重要作用;它还是我国提升软实力的
重要载体,是我国宣扬和平友好的重要使者,这些都会直接或间接地
影响当前我国的外交转型与践行。可见,海外侨团是新时期我国外交
转型中的重要战略资源,值得我们深入关注与探讨。

第三,利用海外侨团推进我国外交转型的现实可行性。华侨华
人、海外侨团作为我国公共外交的重要海外资源,其拥有参与我国海
外公共外交的绝对实力。我们可以通过一些可行性措施,加强与海外
侨团间的合作,使其成为推动我国新时期外交转型的有利资源。相关
的路径主要集中于信息沟通、平台搭建、侨情联络等几个方面,但又
不仅仅囿于这几点内容,在具体的研究中将有所开展与深入。建立统
一的信息分类标准,推动海外侨团在畅达国内外信息互动中的作用,
为我国外交在海外增信释疑,提高我国外交政策制定中的统筹定位水
平;搭建常态化、深层次的交流平台,从高等院校、研究机构入手,
加强国内与海外侨团在教育、科技、信息、人员等领域的交流与合
作,加强海外侨团对国内各类会议、活动的参与和融入,采用多种形
式,促进海外侨团与外交转型的深度对接;培养侨心、联络侨情,在
深入了解华侨华人现实需求的基础上,利用海外侨团凝聚侨心,增强
海外华侨华人对中国的认同,是我们面临海外"失根危机""身份认
同危机"时的有效应对举措,也是利用海外侨团推进我国外交转型的
可行途径。以上种种,对海外侨团助推新时期我国外交转型的机制与
途径的探讨,是本文最主要的研究内容,也是本文最亟须解决的
问题。

第四,利用海外侨团推进我国外交转型中的机遇与挑战。在新时
期外交转型中利用海外侨团力量,我们既要看到其发挥作用的可行性
空间,又要关注于这其中所存在的问题与挑战。在这其中,国外压
力、国内现实及海外侨团自身的问题,都有可能造成我国外交转型中
利用华侨华人这一公共外交力量的瑕疵与纰漏,尤其值得我们密切关

注与探讨。充分利用国内外的资源与优势,努力营造内外有机互动的外交格局,需要我们顺应历史潮流,参与推动国际体系,从国际法理依据出发,善于运用多种外交手段,巧妙地应对来自国际社会的压力与挑战。境外的社会外交活动也必须审慎考虑侨居国当地的政府态度与政策制约。此外,我国拥有自身独特的国情,新兴经济大国和超大规模社会的制约,使我国的外交推进必须谨慎、稳妥求进。而海外侨团目前普遍存在的新老接班、侨团间的竞争日趋激烈、体制僵化等问题,也必然会影响其自身对我国公共外交的有效参与,亦是我们在践行侨务时所需要持续关注的重要问题。

当然,相关问题的研究亦存在一定的困难和问题。中国外交转型是一个充满挑战与机遇的过程,需要高超的外交智慧和谨慎的战略设计。如何正确有效地定义我国外交在新时期国际体系中的地位,正确地处理我国与周边国家的关系,正确地应对来自西方世界的压力与挑战,是一个复杂而充满争论的问题。如何把握基本方向,如何在学界争论中找准定位,如何理性且充满智慧地以大外交的视野全局把控相关问题,是相关研究所必须面对的难点问题。紧随时事,密切关注相关的研究动态,专家学者的相关意见与自身对国际形势的判断,都是相关研究确立基本立场与观点的有效途径,也是展开具体研究的必要基础。外交转型问题还需要以立体、多元、跨时空的视角去解读。中国外交的发展方向,不仅取决于自身,也受到国际地缘政治格局变化的影响。在相关研究中,我们既要致力于探讨如何利用海外华侨华人、海外侨团力量推动公共外交的发展、更好地展现我国在新的国际形势下应有的外交姿态与外交能力,又要一体两面地思考相关问题,充分考虑侨居国国情与政策,避免侨居国,尤其是西方大国的猜疑。此外,海外侨团遍布世界各地,深受侨居国国情、侨情的影响,而呈现出不同的面貌与特点。如何选取具有典型性与代表性的海外侨团进行个案研究,如何在有效的研究对象的基础上得到具有一定普适性的结论与对策,也是相当困难的。这就要求相关研究必须根据实际情况,选取可行的具有普遍性的访谈对象,注重对个案与结论的选取与甄别,在探讨相应问题时做到区别对待、有的放矢。

　　对海外侨团与我国新时期外交转型相关问题的探讨与研究，是建立在对我国六十多年公共外交与侨务践行的总结与反思上的。在具体的研究中，将海外侨团力量推动我国外交转型与国家建设及国际体系相结合，在顺应世界潮流、参与地区治理结构的改革中，从"一带一路"倡议及我国国情角度出发，深入探讨公共外交与外交转型之间的深层关系，关注作为海外重要社会外交力量的海外华侨华人社团，致力于解决海外侨团与中国外交间的关系、重要作用及其在其中发挥功用的有效途径等相关问题，可以有效地推进相关研究的深入、相关问题的理性探讨。相信相关研究的有序推动，必将在我国公共外交水平的提高及应对外交转型中的压力与挑战、密切我国与海外侨团的关系、引导推动海外侨团的现代化与科学改革方面，为当今外交、侨务提供一定的可参照、借鉴之处。

跨国华商与"一带一路"建设下中俄民间贸易发展[*]

——莫斯科大市场实地调查

于　涛[**]

摘　要：20 世纪 80 年代随着中俄两国关系逐步改善，经济和人员往来也开始增多。双边贸易形式以民间贸易为主，游走于中俄之间的个体商贩则成为中俄民间贸易的主体和实践者。本文主要以中俄"跨国华商"为研究对象，通过莫斯科的实地调查，探究当今中俄民间贸易的主要形式和特征。结合"一带一路"建设，对中俄民间贸易发展和"跨国华商"的作用加以探讨。作为中俄民间贸易的执行者和实践者，华商构建了跨国直销的贸易方式；同时，他们通过跨国式社会关系资源的运用构建了中俄跨国商业网络。随着中俄关系的不断发展，其也必将为中俄经贸发展及"一带一路"建设做出更大的贡献。

关键词：跨国华商　"一带一路"　中俄民间贸易　莫斯科

一　前言

中国和俄罗斯是近邻并拥有全世界最长的陆地边界。两国之间的

---

　* 本文系国家社科基金一般项目"跨国华商与'一带一路'战略下中俄商贸网络构建研究"（项目编号：16BMZ127）的阶段性成果。

　** 于涛，男，哈尔滨工程大学人文社会科学学院讲师，中国社会科学院民族学与人类学研究所博士后，主要研究方向为国际移民与在俄华人。

人员互动源远流长，很早就有商贸往来。从相关史料记载的文献来看，中俄在 17 世纪时就通过互派使团进行交流，俄国政府定期向中国派来商队和商人进行贸易，每次多达数百人，清政府派商人和使团到达过俄国，并许可两国商人在中俄边境进行贸易。1689 年《尼布楚条约》签订后，则开始允许两国持有护照者，可以过界往来，并可进行自由贸易。此后中国商人通过海路和陆路到达俄罗斯远东地区，随后又深入到俄罗斯的中西部地区做生意，特别是在西部地区的华商的数量增长很快。他们在莫斯科、彼得堡、托木斯克、克拉斯诺尔斯克、新西伯利亚等俄国较大的十几座城市里都设有商行，销售中国的丝绸、茶叶、大黄、瓷器及各种手工艺品，买回俄国的金沙、呢绒、皮货、毛毯等行销国内。①

　　从《尼布楚条约》签订直到十月革命前的两个世纪里，中国商人一直积极的活跃在俄罗斯的土地上，其商号遍及俄罗斯城乡及矿山。但 1917 年俄国爆发十月革命，中俄之间的政治经济联系中断，一大批以经营对俄贸易为主的华商损失惨重，华商及企业主在俄罗斯的厂房、住宅、财产被征用，大部分资产被没收，绝大部分华商纷纷撤回国内。1928 年以后，旅苏华人数量开始减少，这主要是由于苏维埃政府实施的取缔小商小贩的经济政策和对旅苏华人进行各种限制。20世纪 30 年代，由于军事、政治等方面原因，苏联不仅禁止华人进入苏联，并把在苏联的华人和华商安上各种罪名，大规模驱逐旅苏华人出境，有的被逮捕关押甚至被处决，还有的被流放。至此，在苏联的华人骤降，在一些大城市很难看到华人的身影。

　　当代华人大规模的进入俄罗斯始于 20 世纪 80 年代末 90 年代初。本文所研究的华商群体即是在这一时期进入到莫斯科的。20 世纪 80年代随着两国关系逐步改善，经济和人员往来开始增多，特别是 80年代末 90 年代初苏联国内发生巨变后，生产下滑及长期轻工业等日用产品的缺乏，迫切需要进口大量的国外相应产品。此时，中国的改革开放和经济发展，在国内产生了产品剩余，特别是积压了大量的日

---

① В. Л. Ларин, *Китайские мигранты в России*, М，2009г.

用轻工业品,这些质优价廉的商品正符合俄罗斯底层民众的需求,中国由此成为俄罗斯轻工业品的最佳供应商。同时,处在转型时期的俄罗斯并未建立起西式的市场经济体制,非正式的民间贸易在中俄的经济贸易中则占有重要的地位,经常游走于两国之间的个体商贩则成为民间贸易的主体。那么,中俄民间贸易经历了二十几年的风风雨雨,这种贸易当今的状况和形式是怎样的?其中的个体商人又呈现出怎样的特征?笔者在2012年和2014年两次深入到莫斯科华商的经营场所大市场进行实地调查,参与和跟踪他们经商活动,对中俄民间贸易和华商的状况做了实地考察。

二 莫斯科"大市场"实地调查情况

"大市场"是中国人对华商在当地经营场所的称呼,是当前大部分华商在俄罗斯的最主要经营场所,类似于中国改革开放初期大棚式的批发市场。最初的时候就是露天场所,后来俄罗斯法律禁止这种市场存在,就在四周加上了塑胶材质并一些铁皮材质包围起来,这也是俄罗斯较为特有的建筑,内部再划出一个个摊位,一个摊位属于一个商户。自20世纪90年代中后期,中国人就开始聚集在一个被称为"一只蚂蚁"(измайловская)的集装箱市场①,华商人数也越聚越多,市场规模越来越大。但好景不长,2009年俄罗斯总检察院调查委员会和莫斯科政府以商品不合法、市场卫生条件恶劣为由,突然就关闭了这个市场,没收了大量华人的商品。这次事件在中俄两国引起了不小的震动,市场关闭对华商是一个沉重的打击,很多中国人以护照不合法为由被遣送回国,还有一些华商把货

---

① "一只蚂蚁"市场是指在莫斯科市区东部的"измайловская"地铁站附近的一个市场,由于市场内的大部分摊位是由废弃的集装箱改装而成,所以称为集装箱市场,商人承租的摊位又被称作箱位。又因为"измайлов"的俄语发音"伊兹玛依罗夫"酷似中文"一只蚂蚁",所以该市场又被当地华商称为"一只蚂蚁"大市场。这个市场属于一个叫伊兹梅以洛夫(измайлов)的阿塞拜疆人。苏联解体后他买下了这块地,建起了大市场,最终成了莫斯科乃至欧洲最大的服装鞋帽等日用品批发市场。

物低价甩卖后伤心地离开了莫斯科，最后仅仅约有 1/3 的华商留了下来。"一只蚂蚁"虽然关闭了，但是以"大市场"为经营场所的方式并没有改变，留下来的又重新寻找和开辟了一些新的经营场所，最主要的就是莫斯科东南部留步利诺（Люблино）和不远处的萨达沃（Садовод）市场，本文的实地调查资料也是在这两个市场中获取的。

留步利诺位于莫斯科东南部留步利诺地铁站附近，中国人习惯用地铁站的名称来称呼，它的全称是"莫斯科商贸中心"，原来是以零售为主，但每天的销售量很低，来此采购的人也很少，人气不旺。"一只蚂蚁"关闭后，华商们陆续地向这一市场转移，箱位费也不断攀升，箱位也紧张起来，后来甚至存放货物的库房都很难寻到。市场离地铁站很近，交通较为方便，从地铁站出来步行 10—15分钟即可到达。进入广场，偌大的停车场就呈现在眼前，但大部分时间停车场上都停满了车，多数都是从莫斯科周边地区来采购的货运或客运车。这些商人往往是在前一天晚上就来到莫斯科，早晨进行采购，采购结束后就回到所在城市进行再批发或零售。在广场四周还有饭店、酒店、宾馆等，为市场中的各类人员提供食宿和娱乐等方面的服务。广场向里就是商人存放货物的地方——库房，仓库面积较大，每天进进出出的人也很多，也是由专门的公司来管理的，管理较严格，只有办了专用卡的人才能进入。市场保安非常森严，进入市场大门的时候看到有真枪实弹的警卫站岗，进入市场也不允许拍照，更不允许访谈录音，所以调查是在非常隐蔽的情况下进行。

商人们批发零售货物的主体楼是两层，面积大约 3 万平方米，进入后感觉更大，近两年又开始扩建。在主楼的外面四周，有很多小的玻璃屋，这也是摊位，每个不到 20 平方米，外面的相比于里面的价钱较便宜，但冬天冷，夏天较热。市场里面，要比原来的老市场整洁、舒适。但没有窗户，通风也不好，所以一进屋就感觉比较闷，并伴有一股特有的味道（可能是食品味道）。市场是上下两层楼，每一层楼分若干个区。横向以俄语字母为序，纵向以阿拉伯

数字为序，每家商铺都有字母加数字的门牌号，如 M—85。每个区
从头到尾有 100 多个箱位，单双号各在一侧。每个箱位宽度约为 3
米，还有更窄的，长也就是 5 至 10 米。箱与箱之间挨得较近，里
面摆满了各种商品。商场内以货品分类划区，如鞋区、针织服装
区、饰品区等。走到箱位里，服装、鞋帽散发的味道就更浓了。每
个箱位的空间虽然比较小，但价格都是非常昂贵的。考虑到风险，
大部分华商并不购买而是承租，承租也分旺季和淡季，据华商讲旺
季好地点的箱位承租费一个月就要人民币 20 万元。

除了留步利诺外，在其不远处的萨达沃市场人气也较旺。萨达沃
翻译为汉语的意思即为花鸟鱼市场，原来以猫狗鸟鱼等观赏物经营为
主。现在旁边又有了一个比较大的铁皮建筑，开始经营服装等轻工业
商品。准确地说就是搭起来的一个大棚子，就是一层，中间的过道也
比较狭小，一共能有 30 多个通道，两边就是摊位。这也是外国商人
在俄罗斯最常见的市场建筑，这样的建筑夏天比较热，冬天冷，所以
在这里经商是十分艰苦的。萨达沃的箱位费比留步利诺要低很多，货
物交易量也没有留步利诺市场高。在留步利诺和萨达沃之间，每隔半
个小时都有通勤车，把两个市场连接起来，这也加强了两个市场之间
的商业联系和人员交往。据华商介绍，留步利诺和萨达沃市场都是一
个老板，是犹太人，他们很会做生意。他们从俄罗斯政府那里把市场
承包过来，每年交给政府一定的钱，剩下的什么也不用缴纳。市场就
是一个独立的空间，政府基本不干预。

市场是多个国家商人共同会聚的场所，不仅有俄罗斯人，还有俄
罗斯加盟共和国和苏联解体分离出去国家的商人，越南人也有不少。
从人数上讲，中国人可能不是最多的，但在市场中占有重要地位，这
主要因为中国商品在市场上占有主导地位，华商是市场商品的主要供
应者。因为中国人的这种特殊地位，市场的管理和服务也极为重视华
商。在市场管理中，中国人也参与其中，有专门中方的管理部门和专
业管理人员，他们主要针对华人，在一些公共场合和办公场所也都有
一些中文，以方便中国人。同时在市场上为华商所提供的各种生活服
务也是十分齐全，不差于国内，当然大部分都是华人自己组织和提供

的。如各种档次的中餐馆分布在市场周围,很多如盒饭、面条之类的快餐也提供送餐服务。此外,出售中国食品的场所和商贩也较多,在这里各种中国食品可以说是应有尽有,粮食、蔬菜、豆制品、肉以及各种零食,很多都是华人在这里种植和生产的。在市场中为丰富华商文化生活和帮助获取信息、增强联系,中文报纸也应运而生,如《华俄时报》《捷通日报》《路讯》等。每天早晨都会有专门的人来送,一份报纸20—30卢布,100多版。对华商来说,报纸上最重要的内容就是广告信息,他们每天都要浏览这些信息,看看有没有和自己相关的,特别是在自己有某种特殊需要的时候。如想承租箱位,就找招商广告,想找住所,就找租房广告。因此报纸也是华商了解市场信息的重要渠道。总之,在市场中一个不会说俄语的中国人也可以很自在地生活,可以享受到市场提供的各种服务,除了周围的外国人多一些,其他的生活和国内几乎一样。

华商在市场中到底采取怎样的一种经商贸易方式,他们是如何获取国内商品的,又是怎样运输到莫斯科进行销售的?中国是商品的生产地,提供充足的货源。当前国内企业的生产能力极为旺盛,在国内内需不振的情况下,需要对外寻找消费市场。国内的很多公司极为重视俄罗斯市场,把俄罗斯作为产品的重要出口区域。因此,华商要想从国内获取货源也是较为容易的。很多华商都在国内有专门的公司供应货源,或者自己在国内建立了工厂和生产基地。获取货源后,就需要从国内发货。当前从事中俄贸易的物流和运输公司较多。华商可根据自己货物的货值、重量、时效性,选择汽车、火车运输,海运或者空运。一般说来,货值低、重、时效性不强的,选择前几种运输方式;货值高、时效性强的,选择空运。那么这些货物如何过关进入俄罗斯呢?一般有两种渠道:第一,一般的进出口渠道,即在中俄双方正式报关(通关)、商检,各种手续档齐全,正式报关出(入)境;第二,特殊的过货渠道,即极具俄罗斯特色的"包机包税"的运输清关方式。苏联解体后俄罗斯为便利外国商品的进入,允许关税含在运费里,按重量收运费和税费,称为"包机包税"。这种方式逐渐成为中国商品进入的主要渠道，又被称作"灰色清关"①。

　　在俄罗斯用"灰色清关"的要比用正常方式进入更有优势，商品进入的成功率也更高，这就使得大家自然不会主动采用正常通关。商品到达后，华商就需要在市场进行商品的销售活动。中国人在俄罗斯"大市场"的这种经商方式被称作"跨国直销"，即是指中国商人或公司通过某种方式进入俄罗斯，从中国发货，自己在俄通关接货，在当地寻找销售点，自己销售的商业模式。② 这是一种不通过外国中间商直接在海外市场销售商品，是将进出口业务与海外市场营销融为一体的贸易形式。这种方式是同苏联及东欧一些国家特有的一种贸易形式，这些国家在转型过程中还未建立起类似于美国等发达国家的市场经济体制，外国商品直接可以进入其市场，不需要任何中间商。这种贸易又被称作"倒爷"贸易，华商又被称作中国"倒爷"。③ 早期来到俄罗斯的中国倒爷们，当时还没有具体的经商场所，他们只是随身携带商品乘坐火车来到莫斯科，而那时的贸易非常火爆，在火车上或者月台上就可以卖完，卖完后返回国内，再次进货，又一次经历了从国内进货、北京买票上车、沿途销售、莫斯科返回这样的一个过程。

---

　　① 所谓"灰色清关"是指华商在莫斯科市场上销售的国内商品是通过专门的清关公司办理入关，但由于各种原因并没有为其提供合法的入关手续。"灰色清关"的开始，是因为20世纪90年代初苏联解体后，俄罗斯亟须进口大量便宜货品，而俄海关清关手续烦琐，关税混乱。为了鼓励进口、简化海关手续，俄罗斯海关委员会允许清关公司为货主代办进口业务。这些公司与海关官员联手，将整架飞机的货物以包裹托运的关税形式清关。后来，此清关方式被推广到海运、铁运和汽运，统称为"灰色清关"。在"灰色清关"的实际操作过程中，有些清关公司与部分腐败海关官员相互勾结，采取谎报货物或瞒报货值等手段以减少税费成本，为己牟利。因此，有些中国客商往往拿不到通关手续证明，海关、商检、产地证明等更无从谈起，这就造成商品进入俄境内后不具有合法地位。
　　② 宋晓绿：《跨国直销：对俄贸易值得探索的一种形式》，《东欧中亚市场研究》1998年第5期。
　　③ "倒爷"的称呼产生于20世纪80年代初，是中国从计划经济向市场经济转变的特有现象。主要源于我国在商品价格上实施双轨制，后来，政府逐步取消了价格双轨制，"倒爷"在中国失去了存在的土壤。而此时中苏关系逐步正常化，允许双方人员往来，苏联轻工业品极其缺乏的消息通过各种渠道传递到国内。"去俄罗斯做生意一星期能挣一辆奔驰"，这类极富煽动性的说法在国内广泛传播开来。国内很多人开始把目光转向了俄罗斯和剧变后的东欧，并想方设法携带各种急缺商品进入到当地，高价售出后再返回国内。这些人被称为"国际倒爷"。

但后来随着商品数量的不断增加，不可能像最初一样很快被抢购一空。很多华人就在承租下来的住所中进行存放和批售货物，这种场所被称作"批货楼"。但由于"批货楼"既作为居住场所又作为商业场所，较为混乱，同时警察也会经常以各种理由来检查。批货楼模式逐渐衰落，华商的居住区和交易区开始分离，货物的仓储和批售逐渐转移至莫斯科市政府指定的市场里进行，这就是当前"大市场"贸易时期。莫斯科的商业虽已相当发达，但形式还比较原始，市场是中低档日用消费品的主要批发渠道，各国商品大量通过市场往外地销售。中国商品就是通过这样的场所和渠道，销往俄罗斯各地和独联体各国。

三 讨论：跨国华商与"一带一路"建设下中俄民间贸易发展

本文所研究的游走于中俄之间的华商群体与传统的迁移人口有着显著差异，他们并不以定居为目的，实质上是一批跨国倒买倒卖商品的生意人，是一批跨国淘金者。华商跨越国界来到莫斯科，其主要目的就是把廉价的中国商品在此进行销售从而获取经济利润。苏联解体后，作为继承者的俄罗斯进行了一系列改革，不但没有解决原有的问题，还造成了经济的急剧衰退，使俄罗斯日用商品极为短缺。随着中国的改革开放，国内产生了大量的剩余轻工业品，而俄罗斯轻工业品极其缺乏的现状，迫切需要价格低廉的日用品。中国的个体商人利用了经济上的这种比较利益，把对方急需的各种商品带入到莫斯科，在当地进行销售，并经常穿梭于两国之间。

华商淘金的行动方式即是把莫斯科作为淘金场，把中国商品带入到当地，以销售这些商品来赚钱；国内家乡作为根据地，为其提供经济和社会资源的支持，并经常往返于两个国家之间。华商在两个国家建立自己的关系网络，根据自己的需要采取各种策略，已然是一个将其在移居国的事业同中国祖（籍）国联系起来，并维系多重关系的商业群体，持续的、经常性的跨界行动与联系成为其生存的重要策略。华商的这种贸易方式被俄罗斯学界称作"梭子"贸易，这些个体商人又被称为"梭心移民"或"钟摆式移民"，即他们如同梭子般地往来于两地之间，进行各种商业和贸易联系，他们采取的是一种跨界式的行动方式。当前国际移民和海外华人的跨国主义研究范式正适合对其进行解释。① 因此，可把这一群体称作为"跨国华商"。

2013 年 9 月中国国家主席习近平在哈萨克斯坦提出"建设丝绸之路经济带"倡议，同年 10 月习近平主席在印度尼西亚提出建设"21 世纪海上丝绸之路"的构想，由于这一倡议涉及中国的经济、政治、外交等方面的长远规划，因此也被称为"一带一路"建设。② "一带一路"建设的提出为中俄关系特别是经济贸易发展提供了新机遇。中俄是"一带一路"建设中两个重要的国家，双方在"一带一路"建设的重要现实意义、目标及合作思路方面越来越清晰，两国有关部门不断加强"一带一路"建设问题的沟通和交流，在有关政策方面已经达成共识。这突出表现在 2015 年 5 月 8 日两国在莫斯科发表了《中华人民共和国与俄罗斯联邦关于"丝绸之路"经济带建设和欧亚经济联盟建设对接合作的联合声明》，中方支持俄方积极推进欧亚经济联盟框架内的一体化进程，并将启动与欧亚经济联盟经贸合作方面的协议谈判。俄方支持丝绸之路经济带的建设，愿与中方密切合作，并着力推动落实。这将有利于双方深化利益交融，更好地促进两国的发展振兴。中俄正在就"一带一路"建设合作问题进行紧锣密鼓的洽谈，在条件成熟时分阶段推进，合作建设"陆上丝绸之路经济带"（"西丝带"）、已经列入国家规划的中蒙俄经济走廊黑龙江陆海丝绸之路经济带（"东丝带"）以及未来富有前景的"北极丝绸之路经济带"（"北丝带"）。"西丝带""东丝带"和"北丝带"形成中俄"三向一点"的"一带一路"格局，双方合作建设"一带一路"

将随着"路"的畅通而拉动沿线地区和国家经济社会的稳步发展，从而形成互利共赢的"经济发展带"。①

"一带一路"建设为中俄民间贸易发展提供了新机遇。自 1992 年以来，中俄贸易额已经从最初的 56.8 亿美元增长到 2014 年的 952.8 亿美元。在"一带一路"建设与欧亚经济联盟成功对接等诸多有利因素的推动下，中俄双方将分享更多的共同利益，双方的经贸合作将更加畅通，再上新台阶，将实现并突破 2015 年双边贸易额达到 1000 亿美元的预期目标。而民间贸易在中俄贸易中占有重要的地位和极大的分量。中俄双方将不断完善双边经贸合作的配套服务，着力不断完善双边经贸合作的物流体系，大力发展中俄跨境电子商务，不断改善两国海关通关条件，努力实现两国经贸合作的资金融通，这些都将极大地促进中俄民间贸易的发展。

作为中俄民间贸易的执行者和实践者的跨国华商，在中俄贸易中起着重要作用。正是因为有他们艰辛充满风险的一系列商业活动，不仅实现了自己在当地淘金的目的，客观上也为当地民众提供了物美价廉的商品，推动了中俄两国的经济发展。也正是因为有着这些华商群体的存在，通过他们跨国式的商贸活动，国内的商品才能源源不断地运输到俄罗斯并销售出去，才为国内中低档商品开拓了巨大的海外市场，为国内过剩的商品找到了新的出路。跨国华商对中俄贸易的发展做出了重大贡献，并已成为一支举足轻重的生力军。当前，华商们也开始积极探索中俄民间贸易的一些新形式，如很多人经营范围已突破了大市场，成立了公司进行经营，电子商务时代的到来也为华商带来了新机遇，一些人开始尝试利用互联网进行跨国贸易。同时，"一带一路"建设的实施将为华商的跨国贸易发展提供新机遇，而其跨国式的商业活动也必将为中俄经贸发展及"一带一路"建设做出更大的贡献。

---

① 姜正军：《中俄共同建设"一带一路"与双边经贸合作研究》，《俄罗斯东欧中亚研究》2015 年第 4 期。

海外华人社会研究

东南亚华人移民与文化杂糅：
若干研究脉络之回顾

庄英章*

一

谈到中华文化的跨境传播，不见得是近现代以来才发生的事，早在远古时期即存在华夏文化或中华文化向东南亚或美洲地区传播的现象，诸如凌纯声先生（1952，1968，1970）的论文或专著，以传播论的观点考证中国与东南亚的崖葬文化，美国东南与中国华东的丘墩文化，甚至进一步研究中国远古的帆筏、戈船方舟和楼船的结构与航行的能力，以证明华夏远古文明跨海传播的可能性。

当然，涉及中华文化跨境传播的实证田野研究，尤其是东南亚华人移民的社会科学研究，则是 19 世纪末，特别是 20 世纪中期以后的事。例如 19 世纪末荷兰学者高延（De Groot）可说是最早实地田野研究东南亚华人的汉学家，他根据三年的田野调查，收集婆罗洲华人公司文字与口传数据，出版《婆罗洲华人公司制度》（袁冰凌译，1996）一书，讨论婆罗洲的华人公司——兰芳公司的源起、性质与特征及对海外华人移民的影响。

陈达的《南洋华侨与闽粤社会》（1938）一书，采取社会科学实地田野调查方法来收集材料，讨论南洋华侨对闽粤侨乡的冲击，并提

---

* 庄英章，台湾"中央研究院"民族学研究所原所长、研究员。

出"双头家"的家庭制度。英国人类学者 Maurice Freedman 在 1949 年 1 月至 1950 年 11 月期间，长期在星马地区田野工作，1957 年出版 *Chinese Family and Marriage in Singapore* 一书，以家庭组织为基础，来了解新加坡华人社会的特质。

李亦园（1970）出版的《一个移殖的市镇——马来亚华人市镇生活的调查研究》也是采取实地田野调查的方法，分析不同方言群华人的社会生活。李先生根据 Ward（1965）"意识范式"之概念，来说明中国文化之所以整合与区域歧异并存的原因。

曾玲、庄英章（2000）的《新加坡华人的祖先崇拜与宗乡社群整合》一书指出，新加坡海外华人透过中元普度、坟山祭祀的祖先崇拜，不仅整合血缘性宗族，也涉及虚拟血缘的姓氏宗亲组织、地缘性的乡亲会馆、业余性的行业公会等社群组织的凝聚和认同。

二

以上海外华人社会之研究，大多以华人社会为主体，探讨华人在海外，尤其是东南亚的生活样貌。这基本上是将东南亚的华人社会视为中国社会文化的延伸或试管。尤以杜维明（1991）的"文化中国"概念的提出，最具代表性或争议。

杜维明在他主编讨论文化中国的论文中，提出所谓的"文化中国"（Cultural China），可以看成是三个象征世界（symbolic universe）在交互作用，这三个象征世界分别是以华人为居民主体的中国大陆、中国台湾、中国香港、新加坡四地所构成的"第一实体"；以海外各地侨居的华人为"第二实体"；以及以学者、知识分子、自由作家、记者等观念中所构成的"第三实体"（杜维明，1991）。杜先生所说的这三个象征世界实体，提供对"文化中国"一个相当清楚的理念，可以作为讨论"文化中国"一个很好的基础。

李亦园先生认为杜先生的文化中国理念可以说是一个从水平的立场来观察的模型，而且很显然是一个从"大传统"出发的概念，一个较着重于上层士大夫或士绅阶级的精致文化所构成的模型。因此李先生认为可以从另一个角度，也就是垂直的立场来观察"文化中国"的构成，也就是把中国文化看成由上层的士绅与下层的民间文化所共同构成，而特别从民间文化的角度，或者说从"小传统"的观点，来探讨"文化中国"的意义（李亦园，1993）。这样的探讨并不与杜先生的模型有所冲突，而实际上是互为补足、相辅相成的。该文的目的就是试着要从民间文化的立场来进行一些观念上的探讨，希望对"文化中国"概念与内涵的拓展会有若干帮助。

王赓武先生（2002）在刘宏、黄坚立主编的《海外华人研究的大视野与新方向》一书中，虽然撰文肯定文化中国的概念，但是也提出四项疑点，指出这个概念可能有一定的时间限制，或者是区域限制。

已故人类学者王崧兴先生，先后曾在中国台湾、中国香港与日本等地从事教学研究工作，他在20世纪90年代所提出核心与边陲的观点，不断呼吁研究汉文化或中华文化，应从边缘来看核心地区。这的确是台湾汉人社会或东南亚华人社会研究的新切入点，台湾的人类学界也积极呼应王崧兴的观点，纷纷投入这方面的田野研究（徐正光，2001；黄应贵、叶春荣，1997；庄英章，2002）。

在这种学术思潮下的汉人社会或东南亚华人社会文化研究，族群关系、互动与认同的观念自然成为重要的切入点。文化杂糅（Hybrid）现象也成为学界关注的主题。陈志明先生长期关注东南亚华裔与其他土著族群的关系，指出东南亚华人长久与当地土著相处在一起却很少发生文化冲突，只有当文化差异被政治化后，族群紧张关系方始发生（1990）。他在《东南亚华人宗教信仰的研究》（1995）一文中进一步指出，东南亚华人宗教信仰与不少当地主流宗教信仰有密切互动与融合的现象。就以信奉天主教为主的菲律宾为例，华人宗教与天主教传统之间有极密切的互动，耶稣、圣母玛丽亚之塑像与华人神明并列供奉在华人家庭厅堂的现象极为普遍。

赵树冈（2012）在《群互动的历史隐喻：菲律宾南吕宋岛的凯萨赛圣母》一文中，提及17世纪初，菲律宾吕宋岛南端，现今描东岸省的达社小镇渔民在一次偶然的机会，从海中捞获一尊木刻雕像。

西班牙堂区神父初见神像后当下就认定，这尊雕像是西班牙船只上的天主教圣者，为了平息风暴而被掷入海中。但华人迄今却一直将其视为"妈祖"。南吕宋几个华人聚集的"社"，于1975年建立天后宫，在供奉复制雕像以前，每年都向教堂借出神像轮流奉祀，有关神明的灵验事迹至今仍广为流传。这类信仰似乎呈现出族群或文化融合的表象，然而从历史与社会情境而言，这尊菲律宾天主教徒被称为凯萨赛圣母，或华人眼中的"妈祖"，实际上是不同族群透过对立诠释而操弄的符号。杂糅的外在仪式表现，反映当地华人在不同的历史场域，与近代文化认同危机中，借由神明创生神话及仪式庆典，建构我群的认同，而神明传说的不同文本则反映了当地族群互动的历史隐喻。

三

然而，长期以来东南亚华人研究的传统受限于冷战与国族主义框架的影响，研究途径大多聚焦于东南亚各国之华人移民史研究，较少跨越东南亚的区域范畴，也因此无法翔实捕捉华人从17世纪至今在亚洲东南至西南地区不同商港、殖民地、帝国与民族国家之间迁徙流动的实相。针对此问题，近年来学界分别从不同的角度，重新思考东南亚的华人社会与历史。

第一，若干新生代海外华人研究者，大力鼓吹纳入"印度洋""华南"等研究范畴，分别尝试还原南亚与东南亚及其与中国东南及西南地区之间的人、物与文化联结（Reid，1996；Tagliacozzo，2002）。

第二，也有若干学者推展以去中国为中心，视中国/东南亚为一整合性区域，以新加坡、雅加达等重要商埠为节点之新"南洋"研究视角。

第三，从大陆东南亚北部山区的角度来看，从缅甸北部到越南北部，也包括了中国边界上跨境的少数民族，向东以逃离王权控制为其社会主动选择的生存策略，进而形成了一个沿着边界的带状区域，即不需要国家统治的山区社群（Scott，2009）。

连瑞枝（2013）《水上王权：从越南的封神与女神信仰谈起》一

文，主要是想要透过 10 世纪到 14 世纪间越南政权形成时期的寺庙与神祠兴建的过程，来讨论当地政权如何建立其社会秩序与抗北意识。连瑞枝指出昔日研究者多以汉文化传播或是汉化的说法来从事越南历史研究，包括了文字、典章制度以及社会文化等。然而，从地方历史脉络来讨论这种文化"传播"论时，发现这种文化学习与实践，主要是社会形成过程中为了竞争与重新整合，甚至是为了制衡外来的侵略者等所采取的因应之策。总之，连瑞枝企图从皇帝透过各种地方神灵的发现、封赐以及地方仪式化及庙宇公共化过程，来讨论皇权的权威如何推展到乡邑社会，这也可以看出越南乡村之信仰与庙宇成为维系其政权、社会秩序、地方价值以及呈现其社会历史性的重要场域。

第四，随着全球化进程的深入，地方、国家与全球的联系更加密切，跨国现象逐渐增多，促使人们重新思考与相关的社会文化现象。在此背景下，跨国网络之研究应运而生，为侨乡与海外华人研究带来新的方向（段颖，2013）。总体而言，华人之跨国网络不仅是一种超越地域、跨越国界的社会现象，还是一种经济和文化相结合的实践行为（McKeown，2001）以及建构跨国之社会场域的动态过程（Schiller，Linda and Cristina，1992）。在海外华人与侨乡的联系与互动中，跨国网络的运作体现出华人的文化逻辑、认同表达与族群网络建构，同时影响着侨乡的社会发展、宗族传统以及地方文化之再造（陈志明、丁毓玲、王连茂，2006）（转引自段颖，2013：133—134）。

四

根据上述的研究脉络来看，重新检视"华人"的内涵以及重构充满动态的大陆与海洋双重性格的"东南亚"概念将成为重要的议题。

参考文献
1. 王赓武：《移民与兴起的中国》，八方文化创作室 2005 年版。
2. 王崧兴：《中国人：其中心与周边》，载徐正光主编《汉人与周边社会研究　王崧兴教授重要著作选译》，唐山出版社 2009 年版。

3. 李亦园:《一个移殖的市镇　马来亚华人市镇生活的调查研究》,"中央研究院"民族学研究所 1970 年版。

4.《从民间文化看文化中国》,《考古人类学刊》1993 年第 49 期。

5. 刘宏、黄坚立主编:《海外华人研究的大视野与新方向》,八方文化创作室 2002 年版。

6. 凌纯声:《中国与东南亚之崖葬文化》,《"中央研究院"历史语言所集刊》1952 年第二十三本。

7.《美国东南与中国华东的丘墩文化》,《"中央研究院"民族所专刊》1968年之十五。

8.《中国远古与太平印度两洋的帆筏戈船方舟和楼船的研究》,《"中央研究院"民族所专刊》1970 年之十六。

9. 陈达:《南洋华侨与闽粤社会》,民国丛书第二编,上海书店 (商务印书馆 1938 年版影印) 1938 年版。

10. 陈志明:《华裔和族群关系的研究:从若干族群关系的经济理论谈起》,《"中央研究院"民族所集刊》1990 年第 69 期。

11. 徐正光主编:《汉人与周边社会研究　王崧兴教授重要著作选译》,唐山出版社 2001 年版。

12. 段颖:《跨国网络、公益传统与侨乡社会——以梅州松口德村为例》,《中山大学学报》2013 年第 4 期。

13. 黄应贵、叶春荣主编:《从周边看汉人的社会与文化》,"中央研究院"民族学研究所 1997 年版。

14. 赵树冈:《族群互动的历史隐喻:菲律宾南吕末岛的凯萨赛圣母》,《开放时代》2012 年。

15. Scott, James C. , *The Art of Not Being Governed: An Anarchist History of Upland Southeast Asia*, Yale U. Press, 2009.

16. Curtin, Philip D. , *Cross-Cultural Trade in World History*, London: Cambridge U. Press, 1984.

17. Freedman, Maurice, *Chinese Family and Marriage in Singapore*, London: Her Majesty's Stationery Office, 1957.

18. De Groot:《婆罗洲华人公司制度》,袁冰凌译,"中央研究院"近代史研究所 1996 年版。

19. Reid, Anthony (ed.), *Sojourners and Settlers: Histories of Southeast Asia and the Chinese. Asian Studies Association of Australia in Southeast Asia Publication Series*,

Austrlia：Allen & Unwin Pty Ltd. ，1996.

20. Tagliacozzo，Eric，*Trade*，*Production*，*and Incorporation*：*The Indian Ocean in Flux*，*1600 – 1900. European Journal of Overseas History*，Leiden U. Press，2002，pp. 75 – 106.

21. Tu Wei-ming（ed. ），*The Living Tree*：*The Changing Meaning of Being Chinese Today*，Stanford：Stanford U. Press，1991.

22. TAN Chee Beng（陈志明），*The Study of Chinese Religions in Southeast Asia*：*Some Views*，in Leo Suryadinata ed. ，Southeast Asian Chinese：The Socio-Cultural Dimension，pp. 139 – 165 . Singapore：Times Academic Press，1995.

为什么是"少数民族华侨华人"?[*]

张振江[**]

2014年4月4—5日，澳大利亚国立大学亚洲太平洋研究院（Research School of Asia and the Pacific at the Australia National University）和中国暨南大学国际关系学院/华侨华人研究院联合举办了"中国海外非汉族裔侨民群体"（Non-Han Chinese Diasporic Communities beyond China）的国际学术研讨会。来自澳大利亚、德国、马来西亚、美国、日本、新西兰以及中国等近20名学者参加了会议。会议地点在澳大利亚国立大学澳大利亚世界之中国研究中心（Australia Centre on China in the World）大楼。会议分为海外维吾尔人（the Uyghurs overseas）、伊斯兰群体及其外部联系（Islamic communities and their external relations）、欧亚大陆的联系（Connections across mainland Eurasia）、藏族人及其外部联系（Tibetans and their external relations）、朝鲜和蒙古人（Koreans and Mongols）以及东南亚关联（Southeast Asian connections）6个分组，会议论文和研讨涉及了朝鲜族、蒙古族、回族、维吾尔族、藏族、苗族、壮族等，基本涵盖了主要的中国非汉族少数民族海外侨民群体。可谓是国际学术界对中国少数民族海外侨民的首次

本文已经以中英文版本发表在澳大利亚国立大学南方华裔研究中心的《南方华裔研究杂志》：张振江：《为什么是"少数民族华侨华人"?》，*Chinese Southern Diaspora Studies*, Volume Seven, 2014 – 2015（《南方华裔研究杂志》第七卷，2014—2015年），第10—14页（英文版：*Why do we refer to "Chinese Ethnic Minorities Overseas"?* pp. 3 – 9.），详见 https：// chl – old. anu. edu. au/sites/csds/csds_ toc2014 – 2015. php。

[**] 张振江，暨南大学国际关系学院/华侨华人研究院教授、院长，教育部重点研究基地主任。

系统研讨，具有一定的拓荒意义。①

在主办方的精心安排下，两天的会议进行顺利，研讨热烈，取得了很好的效果。各位学者均认识到会议主题的新颖和重要意义，甚至呼吁有必要在今后继续召开系列会议。但像任何学术研讨一样，与会者有共识也有分歧和争论，诸如这些侨民群体与中国的关系、他们的身份认同、他们之间的共性等，特别是对会议主题的名称，以及对会议最终成果出版采用什么样的书名等都存有很大的争议。有人指出"非汉族裔侨民群体"有排他性，有人质疑能否用一个主题涵盖那么多不同族裔侨民群体等。

笔者以为，可以用"少数民族华侨华人"对此次会议的主题进行涵盖。特别需要强调的是，这一称谓更多的是在中国和中文的背景之下。印象很深的是，会议交流中，里德（Anthony Reid）教授提醒笔者在中国有不少诸如"民族××"的提法（诸如"民族饭店""民族人""民族学校"等），其中的"民族"仅指"少数民族"，似乎汉族就不是一个民族，这无疑是一种汉族大民族主义的表现。他的质询对笔者不乏醍醐灌顶，但笔者也提醒鉴于中国民族构成的历史和现实，"少数民族"的提法似乎更是一种约定俗成的语言习惯。当然，无论是从"政治正确"还是"文化正确"来讲，最恰当的自然应当分别是"汉族""蒙古族""回族""维吾尔族""藏族""苗族"等具体的称谓。但再一次鉴于中国民族构成的历史和现实、会议主题以及出版的需要，笔者仍认为至少中文的"少数民族华侨华人"是一种最不坏的提法。② 原因如下：

第一，"少数民族华侨华人"早已经是一个出现在学术界的概念。根据李安山的研究③，中国国内学者最早涉及相关研究的是《华侨历

① 张振江：《"中国海外非汉族裔侨民群体"学术会议综述》，《华人研究国际学报》2014 年第 6 卷第 2 期。

② 需要强调的是，笔者认为"少数民族华侨华人"更适合中国民族构成历史与现状，符合中文的语境和习惯，但相对应的英文"Overseas Chinese Ethnic Minorities"未必最为合适，倒是会议主题的"Non-Han Chinese Diasporic Communities"更易让使用英文的学者理解和接受。

③ 李安山：《少数民族华侨华人：迁移特点、辨识标准及人数统计》，《华侨华人历史研究》2003 年第 3 期；李安山：《中国少数民族华侨华人：一项研究报告》，2003 年 8 月，中国日报网（http://www.chinadaily.com.cn/gb/doc/2003-08/15/content_255090.htm）。

史》（后改名《华侨华人历史研究》）在 1986 年刊登的两篇关于维吾尔族移民的文章，尽管两位作者分别使用的是"各族华侨"和"维吾尔族华侨"，但当属国内这一话题的最早倡导者。① 1989 年，向大有先生著文研究移居越南的少数民族华人问题，称越南政府和学者"只将移民越南的汉人算作华侨华人"是不妥的，呼吁华人"应是中华民族中各个民族成分共享有的总称"。他还据此统计出越南的华侨华人应是 235 万，包括迁自广西的壮族（岱族和侬族）、瑶族和苗族等少数民族约 130 万。② 之后，他又连续发表两篇研究文章，明确使用了"少数民族华侨华人"的概念。在第一篇文章中，他提出"由于历史的原因，中国人移民国外，不仅有作为主体的汉族移民，而且有大量的少数民族移民，这就从历史到现状，构成了少数民族华侨华人群体，并成为海外华侨华人社会的一个重要组成部分"。根据他的估算，海外的少数民族华侨华人有 310 余万，包括居住在 29 个国家和地区的 25 个中国少数民族的华侨华人。③ 在第二篇文章中，他进一步认定那些在国外定居但仍保留中国国籍的少数民族是华侨，可在其民族名称后加上"华侨"，如"维吾尔族华侨""壮族华侨"等；而对已从所在国取得国籍者，可在其民族名称后加上"华人"，如"哈萨克族华人""回族华人"等。④

在他之后，其他学者开始使用和发展"少数民族华侨华人"的概念。谭天星指出中国少数民族人口境外迁移包括两部分：中国跨境（界）民族和少数民族华侨华人，后者在内涵上更丰富和广泛，包括具有同一民族性而散居于不同国家的人，如散居在欧洲、美洲和亚洲

---

① 黄力平：《浅述中国先民经由新疆移居中亚、西亚的开始》，《华侨历史》1986 年第 3 期；王庆丰：《维吾尔华侨移居西亚地区史探》，《华侨历史》1986 年第 3 期。两篇文章均被收入梁初鸿、郑民编《华侨华人史研究集》，海洋出版社 1989 年版。王文标题略有改动。

② 向大有：《试析广西迁徙越南的少数民族华人》，《八桂侨史》1989 年第 1 期。

③ 向大有：《试论少数民族华侨华人问题——现状与历史的分析》，《八桂侨史》1993 年第 3 期。

④ 向大有：《试论少数民族华侨华人问题——不容否认和忽视的领域》，《八桂侨史》1993 年第 4 期。

的瑶族等。① 在此之后，越来越多的学者开始研究各个少数民族的华侨华人。② 赵合曼专门出版了《少数民族华侨华人研究》的专著③，李安山教授更是对"少数民族华侨华人"概念的由来、内容、人数统计以及演变等进行了系统梳理和总结，可谓这一研究的集大成者。④

实际上，在中国大陆学术界，很多学者已经接受了少数民族华侨华人的概念，诸如庄国土在统计中国的华侨华人时，其包括"中亚国家约有60万少数民族华侨华人"和"中东维吾尔华侨华人有20万，哈萨克族华侨华人2.5万，回族华侨华人2万，汉族华侨华人15万。"⑤ 在统计土耳其的华侨华人时，《华侨华人百科全书》载"据统计，2000年土耳其约有华侨华人8万人。其中，维吾尔族5万人，哈萨克族2.5万人，尚有少量的乌孜别克、柯尔克孜、塔塔尔和汉族。"⑥ 中国学者的努力也引起了国际学术界的注意，澳大利亚再一次走到了前面，澳大南方华裔研究中心在2001年9月26—28日主办

① 谭天星：《现代中国少数民族人口境外迁移初探：以新疆、云南为例》，《华侨华人历史研究》1995年第2期。此文后被提交世界海外华人研究学会研讨会，并以同一标题被收入论文集。参见 Elizabeth Sinn, ed., *The Last Half Century of Chinese Overseas*, Hong Kong University Press, 1998, pp. 447–461。

② 这方面的研究很多，且涉及不同学科。其中直接涉及"少数民族华侨华人"的有丁宏：《少数民族海外华人研究的思考——兼谈东干人的"文化中介"意义》，《广西民族学院学报》（哲学社会科学版）2006年第2期；梁莉莉：《宁夏回族华侨华人社会与现状初探》，《回族研究》2012年第2期；王庆丰：《麦加朝觐与维吾尔族华侨的形成》，《华侨华人历史研究》1990年第4期；刘宏宇、王静、张全生：《吉尔吉斯斯坦维吾尔华人华侨社会探究》，《新疆师范大学学报》（哲学社会科学版）2012年第2期；石沧金、于琳琳：《少数民族华侨华人对我国构建"和谐边疆"的影响及对策分析》，《甘肃社会科学》2010年第1期；黄文波：《少数民族华侨华人与跨界民族区别刍议》，《广西民族研究》2011年第2期；王静：《面向吉尔吉斯斯坦实施文化"走出去"战略研究——以新疆籍少数民族华人华侨为例》，《新疆职业大学学报》2013年第2期；等等。

③ 赵合曼：《少数民族华侨华人研究》，中国华侨出版社2004年版；赵合曼：《少数民族华侨华人研究中的若干问题》，《华侨华人历史研究》2004年第3期；赵合曼：《试论海外少数民族华人的若干特点》，《南洋问题研究》2004年第1期。

④ 李安山：《少数民族华侨华人：迁移特点、辨识标准及人数统计》，《华侨华人历史研究》2003年第3期；李安山：《中国少数民族华侨华人：一项研究报告》，2003年8月，中国日报网（http://www.chinadaily.com.cn/gb/doc/2003–08/15/content_255090.htm）。

⑤ 庄国土：《华侨华人分布状况和发展趋势》，《研究与探讨》2010年第4期。

⑥ 《土耳其华侨华人概述 普遍认为新疆是故乡》，2011年2月，中国新闻网（http://www.chinanews.com/zgqj/2011/02–12/2839027.shtml）。

了题为"华人移民社群的移民身份与少数民族"（Migrating Identities and Ethnic Minorities in Chinese Diaspora），其中有学者对"少数民族华侨华人"有所涉及。[①] 慢慢地，国际学术界也开始有人注意到这一话题并使用"少数民族华侨华人"（Overseas Chinese Ethnic Minorities）的概念。[②]

第二，近年来，越来越多的少数民族海外侨民开始有意识地突出和注重自身与中国链接的新现象值得注意。笔者曾经在沙特阿拉伯、土耳其、德国、美国、澳大利亚等地接触到一些从新疆移居海外的华侨华人，其中包括很多维吾尔族、哈萨克族、俄罗斯族侨民，在日常交流和访谈中，发现他们对故乡中国显示出越来越多的关注。诸如笔者在德国慕尼黑一家新疆餐厅交流时，从新疆移民来到德国的维吾尔族老板一直强调他是中国人。在会议上，一位从事中国藏族侨民研究的美国学者，也谈到了在访谈中发现藏族小商人刻意突出自己的中国性。究其原因，笔者认为是中华民族共同体意识在强化，特别是随着中国在国际社会的影响越来越大，突出自己的中国性不但可以给这些侨民带来一定的身份认同甚至是自豪感，同时更能够带来实际的利益。随着中国的经济发展，突出自己与中国的关联无疑可以带来较多的机会。诸如笔者上面提到的那家慕尼黑新疆餐厅，到那里吃饭的顾客当中有一半以上都是中国人，而这些中国人当中的大部分是汉族而不是维吾尔族，经过询问，很多顾客表示来此就餐的原因在于这是中国餐饮的新疆口味，是北方的面食。也就是说，无论对顾客还是对饭

---

① 李安山：《"华人移民社群的移民身份与少数民族"研讨会综述》，《华侨华人历史研究》2001 年第 4 期。在会上，李安山用英文发表了专文，Li Anshan, "A Survey of the Studies on Ethnic minorities Huanqiao-Huaren in the People's Republic of China（1980 – 2000）", Shen Yuanfang & Penny Edwards, eds. , *Beyond China*：*Migrating Identities*，*Centre for the Study of the Chinese Southern Diaspora*, Division of Pacific and Asian History, RSPAS, The Australian National University, 2002, pp. 90 – 106. Pal Nyiri 和 Joana Breidenbach 编的 *China Inside Out*：*Contemporary Chinese Nationalism and Transnationalism*（Central European University Press, 2005）一书中对李安山的上文也有所介绍。

② ElenaBarabantseva, "Who are 'Overseas Chinese Ethnic Minorities'? China's Search for Transnational Ethnic Unity", *Modern China*, 38（1）, 2012, pp. 78 – 109；Elena Barabantseva, *Overseas Chinese*，*Ethnic Minorities and Nationalism*：*De-Centering China*, Routledge, 2010.

店老板，在此连接双方的是中国而不是维吾尔族或汉族。在美国，笔者和一些从新疆移民来美的维吾尔族侨民高端人才（高校教师、大型跨国医药公司的工程师等）用英文交流（他们的汉语不是很好，而我的维吾尔语也不能自如交流），他们也反复说明自己是"Chinese"。① 当然，这里的利益动机，除了正面的诉求，也可能有负面的考虑。譬如可以设想，假如他们主动表明反对中国或者疏离中国，那么就有可能会给他们带来一些负面的影响，诸如失去顾客、在返乡或者与国内家人亲戚的联系方面遭遇困难等。

但无论其动机如何，越来越多少数民族侨民注重与中国连接的现象，非常值得学者们进行研究。实际上，也正是针对这种现象，更鉴于海外华人主流传统研究绝大多数都是针对汉族中国人、而不是非汉族的其他（相对于汉族的少数）族裔中国人的现状，此次工作语言为英文的学术会议才确定了"Non-Han Chinese Diasporic Communities"的主题。

第三，中国政府对"少数民族华侨华人"也越来越重视。主管华侨事务的国务院侨务办公室以及相关省市自治区的外事侨务部门，一般并不对海外华人进行刻意的民族区分。但是，很多年前他们就开始注意并对少数民族华侨华人进行了专门研究。前面提到最早对"少数民族华侨华人"进行研究和呼吁的向大有、谭天星两位学者都曾在省级和中央政府侨务部门任职。② 过去十多年来，在中国最高级别的全国哲学社会科学规划领导小组发布的国家社科基金项目指南中，也可以发现相关的课题建议，诸如2013年出版的一本关于新疆籍华侨华人的书，就是2009年国家社科基金项目的研究成果。③

相关少数民族聚居的自治区各级政府，也都在通过各种措施支持

---

① 在笔者看来，英文"Chinese"的中文翻译至少有"中国人""华人"和"汉族人"的意思，笔者的理解是受访者这里所说的"Chinese"多指"中国人"或"从中国来的人"。但很多没有中文背景的英语母语者在使用"Chinese"时，大概只指"汉族中国人"，笔者想这也是引起与会者争议的一个原因，因为会议语言是英文。

② 向大有曾任广西壮族自治区侨务办公室主任，谭天星目前担任国务院侨办副主任。

③ 李德华：《移居国外的新疆人》，新疆人民出版社2013年版。

相关少数民族华侨华人，并鼓励和加强对他们进行研究。诸如新疆维吾尔自治区人民政府外事（侨务）办公室专门设有"爱疆奖学金"，用以资助包括埃及、土耳其等国家品学兼优的新疆籍留学生，其中很大部分都是少数民族学生。① 新疆维吾尔自治区华侨华人历史研究所2014年招聘专门从事"新疆籍华侨华人历史研究"的工作人员，其中对维吾尔族、哈萨克族、蒙古族、柯尔克孜族、锡伯族、塔吉克族、达斡尔族、乌孜别克族、塔塔尔族、俄罗斯族的应聘人员还有特殊的优惠考虑。② 显然是在鼓励本身是少数民族的研究人员对本民族或其他少数民族华侨华人进行研究。

中国政府的努力不难理解，像很多发展中国家一样，中国也在经历着现代国家建构（state-building），而国家建构中最为重要的一个内容则是民族建构（nation-building）。③ 伴随着中国在国际社会中影响的持续增加，随着中国人越来越多地走向世界并逐渐接触不同的民族，"中国人"到底意味着什么的问题会是未来中国政府和中国民众面临的一个紧迫挑战。近年来国内已经出现了关于民族政策的大讨论。④ 在笔者看来，淡化族群差别、强化"国族建构"是一个不坏的选择，似乎也是很多国家已经经历过的历史阶段。⑤

① 中华人民共和国驻伊斯坦布尔总领馆：《关于申领2012年度新疆维吾尔自治区人民政府"爱疆奖学金"的通知》（http：//www.fmprc.gov.cn/ce/cgtur/chn/xwdt/t979440.htm）。

② 《新疆维吾尔自治区华侨华人历史研究所2014年度面向社会公开招聘事业单位工作人员公告》，2014年12月22日，中国公共招聘网（http：//www.cjob.gov.cn/sydw/8751.html？tableName=CB22）。

③ 这方面的研究汗牛充栋，最新的较好研究可以参考福山的作品。Francis Fukuyama, *Political Order and Political Decay: From the Industrial Revolution to the Globalization of Democracy*, Farrar, Straus and Giroux, 2014.

④ 马戎：《如何进一步思考我国现实中的民族问题——关于"第二代民族政策"的讨论》，《中央民族大学学报》（哲学社会科学版）2013年第4期；胡鞍钢、胡联合：《第二代民族政策：促进民族交融一体和繁荣一体》，《新疆师范大学学报》（哲学社会科学版）2011年第5期。

⑤ 从国际关系史角度而言，这里的"nation"最适合译为"国族"，"国族建构"就是将不同民族或族群整合成为一个现代国家公民的过程，但因为约定俗成的语言习惯，中文的"民族"概念，既包括基于血缘、语言、宗教、历史、文化上的"族群"，也含有现代国家国民认同的"国族"。

　　在很大程度上，学者的任务在于解释现象，而不是先入为主地根据自己的观念、立场和视角来判断和选择现象。在笔者看来，上述三种现象足以说明：无论是作为一种学术概念、还是对海外华人身份认同变化的观察、抑或中国的政府政策，"少数民族华侨华人"都已经成为一个显著的现象，很有必要值得学术界进行系统研究与探讨。

　　此次学术会议着实不易，会议主要召集人李塔娜教授几年前就曾对她所熟知的中国与东南亚相邻地区的跨境民族议题发起过一次会议倡议，但由于从事这方面的学者人数太少而回应寥寥。之后，我们商议并尝试将范围扩大至整个中国延边的跨境民族和海外侨民，才终于促成了此次会议。我们相信，如果能够将此次参会论文以某种形式结集出版，一定能够有助于学术界加强对这些问题的认识和进一步的研究。以上论述，均为一孔之见，希望得到同行的扶正。

东南亚地区闽南籍华人的
传统民间信仰[*]

石沧金^{**}

摘　要： 东南亚地区闽南籍华人的地域性民间信仰主要包括开漳圣王（祖先神）、广泽尊王（忠孝之神）、妈祖（海神）、保生大帝（医神）、清水祖师（医药慈善神）、张公圣君等（法主神）。它们在东南亚闽籍华人中都有比较广泛的分布。由于时代变迁及在地化的深入进展，无论是从神祇职能还是从信众成分来看，东南亚地区闽南籍华人的传统民间信仰都呈现泛化趋势。东南亚地区闽南籍华人的传统民间信仰，是构建21世纪海上丝绸之路的信仰资源、文化纽带、人脉基础。

关键词： 东南亚地区　闽南籍华人　传统民间信仰

　　闽南地区有很多富有特色的地域性民间信仰，闽南籍华侨将它们传播到了海外，尤其是南洋地区。根据在该地区的实地考察以及收集到的相关资料，本文对东南亚地区闽南籍华人的地域性民间信仰进行简要分析。

---

　　* 2015年教育部人文社会科学重点研究基地重大项目"海外华人社会中的中国传统宗教信仰研究：现状、影响及对策"（项目批准号：15JJD810011）；2014年国家社科基金重大项目"构建21世纪'海上丝绸之路'的社会与文化基础研究"子项目"东南亚社会文化中的中国印记"（项目批准号：14ZDB112）。
　　** 石沧金，1971年生，男，甘肃礼县人，博士，暨南大学国际关系学院/华侨华人研究院副研究员、硕士生导师。

一　祖先神——开漳圣王

开漳圣王信仰兼具开基祖灵与英雄崇拜双重属性，陈氏及开漳将士的后裔成为福建漳泉地区及广东潮汕地区的主要人口成分，并不断地向台、港、海南岛和南洋诸国播衍。开漳圣王祭祀信仰习俗盛行于闽南、潮汕和台湾地区[①]，并传至海外，尤其是东南亚地区。

在马来西亚，早期的槟榔屿和马六甲陈姓华人崇拜开漳圣王。在槟城陈氏宗祠中供奉开漳圣王，祠中立有戊寅年（1878）的"开漳圣王碑"[②]。在槟城著名的姓氏桥中，姓陈桥有"昭应殿"，奉祀开漳圣王。槟州大山脚陈氏宗祠，其中供奉开漳圣王。此外，在隆雪陈氏书院宗亲会以及吧生、槟城、马六甲、柔佛、沙捞越等地的陈氏宗亲会、陈氏宗祠、陈氏颍川堂等宗亲组织和祠堂中都奉祀先祖陈元光。

2012年3月，本文作者在印尼棉兰考察时，在当地陈氏颍川堂的神殿看到其中供奉开漳圣王，同时供奉舜帝、胡公满。在雅加达、三宝垄等地都有奉祀开漳圣王的寺庙。雅加达陈氏祖庙建于1757年，庙内供奉主神为陈元光。[③] 到该庙朝拜者多为来自闽南的陈姓华人后裔。三宝垄威惠宫又称陈氏家庙，1815年由陈元莠（又名陈长菁）倡建。主祀开漳王陈元光，中堂设有陈元光雕像，后面部分为陈氏宗祠，安置陈家神主牌。庙（祠）内存有清朝嘉庆庚午年（1809）"雷珍兰"仪仗木牌、清朝嘉庆辛未十六年（1811）"甲必丹"（Captain）仪仗木牌、"重修威惠庙连南山寺碑"[清朝同治二年（1863）]等文物。陈长菁是三宝垄当地富豪，拥有若干森林承包权、鸦片承包权和若干制糖厂，1809—1810年任雷珍兰，1811年任甲必丹，1829年任

[①] 汤毓贤：《两岸共仰漳台圣宗——台湾的开漳圣王信仰》，福建教育出版社2012年版，第4页。

[②] 陈铁凡、傅吾康合编：《马来西亚华文铭刻汇编》（第二卷下册），新加坡南洋学会、巴黎法国远东学院、巴黎群岛学会1997年版，第884—885页。

[③] 傅吾康主编，苏尔梦、萧国健合编：《印度尼西亚华文铭刻汇编》（第二卷上册），第38页。

荣誉妈腰。①

在新加坡,清朝光绪四年(1878),以陈金钟和陈明水为首的福建陈氏华侨在麦根新路建造保赤宫,奉祀开漳圣王。

目前,在政府及民间力量的推动下,开漳圣王信仰文化圈的联系日益加强。2006年10月,首届开漳圣王文化联谊大会在新加坡召开。大会由新加坡保赤宫主办,来自中国漳州云霄、河南固始、台湾宜兰和嘉义,以及印尼、马来西亚、泰国、缅甸、韩国、柬埔寨等地的开漳圣王庙宇代表和陈氏宗亲嘉宾共1000多人出席了这次会议。2012年6月,第四届开漳圣王文化联谊大会在马来西亚槟城召开。来自中国大陆及台港地区、泰国、新加坡、印尼、柬埔寨、缅甸等地的开漳圣王宫庙负责人和有关专家学者共1400多人参加了大会。大会举办了花车游行踩街活动,花车、高跷、舞龙舞狮队伍长达3000米,游行路线全长13千米,引来槟城当地民众争相观看。

二　忠孝之神——广泽尊王

福建最常见、最重要的另一位神祇是郭圣王,南宋高宗皇帝时朝廷敕封其"广泽尊王",郭圣王也被称为"圣王公""保安尊王"等。

在安溪、南安两地籍贯华人较多的新加坡、马来西亚,建有很多的广泽尊王庙。本文作者在马来西亚考察时,曾见到很多的供奉广泽尊王为主神的庙宇,如吉隆坡增江北区三间庙凤山寺(广泽尊王庙)、增江南区龙山宫凤山寺(甲洞福建会馆旁边)、甲洞美都柏迈九间庙中的广泽尊王庙、雪兰莪加影的镇方寺(供奉广泽尊王、法主公等)、沙捞越古晋凤山寺、马六甲广福宫、槟城天有宫、沙捞越古晋广泽尊王庙、沙巴山打根广泽尊王庙(主殿中间供奉广泽尊王、左边供奉注生娘娘、文昌帝君,右边供奉关圣、魁星)、沙巴亚庇碧南堂(主殿中间供奉广泽尊王、左边供奉观音、右边供奉关圣,庙中也

---

① 傅吾康主编,苏尔梦、萧国健合编:《印度尼西亚华文铭刻汇编》(第二卷上册),第356—362页;沈立新主编:《华侨华人百科全书·社区民俗卷》,中国华侨出版社2000年版,第333页。

供奉保生大帝），等等。

位于雪兰莪双文丹的福灵宫，始建于 1869 年，曾多次重修。该庙为仿中国古代建筑，古色古香。该宫主祀广泽尊王，配祀观音、圣王、关帝等。每年酬神两次，即农历二月廿二日和八月廿二日。1897年双文丹福建会馆成立后，由该会馆管辖福灵宫。1958 年，该宫获准成为马来西亚佛教总会团体会员。① 雪兰莪州的巴西不南邦大约在光绪己丑年（1889）或更早建立了凤山寺。在同州的乌鲁冷岳，那里的凤山寺建立时间很晚，大约在 1961 年创建。

在槟城，位于青草巷的凤山寺是由南安、永春、安溪三地的华侨大约于 1805 年创建。槟城日落洞清龙宫于 1886 年创建，俗称大帝爷庵，主祀保生大帝，陪祀神农大帝、清水祖师。② 在霹雳安顺，早期南来的闽南籍华人于 1845 年就开始在简陋神龛中供奉观音和广泽尊王，它成为 1883 年正式建成的福顺宫的前身。在霹雳太平，当地华侨大约在 1885 年创建了凤山寺。在玻璃市州加央，大约在光绪乙未年（1895）或更早创建的保安宫，奉祀主神为广泽尊王。在登嘉楼的瓜拉登嘉楼，当地的凤山寺建立时间较晚，可能在 1926 年或更早时间。

在东马地区，纳闽联邦直辖区建有威镇庙，也称广泽尊王庙，光绪癸巳年（1893）或更早时创建。庙中有光绪二十一年（1895）制作的"敕封广泽尊王二十八宿灵签"，每签各附解诗。③ 沙捞越古晋凤山寺又名圣王庙，庙中有善信于清朝同治癸酉年（1873）敬撰的楹联。④ 广泽尊王庙在沙捞越民都鲁天恩寺福德祠所供奉的诸神中，也包括广泽尊王。

此外，马来西亚各地的南安会馆中也会供奉广泽尊王，如柔佛州

---

① 沈立新主编：《华侨华人百科全书·社区民俗卷》，中国华侨出版社 2000 年版，第358 页。

② 陈剑虹：《槟榔屿华人史图录》，出版社不详，2007 年，第 214 页。

③ 陈铁凡、傅吾康合编：《马来西亚华文铭刻汇编》（第三卷），新加坡南洋学会、巴黎法国远东学院、巴黎群岛学会 1997 年版，第 1206—1211 页。

④ 同上书，第 1282 页。

麻属南安会馆,其会馆顶楼附设凤山寺,供奉广泽尊王及圣妈娘娘。而在柔佛州南安东房张氏公会,其附设的宝龙宫(1986 年农历十二月十一日开光),供奉广泽尊王、武德尊侯、张公圣君。①

在新加坡,南安华侨于清道光十六年(1836)由梁壬癸发起创建的凤山寺②,源于福建南安同名古刹,同样供奉广泽尊王。清朝光绪三十四年(1908),该寺迁往摩哈末苏丹路(俗称后芭窑)重建,建筑材料全部来自中国。1909 年在寺内创办南明学校,1930 年因经费困难而停办。1971 年该寺附属于新加坡南安会馆。该寺在新加坡有大小 8 处分炉,前往祀拜者不限于南安人。此外,芋莱园圣王庙(天运乙酉年即 1885 年建成)、威镇庙、四脚亭威镇庙、红光桥凤山寺、爱佛村凤山圣尊坛也都供奉广泽尊王。

在印尼,广泽尊王信仰在华侨华人中也有广泛传播。南苏门答腊巨港有一座凤山寺,供奉广泽尊王。该寺中有一根木柱。上刻:"大清咸丰乙卯年(1855)吉,休恩弟子谢顺禄酬。"③ 这表明该寺创建历史不会晚于这一年。北苏门答腊丹戎浮拉的凤田宫,又称广泽尊王庙,也奉祀广泽尊王。该宫可能建于清光绪二十年(1894)。④ 在苏岛的棉兰,建有镇莲寺,主要奉祀广泽尊王和玉皇大帝。中爪哇帕拉坎(华人又译八廖汉)福德堂相传建于 1844 年,乐捐者大部分来自福建漳州府,主祀福德正神,配祀广泽尊王。堂内存有志明"咸丰二年"(1852)的神案。⑤ 中爪哇拉森广泽尊王庙主祀郭圣王,又称凤

---

① 编委会:《马来西亚南安社团联合会、马来西亚南安社团联合会青年团、马来西亚南安社团联合会妇女组会讯》,马来西亚南安社团联合会青年团 2005 年版,第 116 页。

② 《新嘉坡重修凤山寺序》云:"原夫广泽尊王之于中国也……则非特千秋颂神明,亦万古称孝子也。而新嘉坡,我建人(即'福建人',下同)尤思之深,慕之切。道光丙申(即 1836 年)梁君壬癸,爰募众商,营立寺室,塑绘像形,仍名曰凤山寺,不忘本也。"参见陈荆和、陈育崧编著《新加坡华文碑铭集录》,香港中文大学出版部 1970 年版,第 102 页。

③ 傅吾康主编,苏尔梦、萧国健合编:《印度尼西亚华文铭刻汇编》(第 1 册),新加坡南洋学会 1988 年版,第 451 页。

④ 同上书,第 282 页。

⑤ 沈立新主编:《华侨华人百科全书·社区民俗卷》,中国华侨出版社 2000 年版,第 307 页。

山寺，该庙虽然创建年代不详，但是庙内最早铭刻"广泽尊王匾"志明光绪乙未年（1895），表明该庙历史也颇悠久。泗水凤德轩创建年代不详，但在1899年重建。由甲必丹陈耀宗、戴王末、韩学文、建源栈、燕源等276名侨领、公司和华裔乐捐重建。主祀广泽尊王，配祀福德正神、文昌。曾在轩内演出布袋戏。[①] 泗水广泽尊王庙又称凤山古地，约建于1919年，主祀广泽尊王。梭罗保安宫相传由曾公木等人创建于1818年，主祀郭圣王，配祀福德正神、伽蓝和哪吒。坐落于南加里曼丹马辰的保安宫，又称马辰凤山寺或马辰广泽尊王庙，前身为大约创建于19世纪的圣王宫。后因失火于1925年重建，并改为今名。主祀广泽尊王，配祀福德正神和观音菩萨。棉兰镇莲寺、巴眼亚比镇海宫等也奉祀广泽尊王。东爪哇勿里达保安宫创建于1885年，主祀郭圣王。该宫以演出布袋戏为其传统，至20世纪80年代仍未间断。庙内存有"建立保安宫碑"[清朝光绪十一年（1885）]等文物。中爪哇朱瓦纳港口的慈泽庙大约创建于1870年，庙内最早的铭刻日期为清光绪元年（1875），主祀观世音菩萨，配祀广泽尊王、郭圣王和玄天上帝等。庙内保存有1875年的"广泽尊王"匾。万隆协天宫中除供奉主神关帝外，陪祀广泽尊王。日惹的福灵庙和镇灵宫都配祀有广泽尊王。中爪哇文池兰福安宫中也奉祀郭圣王。

在菲律宾，当地华侨华人中闽南籍者占大多数，广泽尊王信仰也很有影响。加牙鄢省亚巴里社（Aparri Cagayan）有一座历史悠久的威明宫，约建于19世纪末，也供奉广泽尊王，香火旺盛。菲律宾著名的大千寺主神即为广泽尊王，该寺也称"大千寺广泽尊王庙"。菲律宾各地主祀或附祀广泽尊王的庙宇还有三宝颜凤山寺、荷彬际市凤山寺、吗拉汶凤山寺、马尼拉凤山寺、纳卯市凤山寺、邦邦牙省仙彬兰洛社凤山寺、邦省三度大千寺、怡朗通淮庙、巴西天灵古志殿包王府等。[②]

---

① 傅吾康主编，苏尔梦、萧国健合编：《印度尼西亚华文铭刻汇编》（第二卷下册），第704—708页。

② 张禹东、刘素民等：《宗教与社会——华侨华人宗教、民间信仰与区域宗教文化》，社会科学文献出版社2008年版，第97页。

泰国华侨华人中也有广泽尊王信仰的传播。泰国洛坤府北浪县有一座奉祀广泽尊王的"广灵庙"。该庙建于1956年（佛历2499年），庙中供奉主神广泽尊王，配祀本头公、天后。①

越南同奈边和市凤山寺、胡志明市凤山寺，文莱斯里巴加湾市圣后宫、腾云殿，美国圣地亚哥广泽尊王殿、洛杉矶广泽尊王殿也都供奉广泽尊王。缅甸、荷兰、加拿大等国也建有供奉广泽尊王的庙宇。据载，海外各地的凤山寺多达300多座。②

文莱腾云寺（殿）的主神是广泽尊王，同时也奉祀保生大帝、玄天上帝等。

三　海神——妈祖

在海外华人社会中，天后信仰普遍流行。在马来西亚，各方言群的华人都信仰天后。据估计，散布全马各地的天后宫，不论是独立注册的还是附设于社团中的，大约有150家。③

位于吉兰丹州哥打巴鲁的镇兴宫，供奉主神为妈祖。据传，清雍正五年（1727），福建漳州六甲乡华侨林伯显在居住的哥打巴鲁县的赤脚督公村修建简陋的小庙，供奉从故乡带来的天上圣母金身。此即今圣春宫的前身。④ 后为了烧香祭拜方便，1790年便在吉兰丹河下游（当地华人称为"下坡"或"唐人坡"）另建庙宇，并依照圣春宫妈祖像，另造金身奉祀，此即最早的镇兴宫。该宫每年的重要宗教活动包括：农历除夕夜的插头香活动；农历正月初九的拜天公；农历正月十四日晚至十五日晚，居民的拜祭及还愿，妈祖出巡游行；三月廿三日妈祖圣诞；农历七月二十八日至二十九日晚，举行盂兰盛会。此

①　段立生：《泰国的中式寺庙》，泰国曼谷大同出版有限公司1996年版，第184—185页。

②　安溪县金谷镇、太王陵旅游区管理处：《文明古镇多胜迹》，2002年。转引自李天锡《华侨华人民间信仰研究》，中国文联出版社2004年版，第121页。

③　李雄之：《代序·新的一块里程碑》，载苏庆华、刘崇汉主编《马来西亚天后宫大观》（第一辑），雪隆海南会馆（天后宫）、妈祖文化研究中心2007年版，第4页。

④　林嘉运：《吉兰丹州赤脚圣春宫》，载苏庆华、刘崇汉主编《马来西亚天后宫大观》（第二辑），雪隆海南会馆（天后宫）、妈祖文化研究中心2008年版，第16—27页。

外，每逢农历"寅""午""戌"年，均举行"王醮"等。①

在东南亚地区，规模最大、声誉最隆的妈祖庙是新加坡天福宫，主祀妈祖，附祀观音、关帝与保生大帝。天福宫始建于1821年，经过20年的时间，于1842年建成。华侨还于1840年4月从福建莆田湄洲运去妈祖神像，并举行过一次空前热闹的迎神赛会。

在印尼，首都雅加达是印尼妈祖信仰的发祥地。早在1650年，闽籍侨领郭桥兄弟创建一座观音亭（后改名金德院）奉祀观音和妈祖。雅加达天后宫约创建于1751年，供奉天后圣母，曾多次修缮，后改称"女海神庙"。到19世纪后，天后宫几乎遍及印尼各埠。它们包括万隆协天宫、三宝垄市妈祖宫、南旺慈惠宫、茉莉芬市慈荣宫、拉森慈安宫、泗水福安宫、棉兰天后宫、寥内群岛丹戎槟榔天后圣母庙、锡江天后宫、苏拉威西岛俄伦打洛埠天后宫、山口洋天后宫、邦戛天后宫及喃吧哇天后宫等。三宝垄市妈祖宫又名林氏西河宫，1881年由漳州龙溪县华侨林纵然、林金宁创建。② 东爪哇茉莉芬惠荣宫于1887年开始兴建，1896年竣工。主祀天后，配祀陈元光、广泽尊王、清水祖师、哪吒等，后堂奉祀观音菩萨。③ 泗水福安宫又名天上圣母庙，是当地历史最悠久的寺庙，18世纪末已经存在。庙中有清朝道光十二年（1832）"后德同天"匾。④ 中爪哇南旺慈惠宫于清朝道光二十一年（1841）由甲必丹林国泰、郭德宗和黄开三（福建漳州平和人）等人创建。相传工匠均聘自中国。主祀天后圣母，配祀郭圣王、福德正神、中坛元帅、广泽尊王和陈黄二公。每隔10年举行天后大巡游，酬神游行队伍穿过城市各街道，热闹非凡。⑤ 东爪哇杜板

① 林嘉运：《吉兰丹州哥打巴鲁唐人坡镇兴宫》，载苏庆华、刘崇汉主编《马来西亚天后宫大观》（第二辑），雪隆海南会馆（天后宫）、妈祖文化研究中心2008年版，第38—49页。

② 傅吾康主编，苏尔梦、萧国健合编：《印度尼西亚华文铭刻汇编》（第二卷上册），第392页。

③ 同上书，第791—792页。

④ 同上书，第676—677页。

⑤ 傅吾康主编，苏尔梦、萧国健合编：《印度尼西亚华文铭刻汇编》（第二卷下册），新加坡南洋学会1997年版，第555—569页；沈立新主编：《华侨华人百科全书·社区民俗卷》，中国华侨出版社2000年版，第290页。

慈灵宫历史颇悠久，1850年大规模重修。该宫主祀天后。宫内保存的清道光庚戌年《修建慈灵宫乐捐碑》，其表明该处为闽籍华侨所建，发起人为甲必丹陈良村。① 谏义里慈惠宫的创建年代不详，宫内最早铭刻年代为1876年，中堂主祀天后，后堂奉祀观音菩萨，也奉祀伽蓝、关帝和清水祖师。直到19世纪70年代，宫内仍然演出布袋戏。② 从供奉清水祖师及演出布袋戏的情况来看，该宫应该由福建人创建。坐落于马都拉岛苏民纳保的善灵宫，相传创建于18世纪末，主祀天后，配祀广泽尊王和福德正神。苏拉威西省锡江（乌戎潘当，旧称望加锡、锡江、马加萨）天后宫是该市历史最悠久和最著名的华人庙宇，约创建于18世纪前半期。主祀天后圣母，配祀哪吒三太子、关圣帝君、玄天上帝、注生娘娘、观音菩萨和文昌帝君等。宫内存有志明嘉庆丁巳年（1797）的神案。③ 可惜1997年此宫在骚乱中被焚毁。锡江龙显宫由闽籍华侨创办于1864—1868年，主祀圣祖仙妈（即天后圣母、妈祖），故又称仙妈宫。宫内存有"神庥广被"匾，为清朝同治乙丑年（1865）文物。《龙显宫碑记》（1868）记述该宫创建经过及乐捐者芳名与捐助金额，共有65个公司及个人捐助2至1300荷盾不等，总计9000多荷盾，其中汤姓33人，其余为杨、陈、五、戴、李、黄、曾、何、许、林、廖、蔡、郭等姓氏。④ 东爪哇革儿昔天上圣母庙又名锦兴宫，创建时间虽不详，但可能至少有300年历史。⑤ 东爪哇绒网福隆宫主祀天后，副祀广泽尊王、关帝、观音、福德正神、老子和孔子等。18世纪末建立的东爪哇须文纳保善灵宫主祀天后，副祀广泽尊王等。东爪哇杜亚兰干慈德宫主祀天上圣母。

---

① 傅吾康主编，苏尔梦、萧国健合编：《印度尼西亚华文铭刻汇编》（第二卷下册），新加坡南洋学会1997年版，第861—862页。

② 同上书，第777页。

③ 傅吾康主编，苏尔梦、萧国健合编：《印度尼西亚华文铭刻汇编》（第三卷），新加坡南洋学会1997年版，第250—263页。

④ 傅吾康主编，苏尔梦、萧国健合编：《印度尼西亚华文铭刻汇编》（第三卷），新加坡南洋学会1997年版，第264—274页；沈立新主编：《华侨华人百科全书·社区民俗卷》，中国华侨出版社2000年版，第428页。

⑤ 傅吾康主编，苏尔梦、萧国健合编：《印度尼西亚华文铭刻汇编》（第二卷下册），新加坡南洋学会1997年版，第764页。

三马林达天仪宫主祀天上圣母。

在越南，清末民初时，堤岸闽籍华商创建的四家会馆三山、二府、温陵、霞漳都主祀天后。堤岸的穗城会馆、七府公业都主祀天后。坤甸三圣庙中供奉天后、大伯公、太子爷。

在泰国，华侨华人创建的天后宫分布在曼谷、洛坤、素叻等地。1864年，福建华侨在曼谷建成天后圣母庙，后改名新兴宫。1887年，潮州华侨在洛坤建成天后庙。1901年，海南华侨在素叻建成天后圣母庙。

在缅甸，丹老天后宫建于19世纪初。

在菲律宾，规模最大、香火最旺的是位于拉允隆省仙彬安洛社区中心的隆天宫，大约在1975年建造。该宫于1987年妈祖千年祭时组团赴湄洲祖庙谒祖朝拜，并分灵新的妈祖神像回去供奉。马尼拉福海宫为独立的妈祖庙。

四　医神——保生大帝

保生大帝信仰由福建移民带到东南亚。

在印尼，三宝垄华侨普遍把"保生大帝"称为"小三保"。1860年，玛腰陈宗淮特向中国定制"保生大帝"神像，并由专船运送三宝垄，供奉于大觉寺。① 爪哇其他地方也不乏奉祀保生大帝的华人寺庙。在苏岛的棉兰，当地有相距不远的两座真君庙，可能都在19世纪后期建立，其中一座由陆丰籍华人经管。②

在菲律宾，1948年，旅菲华侨敬奉从晋江市深沪镇南春村宝泉庵分出的保生大帝香火前往马尼拉创建庙宇，也名宝泉庵，并分炉于宿务岛。旅菲科任同乡会在会所中供奉保生大帝神像，并在农历三月十五日保生大帝诞辰时设簇庆祝，并举行"过运"仪式，设坛拈香。坐落于马尼拉市眠伦洛区的保安宫，主神保生大帝，由华侨张尧基等

① 吴文华：《东南亚华人和宗教》，《华侨华人历史研究》1988年第4期。
② 傅吾康主编，苏尔梦、萧国健合编：《印度尼西亚华文铭刻汇编》（第1册），第103页。

人于 1968 年自台湾台北市保安宫分香而来。保生大帝为医药之神，故该宫的主要活动之一为诊疗疾病，其殿堂有对联"妙医沉疴真，道法拯万人"。管委会成员有多人通晓中医药，以扶乩和抽签的方式为求医者开药方，并长年备有按秘方配制的各种中草贴药，供求医者免费索取。①

在新加坡，著名的天福宫除了奉祀主神天后外，同时也奉祀保生大帝等。当地金兰庙的主神是清水祖师，陪神有保生大帝、注生娘娘等。而孙真人庙的主神为保生大帝。

2011 年 11 月，笔者在马来西亚考察时，在笨珍拜访了吴公真仙庙，该庙主神为吴公真仙，即保生大帝，庙祝为福建诏安人。庙中还供奉法主公、福德正神等。在吉隆坡怡保路新兴府庙中，中间供奉吴大人，右边也供奉广泽尊王。在甲洞美都柏迈九间庙中的灵惠庙，供奉保生大帝。在槟城著名的旅游景点姓氏桥中，姓周桥有"青岩宫"，既奉祀神农大帝，也奉祀保生大帝，该庙创建于 1888 年或更早。② 姓李桥有"朝元宫"，奉祀保生大帝。槟城另有一座清龙宫保生大帝庙，创建于 1886 年。在马六甲，保安宫历史相当悠久。宫中有清朝道光二十一年（1841）刻制的"小吊桥中元普度再捐缘序文"木板。③ 约创建于 1888 年的马六甲湖海殿，奉祀主神为保生大帝，配祀池府王爷、张公圣君、中坛元帅等。太平粤东古庙（又名三王殿，即三山国王庙）大约在清光绪九年（1883）建成，虽然主神为粤东移民普遍崇祀的三山国王，但是其中也奉祀保生大帝，庙中有光绪十九年（1893）腊月"本港众弟子仝敬奉"的"保生大帝"匾。该庙可能由粤籍华人与闽籍华人共同建造。④

缅甸卑谬的福莲宫，约创建于 19 世纪末，正殿奉祀观音佛祖，右殿供奉保生大帝，左殿供奉关圣夫子。东吁福元宫由华侨杨歪个倡

---

① 沈立新主编：《华侨华人百科全书·社区民俗卷》，中国华侨出版社 2000 年版，第 246 页。

② 陈铁凡、傅吾康合编：《马来西亚华文铭刻汇编》（第二卷），第 622 页。

③ 陈铁凡、傅吾康合编：《马来西亚华文铭刻汇编》（第一卷），第 284 页。

④ 陈铁凡、傅吾康合编：《马来西亚华文铭刻汇编》（第三卷），第 1015—1028 页。

建，光绪十七年（1891）奠基，光绪二十年（1894）落成开光。奉祀观音佛祖、天上圣母、保生大帝、清水祖师等神明。

五　医药慈善神——清水祖师

清水祖师信仰随着闽南移民尤其是永春籍华侨传播到东南亚各国。

1574 年（明万历二年），华侨就在泰国北大年建造庙宇供奉清水祖师，称"祖师公祠"。暹罗曼谷王朝拉玛五世（1853—1910）时，该祠增供林姑娘，才改名"灵慈宫"。[①] 北大年"祖师公祠"是较早的华侨庙宇之一，也是东南亚最早的清水祖师公庙。[②]

1872 年，泰国华侨又在曼谷昭披耶河畔创建顺兴宫，主祀清水祖师。每年农历九月九皇斋节期间，香火鼎盛，泰国福建会馆所属神庙之一。泰南的普吉岛也建有主祀清水祖师的福元宫。泰国福建会馆的 34 个分会馆主要分布于泰南，它们也多附设供奉清水祖师的宫庙。

在马来西亚、新加坡、缅甸、印尼等其他闽南籍华人较多的国家，建有许多清水祖师庙。在马来西亚，比较著名的清水祖师庙有：云顶高原的清水岩庙[③]、槟城的青云岩蛇庙[④]等，槟城清水宫（供奉清水祖师、观音、天后、大伯公等）、吉隆坡增江南区灵尊殿（清水祖师、法主公）、吉打居林广福宫（清水祖师）、沙巴亚庇碧南堂等，基本上也是以清水祖师为主神的庙宇。在邦咯岛，当地市区的福清宫中供奉清水祖师，同时供奉广泽尊王。马六甲安溪会馆四楼的蓬莱殿

---

① 郭志超：《泰国华侨华人的清水祖师崇拜》，《泉州文博》1996 年第 3 期。转引自李天锡《华侨华人民间信仰研究》，中国文联出版社 2001 年版，第 136 页。

② 同上。

③ 云顶高原清水岩庙为马来西亚著名华人富商林梧桐献地 28 英亩，自 1976 年动工，1993 年建成，历时 18 载。该庙模仿安溪清水祖师庙的格局和形式，耗资 1110 万元马币。

④ 槟城蛇庙原名清水庙，创建于 1850 年，正殿供奉清水祖师，左侧配祀天后圣母，右侧配祀关帝。据传，该庙建成不久，即有大批毒蛇涌到庙中来觅食。由于庙中常常香烟缭绕，毒蛇被熏得睡意十足而显得很驯服，也从不伤害庙中进香的善信。人们广传毒蛇被清水祖师的法力所降服，蛇庙声名日益远播，吸引更多香客到庙中来顶礼膜拜。于是，该庙原有的庙名逐渐被遗忘，而以"蛇庙"闻名，成为当地著名旅游景点。

也供奉清水祖师。此外，马来西亚各地还有不少附祀清水祖师的庙宇，如位于吉隆坡安邦的南天宫等。

在新加坡，汤申路的镇南庙和蓬莱寺是安溪籍华人所创建的供奉清水祖师的寺庙。清末民初，镇南庙创建，庙中供奉清水祖师、关圣帝君和保生大帝。民国初年，安溪人林春生携带清水祖师香火前往新加坡，供奉于红毛丹格。二战后，林本种、刘发超、林拱河、柯秋水等人发起在汤申路建造了蓬莱寺，并把清水祖师神像移奉于该寺。此外，创建于1830年的新加坡最早的寺庙之一金兰庙，同样供奉清水祖师。新加坡金兰庙也是福建永春和泉州人的秘密会社，早期首领为陈志生（陈送）、杨清海、许荣海等。1971年该庙重修，为新加坡福建会馆管辖庙宇之一。

在印尼，清光绪八年（1882），华侨就建造了丹戎加乙祖师庙，供奉清水祖师。位于亚齐怡里的兴水宫建成于光绪戊子年（1888），也供奉清水祖师。捐建该宫的善信中不仅有福建人，也有广东人；而在光绪辛卯年（1891）正月，有广东番禺人苏云生敬献"显佑南邦"匾。① 亚齐司马威（也译为"司马委"）也建有清水祖师庙。该庙建于清宣统元年（1909）或更早。1909年由闽籍华侨创建的北苏门答腊省棉兰市福临宫的主神同样为清水祖师。在棉兰，福临宫据说在1909年建立，主神清水祖师。② 占卑建有福庆堂，因堂中供奉清水祖师，也被称为清水祖师庙，庙中有1938年的"福庆堂"门匾。寥内望加丽福安宫同样奉祀清水祖师，该宫中有光绪十八年的药签筒③。该宫最晚当建于1892年3月或更早。望加丽（即乌戊潘当，华人俗称望加锡、锡江、马加萨）福安宫由该宫炉主锦兴号与头家李金良、陈焕良、吕瑞庆、广裕昌创建于1872年，供奉清水祖师、生娘妈神位。位于西爪哇文登的丹戎加逸庙又称清水祖师庙或祖师公庙，大约19世纪时由来自泉州府安溪的甘蔗农建造。主祀清水祖师。庙内最

---

① 傅吾康主编，苏尔梦、萧国健合编：《印度尼西亚华文铭刻汇编》（第1册），第53—57页。

② 同上书，第120页。

③ 同上书，第320页。

早的文物为一对石狮，标志日期为道光十二年（1832 年或 1833 年）。① 锡江保安宫的原宫在二战中遭毁坏，20 世纪 50 年代重建。主祀祖师公（清水祖师）。宫内存有上刻"清水祖师"字样的石香炉，为 1894 年文物。②

在缅甸，清朝同治十三年（1874），安溪籍华侨在仰光北郊 4 英里处的高解地区创建"福山寺"祖师庙，供奉观音和清水祖师，俗称仰光观音祖师庙。

在菲律宾、越南等地，华人都建有不少主祀或附祀清水祖师的宫庙。

六　法主神——张公圣君

张公圣君信仰在华人社会影响很大。

在马来西亚，本书作者考察过的属于法主公信仰的庙宇有：吉隆坡威镇宫—观音庙、马六甲三多庙、马六甲华德宫及青山宫、雪兰莪适耕庄天福宫、雪兰莪巴生张公圣君庙、巴生港口天赐宫（法主公庙）、巴生北区岩法坛章公圣君、巴生南区河边路天福宫、巴生天和宫，等等。在闽南人聚居非常集中的巴生地区，供奉法主公的神庙为数甚多。而在柔佛东甲的永春会馆，一楼为法主公庙，供奉法主公（中）、章公圣君（左）、肖公圣君（右）。2012 年 3 月 12 日，本书作者拜访巴生昆仑福进宫，该庙有 60 多年历史，在 1971 年（农历辛亥年）、1994 年（癸酉年）分别重建。主殿正前方为三个神龛，中间神龛名为"石牛昆仑洞"，以法主公信仰的发祥地石牛山来命名。昆仑洞供奉张公圣君（中）、章公圣君（左）、萧公圣君（右）。昆仑洞左边神龛供奉福德正神，右侧神龛供奉盘古，右手拿斧，左手拿凿，意为开天辟地。盘古下方放置关帝、太上老君等神像。香炉桌上尚供奉三太子和五营将军。此外，很多以其他神祇为

---

① 沈立新主编：《华侨华人百科全书·社区民俗卷》，中国华侨出版社 2000 年版，第 69 页。

② 同上书，第 427 页。

主神的庙宇中也供奉法主公,例如吉胆岛协天坛,主神为关帝,同时供奉张公圣君神位。

在新加坡,清光绪十四年（1888）,永春华侨建造永春会馆,在馆内奉祀天上圣母、张公圣君。

结　语

福建民间所信仰的神祇反映一个很明显的特点,即区域性特征。这一点,在东南亚的闽籍移民中也有明显体现。具体来说,闽南的华人多信奉保生大帝、开漳圣王、三平祖师、清水祖师、广泽尊王、王爷等;闽东和福州籍华人多信奉临水夫人、田公元帅等;闽籍客家华人多信奉定光古佛;兴化籍华人多信仰妈祖、何氏九仙等。此外,在闽南这一方言区内,不同的府、州、县又信奉、崇拜不同的神祇。如漳州府属各县流行信奉开漳圣王、三平祖师;泉州府属的永春、安溪、德化等县信奉清水祖师;南安县信奉广泽尊王;等等。①

由于时代变迁及华人社会在地化的深入进展,无论是从神祇职能来看,还是从信众成分来看,东南亚地区闽南籍华人的传统民间信仰都呈现泛化趋势。以海神妈祖（天后）为例,原本其神职主要是护佑渔民海上平安。但是,在东南亚,由于当地华人社会很强的工商业性,渔业并不占据很重要地位,渔民在华社中也非很重要的群体,海神妈祖的神职广泛"拓展",甚至可以说已逐渐"变味"或"变质"。换言之,当地东南亚华人在向天后跪拜时,除了那些海岛地区的渔民,他们可能主要祈求获得平安、财富及福禄等,天后信仰的社会功能扩展至护佑安康、医疗、求子、求财、求官,天后宫也往往成为华人社区的福利慈善乃至教育中心之一。② 因此,天后信仰进而能够跨越华人社会阶层隔阂,突破地域障碍,成为全体华人顶礼膜拜的最"显贵"的神祇之一。

---

① 林国平、彭文宇:《福建民间信仰》,福建人民出版社1993年版,第39—40页。
② 周文辉:《妈祖文化聚人心影响大——马来西亚天后宫总会秘书长李雄之谈话录》,《湄洲日报》2008年5月26日。

　　东南亚地区闽南籍华人的传统民间信仰,是构建 21 世纪海上丝绸之路的信仰资源、文化纽带、人脉基础,尤其是在积极的跨国活动与活跃的跨国网络背景下闽南籍华人民间信仰(比如妈祖信仰、开漳圣王信仰)。

组织移植：新加坡华人宗亲会及其社会功能研究

刘　云[*]

摘　要： 新加坡开埠后，各种族移民纷至沓来，其中华人移民越来越多，至2000年的统计，新加坡华人常住人口达250余万。华人的大量移入，为了生存和为宗族谋福利，华人宗族组织随之产生了。这些华人宗族组织主要以方言群划分为闽籍、潮籍、粤籍、琼籍、客属等，可以分为地缘性宗亲组织、同姓联宗宗亲组织与异姓联宗宗亲组织。新加坡政府制定了社团法令进行管理，华人宗亲组织的管理制度经历了董事总理制、总理协理制和委员会制三个阶段，其社会功能主要体现在祭祀祖先与联络感情、为新移民提供临时住所、救济与帮助宗亲、对外交往、管理宗亲会资产和收益、教育救助、文化交流与传播、体育运动开展等方面。

关键词： 新加坡　华人宗亲会　管理制度　社会功能

新加坡华人宗族组织亦称宗亲会、宗亲会馆，是新加坡华人社会中比较常见的一种民间组织。明末清初以来，大量华人移居海外，中国文化也随之传播到海外，宗族文化是其中一个重要方面。新加坡开埠后，华人移民逐渐增多，由于利益、风俗、信仰等原因产生差异，有多重利益诉求，难免会有冲突和纠纷，或者难免有生老病死、生计、教育等困境，需要照顾善后，加上当时的新加坡殖民政府是不完

---

* 刘云，闽南师范大学闽南文化研究院闽南家族文化研究所副教授。

全的政府组织，这必然迫切需要相应的华人组织来实现这些社会功能。所以，基于不同方言群体①，新加坡华人社会建立了各种地缘、血缘和业缘社会组织。华人宗族组织就是其中的重要社团之一。

目前学界也有不少相关的研究成果，如在对星华社会传统组织的论述中，吴华指出，血缘性宗祠作为新加坡华人社会最原始的传统组织之一，与地缘组织、业缘组织之间有"相互影响的关系"，"宗祠或宗亲会则奉祠他们的祖先"，且有学校等附属组织，并分五个时期说明了新加坡宗族组织的发展概况，简述了这些血缘组织产生的动机与宗旨，列举了新加坡华人 102 个姓氏的 200 个宗亲团体；② 颜清湟认为新加坡和马来西亚的华人宗亲组织可以分为地域性宗亲集团和非地域性宗亲集团两大类，并分析了宗亲组织的形成、结构与领导层、功能；③ 曾玲指出，海外华人的宗亲会与东南亚华人的坟山组织是虚拟血缘的亲属组织，也简述了其功能。④

上述研究揭示了新加坡华人宗族组织产生的原因、类型与功能，不过这些研究成果并没有完全厘清新加坡华人宗亲会管理制度的变迁及其功能。这正是本文所要论述的内容。

一　新加坡政府的社团法令

由于新加坡华人的秘密会党较多，影响到当地的社会治安。于是，海峡殖民地政府严密监管新加坡各种华人社团，制定了所谓的社团法令。社团法令亦称会社法令（Companies Ordinance）。在印度总

---

①　麦留芳：《方言群认同：早期星马华人的分类法则》，"中央研究院"民族学研究所 1985 年版，第 16、69、181—186 页；[澳大利亚]颜清湟：《新马华人社会史》第二章《方言组织：结构与功能》，粟明鲜等译，巫乐华等校，中国华侨出版公司 1991 年版，第 33—66 页。

②　[新加坡]吴华：《新嘉坡华族会馆志》第 1 册（一）《导论——星华社会传统组织》，南洋学会 1975 年版，第 1—21 页。

③　[澳大利亚]颜清湟：《新马华人社会史》第三章《宗亲组织：结构与功能》，粟明鲜等译，巫乐华等校，中国华侨出版公司 1991 年版，第 67—100 页。

④　曾玲：《"虚拟"先人与十九世纪新加坡华人社会——兼论海外华人的"亲属"概念》，《华人华侨历史研究》2001 年第 4 期。

督管辖时期，海峡殖民地政府于 1857 年、1866 年颁布过社团法令，即 Indian Act No. XIX of 1857 & the Indian Companies Act, 1866；① 1867 年，海峡殖民地受英国殖民地部直辖后，1889 年正式颁布社团法令，后于 1893 年、1901 年、1909 年、1911 年、1915 年进行修改。② 根据新加坡政府的社团法令，建立一个华人宗亲会有一套比较繁密的程序。以 1909 年社团法令为例，其第三条"释义"云：

此法律内所用之各种字眼。俱照以下所定之释义。

"会社"包括无论何等俱乐部、公司、合股生意及协会。其团体内有十人或以上者，不论其性质及目的若何。但不得包括：

（A）照当时实行之合资公司法律注册之公司。

（B）公司或协会，凡系有特许权或专卖特权，或照无论何等钦定法令，或别的法律组织者。

（C）翁人会支会。凡系照英国内有管辖权之已注册的翁人会团体之规则组织者。

（D）公司、协会或合股生意，其团体中不过二十人，及其单独的目的乃系营造合法的事业，而非银行事业者。

"注册的会社"指无论何等会社，凡系当时在一殖民地内，照此法律或照"一千八百八十九年会社法律"注册者。

"免注册会社"指无论何等会社，凡系当时在一殖民地内，已得免注册之命令，而该命令照此法律或照"一千八百八十九年会社法律"发出者。

"纪录官"指在一殖民地内受委任为会社纪录官之员吏，并包括副纪录官。③

---

① The Government of the Colony of the Straits Settlements, *The Laws of The Straits Settlements* (*Revised Edition*) *Volume IV 1913 – 1919*, London：Waterlow & Sons Limited, 1920, pp. 412 – 413.

② ［新加坡］何德如译：《海峡殖民地法律》第二册，星架坡启新公司 1915 年版，第 26 页。

③ 新加坡"会社纪录官"的英文是 Registrar of Societies，现在一般翻译为"社团注册官"。

"规定的"指由总督议政会照此法律订定则例之所规定者。①

这条法令是对"会社"（或社团）相关的法律名词进行解释，规范了宗亲会等华人社团的性质、注册与免注册之标准等。

海峡殖民地 1909 年社团法令还对社团的注册、免注册、布告、责任、撤销等管理制度作了具体规定，其具体内容兹迻录如下：

◎第五条（会社之注册）

（一）总督议政会得发出命令，准无论何等之会社，免照此法律注册，惟必须缴纳规定的费用。

（二）总督议政会得发出命令，准一免注册会社，照此法律注册，从此不得视该会社为免注册会社。

（三）如有会社请求注册，或免请注册，总督议政会得发出命令，准该会社照此法律注册，惟必须缴纳规定的费用。

（四）如有会社请求照此法律注册，除非总督议政会见得该会社似系以备造作不合法的事所用者，或所造作之事，系与海峡殖民地之平安及秩序相反者，否则不得不准注册。

（五）所有准免注册之命令及所有注册等事，凡系照所发出之命令邀准注册者，均须登录宪报，以为布告，并须声明该命令系在某一殖民地发出者，而该命令之效力只行于该一殖民地之内。

◎第六条（存在的会社表每年布告一次）

每一殖民地之纪录官须于每年四月之内，将该殖民地之存在的会社，无论系免注册的或已注册的，列成一表，登于宪报。

◎第七条（会社之止截存在）

如该纪录官有理由可信一免注册或已注册之会社已经止截存在，得登通告于宪报，要该会社于三个月之内，由该通告之日期起计，呈出凭据，以证其存在。如有该三个月期限已满，总督议

---

① ［新加坡］何德如译：《海峡殖民地法律》第一册，星架坡启新公司 1915 年版，第 3—4 页。按，原文系民国时期的句读法，并非现代标点，为了方便阅读起见，笔者改为现代通用的标点法。下同。

政会信该会社已经止截存在，则得登通告于宪报，声明其事，并由该通告之日起，当作该会社已经止截存在。

◎第八条（免注册会社所应呈报各事）

（一）该纪录官得随时发出命令，要一免注册会社呈出

（A）该会社之真确的及完满的章程及规则。此等章程规则于该命令发出之日期，是实行有效的。

（B）该会社之真确的及完满的职员表及员会表。

（二）总督议政会得随时发出命令，要一免注册会社呈报关于该会社各事，凡系总督议政会视为必须呈报者。

◎第九条（注册的会社所应呈报各事）

该纪录官得随时发出命令，要一注册的会社，呈报规定的各事，凡系该纪录官以为宜于呈报者。

◎第十条（会社职员自身的责任）

（一）前两条所加于会社之责任，应视为每一会社之总理、庶务员及所有干事员之自身的责任。设若并无此等职员，则视为处总理、庶务员及干事员之相似的地位之人之自身的责任，并视为管理、或辅助管理此等会社之人之自身的责任。

（二）如有免注册会社或注册的会社，不遵前两条所言之命令，则前一欵所言之每一人，得处以不过廿五元之罚欵。①

海峡殖民地 1909 年社团（即会社）法令第五条表明，社团的成立必须按照社团法令注册，由总督议政会批准，并缴纳一定的费用，且民众有组建社团的自由；第六、七条法令规定了纪录官通告会社存在与撤销的权利；第八、九条法令阐明纪录官具体管理会社的细节，即会社必须向纪录官提交本团体的章程、规则、管理人员明细表和会员名单；第十条法令则规定了会社管理层的责任。海峡殖民地 1909 年社团法令的这些条款大体构成了新加坡殖民政府管理各族群社团的基本法律和规则。

---

① ［新加坡］何德如译：《海峡殖民地法律》第一册，星架坡启新公司 1915 年版，第 4—8 页。

二　新加坡华人宗亲会之建立

根据新加坡政府的社团法令，要建立一个宗亲会，首先要有同姓之宗亲倡议，然后召开发起人大会，选出筹备委员会，再召开会员大会，选出临时执行委员会，去申请注册，注册成功后，最后召开成立大会。至此，宗亲会正式成立。

以星洲琼崖林氏公会为例。清朝末年，来新加坡的琼崖林氏族人逐渐增多，林天虚等人组建"楼仔"于海南二街，作为社员的栖身之所。后由林猷成出资，联合林鸿泽、林鸿华、林鸿精、林熙绍、林猷卿、林经武等人发起扩大组织，1912 年正式成立"双桂斋"。几乎与双桂斋同时成立的另一个琼崖林氏社团"纯善社"，后改为"西林社"，1930 年，林道梓、林猷菀共同倡议把"西林社"改名为"琼林社"①，以示有别于其他方言群的西河林氏宗亲。1936 年 4 月 26 日，当时旅居新加坡的琼崖林氏工商学各界族人以及此前成立的"西林社"与"琼林社"诸多成员，在琼林社会所召开座谈会，与会者"佥以吾旅马来亚兄弟，处此不景笼罩，生活程度日高之下，非组织一尽善尽美之团体，以联络同宗情感，而表团结精神不可"，即需要联合整个琼崖林氏宗亲共谋发展，必须组建一个更大规模的林氏宗亲会。所以在同年 5 月 3 日，琼崖林氏召开发起人大会，与会发起人达 70 位之多。② 大会议决组建星洲琼崖林氏公会，当场公举成立筹备委员会和起草章程筹备宣言委员会，并安排注册；6 月 21 日，星洲琼崖林氏宗亲召开会员大会，选举临时董职员，开展注册事宜，并预备购置会所，成立购屋委员会；12 月 5 日，海峡殖民地注册官批准星洲琼崖林氏公会的成立申请；③ 1937 年 6 月 8 日，星洲琼崖林氏公会

---

① ［新加坡］吴华：《新嘉坡华族会馆志》第 2 册，南海学会 1975 年版，第 79—81 页。

② ［新加坡］林氏公会会刊编辑委员会编：《星洲琼崖林氏公会十周年纪念刊》卷二"会务"，星洲琼崖林氏公会 1948 年版，第 28、29 页。

③ 同上书，第 1 页。

会所建成，举行开幕典礼，宣告星洲琼崖林氏公会正式成立。①

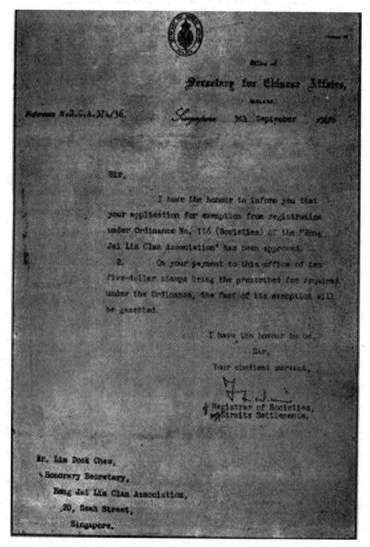

图 1　星洲琼崖林氏公会 1936 年注册准照②

---

①　［新加坡］林氏公会会刊编辑委员会编：《星洲琼崖林氏公会十周年纪念刊》卷二"会务"，星洲琼崖林氏公会 1948 年版，第 29 页。

②　同上书，第 1 页。

GOVERNMENT OF THE
COLONY OF SINGAPORE

RLYO.

It is requested that the following number be quoted in the reply to this letter.

No. R. of S. 550/47.

OFFICE OF
Chinese Secretariat,
Singapore.
2nd December, 19 47.

Sir/Gentlemen,

      I have the honour to acknowledge receipt
of your letter...dated 25th November, 1947.......
forwarding...2 copies.......of your Rules and
Regulations in English and in Chinese together with
.....the necessary forms...................and to
inform you that the name of your...Association...is
now on the Register of Registered/Exempted Societies
in Singapore.

               I have the honour to be,
               Sir/Gentlemen,
               Your obedient servant,

Registrar of Societies,
Singapore.

P.S.   You are requested to submit another two copies of your
        rules in Chinese as soon as possible.

The Chairman and the Gen. Affairs Officer,
Heng Jai Lim Clan Association,
27 & 29, Holloway Lane,
Singapore.

图 2　星洲琼崖林氏公会 1947 年重新注册准照①

————————

　　①　［新加坡］林氏公会会刊编辑委员会编：《星洲琼崖林氏公会十周年纪念刊》卷一
"卷首"，星洲琼崖林氏公会 1948 年版，第 2 页。

三　新加坡华人宗亲会管理制度的演变

前文提及，新加坡殖民政府的社团法令要求包括华人宗亲会在内的社团必须建立管理层来领导整个组织，而且注册时以及注册后，必须根据殖民地政府社团注册官的要求，提及管理层的名单，并要求管理层承担相应的义务和责任。

新加坡华人社团的管理制度经历了三次变化：在1890年之前实行的董事总理制，1890年至二战前实行的总理协理制，二战后实行的委员会制。

（一）1890年之前的董事总理制。这个管理制度一般以大董事为首脑，协理为助手，总理为主要会员。如据光绪四年（1878）《保赤宫碑记》载，保赤宫陈氏宗祠成立第一届董事会职员时，设有大董事二人，为陈呟音（金锺）、陈宪章（明水），副董事四人，陈金殿、陈庆和、陈振元、陈清泰，总理十九人，有陈金渊、陈春明、陈允吉，陈君仁、陈安泰、陈安寿、陈青山、陈大耳、陈玉漏、陈庆照、陈福呈、陈英杰、陈彩炎、陈杞柏、陈照明、合隆号、陈江水、开成号、长泰号。① 也有的宗亲会管理制度一开始比较简单，成立数十年后才成立董事部，如符氏社"自成立初期至一九三七年期间内，社务乃由司理和监理各一人来处理"，而且任期不限。这一时期宗亲会管理制度相对简单，管理人员任期较长，制度不太健全，管理不是很规范。

（二）1890年至二战前的总理协理制。1889年，海峡殖民地政府颁布社团（会社）法令，要求各种社团必须建立管理制度。如据《符氏社勒碑》记载，光绪三十三年（1907），符氏社建立了创理—续理—协理制，设有创理三人——符愈贵、符福基、符昌文，续理八人——符和铃、符鸿琦、符昌邠、符鸿福、符用联、符振学、符辉

---

① ［新加坡］陈荆和、陈育崧：《新加坡华文碑铭集录》，香港中文大学出版社1970年版，第267页；另见［新加坡］吴华《新嘉坡华族会馆志》第2册，南海学会1975年版，第23页。

勉、符典五，协理十二人——符福仁、符载庆、符开震、符福千、符福理、符致财、符用存、符福環、符树程、符兆先、符气秀、符洪刚，参理七十二人（姓名从略）。① 其中“创理”应该是创社总理，“续理”可能是续任总理，协理应该是经办具体各种事务的会员，参理应该类似于后面的常委会（或执委会）委员。但据吴华的记载，至 1937 年，任职最长的司理符和应去世后，符氏社才正式设立董事部②，进入总理协理制时期，此时符氏社创立已经五十周年了。两者的记载有所不同，当是后者的记载出现偏差。

　　不过大多数华人宗亲会应该是到了 1920 年前后才普遍实施总理协理制。如 1921 年成立的荥阳堂郑氏公会第一届执行委员会常务委员会各职员有：正总理一人，副总理一人，正司理一人，副司理一人，财政一人，理事十二人，星洲名誉会董六人，外埠名誉会董五人，其中三宝垄二人，马六甲一人，蔴坡一人，龙引一人。③ 比较典型的例子应该是民国十五年（1926）的保赤宫陈氏宗祠。据《重修新嘉坡保赤宫陈圣王祠记》所载，当时该宗祠的管理体系是这样的：“永远名誉总理两名（振成公司，丰兴公司），名誉总理一名（陈仙精），正总理一名（陈延谦），副总理一名（陈春胜），财政一名（陈辉相），查账员一名（陈源家），干事员一名（陈益贡），协理二十四名（陈金华，陈先恭，陈子田，陈书理，陈蔴青，陈二弟，陈开荣，陈俊三，陈芳岁，陈喜亭，陈贵贱，陈丁昌，陈初义，陈长生，陈溢插，陈拱星，陈炳江，陈士天，陈初崇，陈启玉，陈友泰，陈秀印，陈汉庆，陈明樟）。”④ 其中永远名誉总理实际上是两个公司会员，分别是两位创祠大董事陈呔音（金錘）的振成公司与陈宪章（明水）的丰兴公司。又据《南洋江夏堂历届职员表》，1924 年成立的南洋黄

---

① ［新加坡］陈荆和、陈育崧：《新加坡华文碑铭集录》，香港中文大学出版社 1970 年版，第 275 页。

② ［新加坡］吴华：《新嘉坡华族会馆志》第 2 册，南海学会 1975 年版，第 27 页。

③ 同上书，第 43 页。

④ ［新加坡］陈荆和、陈育崧：《新加坡华文碑铭集录》，香港中文大学出版社 1970 年版，第 274—275 页。

氏总会（江夏堂）第一届执行委员会之常务委员会各职员为：正总理一名，副总理一名，正司理一名，副司理一名，财政员一名，查账员两名，监督员一名，评议员十六名。①

到20世纪20年代后期，新加坡社团的管理制度进一步细化，新加坡政府要求华人宗亲会等社团增设中英文文书、查账员的职位，有的宗亲会甚至还增加了董事（或称协理、议员）的数量，管理制度走向规范化。据南洋黄氏总会的记载，华人宗亲会设立中英文文书的职位，应该是从1925年开始的。南洋黄氏总会1924年执行委员会之常务委员会职员表如上，1925年职员构成有了三个变化：一是财政员由一名改为正财政一名、副财政一名；二是中英文文书的增设，即汉文文牍员一名、英文文牍员一名；三是1924年职员中的评议员改称为协理员。1926年南洋黄氏总会的常委会职员中，财政员恢复为一名，新设查账员一名。1927年以后，南洋黄氏总会执行委员会之常务委员会职员结构就比较稳定了，直到1941年日本攻占新加坡。② 与南洋黄氏总会相似的例子有潮州江夏堂。潮州江夏堂虽然于1866年成立，但是其不少档案材料在二战中被毁，只保存了1934年以后的资料，其《本堂历届职员表》就是从1934年开始记录的。1934年潮州江夏堂执行委员会之常务委员会职员构成如后：正总理一名，副总理一名，正协理一名，副协理一名，财政员一名，查账员一名，英文牍一名，汉文牍一名，议员四名。到1936年，潮州江夏堂的职员中，议员已改称干事，且干事数量增至十二名，其中有正总干事一名、副总干事一名。一直到1941年，其职员制度都是如此。③

（三）二战后的委员制。华人宗亲会实行委员会制，实际上在20世纪30年代开始就陆续出现了。如琼崖陈氏公会于1935年10月获

① ［新加坡］南洋黄氏总会出版工作委员会：《南洋黄氏总会银禧纪念特刊》第二辑《本总会组织概况》，南洋黄氏总会1976年版，B42。

② 同上书，B42—B43。

③ ［新加坡］潮州江夏堂编委会：《潮州江夏堂95周年纪念特刊》第二辑《本堂历届职员表》，潮州江夏堂1962年版，CA—1至CA—4。

准注册，同年 11 月召开第一届会员大会，选举出第一届执监委员，其首届执行委员会之常委会职员表如下：

执行委员会——常务委员会主席：行琼，常务委员兼司理：有经，常务委员兼会计正主任：明任，常务委员兼会计副主任：达儒。常务委员：治炳，总务主任：家宣，交际主任：昌连，调查主任：昌达。委员：学君，信卿，善甫，若韩，如万，济川，嘉万，家蛟，序沂，镜如，所能，如春，璞完，慧吾，习甫，颖江，明琼。监察委员会——监察主席：开国，查账主任——祖虞。委员：学传，昭芹，华顺，一易，镜清。①

很显然，琼崖陈氏公会第一届执监委员会主要由执行委员会和监察委员会组成，其中执行委员会由其常务委员会及其所属部门、委员组成，包括主席一人、司理一人、会计正副主任各一人，常务委员四人（含兼任），总务主任一人、交际主任一人、调查主任一人，执行委员十七人；监察委员会则设主席一人、查账主任一人、委员五人。又如1937 年星洲琼崖林氏公会第二届职员包括监察委员会、执行委员会、各埠会代表、常务委员会、秘书处五个部分组成。其中监察委员会设有委员长一人、委员四人、候补委员二人，执行委员会设有委员四十人、候补委员十二人，各埠会代表中有香港一人、柔佛一人、槟城二人、林明二人、居銮一人、芙蓉一人、吉隆坡二人、马六甲一人、马金崙一人、甘吗仕一人、麻坡一人、暹属一人、怡保一人、吉里文一人、笨珍二人、丁加奴二人、太平一人、金马是一人、丹荣马林一人；常务委员会设有正委员长一人、副委员长一人、委员五人、宣传部主任一人、交际部主任一人、组织部主任一人、总务部主任一人、财政部主任一人、文书部主任一人、调查部主任一人，秘书处设有庶务一人、秘书一人。② 据笔者目前所见，琼崖陈氏公会、星洲琼崖林氏公会应该是比较早采用委员制的华人宗亲会组织，而且组织比

---

① ［新加坡］吴华：《新嘉坡华族会馆志》第 2 册，南海学会 1975 年版，第 63—64 页。

② ［新加坡］林氏公会会刊编辑委员会：《星洲琼崖林氏公会十周年纪念刊》卷二"会务"，星洲琼崖林氏公会 1948 年版，第 33 页。

较完善，比较接近二战后社团委员制，如设立交际主任、调查主任。这些都开了新加坡华人宗亲组织管理制度之先河。而且巧合的是，这两个组织都是属于海南话方言群的。

1942 年 2 月 15 日，日本占领新加坡，至 1945 年 9 月 12 日，日本投降，新加坡光复。日据期间，新加坡华人社团基本上停止活动。二战结束后，新加坡华人宗亲会纷纷复会，同时，新加坡政府颁布新的社团法令，要求所有社团重新注册。新注册的社团大多采用委员制，即社团首脑不再称为总理，而是称为主席或会长、委员长。如成立于 1860 年濂溪别墅周家祠，于 1951 年重建，该祠召开每届常年祠员大会时，必须选出一个新的执行委员会之职员会，其内部构成是：主席一名，副主席一名，司理一名，副司理一名，财政一名，正交际一名，副交际一名，正互助一名，副互助一名，正调查一名，副调查一名，中文书一名，英文书一名。① 潮州江夏堂的职员会是每年选举一次。1948 年重建后的潮州江夏堂职员会构成如下：

正主席一名，副主席两名，正总务一名，副总务一名，正财政一名，副财政一名，正查账一名，副查账一名，中文牍一名，英文牍一名，正交际一名，副交际一名，正总干事一名，副总干事一名，干事六名。

至 1952 年，该职员会又增设名誉董事、名誉总理各三名，这应该是荣誉性质的，这些名誉董事、名誉总理都是前几届的职员，如名誉总理之一的黄芹生，是 1950 年职员会的副主席，1951 年职员会的干事。②

这些宗亲会管理制度的结构趋向复杂化，增设交际员、福利员，成立互助会（或互助部）、分区区长，以及诸如体育、音乐等文化机构。以南洋胡氏总会为例。南洋胡氏总会前身为 1947 年成立的广肇胡氏宗祠，1951 年扩大为星加坡胡氏公会，1955 年升级为南洋胡氏总会。1947 年广肇胡氏宗祠的管理层名单如下：

---

① ［新加坡］吴华：《新嘉坡华族会馆志》第 2 册，南海学会 1975 年版，第 11 页。
② ［新加坡］潮州江夏堂编委会：《潮州江夏堂九十五周年纪念特刊》第二辑《本堂历届职员表》，潮州江夏堂 1962 年版，CA—4 至 CA—4。

正主席：文锦　副主席：活常

正司理：胡光　副司理：持波

正财政：双德　副财政：伟丰

中文书：胡策　英文书：伟丰

正交际：持融　副交际：胡炎

查　账：胡洽，胡志

干　事：锦伦，胡均，胡贤，胡庭①

很显然，这是比较典型的二战后委员制社团管理模式，有正副主席、司理、财政、中英文文书、交际、查账、干事，其中增设交际员是其重要特征之一。1951年，广肇胡氏宗祠扩展为新加坡胡氏公会后，其管理模式基本没变，只是增加了名誉会长一名，干事从四人增至十一人。1952年，新加坡胡氏公会成立干事委员会，设干事主任一名、委员十七名。而该宗亲会管理制度的最大变化始于1953年，完成于1954年。其依据是这两年度的职员表：

A. 新加坡胡氏公会

一九五三年度第三届职员表

名誉会长：文钊

正　主席：延嗣　副主席：兆昌，超凡

正　司　理：灼坤　副司理：华亨，永钦

正　财　政：炳荣　副财政：清泉

中　文　书：胡业，文裕　英文书：清辉

福组主任：炳灯，彩元

广组主任：胡海，铨畅

潮组主任：永钦（潮）

客组主任：智明，文範

交　际　员：锡章，锦钧，银買

调　查　员：学俭，胡籐

---

① ［新加坡］南洋胡氏总会：《南洋胡氏总会成立八周年纪念暨新会所落成开幕特刊》"会务概况"卷，新加坡南洋胡氏总会1960年版，第5页。

执行委员：月梯，水旺，国志，如桢，
　　　　　少坤，显丙，奕臣，文龙，
　　　　　清来，连和，开城，成发，
　　　　　嘉禾，安同，远志

正监察主任：国安

副监察主任：显才

监察委员：维玉，安允，友中，德发，
　　　　　让臣

稽 核 员：文海，炎俸

正互助主任：瑞雄

副互助主任：胡策，新春

支 应 员：锡章

纠 察 员：银買，炎俸

庶 务 员：胡光，少文

干 事 员：学俭，胡籐

B. 新加坡胡氏公会

一九五四年度第四届职员表

名誉会长：文钊

正 主 席：国安　副主席：月梯，华亨

正 司 理：兆昌　副司理：永钦，银買

正 财 政：延嗣　副财政：清泉

中 文 书：书珍　英文书：炳荣

交 际 员：锦钧，永生，清辉

调 查 员：学俭，安允

执行委员：如桢，成发，胡业，信哉，
　　　　　远志，水旺，水金，显丙，
　　　　　超凡，均伦，新春，玉度，
　　　　　铨畅，连和，文裕，文範，
　　　　　康鑑

监察主任：友中，灼坤

监察委员：国志，少坤，藏珍，学俭，
　　　　　显才

稽　核　员：胡策，德发

互　助　部　职　员

正互助主任：锡章

副互助主任：胡光，胡籐

纠　察　员：瑞雄，炎俸

干　事　员：维玉，毓春，县斗，瑞福

庶　务　员：水仙，少文，炳灯，彩元

各　区　区　长

大　坡　区：瑞雄，学俭，安允

小　坡　区：胡光，少文

芽　笼　区：藏珍，荣城

如　切　律：永生，兆昌

实　叻　区：彩元，县斗

杨　厝　港：显丙

武 吉 巴 让：远志

裕　廊　律：维玉，奕臣，金章

淡　申　律：福隆，毓春，水旺

实　里　打：成发，新春①

据上可见，新加坡胡氏公会1953年度管理制度可以分为常务委员会、各方言群主任、监察委员会、执行委员会、互助部，与此之前相比，1953年管理制度多了方言群主任和互助部，虽然此时互助部并未单独列出，而到1954年，新加坡胡氏公会把按方言群划分的主任制，改为按居住地划分的区长制，又把互助部单独列出。至此，在委员制基础之上，宗亲管理的居住地区长制与单列的互助部制就此定型，其中宗亲管理的居住地区长制应该是新加坡宗亲会中比较

---

① ［新加坡］南洋胡氏总会：《南洋胡氏总会成立八周年纪念暨新会所落成开幕特刊》"会务概况"卷，新加坡南洋胡氏总会1960年版，第5—6页。

特殊的一种管理制度。1959 年，胡氏总会增设产业信托人，常务委员会增设智育股、国术股、游艺股、体育股。① 这说明新加坡华人宗亲会的管理体系日益复杂化（见表1），应该是受其功能的影响而变化的。

当然，也有的宗亲会还是沿袭二战前的总理制。如广东吴氏书室创立于清宣统二年（1910），二战后复兴第一届常务委员会职员如下：

正总理：胜鹏，副总理：吴旺。司理：道薄，永恩。财政：济述，文牍：芹生。查数：春暖，文庄。董事：均鎏，春记，长康，如松，宝均，广林，伟材，泽霖，连深，河坚，培星，吴赐，春杰，合全，增荣，润身，广添，国森，珍云，湖生。互助主任：均鎏。干事：培星，春记，河坚，宝均，泽霖。受托人：吴旺，长康，广林，伟材。②

即广东吴氏书室二战复兴后的常务委员会为：正副总理各一人，司理一人，财政一人，文牍一人，查数二人，董事二十人，互助主任一人，干事五人；另有产业受托人四人。此外，台山黄家馆③、符氏社④、西河别墅⑤等光复后也还是实行总理制。当然，这些实行所谓总理制的社团只是首脑称呼不同，其他管理架构与委员制几乎一致。

综上而言，新加坡华人宗亲会的管理制度经历了从董事总理制演变为总理协理制，再到二战后演变为委员会制的过程，这反映出新加坡政府对华人社团的管理政策的变化。⑥

① ［新加坡］南洋胡氏总会：《南洋胡氏总会成立八周年纪念暨新会所落成开幕特刊》"会务概况"卷，新加坡南洋胡氏总会 1960 年版，第 8 页。

② ［新加坡］吴华：《新嘉坡华族会馆志》第 2 册，南海学会 1975 年版，第 38 页。

③ 同上书，第 7 页。

④ 同上书，第 27、28 页。

⑤ 同上书，第 75 页。

⑥ 有学者指出，新加坡华人宗亲组织在 1890 年开始实行总理协理制，光复后实行委员制。这个判断是正确的，但是缺少了对 1890 年以前华人宗亲组织管理制度的判断。参见［新加坡］吴华《新嘉坡华族会馆志》第 2 册，南海学会 1975 年版，第 16 页。

四　新加坡华人宗亲组织管理人员的职责

上文提到，一个华人宗亲组织的构成一般包括会员大会、执行委员会及其常务委员会、监察委员会、产业受托人、名誉会长（或副会长、董事等）（见图3）。不同的宗亲组织略有差异，但一般都是以常务委员会各部职员作为本组织的代表。华人宗亲组织常委会各部职员之职责，一般通过各组织的章程来进行规范。

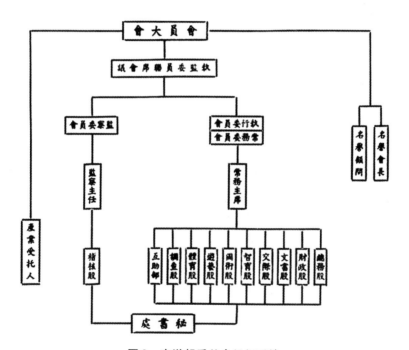

图3　南洋胡氏总会组织系统

资料来源：［新加坡］南洋胡氏总会：《南洋胡氏总会成立八周年纪念暨新会所落成开幕特刊》"会务概况"卷，新加坡南洋胡氏总会1960年版，第9页。

以新加坡颍川公所为例。根据《新加坡颍川公所十六周年纪念特刊》所载《颍川公所章程》，颍川公所实行会员大会委托的职员会制，即委员制。其职员会由这些机构组成：

正会长一人　副会长一人

正司理一人　副司理一人

正财政一人　副财政一人

正文书一人　副文书一人

正稽查一人　副稽查一人

正交际一人　副交际一人

正互助一人　副互助一人

正音乐一人　副音乐一人

正教育一人　副教育一人

正体育一人　副体育一人

评议员九人①

实际上，颍川公所是把执行委员会与监察委员会合一，并没有分开，即没有单独设立监察委员会对执行委员会的常务委员会各部门进行监督，而是内设评议员。不过其组织比较完善，不仅有传统的司理、财政、文书，也有新成立的交际、互助，乃至有文化娱乐的音乐、教育、体育，可谓比较全面。当然，《颍川公所章程》第四章"职权"对执行委员会各职员之职责做了相应的规定：

十三、会员大会　本会以会员大会为最高机关。其权力计有（A）修订章程（B）表决经费之预算（C）选举或罢免职员（D）决议本会各种重要会务。

十四、职员会　会员大会闭会后以职员会为最高机关，其权力有

1　执行会员大会之决议案。

2　互选职员。

3　核算经费收支。

4　筹备改选事宜。

5　订立各项细则。

6　通过新会员，及取消会员资格。

---

① ［新加坡］颍川公所：《新加坡颍川公所十六周年特刊》第八章"会务"，颍川公所1954年版，第7页。

7　罢免渎职会员。然须经大会追认。

十五、会长　Ａ对外代表本公所，对内主持一切会务。

Ｂ执署本公所正印，签署重要文件。

Ｃ为会员大会或职员会当然主席，并执行一切决议案。

十六、副会长　辅助正会长办理本公所一切事宜，遇正会长缺席时，得代署正会长一切职权。

十七、正司理　办理不属于各股之一切会务及协助或指导各股进行事宜，并保管本会公物，与负责召集各种会议。

十八、副司理　辅助正司理应办事宜，并于正司理缺席时，代署一切职权。

十九、正财政　负责本会一切收支款项，保管单据，并按月将一月内进支状况向职员会报告，一年将全年进支账目向大会报告，签押银行支票。

二十、副财政　负责正财政办理本会账目，如遇正财政缺席或离埠时，代理其一切职权，并负责收存一切重要捐款，然后转交正财政。

二一、文　书　负责办理本会来往文件及各项会议记录。

二二、稽　查　负责审查本会一切文件及收支账项，倘遇账务不清或有阻碍时，得向职员会报告纠正或处理之。

二三、交　际　负责办理对外交涉，与联络会员或各社团间之应酬事宜。

二四、互　助　负责办理关于丧事互助一切事宜。

二五、音　乐　办理音乐一切事项，并保管乐器。

二六、教　育　办理本会一切教育事宜。

二七、体　育　办理体育计划，主持运动进行及一切关于体育之文件。

二八、评议员　负责监督一切会务，并出席职员会议，如职员有越轨行为，违背章程及议决案时，得由评议员三人以上联函会长召集职员会议警告或罢免，以及取消其会员资格。

二九、副主任　各股副主任，除辅助正主任办理各该股事务外，并负责该股特别委托之工作。①

《颍川公所章程》对会员大会、职员会以及各级职员的权力进行规范，并由正会长、副会长主持全部会务，司理、财政、文书、稽查、交际、互助、音乐、教育、体育等分别管理各自会务，评议员进行外部监督，使得这个宗亲组织能够正常运转，实现其"敦宗睦族，联络感情，促进团结，共谋宗人福利，及调解争端"②之宗旨，从而达到服务宗亲、服务社会、服务国家之最终目的。

同样的例子还有星洲琼崖林氏公会和南洋黄氏总会等。如《星洲琼崖林氏公会会章修正全文》载该公会的组织与颍川公所有所不同：

第七章　组织

第七条　（甲）本会行委员制：本会由会员大会产生执监委员六十人，其中执行委员卅九名，候补执行委员十二名，组织执行委员会，监察委员七名，候补监察委员二名，组织监察委员会，复由执行委员，推举外埠会员代表若干人，领导外埠会员，以助本会之发展。

（乙）执行委员：互选常务委员十一名，组织常务委员会，由常务委员，互选二人为常务正副主席。

（丙）监察委员：互选二人为正副监委会主席，二人为正副查账，余为委员。

（丁）执行委员会，设总务，财务，组织，宣传，调查，交际，文书七股，每股设正副主任各一人，除正副主席，正副总务，正副财务主任，应为常务委员外，其余常务五人，亦可兼其他各股主任，可由执行委员中互选之，至其他各股干事，及外埠会代表，则由常务正副主席，及各股主任，推举会员任之，但推

---

① ［新加坡］颍川公所：《新加坡颍川公所十六周年特刊》第八章"会务"，颍川公所1954年版，第7—8页。

② 同上书，第6页。

举人员，须经执委会之通过。①

这说明，星洲琼崖林氏公会由会员大会选举出执行委员会与监察委员会、外埠会员会，其中执行委员会再选出常务委员会为常务机构，下设总务、财务、组织、宣传、调查、交际、文书七股。其组织结构与颍川公所略有不同。而南洋黄氏总会的组织框架则多了一个受托人委员会。据《南洋黄氏总会章程》的规定，其职责是"秉承同人大会议决案保管所有不同产业"② 等。

五　新加坡华人宗亲会的社会功能

（一）祭祀祖先

华人到了新加坡，远离故土，宗族祖先是维系同姓宗亲的主要纽带。如号称新加坡最早成立的华人宗亲组织——曹家馆，据该馆于 1847 年 7 月 1 日从东印度公司获得的地契背面所言，"我曹氏建斯馆于鹅嘈之地……永为久远之基。遇年祭扫之期，得为办理之所"；③ 1854 年成立的台山黄家馆每年都举行致祭先人坟墓的活动；④ 1860 年成立的濂溪别墅周家祠宗旨之一就是"春秋二祭祖先"，其总坟设于广肇惠碧山亭第三亭坡家山；⑤ 1865 年正式成立的凤廓汾阳公司的宗旨之一就是"纪念祖先，敦睦宗族"，且据 1954 年凤廓汾阳公墓碑记所载，潮安凤廓汾阳公司建立"旨在缉熙昭穆，酬神扫墓，行之百年矣"；⑥ 1845 年以来，由于潮籍黄氏族人渐多，在乌节路潮人坟山泰山亭修有黄氏祖墓作为祀典之地，至 1866 年，潮州

---

① ［新加坡］林氏公会会刊编辑委员会：《星洲琼崖林氏公会十周年纪念刊》卷二"会务"，星洲琼崖林氏公会 1948 年版，第 63—69 页。

② ［新加坡］南洋黄氏总会出版工作委员会：《南洋黄氏总会银禧纪念特刊》第十辑《本总会章程及征信录》，南洋黄氏总会 1976 年版，K4。

③ ［新加坡］吴华：《新嘉坡华族会馆志》第 2 册，南洋学会 1975 年版，第 1 页。

④ 同上书，第 7 页。

⑤ 同上书，第 11 页。

⑥ 同上书，第 12、13 页。

江夏堂正式建立，并在泰山亭边修建"江夏祠堂"，进行"祭祀祖先祠墓"，以"敦宗睦族，联络感情"，1928年，该堂重建祠宇，正式建立董事会，采用总理协理制，二战后，采用委员制。1952年年底，该堂把始祖峭山公坟冢从泰山亭迁至广德山之原；① 1874年成立的刘关张赵四姓古城会馆"以纪念四姓先圣之诞辰，举行春秋二祭，庆祝周年纪念"为其宗旨之一，其中这个周年纪念主要是五位先圣宝诞祀典，即刘昭烈帝农历正月十九，关汉寿亭侯农历六月廿四日，张桓侯农历八月初八日，赵顺平侯农历九月初九日，诸葛武侯农历七月廿三日。②

（二）接待新移居宗亲

曹家馆创始人之一曹义符指出，"我曹氏建斯馆于鹅嘈之地……永为久远之基……经商各埠往来者，得为止宿"；③ 广惠肇李氏书室肇基于清同治年间（1861—1873），李氏同宗海员往来穿行于中国香港和新加坡之间，"乃联合同业宗亲捐资购置荳腐街廿五号为馆址，以作为李氏宗亲海员来往栖息之所在"；④ 星洲琼崖林氏公会《会章修正全文》第二十条规定，"凡外埠会员及宗亲等，其来往本坡时，得在本会特设房位中留宿，但以二星期为限（女性者不在此例）且并须有会员二位介绍方准"。⑤

（三）救济与帮助宗亲

这个职责一般由各宗亲组织的互助会（或互助股、互助部等）来施行。互助会属于执行委员会之常委会机构，设有互助主任，也有设立正副主任各一人，也有的互助会单独设立委员会，设有主席、副主

---

① ［新加坡］吴华：《新嘉坡华族会馆志》第2册，南洋学会1975年版，第14页。
② 同上书，第21页。
③ 同上书，第1页。
④ 同上书，第16页。
⑤ ［新加坡］林氏公会会刊编辑委员会：《星洲琼崖林氏公会十周年纪念刊》卷二"会务"，星洲琼崖林氏公会1948年版，第67页。

席、总务、财政等。凤廓汾阳公司的宗旨之一即"发挥互助精神，共谋宗人福利"，明确指出"为救济居星之潮安县籍凤廓乡大龙坑郭姓及留龙郭之贫苦乡人"，以及凤廓郭氏之"贫病者"，"并有施棺之善举，对宗人之福利事业贡献不少"，"复对社会公益事业尽了不少力量"；① 广惠肇李氏书室之互助会于 1962 年设立，第一届主席为李潍森，总务为李骏，财政为李福康；② 司徒氏教伦堂于 1948 年组织互助会，定名为"司徒氏宗亲联合储蓄互助会"，1960 年奉命重新注册互助会，改名为"司徒氏宗亲互助会"；③《颖川公所章程》对会员"丧事"有具体规定：

(1) 会员逝世其亲属须在三十六小时前来函通知本公所，方有享受执绋与守丧之权；

(2) 名誉会员及名誉会董逝世其亲属须在三十六小时前通知本公所方有执绋守丧之权；

(3) 名誉会长或其夫人及其父母逝世其亲属须在三十六小时前，通知本公所方有享受执绋守丧之权；

(4) 凡会员逝世本公所应备一花圈以辁之。④

当然，会员有喜庆之事，宗亲组织更要帮助，不过要事先通知：

(1) 凡会员有喜庆事，苟来函请求人力帮忙者，本公所得派人为其帮理之；

(2) 会员有寿婚喜庆苟请柬有请本公所名义者，得馈赠以相

---

① ［新加坡］吴华：《新嘉坡华族会馆志》第 2 册，南洋学会 1975 年版，第 12、13 页。

② 同上书，第 16 页。

③ 同上书，第 19 页。

④ ［新加坡］颖川公所：《新加坡颖川公所十六周年特刊》第八章"会务"，颖川公所 1954 年版，第 6 页。

当之礼物。①

《颖川公所章程》附有《颖川公所互助股细则》② 规定：

第一条：本股细则，系依据本公所章程第四章第廿四条之需要，经由民国三十七年八月十三日之第二次特别会员大会议决，审查通过，为关于本公所股员及其家属丧事之互助，而订立施行者。

第二条：本互助股，设正主任一名人，副主任三人，由本所章程第三章之第十二条任之，其职务为负责本股一切之进行，当正主任缺席时，由副主任代行其职务，此外另由正副主任物色干事五人，襄理互助股丧事一切之事宜。

第三条：凡本公所会员，皆得参加为本股股员，并可荫其家属三名（限内亲），同时入股，但必须经过下列诸手续：

（甲）：本股规定于每季首月（即一，四，七，十），方能加入。

（乙）：入股时须缴纳基金三元，襟章费一元，及每名须先交一季三元之互助金，而家属则豁免基金和襟章费，以示优待。（所有收据，均宜保存）

第四条：凡新加入股员，须入一季之后，方能享受权利（例如：在一月加入，须至四月一日以后，方有享受权利）。

第五条：本股股员，每人每月应缴纳互助金一元，并须于该月内到会缴纳，或交本公所收捐员均可，（倘有托人送交，若有发生弊端，本股概不负责任）。

第六条：本股股员之互助金，规定逐月内还清，方有享受应得互助金之权利。倘有过月来③缴清者，应由其还款之日算起停止权利一星期，然至每季之末月，则不能拖欠，必须全数还清，否则本股有权取消其股员资格。

星洲琼崖林氏公会《会章修正全文》对会员失业、婚丧喜庆、

① ［新加坡］颖川公所：《新加坡颖川公所十六周年特刊》第八章"会务"，颖川公所1954年版，第6页。

② 同上书，第10—11页。

③ 此"来"应是"未"之误。

生病与外埠会员及宗亲来新加坡等需要互助之事宜做了详细规定：

第十九条　凡本坡会员在失业时期，有在会免费寓宿之权（女性者不在此例）若有业而在本会寓宿者，每月须补助灯水费二元，寓宿会员均须向秘书处登记方准。

第廿一条　本会会员，属于鳏寡孤独无靠者，必要时由本会负责酌量乐捐以赒济之。

第廿五条　凡会员遇有喜庆事件，均得借用本会为其招待场所，但须缴纳灯水费及什费银廿五元，而本会亦须具十元以内之礼物相赠，以表贺意，若不在本会举行，而有柬请本会者，而送礼亦同，若该会员拖欠会费者，则须常委会允准方可。

第廿六条　（一）凡寓宿会员有恙时，能自休养者，得在本会休养之，如病势沉重，或系传染病，经医生证明者，须自赴医院调治，不得在本会留医，致碍公众之卫生。

（二）凡会员病重，本人乏资调治，而又举目无亲者，经调查股调查确实后，由本会送往贫人医院，其接济之厚薄，视本会乐捐之多少为断。

第廿七条　凡会员病故，不准在本会治丧，仅许其出殡之日，由本会门口经过，本会设备祭仪，集中会员在门口停棺致祭之，以表哀情，但须事先来会报告之。

第廿八条　凡会员病故，乏资殡殓而又举目无亲者，除照章应享固定葬费外，复由本会负责向会员乐捐带助之，但须由调查股调查确实，方准行之。

第廿九条　（一）凡本坡会员，克尽本会义务者，其家苟有丧事时，本会应备吊唁致祭，会员亦须参与丧礼，以表哀思，但用费不得超过卅元。

（二）外埠会员其家苟有丧事，则由该埠会代表代表本会致祭之，其用费亦同，但须先来函报告方可。①

①　［新加坡］林氏公会会刊编辑委员会：《星洲琼崖林氏公会十周年纪念刊》卷二"会务"，星洲琼崖林氏公会1948年版，第67页。

　　而且，宗亲会员遇到特殊情况时，可以获得宗亲组织的优待。如《颍川公所章程》规定，"会员遇有离埠，或疾病失业等困难，无法依章缴纳月捐等一切捐款者，可函请本公所，本公所当根据情形，予以豁免，及至其回埠，或恢复常态时为止，然离埠期间不得超过六个月"①。

（四）管理宗族产业及其收益

　　一般所谓宗族产业主要包括会所、宗祠、房产、义冢坟山、各种设备、土地以及租金、捐款之金收益等。一般宗亲会都专门为宗族产业设立条款，逐渐建立一套相对完善的管理体制。"为保管该公司之产业（现有产业为加宾打街门牌十八号屋宇一座）"是凤廊汾阳公司成立的宗旨之一，"该公司以屋宇之租金收入，充作慈善之用"；② 司徒氏教伦堂前身为大约 1870 年组建的司徒家塾，购置丹戎百葛振来街一号为会馆，二战后，教伦堂得到本宗十几位宗长免息借款 23 000 元，购置了乞纳街八十五号三层楼宇一座，1956 年，教伦堂将振来街会馆出售，新置火城芳律七十六号 C 四、五楼两层为堂产，其中将四楼出租以充为经费，以五楼作为本堂会所。③

（五）与政府以及其他社团进行交往

　　这个功能一般由执行委员会常委会所属的交际股来实行。《颍川公所章程》规定，执委会所属常委会交际股的主要职责是"负责办理对外交涉，与联络会员或各社团之间的应酬事宜"④。

（六）公断是非

　　曹家馆从东印度公司获得的地契背面书云，"我曹氏建斯馆于鹅

　　① ［新加坡］颍川公所：《新加坡颍川公所十六周年特刊》第八章"会务"，颍川公所 1954 年版，第 7 页。
　　② ［新加坡］吴华：《新嘉坡华族会馆志》第 2 册，南洋学会 1975 年版，第 13 页。
　　③ 同上书，第 18、19 页。
　　④ ［新加坡］颍川公所：《新加坡颍川公所十六周年特刊》第八章"会务"，颍川公所 1954 年版，第 8 页。

嘈之地……永为久远之基……或有屈曲之事，集众公断"；①《颍川公所章程》规定，"凡会员与人纠纷，或发生困难时，得到本公所声明，本公所得斟酌情形，为其调解或援助之，但不得超越当地法律之外"。②

（七）教育资助

吴华指出，凤廓汾阳公司"向来热心教育"③，即该公司应该有专门设立助学金，资助本公司会员子女；广惠肇李氏书室于1966年设立会员子女奖学金，"以鼓励会员子女努力学习，凡肄业于小学，中学，大学而学业品行优良者均可申请"④；为本宗族培养英才、奖励后进，司徒氏教伦堂于1946年成立助学金小组，发起筹集基金以作为助学金；⑤星洲琼崖林氏公会规定，"每年秋祭期奖学一次，凡会员及其子侄男女孙等在中英文大中小学就读，学期考试成绩在三名以内者，皆得分别奖赏之，以示鼓励，其奖品因时而定，用款多少，由本会发给之"⑥。

（八）文化交流与传播

宗亲组织一般设立音乐股、舞狮队、剧团、乐队等机构，进行各种演出与交流。如广惠肇李氏书室于1951年成立音乐戏剧组。⑦

从这些社会功能来看，新加坡华人宗亲会的作用实际上跟中国内地宗族组织的社会功能基本上一致。这说明，这些海外华人即使是在他乡异国，也总是难免自觉不自觉地把故土的文化移植到新的居住地。

---

① ［新加坡］吴华：《新嘉坡华族会馆志》第2册，南洋学会1975年版，第1页。
② ［新加坡］颍川公所：《新加坡颍川公所十六周年特刊》第八章"会务"，颍川公所1954年版，第6页。
③ ［新加坡］吴华：《新嘉坡华族会馆志》第2册，南洋学会1975年版，第13页。
④ 同上书，第17页。
⑤ 同上书，第19页。
⑥ ［新加坡］林氏公会会刊编辑委员会：《星洲琼崖林氏公会十周年纪念刊》卷二"会务"，星洲琼崖林氏公会1948年版，第68页。
⑦ ［新加坡］吴华：《新嘉坡华族会馆志》第2册，南洋学会1975年版，第17页。

六　结语

新加坡开埠后，各种族移民纷至沓来，其中华人移民越来越多，至 2000 年的统计，新加坡华人常住人口达 250 余万。华人的大量移入，为了生存和为宗族谋福利，华人宗族组织随之产生了。这些华人宗族组织主要以方言群划分为闽籍、潮籍、粤籍、琼籍、客属等，可以分为地缘性宗亲组织、同姓联宗宗亲组织与异姓联宗宗亲组织。新加坡政府制定了社团法令进行管理，华人宗亲组织的管理制度经历了董事总理制、总理协理制和委员会制三个阶段，其社会功能主要体现在祭祀祖先与联络感情、为新移民提供临时住所、救济与帮助宗亲、对外交往、管理宗亲会资产和收益、教育救助、文化交流与传播、体育运动开展等方面。作为中华文化的一部分，宗族制度也是随着海外华人移居国外，把故土文化移植到新的居住地。

浅谈 17 世纪初期重要海商人物李旦与颜思齐之区别与不同建树

何 池*

摘 要： 本文以史实为基础，对 17 世纪初期东南沿海两位重要的海商人物李旦和颜思齐是否同属一人的问题及其不同的建树和业绩作了探讨。先是分别铺叙李旦、颜思齐的不同生活轨迹和生平事迹，而后从李、颜两人的籍贯、经历、经营事业的侧重点、去世的原因、时间和地点的不同，得出李、颜是完全不同的两个人的结论。文章最后阐述了李、颜两人经营的不同事业以及所建立的不同功绩和影响，充分肯定了这两位同一时期的历史人物是中国海上丝绸之路的先行者，他们为开拓我国海外贸易、为开发台湾所做出的不同贡献、所建立的巨大功绩及其重要影响。

关键词： 颜思齐 李旦

17 世纪初期，在东南海上活跃着许多著名海商，颜思齐和李旦是其中最具代表性的人物。在史界，对于颜思齐与李旦，却有两种不同的观点：一些人认为颜和李是同一个人，一些人则持相反的看法。笔者认为，这是牵涉台湾开发史源头和开发台湾重要历史人物的重大问题，也是牵涉我国海上丝绸之路、明末漳州海商及影响的问题，不可不追根溯本，厘清迷雾，以正视听。本文以史料为基础，

---

* 何池，男，福建漳州市人，漳州市委党校历史学教授，闽南师大闽南文化研究院特聘教授，漳州市闽南文化研究会副会长。

就此作粗浅探讨。

一 史料记载之李旦生平事迹

李旦，又名李习、李旭，闽南泉州惠安人，生卒时间约为1560—1625年。他与海澄人颜思齐、南安石井人郑芝龙同属17世纪初期最著名的海商①，是当时海内外势力最大影响也最大的海商集团首领。

李旦一生着力经营海外贸易，成效显著，富甲一方。16世纪末17世纪初在菲律宾马尼拉经商时，就已是该地华人社区的首领。

1603年10月之后的数年里，占据菲律宾的西班牙殖民者对菲律宾华侨进行了5次大屠杀，有2.4万多华侨被屠杀，其中有不少是泉州籍华侨。李旦因财富而遭殃，西班牙人寻找借口将他逮捕下狱，"没收了他所有的财产和货物，并投入监狱达九年之久，西班牙人没收他在菲律宾群岛的财产超过四万块金条"。②并被罚在一艘叫galey-en的船上服苦役。"在参与1606年西班牙人征讨摩鹿加（摩洛哥）战役后被释放，于1607年投奔他在日本的（义）兄弟欧华宁。"③之后移居日本长崎平户的木引町。④当时的日本幕府为防止商人豪富与幕府对立，巩固幕藩体制，从第二代将军德川秀忠时起，对外政策开始向锁国政策转变。1616年，严厉实行海禁，拒绝与西班牙通商，规定欧洲船只和中国船只只能在平户、长崎两港停泊交易，于是，此时的长崎和平户就成为中国商民（尤其是闽南商人）的活跃之地（有两三万人）。⑤中国商人聚集在今日平户岛户木引町一带，形成一个中国城（唐人街）的规模，在那时候叫"唐人町"，中国货物充斥

---

① 综合《泉州人名录·郑芝龙》（www.qzhnet.com）、惠安热线（http://www.huian888.com）以及张菲《明代泉州海商李旦的三大谜团》。载泉州市科技信息网，2010年7月12日。

② 张国琳编：《惠安历史人物新编》（惠安文史资料特刊），鹭江出版社2011年版，第190页。

③ 同上。

④ ［日］平户松浦史料博物馆出版的《史都平户》第23节，1992年版。

⑤ 郑广南：《中国海盗史》，华东理工大学出版社1998年版，第407页。

这里的市场，京都、堺港等各地商人咸集于此，人们称为"西都"。①

　　聪明的李旦吸取在菲律宾的惨痛教训，积极结交平户官场的头面人物，包括长崎奉行长（相当于市长）谷川权六、平户岛主法印镇信、英国派往日本建立商馆的赛利斯、荷兰人宋克等人，与他们来往密切。这使得李旦在平户左右逢源，为他开展海上商务贸易提供了很好的环境条件。善于经营的他在岛上建置房屋，设立商号货栈，通贸海外，获利甚丰，几年后，他又积累了巨额财产，在当地的社会声望与日俱增，很快成了日本最大的华人海商集团的领袖。就连在平户的荷兰人也说："李旦在长崎平户有巨大财产、漂亮的住宅、美丽的妻子和女儿。"②

　　明万历四十三年（1615）以后，李旦的船只开始出入台湾，向前往台湾的福建商船收购丝绸等货物，李旦的儿子李国助及亲戚二官一起在台南嘉义一带海岸经营，最早开拓出了台湾的海上商贸业。其商船则往来日本、台湾、闽粤、越南、暹罗、巴达维亚（即印尼雅加达）一带，载运生丝等中国货物至日本贩卖，成为纵横东南亚一带最大的商业贸易巨擘。明天启五年（1625）7 月 3 日，李旦为了处理与英国商馆的债务纠纷，乘船装载着绸缎自台湾起程返回日本，7 月 14 日即病逝平户，一代海上枭雄李旦波澜壮阔的一生至此画上了句号。③

　　郑芝龙随李旦押货到日本，曾"寄身门下"，"以父事之"。李旦欣赏郑的才能，"把几艘船和大量财富交给他监管，委托他在交趾和柬埔寨经商"，"郑芝龙出色完成任务，给主人赚了厚利，并获得巨大的信任"。④ 不久，李旦将郑芝龙收为义子。这意味着在李旦死后，他的巨额财富将有一部分遗留给这个年轻人。可以说，李旦巨额财产为郑芝龙日后的迅速崛起奠定了雄厚的基础。

　　①　［日］木宫泰彦：《日中文化交流史》，胡锡年译，商务印书馆 1980 年版。
　　②　1623 年 12 月 16 日平户商馆致司令官 Cornelis Reijersen 的信。参见［日］岩生成一《明末日本侨寓支那人甲必丹李旦考》，载《东洋学报》第二十三卷第三号。
　　③　郑广南：《中国海盗史》，华东理工大学出版社 1998 年版，第 410 页。
　　④　《泉州人名录》（www.qzhnet.com）。

二 史料记载之颜思齐生平事迹

颜思齐，字振泉，明神宗万历十七年（1589），出生于漳州府海澄县海沧青礁村（1958 年划归厦门海沧管辖）。颜思齐自幼资质聪颖，好学勤奋，练就了一身好武艺，还学会了一手裁缝好功夫，在县城月港开了一爿裁缝店，是月港一带出名的裁缝匠。颜思齐性格豪爽豁达，为人刚强正直，不畏强暴，好打不平，民众口碑甚好。

明代隆庆特许漳州月港开洋之后，海澄月港商机兴旺，它成为我国海外贸易的中心，人口稠密，商贾云集，市镇繁华，享有"小苏杭"之称。明王朝在月港设置"督饷馆"，征收对外贸易关税，税监高采专横跋扈。他的恶奴何海作恶多端，月港人对其恨之入骨，叫他为"祸害"。万历四十年（1612）深秋，颜思齐因打抱不平，出拳打死了仗势欺人的何海，闹出了人命，在官府派人缉捕之前，匆匆逃离月港，乘着来往于月港至日本的货船前往日本平户。

逃到日本的颜思齐在平户埠头避难。起初为了生活，他重操裁缝旧业。不久，经朋友的帮助，他开始从事中日间的海上贸易，逐渐发达起来。他一向好交朋友，仗义疏财，深受旅日华人的拥戴。日本平户当局任命他为管理华人的甲螺（小头目）。当时日本处在德川幕府第三代将军德川家光的统治下，百姓十分贫穷。农民除了缴纳地租外，还要为领主做各种苦役，没有人身的自由，此迫使农民起义反抗。许多留居日本的闽南人，经常与颜思齐往来，意气相投。大家都很同情日本人民的苦难处境，不满幕府封建专制的统治。

日本元和七年（即明朝天启元年，1621）六月，颜思齐与杨天生、陈衷纪、张弘，洪升、陈勋、杨经、林福、李英、郑芝龙、郭怀一、刘宗、庄桂、黄昭等 28 人结为同盟兄弟，因颜思齐的威望高，大家推举他为盟主，期望做一番大事，建功立业。颜思齐提出加入日本农民、町人（居民）来推翻幕府统治的政治斗争的建议得到大家一致赞同。他们开始购买武器，招兵买马，进行起义准备工作，决定在八月十五日上午起义，先夺取炮台，进而攻占长崎县政府。

起义的前两天——十三日，恰逢杨经生日，兄弟们设宴庆贺，大家在杨家开怀畅饮。李英饮得酩酊大醉，是夜对其日妇壬氏吐露了起义真情。翌日壬氏告诉其弟壬六平。壬六平是个富商，生怕东窗事发株连自己和家人，立即出首报官，幕府获悉派人缉捕。幸好郑芝龙丈人翁翌皇在县衙任事，得此消息，马上告知郑芝龙、颜思齐等。颜思齐等人立刻通知二三百参加起义的闽南人，于十四日下午分乘十三艘帆船逃离日本。是时正逢退潮风顺，各船只坐潮顺风而行。幕府官兵在岸上发炮追击，由于距离较远，帆船没有被打中，平安逃离日本。

颜思齐等人的船队在海上漂流了数天，本来打算驶抵浙江舟山，但众人意见分歧。颜思齐令船夜泊九洲西海岸的外岛——洲仔尾，讨论何去何从。陈衷纪竭力主张驶向台湾。他说："吾闻琉球（当时台湾之称）为海上荒岛，势控东西。地肥饶可霸。"① 众人也认为这是一条出路。颜思齐采纳了陈衷纪的建议，带领各船向台湾进发，经过八昼夜的航行，于八月二十三日在台湾西南海岸的笨港溪水林后寮湾的土厝大排登陆。② 众人见到只是一片荆莽遍野的蛮荒景象，茫无人烟。他们一路上披荆斩棘，逐步进入到诸罗山（今嘉义市界）。这里原有少数民族居住，颜思齐同他们进行谈判，经过协商后彼此划界，互不侵犯。于是，颜思齐安排大家在笨港溪两岸筑寨屯居，耕猎垦殖，与当地少数民族和睦相处，还派人教他们闽南牛耕农业生产技术。不久，颜思齐派人返回漳泉故里招募贫民到台湾开垦，先后有三批青壮年计三千多人应募到台湾。颜思齐以诸罗山为根据地，建了十个寮寨安置他们，各寨设有寨主，建立寮寨管理制度。他组织大家种植水稻，甘蔗和果树等，并挑选了有航海经验的渔民，以原来十三艘帆船进行海上贸易，解决岛上生产和生活必需的物质和资金。又在笨港主寨，建成井字形的街道，分为九个区，中区筑大台楼为管理机构

---

① 刘子民:《漳州过台湾》，海风出版社 1995 年版，第 95 页。
② 蔡智明:《水林思齐》，云林县政府文化局 2005 年版，第 139 页。

（后人称为"开台王府"），东区设读书堂，西区立天妃祠，南区军营，北区仓库。据传说，颜思齐在台湾登陆之地原名海湾，因为"海湾"内有"台楼"，"台楼"外有"海湾"，所以先民们将这荒岛称为"台湾"，这就是台湾地名的由来。陈梦林编于康熙末年的《诸罗县志》对这一观点予以肯定，称：

> 天启元年，颜思齐横行闽海，声势浩大，踞有土，始称台湾。

天启五年（1625）九月，颜思齐与部众一起到诸罗山上捕猎，在回来时欢饮过度，感染风寒，医治无效，数日后，年仅36岁的颜思齐去世。是年十二月，各寨寨主推选郑芝龙为首领，继续颜思齐的农业拓殖事业。

颜思齐去世后葬于诸罗山三界埔山，即今嘉义县水上乡与中埔乡交界处的三界埔尖山山上。后来郑成功抗击荷兰侵略者收复了台湾，曾亲临颜思齐墓前拜谒，并用剑在墓碑上刻下一道剑痕为记，剑痕至今仍在。[1]

三　颜思齐和李旦不是同一个人

李旦与颜思齐生活于同一历史时期，生活和经商经历颇有相似之处，人生轨迹确有多处交叉和重合，因此，学界对这么相似的两人是否为同一人有不同观点，日本学者岩生成一[2]认为，李旦和颜思齐是一个人所用的两个名字。荷兰学者包乐史则认为，李旦和颜思齐都是海盗（商）集团的首领，活动于台湾和九州之间，郑芝龙是这两个人的属下，颜思齐是李旦的亲信之一。中国著名历史学者傅衣凌对颜

---

[1] 蔡智明：《水林思齐》，云林县政府文化局2005年版，第145页。
[2] ［日］岩生成一（いわお せいいち、1900年6月2日—1988年3月21日），日本历史学者、东京大学名誉教授。

思齐与李旦是一个人"深感怀疑"。而陈碧笙[①]以"此两人出生地、活动区域、活动内容和方式，死亡时间及死后事业由郑芝龙继承等方面几乎完全相同。证之各书记载非颜即李，非李即颜，极少两名同时俱见之例"，认定李旦与颜思齐为一人。张宗洽[②]认为"颜思齐其人是狡黠多智的郑芝龙为了洗刷他吞没李旦财产和丑名而虚构影捏的"。

　　笔者认为，从诸多史料和上述两个人的生平大事看，李旦与颜思齐确实有着许多惊人的相似之处，比如生活年代相同，都是闽南籍，都从事海商航运业，与荷兰人打交道的许多记载相同，商贸活动的基地都在台湾和日本的平户，都是同一时期海商集团的首领，都有一位得力搭档郑芝龙，就连去世的时间也在同一年，等等。正是这么多的相似之处，容易使人产生"李、颜是一个人"的错觉。

　　笔者认为，在万历至天启年间那样特定的历史时期，闽南沿海有无数从事海上贸易的个体，绝对不能把同一时代许多有着相同经历甚至有相同生活和经商轨迹的人们合并为一个人。尽管李、颜两人相同之处不少，但只要仔细分析其中许多紧要之处的不同，尤其是从前面已述的两个人不同的生平事迹的许多细节以及其他史料，都可以清楚地看到，李旦和颜思齐完全是同一时期的两个不同历史人物。现归纳如下：

　　一是籍贯不同。李旦为泉州惠安人，颜思齐是漳州海澄（现为厦门海沧）青礁村人。据《明实录·卷五十八》载"福建巡抚南居益天启五年（1625）四月戊寅题奏"云："今镇臣俞咨皋言，泉州人李旦，久在倭用事。"又据 2002 年由中国华侨出版社出版的 12 卷本大型工具书《华侨华人百科全书·人物卷》的日本华人人物有关李旦的词目和资料云："李旦，明末清初日本平户华侨贸易商。福建泉州

---

　　① 陈碧笙，福建福州人，著名历史教授。1932 年毕业于日本早稻田大学政治学部，获政治学学士学位。回国后在上海暨南大学经济系任教，20 世纪三四十年代曾积极参与抗日进步活动。新中国成立后，历任厦门大学教授、历史系主任、台湾研究所所长，有《台湾地方史》等著述。

　　② 张宗洽，福建莆田人，曾任郑成功纪念馆副馆长，现为福建省文史研究馆馆员、《鼓浪屿文史资料》主编。

人，曾在马尼拉经商，后到日本，居于平户，成为当地华裔领袖。拥有大批船舶，1614 至 1625 年间其商船往返于日本、福建、台湾、吕宋、越南间经营海上贸易。"

而颜思齐籍贯则在漳州府海澄县的青礁村。江日升《台湾外纪·卷一》载：颜思齐"福建海澄人，姓颜名思齐，字振泉……"颜慥是青礁村的开基祖，青礁村《颜氏族谱》显示："慥公二十世孙颜思齐……"记载颜思齐籍贯青礁和生平事迹的史料还有许多，如高拱乾编于康熙三十五年的《台湾府志》、康熙末年周元文编的《重修台湾府志》、朱仕玠写于乾隆年间的《海东纪胜》《清一统志·台湾府》《福建通志·台湾府》等，以及三界埔尖颜思齐墓前碑文、北港镇颜思齐拓台登陆纪念碑碑座铭文，等等。

二是经历不同。李旦最早开展海上经贸的地点是在菲律宾，是在受到占据菲律宾的西班牙殖民者对菲律宾华侨的迫害、没收巨额财产后才转到日本平户经商的，他的事业发祥地在菲律宾，而后才是在日本。他自始至终是一个成功的生意人。而颜思齐则是一个侠骨心肠的裁缝师，在家乡路遇不平拔刀相助的义举之后逃亡日本平户的，并因在日本加入推翻幕府专制制度的起义潮流之中，事泄又逃亡台湾，他从没有到过菲律宾。尽管后来在台湾的几年中也成就了一番事业，他与李旦都有雄霸海上的雄才大略，但其草根性因素更浓重一些。

三是事业的侧重点不同。在荷兰人占有台湾以前，李旦、颜思齐虽然都共同以日本的平户、长崎和台湾的云林、嘉义一带为基地，从事海上贸易活动，但是李旦终其一生，所经营的海上商贸大业始终没有改变。

而颜思齐也有海上商贸事业，但他更重要的贡献在于对台湾的农业开发所形成的垦殖事业，否则他就不会去募集三千多漳泉乡亲共襄开台盛举。

四是他们与共同搭档郑芝龙的关系不同。郑芝龙是颜思齐的结拜兄弟，是颜思齐 28 位拜把兄弟中最小的一位。而郑芝龙则是李旦的义子，在李旦宏大的海商事业中，郑芝龙是他极为重要的助手。

　　五是去世的原因、时间和地点不同。李旦是为处理与英国商馆的债务纠纷，乘船装载货物从台湾返回日本平户，到平户 11 天后即病亡的。颜思齐是率众到诸罗山（今台湾嘉义）狩猎染上伤寒而逝的，从染病到去世时间虽然都很短，都在天启五年（1625），但是前一个时间在七月，后一个时间在九月，前后相差两个月，而且两个人去世时的年龄也不一样，颜思齐只 36 岁，可谓是英年早逝。而李旦则不然，据一位著名的美国作家 Sterling Seagrave（斯特林·西格雷夫）①所说的："李旦于 1625 年以高龄逝世。"② 笔者遍查有关史料，只在泉州"惠安热线"找到李旦生卒的大概时间，按这个时间算来，李旦活了 65 岁。按照李旦生活轨迹来看，1603 年他在菲律宾已经是事业成功，拥有如菲律宾报纸所说的"金山"一般的财富，按一般的规律，这时的李旦至少在 30 多岁的年龄。又据有关史料显示，万历四十三年（1615），李旦的儿子李国助已能够在嘉义一带海岸经营海上贸易，按常规来讲，这时的李旦已 50 岁开外。这样到天启五年（1625）去世，65 岁应该没有问题。在近 400 年前，当然是高龄的了。

　　从去世地点来说，李旦在日本平户，颜思齐在台湾笨港的主寨。现在，颜思齐当年开发的嘉义水上乡三界埔尖有他的陵墓。连横《台湾通史》云："思齐死，葬于诸罗东南三界埔山，其墓犹存"，不仅台湾颜氏宗亲在每年清明节都前去扫墓，在近年两岸关系和平发展的形势下，他在大陆家乡青礁颜氏宗亲也开始前去祭拜，2011年清明节前夕，两岸颜氏宗亲还在嘉义水上乡三界埔颜思齐陵墓前举行了盛大的共祭开台王活动，这应该可作为颜思齐不是李旦的最好证明。

---

　　①　［美］斯特林·西格雷夫（Sterling Seagrave）是一个以揭露重大历史秘密而著名的作家，他曾出版了引起世界轰动的《宋家王朝》《马科斯王朝》《大和王朝》等作品。而《黄金武士》是他耗时 18 个春秋，冒着生命危险推出的又一力作，为世人揭开了 20 世纪隐藏时间最久、掩盖最深、波及范围最广的日本在二战期间掠夺亚洲巨额财富的秘密。《黄金武士》已在全世界各地出版了十余种文版。因此他所披露的许多史料具有较高的可靠性。
　　②　《十七世纪初菲律宾的一位传奇性华人——李旦》，菲律宾《世界日报》2007 年 3 月 25 日。

四　李旦和颜思齐所建立的不同业绩和影响

李旦和颜思齐都是 17 世纪一二十年代的海上风云人物，他们所建树的事业、功绩和影响都各不相同。若就财富而言，李旦所拥有的船队和财富比颜思齐要多得多，若就对台湾开发的建树和影响而言，颜思齐则比李旦要大得多。

李旦先是成为菲律宾最大的华人商贸首领，在平户又成为日本最大的华人海商集团领袖，最后成为纵横东南亚一带最大的外贸航运商。他曾经是庞大的东南沿海海上贸易网络的首领和巨额财富的拥有者，长达三十年。在西方的船长之间，他被称为 Captain Andrea Ditties（安德烈·迪特斯船长）。因为从印尼泗水到日本长崎的任何地方，如果要买针头线脑等小生活必需品，都可在李旦集团所经营的百货店之一找到这些生活必需的零星杂物。在当时，李旦还是菲律宾马尼拉二万六千人华人社会的 "Captain China"（中国甲必丹）。[①]

斯特林·西格雷夫 1995 年出版的关于海外华人的著作 Lords of theRim, TheInvisible Empireofthe Overseas Chnese（《环太平洋领主，海外华人的无形帝国》）一书中讲到菲华历史上有一个叫 Li Tan（李旦）的传奇性人物，他拥有 "金山" 般的巨大财产，在菲律宾的西班牙殖民者中许多人欠他许多钱，作为一种重整债务的方式，在 1603 年他们挑起一场针对菲华的大屠杀，在这次排华事件中，李旦被捕和判处在船上做苦工，西班牙人没收他在群岛的财产，包括超过四万块金条，据说这只是他财产的一小部分。西格雷夫写道："李旦的其他财富藏匿在厦门和日本。"因此，在 1606 年他在西班牙人征讨摩鹿加（摩洛哥）战役后被释放，翌年他把公司总部迁到日本的平户和长崎，在那里他重新成为中国海的霸主角色。[②] 用现在的话来说，早在 400 多年前，李旦就已经在东南亚地区创办起了庞大的跨国公司，是

---

①　《十七世纪初菲律宾的一位传奇性华人——李旦》，菲律宾《世界日报》2007 年 3 月 25 日。

②　同上。

这个庞大商贸帝国的"总裁",其影响主要在于海上商贸领域。

颜思齐虽然在海上贸易方面也有所建树,但是其重要影响和贡献则在于对台湾的开发上。他组织有史以来第一次大陆移台垦殖活动,由此拉开台湾开发的序幕;他开发出来的笨港溪两岸广袤的土地,成了大陆汉民族继续开发的奠基石和发祥地。[1] 他在台南建立的垦殖基地,大量接纳来自漳泉沿海的乡亲,由此打开大陆民众迁台通道,使大陆民众进一步了解台湾,认识台湾,促使闽粤籍垦民成群结队迁居台湾,形成一波又一波的迁台高潮;他组织的开发活动使中心区域笨港成为台湾最早的港口集市,这一集市在清初发展成为台湾著名商港,而建于街市中心的开台王府则是台湾最早初具行政建制性质的汉民族社会管理机构。这一开台活动还拉开了在台湾大规模传播中华传统文化的序幕。由于第一次有这么多汉族垦民在短时间里到达台湾,他们在带来家乡的农作物、农具及生活用品、先进农业生产技术的同时,也带来了家乡的语言、岁时风俗、宗教信仰、文化艺术等中华文化及其子文化闽南文化,成为今天台湾主流文化的最早源头;他对台湾的开发还促使了"台湾"这一名称的开始使用。[2] 这为 30 多年后郑成功驱荷复台,继续开发台湾奠定了稳固基础。

永历十五年(1661),郑成功从料罗湾出发,挥师从澎湖登陆台湾,他在四月二十六日给处在郑军紧密包围中的荷兰执事的通牒书中说:

> ……台湾者,中国之土地也,久为贵国所踞,今余既来索,则地当归我。生死之权,在余手中,唯执事图之。[3]

由于有颜思齐及其后继者郑芝龙对台湾的大规模开发为基础,故

---

[1]　台湾《云林县采访册》,第 61—62 页。

[2]　详见本文作者的专题论文《颜思齐与台湾之称》,发表于《海峡通讯》2008 年第 9 期。

[3]　吴密察编:《台湾通史·唐山过海的故事》,时报文化出版股份有限公司 2005 年版,第 52 页。

郑成功的最后通牒措辞强硬，底气十足。

颜思齐是大陆第一次组织移民大规模垦殖台湾的领袖，是他奠定了大陆汉民族开拓台湾、建设台湾的根基。台湾同胞铭记颜思齐的拓台功绩，尊称他为"开台王"，在台湾北港镇文化路口的圆环，建起一座"颜思齐先生开拓台湾登陆纪念碑"，在新港乡奉天宫妈祖庙两侧，各兴建一座楼高五层的"思齐阁"和"怀笨楼"，他的"开台王"事迹编入台湾高中课本。① 这些情况说明：颜思齐开发台湾的影响极其重大而且深远，这一重大影响使颜思齐完成了从原来的"海寇"身份到"开台王"的嬗变，并充分体现了台湾同胞对这位"开台王"的崇敬之情。

结　论

李旦与颜思齐是同一时代的两个不同历史人物，他们的建树和业绩各不相同。他们的共同点在于都是明末东南沿海的海商人物，而不同点则甚多，其中最大的不同点是：李旦是明代中后期的闻名中外的海商，经营庞大海上贸易集团的船王，是中国历史上杰出的航运家、华侨领袖；而颜思齐则是"大规模开发台湾第一人"，被台湾同胞誉为"开台王"。他们在当时以自己的开拓精神以及所建立的不同的事业、重要的建树，对我国古代的"海上丝绸之路"的开拓与发展，对台湾的开发与发展予以了重大的影响，从而在古代中国的海外贸易史上，在台湾开发史上应该占有重要的位置。

---

① 台湾何志宏老师编写的台湾中学高一《台湾史》载：一、开台王。"……台湾开发史上，颜思齐被视为是最早率众纵横台湾海峡，招徕漳泉移民，大规模有组织拓垦台湾之人，因而被尊为'开台王'。节录自三民版《教师补充资料》第3页。"

侨乡和侨务工作研究

历史上广东四邑地籍民众的国内流动与海外移民

高伟浓　王　露

摘　要： 广东省的台山、新会、开平和恩平四县，素称"中国第一侨乡"。本文在前人关于"四邑"海外移民历史研究的基础上，承接"四邑"人在鸦片战争前的国内移民史与鸦片战争后的海外移民史，从地理文化的角度，论述了"四邑"人在悠久的历史进程中形成的移民基因。

关键词： 四邑　国内流动　海外移民

一　四邑的历史沿革与移民基因

四邑，指的是广东省的台山、新会、开平和恩平四县（改革开放后先后改为市），素称"中国第一侨乡"。在 20 世纪 70 年代以前的"传统移民时代"（实际上中国大陆的对外移民大潮到 1949 年就中止了），世界上很大一部分华侨就是"四邑"人。到 20 世纪 80 年代初进入"新移民时代"后，"四邑"人继续大量移民世界各地，特别是北美、南美和加勒比海地区。

今天的"四邑"，在秦汉时期属"百越"之地。秦始皇统一六国后，派大将赵佗率大军南下征服了百越，今两广地区开始归属中原

---

[*] 高伟浓，暨南大学教授、博士生导师；王露，暨南大学华侨华人研究院硕士研究生。

政权。后赵佗称王，自立"南越国"。汉武帝时平定之，将行政中心由原来的番禺（今广州）迁现两广交界处的"肇庆市封开县"，将封开县城的一条小河命名为广府河。自此，改县城以东称"广东"，以西称"广西"。今天两广的省名，由是而来。广东华侨后来又形成了广府人（分布在珠三角及粤北、粤西地区）、潮汕人（分布于粤东南的潮汕平原）、客家人（分布于粤东的梅州、惠州）三大群体，以及相应的粤语（广府语）、潮汕话和客家话三大方言。这三大群体全是中国历史上不同时期、不同地区的汉人移民的后代。广东"山高皇帝远"，历史上中原政权对广东的统治力一直十分脆弱，在中原板荡、国土分裂时期更是如此。每当这种情况发生，总有中原人士南迁避乱或避难，相沿成习，不绝如缕。历史上中原民众第一次大规模避乱南迁，发生在西晋"八王之乱"时期，直到唐朝建立，才告一段落。在数百年的大唐盛世中，来自中原各地的汉族人在广东重新混合，形成了在珠三角，以及沿北江、西江分布的"广府人"。而作为广府人较早分支的"四邑"人，就是在这个漫长的历史进程中逐渐形成的。由此可见，近世"四邑"人移民的传统基因，早在一千多年前就已经萌芽。到南宋时，由于北方少数民族入侵中原，长期的战乱，引发中原汉人在中国历史上第二次南迁广东，一直到清朝初年才告结束。

　　"四邑"在清代分属于肇庆和广州两个府。但这种建立在行政区域上的聚合力，远不如基于地缘和经济活动所产生的聚合力，因此便可以看到这样的历史现象：肇庆府开平、恩平二县与广州府的新会、台山二县的关系在实际上更加密切，世界各地的华侨社会中，往往以"四邑"的面目出现，至今这一情况依旧。只是在 20 世纪 80年代国内江门建市后，原"四邑"加上鹤山市，才形成了"五邑"的行政概念，此后"五邑"的概念才在国内流行开来，渐渐超过了"四邑"的概念。但在海外华侨华人社会中，人们大体上仍然沿袭"四邑"的概念，不管是在社团建置上，还是在社会结集与人们的观念上。

　　在地理上看，恩平与新会、台山、开平等地属同一个地理单元。

地理上，"四邑"交界处"各乡村，处处相通"①。因此在历史上就已经形成了一种经济上相互依赖的关系。例如，"自新（宁即台山）、恩（平）、开（平）、鹤（山）各县赴广州省会，必由新会经过"。②滨海的台山县海路畅通，对于"地多山谷、转运维艰"的恩平、开平，又"足资接济"③。"四邑"中，除新会县东北部"多商鲜农"外，其他地区具有浓厚的自然经济特色。例如，台山县"农安耕凿""工少滔淫"④。开平县则"男务耕耘，女勤纺织"，"百工手艺为于农隙之时"⑤。恩平县，"邑人向业耕稼，远出逐利者少"⑥。即使是新会县，其西南部也"多农鲜贾"⑦。由于务农的收入极其微薄，"四邑"部分地区的农民有往外县（主要是较富庶的南海、番禺和顺德"三邑"）打短工的习俗，"每于收获事竣，即间关数百里，往南海、九江等处估工担泥，借博劳资，至岁杪乃言旋"⑧。以上事实说明，"四邑"在历史上就已形成内部联系相对紧密的区块整体。

从文化地理角度看，恩平与东境台山、开平的共性，远多于西边的阳江、阳春等地。例如，就语言来说，"四邑话"属于粤方言区的一个亚区。虽然在恩平以及台山、新会、开平诸县市间也存在着差别（其实，即使是同一个县市的不同村镇间，也存在着微妙的差别），但是，这种内部差别相对于其与外部其他县市间的差别来说，还是比较小的。举例来说，就声母、韵母和声调来说，"四邑话"的内部差别就不大，但与广州话比较，差别就很大。语言的一致或相近，是今天海外华侨华人中的"四邑"籍人更容易形成聚居地的原因之一。1903年新会人梁启超游历北美后写道："凡外洋之粤民，皆有所谓三邑、四邑者，是最怪事。所谓三邑，则南海、番禺、顺德也。所谓四

---

① 光绪《新宁县志》。
② 民国十八年（1929）《恩平县志补遗》，第3页。
③ 民国二十三年（1934）《恩平县志》卷十四，第24页。
④ 光绪《新宁县志》。
⑤ 民国二十一年（1932）《开平县志》卷五，第1页。
⑥ 民国二十三年（1934）《恩平县志》卷四，第4页。
⑦ 光绪《广州府志》卷十五，第26页。
⑧ 民国二十三年（1934）《恩平县志》卷四，第12页。

邑，则新会、新宁、恩平、开平也。会、宁属广州府，恩、开属肇庆府，而会、宁人呢其异府之恩、开，而疏其同府之南、番、顺。"梁启超看到的现象，正是基于同一个文化传统的民众之间所具有的认同感、亲和力并不为行政区划所削弱而更为持久、顽强的表现。他也解释说："推其原故，则语言之异同为之也。"①

二 鸦片战争前四邑人的国内外移民之路

"四邑"地区本来也有土著居民，不过近世"四邑"地区移民海外的汉族民众，则基本上是历史上先后从中国的北方移民来的。自汉代以来，今"四邑"的汉族民众就不断从北方迁入，到南宋时达到高潮。南宋到清朝初年中原汉人的第二次南迁广东，给广东地区带来了很大程度上的社会冲突，主要表现为"土客械斗"，且参下述。

（一）历史长河中四邑人源源不绝的国内流动与零星的海外移民

大量的"珠玑"移民，原本主要来自黄河中下游地区，他们构成了后世"四邑"人群的主体。清康雍年间，作为汉族一个独特民系，客家人从粤东大量迁入"四邑"地区，成为汉族中之后来者。明朝时，还有一些瑶族人从粤北迁移到恩平、台山、开平和新会，主要定居在山区。到清朝前期，他们基本上已经与汉族融合。以上情况说明，"四邑"自古至今就是一个北方移民流入的地区。此地越来越多的居民，在历史上就形成了通过移民谋生的传统。他们血液中，流动着与生俱来的移民因子。这是后来他们沉寂已久的移民细胞和神经得到激活，从而义无反顾地移民海外的重要文化基因。应说明的是，上面所说的历史上的"四邑"移民，还只是在中国疆域内的陆地流动，而到了近代，则是群体地跨出国门。从"移民"的本质——人口的迁移以及生存、经济与文化适应的角度来说，在国内流动和向海外移民两者是相通的。

---

① 梁启超：《新大陆游记》，社会科学文献出版社2007年版。

　　这里应提到南迁广东的中原人的一个不可忽略的中转站——南雄县的珠玑巷。中原人在翻越南岭山脉到达粤北韶关的南雄地方时，如没有受到战乱影响，一般来说会先在珠玑巷休养生息。因是，逐渐在珠玑巷形成了一个巨大的聚居区。今天"四邑"各地民间盛行"纪元必曰咸淳年，述故乡必曰珠玑巷"之说，便是历史上琳琅满目、色彩斑斓的珠玑巷移民故事的反映。

　　但是，珠玑巷的移民故事不会终止于珠玑巷。历史上，很多中原大姓氏在那里居住一代或数代后，还会继续南下。他们南下后繁衍的后代，后来会回到珠玑巷来，在那里修建"太公祠"，以缅怀历史上带领族群南下并安葬在那里的"太公"。这些"太公"一般会被认为是本姓氏在广东的开山祖，久而久之，他们的远祖从中原到珠玑巷的这一段移民历史就慢慢地被淡忘了。因是之故，很多广东人，特别是"四邑"人，都把珠玑巷看成是他们的发祥地。他们的祖先来到珠玑巷后所以继续南下，是因为南雄毕竟地处山区，远不如平原地区富庶，所以，中原来的南迁汉人在南雄繁衍了一代或数代以后，大多会沿着北江南下，再沿西江西进，最后到达珠三角、粤西乃至今广西东部的平原地带。例如，恩平历史上著名的"举人村"——歇马村，其先祖为宋神宗时的梁绍。他先从中原迁徙到珠玑巷。其子孙后来又陆续向珠江三角洲移民。到元朝至正年间，其后裔梁永寿迁到今阳江，其子梁江又续迁到今圣堂锦江河边，建歇马村，是为歇马梁氏一世祖。梁氏后人秉承其祖先"笔筒量米也要教子读书"的遗训，世世代代，教育子孙刻苦读书，考取功名，是故历代名人辈出，饮誉遐迩。此外，在中原汉人的大规模南迁过程中，与原先广东地区的百越部落逐渐融合，到唐末，只剩下粤北深山中的一个瑶族。后来广东的汉人便创造了一个全新的"粤"字，与原先的"越"字同音，以说明此"粤"非彼"越"。前者指南迁的汉人，后者指古老的百越遗裔。

　　中原南迁移民，既是国家不幸陷于战乱时期的产物，也是使广东地区与中原的血缘和经济关系不断强化的黏合剂，因为每一波南迁，中原民众都在族长、村长（称"太公"）的带领下，整个家族、甚至整座村庄"成建制"地、扶老携幼地长途跋涉南下。与此同时，也把中原的文化传统一股脑儿地搬了过来，由此也就形成了广东人的移民传统。移民，不仅是参与群体的断断续续的线性运动，不仅是居住地和居住环境的改变，不仅是生存发展方式及其与居住地民众关系的改变，也是文化的迁移及其与新居住地的文化融合的过程，包括语言、风俗、宗教和生活方式等各个方面的迁移与碰撞、适应与融合。

中原民众的文化传统，本来就存在着多样化的现象。中原的民众整个家族、甚至整座村庄南迁，导致中原民众在到达新的南方居住地后，便长久地保留了原中原居住地的文化传统，后来，这些文化传统也被"打包"带到海外。历史上的"四邑"地区居民，本来就有通过移民谋生的传统，他们的血液中，流动着与生俱来的移民因子。当然，还有现时移民的主观动机，包括敢于移民的意愿和勇气。

说古代生长在"四邑"一方土地上的民众具有移民意识，是就他们的"祖传"因素而言。移民"祖传"因素具有"集体记忆"功能，在被埋没了很久以后，可以因某种原因得到发掘和张扬，从而在一定程度上催生新的移民潮。同理，移民文化的"祖传"因素也是会淡化和消失的。如果在一个较长的时期内没有得到发掘，它会随着岁月的流逝而逐渐发生衰变。古代的移民，基本上是在地球平面上非匀速的和不规则的流动。这种流动，表现为陆地流动和水面/海洋流动两种方式。古代的"四邑"移民，基本上是在中国大地上的陆地流动。而当他们迁移到"四邑"后，再通过海洋作进一步流动的步伐就基本上停止下来了。原因是，海洋流动的自然条件比陆地恶劣得多，还有封建专制机器的严厉控制，中国宗法制度的严密约束，以及在"四邑"一方居住地上生存状况的好转和生活的相对安定，等等，都是移民步伐停止下来的重要因素。

如上所述，古代的"四邑"移民是在中国大地上的陆地流动，当他们迁移到濒临南海的"四邑"地带以后，就基本上停止下来了，再进一步做海外移民，便是19世纪中叶以后的事。但应指出的是，陆上移民步伐的停止，不等于对外交往的中止。相反，到了唐代晚期，随着中国经济重心的南移，"四邑"地区的对外交往趋势在加快，突出的表现是出现了面向海洋的开放方向。这是作为"海上丝绸之路"发源地之一的广州的历史地位造成的。唐代的广州是重要的国际贸易港，有"广州通海夷道"与南洋、印度洋沿岸和阿拉伯世界连通。"广州通海夷道"掠过新会与台山附近海面，于是，便在新会与台山形成了出海口，如虎跳门、崖门（位新会）和广海港（位台山）等，同时形成了与"广州通海夷道"相接的分支航线。这样，"四邑"地区的商船就可以径直与南洋等地往来。宋人云："北人过海外，是岁不还者，谓之住蕃；诸国人至广州，是岁不归者，谓之住唐。"①"是岁不还者"，实际上就是华侨无疑。明初实行海禁后，官营贸易只有"朝贡"贸易一途。《广东新语》列有9个供贡舶停靠的"澳口"，其中有新宁（台山）县辖下的广海、望峒、奇潭，这应是唐代"广州通海夷道"台山分支航线的延伸。其时，"四邑"海滨民众多有以"贩海"为生。明中期穆宗德庆年间（1567—1572），废海禁，准民间出洋，一些海商和破产农民、手工业者纷纷出洋谋生。沿海"四邑"人此时自当不甘落后，纷纷经营海外贸易。这是日后"四邑"人移民东南亚乃至远走南北美洲的前期"演练"。清初也行海禁，旋又严行"迁界"，但东南沿海一些商人及贫苦之民仍冒死出洋。

此外，古代"四邑"地区还有农民起义引致的海外移民。明末清初，全国各地先后爆发大规模农民起义，"四邑"地区农民揭竿而起，这些起义席卷各县，并同增城、东莞、新兴、阳江、阳春一带农民起义遥相呼应。清灭明后，实行种族屠杀政策，不断激起汉人反抗。清初"四邑"地区的"反清复明"起义包括两部分，一是农奴（即受地主役使的奴婢、奴仆）起义，二是农民起义。可以推定，这些起义军中多有"四邑"籍士兵和各级军官。虽然起义最后均遭残酷镇压，起义者也多被杀害，但是不少起义者，包括士兵、军官及其家属利用"四邑"濒海的有利条件，乘船逃亡海外成了华侨。清代，还出现了因落草为寇而浪迹海外最后演变成华侨者。最典型的例子是

---

① （宋）朱彧：《萍洲可谈》。

张保（1786—1822）的部属，部卒有六七万人，大小船只千余艘，在遭清军围剿后，大部分人乘船逃亡菲律宾、马来亚和北婆罗洲等地①，是为南宋灭亡后鸦片战争前"四邑"地区又一次人数较多的海外移民。显然，农民起义一类华侨与和平环境下的移民是有区别的。前者去如黄鹤，去后与家乡和亲人不可能有联系；而后者则多少存有复返家乡之念，与家乡亲人联系的可能性也大得多。两类移民都增长了"四邑"人的海洋移民意识，不过后者的影响应更深广。

（二）通过陆地与海洋两种途径表现出来的移民文化

下面再看古代"四邑"人的海洋移民意识。应该说，"四邑"人开始零星地进行海洋移民的时间，要比陆地移民晚。史籍载，南朝时海外"蛮夷"之舶每到粤地掠取土人贩卖海外。这里的粤地，多应是包括今恩平、台山、阳江在内的广东沿海地区。是故，"蛮夷"之舶所掠土人，不排除其中有"四邑"等地的土著居民。如果是这样的话，则他们应是"四邑"等地最早的海外"被动移民"，或曰古代的"被贩猪仔"。

在唐代以前，"四邑"地区就已有了对外交往。如北魏太武帝太延二年（436），北魏灭北燕，北燕苗族首领冯弘率众逃往高丽（今朝鲜）；后遣独子冯业率300人浮海，投靠南朝宋文帝，不料遇风浪漂流至今新会境地，在此定居繁衍。后其孙子冯融任罗州刺史。融之子冯宝任高凉太守，他与冼氏联婚，教化越人。② 后来，作为冯氏家族杰出代表的冼夫人还在隋朝统一中国的过程中建立了不朽功勋。但从海洋移民的角度来看，现存史料没法说明冯氏势力在"四邑"地区的定居繁衍曾对当地民众有什么影响。

到了唐代，封建社会的政治、经济、军事发展到一个历史高峰，中国的经济重心南移。"四邑"地区因而出现了两个面向海洋的开放

---

① 据新会知县林星章道光二十年（1840）主编《新会县志》所载，事参温雄飞《南洋华侨通史》，上海东方印书馆1929年版。

② 见《隋书·谯国夫人传》所载："初，冯弘之投高丽也，遣融大父业以三百人浮海归宋，因留于新会。"

方向。第一，广州方向。唐代的广州是重要的国际贸易港口，有"广州通海夷道"与南洋、印度洋沿岸和阿拉伯世界连通。其时广州还设有"蕃坊""市舶司"。到唐玄宗开元二十三年（735），划新会归广州管辖，这样，广州便可以通过梯度递接的方式对"四邑"地区产生影响，"四邑"地区也就通过广州走向外部世界。第二，新会与台山方向。由于海路的畅通，"四邑"地区的虎跳门、崖门（位新会）和广海港（位台山）的商船可以径直与南洋等地往来。若论对"四邑"地区的海洋文化影响，后一方向的作用更大一些。可以推定，当时"四邑"就有人（主要是新会人与台山人）远涉重洋，前往东南亚一带进行国际贸易活动，其中还有人滞居不返。宋人云："北人过海外，是岁不还者，谓之住蕃；诸国人至广州，是岁不归者，谓之住唐。"① 如上所述，"是岁不还者"实际上就是华侨。后来乾符六年（879）夏的黄巢率起义军攻克广州时，不少人随阿拉伯商人或自驾船只亡命苏门答腊巨港一带，不排除其中可能有新会与台山商人。但冷静地看，今"海上丝瓷之路"虽然整体上对"四邑"地区有一定影响，但对"四邑"中的恩平县来说，这种影响是最弱的。不管恩平有没有出现过"是岁不还者"，恩平县相对封闭的海洋地理特征，使得生活在这里的人，仍然在很大程度上受陆地农耕意识的支配。

后来很长的历史时期内，还可以发现不少与"四邑"地区对外交往相关的史料。例如，1279 年，导致南宋亡国的元宋"崖山之战"后，大批宋朝臣民逃亡到占城或交趾（均在今越南）或别国。宋将张世杰蹈海后，余部及部分百姓 3 万多人乘船百艘移居安南的交趾、占城及真腊等地。南宋灭亡前后数年间，"四邑"各地爆发了"抗元复宋"农民起义，失败后部分起义者亡命海外。明初实行海禁，官营贸易只有"朝贡"贸易一途。《广东新语》列有 9 个供贡舶停靠的"澳口"，其中有新宁（台山）县辖下的广海、望峒、奇潭。这说明"四邑"沿海在国家海外贸易中所占有的地位。其时，"四邑"海滨民众多为以贩海为生者。明中期穆宗德庆年间（1567—1572），废海

---

① （宋）朱彧：《萍洲可谈》。

禁，准民间出洋，一些海商和破产农民、手工业者由是纷纷出洋谋生。沿海"四邑"人此时自当不甘落后，纷纷经营海外贸易。到这时候，海洋文化可说已在"四邑"地区繁衍和扎根。16世纪中叶，开平就有人因生活所迫乘木帆船远渡重洋，到南洋群岛谋生，是为"四邑"华侨之先驱。

清初也行海禁，旋又行"迁界"政策，人民扶老携幼，流离载道，贫者行乞街市，露宿衢道，往往饿死。但东南沿海一些商人及贫苦之民仍冒死出洋。对此，"四邑"史志及族谱多有载述，在此不赘。

综上所述，通过陆地与海洋两种途径表现出来的移民文化是有十分明显的区别的。主要是，海洋移民比陆地移民具有更大的冒险性和分散性，而陆地移民更容易驱使移民群体寻找安定的居住环境、安逸的生活方式。作为移民群体，他们在与土著居民的生存竞争中，更容易满足于封闭、自足和低层次的环境。

客观地说，在古代"四邑"人中，恩平民众属于满足于封闭、自足和具有"现实主义"意识的一群人。除了封建专制机器严厉控制、中国宗法制度严密约束、生存状况相对安定等"四邑"人共有环境因素之外，恩平人生存的地理环境是较为封闭的。环顾恩平周遭，古代基本上没有大的可航江河与外界交通。而横陂偏处南隅，古代人迹稀少，很多地方的开发也是晚近的事情。因此，很难想象在遥远的古代，这里有多少海洋移民文化。不能从今天的角度过高地估量古代恩平等地民众的海洋移民意识。

若再以恩平的上述地理环境跟近邻的台山、开平和新会几县比较，则恩平远比不上后几县。后几县不仅与海洋接触的地理环境优于恩平，而且与珠江三角洲中心地带（如广州）的交往程度也明显优于恩平。"四邑"中，新会的崖门水道也是古代海上丝绸和陶瓷之路的通道之一。因此，新会人得天独厚地充当了海外移民先锋的角色。台山的广海镇是中国"海上丝绸和陶瓷之路"通往南洋、西亚、东非的古老口岸之一。宋代在广海设置瞭望舶巡检司，南洋等地来的商船必须经过这里，才可进入广州贸易。1514年、1517年、1518年、1522年，不断有葡萄牙人来到台山上川岛，但均因中葡冲突或丧生或返回。从 1537 年至 1554 年，上川岛成为葡萄牙人一个贸易地点。1552 年，葡萄牙传教士方济各、沙勿略也到了上川岛，企图由此展开在中国的传教活动。至于开平，属平原丘陵地带，历史上更容易接受珠三角中心城市的经济文化辐射。长期的对外交往，使新会、台山、开平等地的民众对外界有一定的了解，当地民众对西方文化有一定的接触和了解。清朝前期，尽管有禁海令，一些人仍然冒险到了南洋进行贸易活动，他们不断地把知道的异域风情转告乡亲。这样，就在当地人中逐渐形成一种比较开放的心态。这种心态，也就成了他们移民海外的潜意识。

与新会、台山比较，恩平人的这种开放心态和移民海外潜意识虽然滞后一些，但也并非全无。在漫长的中国封建社会中，生活在恩平一方土地上的民众已经具有"祖传"的陆地移民意识。后来出现的零星海外移民，其历史影响虽不能估计过高，但至少对恩平人存在久远、源于陆地的移民意识产生某种"保温"作用。在社会生活安定的时候，移民意识会潜藏在人们的脑海里。但当社会动荡不安的时候，它会得到"激活"，成为驱动人们再移民的动力。

18 世纪开始，中国人口的迅速增长，与有限的耕地的矛盾日渐尖锐。对此，处于矛盾刃尖上的中国人的其中一个反映便是用脚"投票"，去国离乡，另谋出路。他们或从此乡迁到彼乡，寻找新的耕地。也常有人从农村迁往城市，做点买卖或以打工为生。值得注意的是，这些中国民众去国离乡的目的地，不仅有国内，也有国外，特别是东南亚地区古来就是中国民众避乱谋生的人口稀少地带。不过在明清实行海禁时期，沿海人民只能是偷偷出国。无论是出走国内他乡还是避居国外，他们的目的只是维持自身最起码的生计，还没有多少发家致富的奢望。人们主观上的发家致富意识和实践，还是在西方人来到中国以后。中国和外部世界的经济反差，国内外劳动收益的巨大差别，使他们不可抗拒地萌生了通过出国寻求发家致富的意识。

应指出，历史上中国南方居民向海外移民，与其在国内的移民，在当事人本身的观念上并没有多大差异。在他们心目中，移民就是重新寻找一块更适合生存和发展的地方而已，不管这块地方是在哪里。

诚然，一般来说，这块地方不管是在国内或是在国外，越近家乡越好（有时在国外可能比国内更好，因为在国外没有国内那样的苛捐杂税和贪官污吏）。但这是相对的。当"远在天边"的地方（例如美洲）无力到达时，"近在眼前"便是无奈的选择；但到了鸦片战争后，到美洲谋生已经不是神话，而是活生生的现实。而且，在美洲不仅可以糊口，还可以赚大钱，可以发家致富，那么，仅可维生或赚钱无多的"近在眼前"的地方便逐渐地离开"四邑"人出国选择的视野，而赚钱多甚至可以发家致富的"远在天边"的地方，便越来越成为"四邑"人的主要选择。历史上，美洲（主要是美国）被中国人称为"淘金"之地，不仅仅是因为那里真的可以通过淘金致富，而且是因为在那里可以通过别的工作发家致富，甚至一夜暴富。这时候，"淘金"已经成为广义上的通过不同渠道发家致富的代名词。而"淘金"一词的广泛含义，就是由"四邑"人最先延伸开来的，直到今天还在沿用。所以，"四邑"人出国，地理距离的考量不是绝对的。相对于经济收益来说，对于地理距离考量的"权重"会变得越来越轻，特别是在国际交通条件得到根本性改善的前提下。

不消说，移民传统所滋生的勇气十分重要。在同样的历史条件下，"四邑"人选择移民"远在天边"的美洲就可以毫不犹豫，义无反顾。但在同时期中国的"北方人"看来，就可能犹犹豫豫，反反复复，甚至铁石心肠，绝不出洋。在他们眼里，祖宗的土地和基业、"一亩三分地"和"老婆孩子热炕头"重要得多。在其时一些人的眼中，出国移民甚至是一种背叛列祖列宗的不孝行为。

以往人们在谈到近代中国人的移民行为时，往往过于强调中国国门打开后下层民众移民海外的"被迫"与"无奈"。这没有错，但不全面。除了"被迫"与"无奈"这种心态外，还有移民传统造就的"主动"与"积极"的心态。可以说，当时很多人肯定是怀着"被迫"与"无奈"的心态出国，但也不可否认有不少人是怀着"主动"与"积极"的心态出国的。与此同时，夹杂着两种矛盾心态的出国者，相信也不在少数。

三　鸦片战争后四邑地区汹涌澎湃的海外移民潮

中国人向外移民的内"推力"，在很大程度上也是形成中国近代史的几种主要因素的合力。分别是：人口的压力，政治上的动荡不安和分裂，外国的干涉以及接二连三的自然灾害。不过，当这些因素发生在"四邑"地区时，其表现形式和作用力大小是有所不同的。

到了近代，古老的中国社会发生了千年未有之变局。1840 年的鸦片战争，轰开了中国的国门。欧风美雨，扑面而至，海浪洋潮，劲袭而来，古老的中国社会发生了千年未有之变局。其中很重要的一点是，人们"祖传"的陆地移民意识便很容易得到"激活"，产生近乎几何级数般增大的移民意识，纷纷踏上出洋谋生之路。"四邑"地区在鸦片战争后出现的大规模海外移民，是上面所说的民众的移民意识（包括"被动"的和"主动"的）、家乡的经济社会现状，以及移民国家（地区）多重因素交互作用的结果。正当"四邑"地区社会经济的变化驱使民众争相出国之时，东南亚、美洲、澳洲等地同时产生了对中国劳动力的强烈需求。一个推力，一个拉力，两相结合，有力地激活了"四邑"民众潜藏的海外移民因子，因而产生了难以抗拒的诱惑力和吸引力。毫无疑问，如果没有这种内外因素发酵而成的诱惑力和吸引力，"四邑"民众仍会向海外移民，像既往几百年那样，零零星星，点点滴滴，或许规模也会越来越大，连接性越来越强，但终究只是涓流，不会形成大潮。一个根本性的原因是，清政府奉行限制出海和抑商的政策，严重地阻碍了珠江三角洲包括"四邑"地区商业和手工业的进一步发展。清前期，政府对出海贸易的限制十分严厉，从船的大小、只数、行期乃至携带粮食的数量都有苛刻的规定，人为地阻碍了海上贸易和航海业的发展。

那么，鸦片战争后，是什么因素强烈地激发起"四邑"民众的海外移民热潮？我们说，这是一条环环相扣、愈演愈烈的矛盾链。

鸦片战争之后西方列强对华政策的一个目标是迫使清朝政府进一步开放海禁，允许西方各国在华自由招工、自由从事苦力贩卖活动。

1856 年，英、法发动第二次鸦片战争。1860 年，英、法逼迫清朝政府签订《北京条约》。该条约第五条规定："凡有华民，情甘出口，或在英（法）国所属各处，或在外洋别地承工，俱将与英（法）民立约为凭，无论单身或愿携带家属，一并赴通商各口，下英（法）船只，毫无禁阻。"① 这一条款实际上改变了清政府实行了 200 多年的海禁政策，从此，华工出国由非法变为合法。本土内战结束后急切需要加快西部开发的美国，也迫切需要输入华工，遂于 1868 年与清政府签订了《蒲安臣条约》。这个条约的第五条便是鼓励华人移民的规定："两国公民与臣民为了好奇、经商或作为永久居民者，彼此从一国自由移民到另一国对双方都有好处。"② 这一条约极大地改变了许多"四邑"人的命运。假如没有这个条约，"四邑"人大量移民美洲是不可想象的事。有了这个条约之后，清政府的华侨政策也开始发生不着痕迹的变化，由过去视出国华侨为"奸民""天朝弃民"，逐渐朝承认华侨出国合法，保护他们在国内的合法权益，乃至朝在国外护侨的方向转变。但这个过程是漫长的，一直到 19 世纪 90 年代才明显完成，到清朝最后 10 年才发生带有根本性的改变。这一政策变化对早期前往委内瑞拉的"四邑"人最直接的影响是，他们可以不再被舆论骂为"奸民""天朝弃民"，因而可以义无反顾地出国谋生了。

列强的武装干涉对中国农民移民海外的影响也很大。这种影响是通过列强武装干涉—中国政府失败—被迫向外国赔款—转嫁为农民的负担的曲线方式发生的。从鸦片战争、第二次鸦片战争、中法战争、甲午中日战争，到八国联军侵略中国的战争，中国均以失败而支付了大量战争赔款告终。为了应对外国赔款，清王朝只能对农民大肆搜刮。鸦片买卖的合法化，使中国人在物质上被洗劫一空，精神上备受摧残，更是为人所深恶痛绝。另外，每战之后，外国势力总可通过不平等条约深入到中国内地。外国势力在内地进行的重要活动是传播基督教。在当时中外的不平等地位日渐深化、列强将传播基督教当成是

---

① 参见宁可主编《中华五千年纪事本末》，人民出版社 1996 年版。
② 同上。

征服中国人心的工具的情况下，基督教难免不被中国乡民所理解，因而就不可避免地导致中国人民的强烈反抗。当然，就上述事态的演变而言，并没有也不可能均衡地发生在中国的每一个地方，比如在"四邑"地区，鸦片合法买卖、基督教传播等现象就没有其他沿海地方严重甚或没有发生。但是，当时的中国经济已经形成了一个不可分割的整体，牵一发而必动全身。中国沿海农村经济的整体破败必然对"四邑"地区的农村经济的衰落产生影响，从而催生和加剧民众的移民意识。

就"四邑"地区来说，是诸多因素把人们赶上了出国之途。清代前期，珠江三角洲在经济上曾获得很大程度的发展。但是，这些发展是在封建制度的框架内取得的，因而也就无法摆脱封建制度基本矛盾的制约和支配。1840年英国人用大炮轰开了中国的大门后，珠江三角洲最先跌入了半殖民地半封建的深渊。无论是商品经济比较发达的"三邑"，还是以自然经济为主的"四邑"，都未能避免破产的悲惨命运。当时"四邑"地区的主要社会矛盾有：

其一是随着土地越来越集中，"人稠地狭"即人口增长与耕地不足的矛盾日趋严重，造成民众生活日趋贫困。"四邑"地区本来就山多田少。耕地面积基本上是常量，亩产也基本上是常量，但人口却是个巨大的增量。于是，粮食的总供给与总需求严重失衡，人均粮食产量锐减，便不可避免地成为社会矛盾的主要产生源。其实，自19世纪中叶以来，就全中国而言，人口迅速增长、耕地不足的状况已日益严重。不幸的是，在"四邑"地区，这种矛盾比之全国有过之而无不及。清朝道光年间（1821—1850）以前，城乡民众的生活尚算安稳。之后，人口上升到60多万，清朝末期更是达到80多万，每人得田不足一亩，每人得粮仅可维持半年。① 这种现象在"四邑"不同地区的轻重程度也各不相同。但总的来说，应是主要产粮区、小平原地带更为严重，因为这些地区往往人口增长最为迅速。

导致以上问题更趋恶化的一个因素是土地不平均占有的情况变本

---

① 参见梅伟强、张国雄等《五邑华人华侨史》，广东高等教育出版社2001年版。

加厉，以及鸦片战争后自然经济的迅速解体。当时在"四邑"农村，占总户数5%的地主占有60%—70%的土地，囤积居奇；而占60%多的贫雇农所占有的耕地仅为9%，终岁劳动却不得温饱。① 很多贫苦农户每年收割完毕，交完田租和捐税后便所剩无几。鸦片战争以后，自给自足的农村自然经济不复存在，不少人被迫弃农为商，为贩，为无业游民，致农业劳动力逐渐减少，反过来又直接影响了粮食产量的提高。由于严重缺粮，"四邑"地区只得依靠大量进口洋米。据说，台山每年买洋米上的开支是118万两白银，新会的粮食供销总量中有60%—70%来自海外。于是，"富者骤贫，贫者愈贫。教养并阙，民起为盗，赌盗相缘，而游手游食之辈遍城乡矣"②，形成恶性循环。总之，西方资本主义的经济入侵，不但促使珠江三角洲的传统手工业纷纷破产，而且促使"耕织结合"的农村自然经济解体，激化了"人稠地狭"的矛盾，在失业大军中增添了无数的破产农民。

其二是由于自然经济解体，社会矛盾加剧，又直接导致冲突频繁，社会动荡，民不聊生。这种情况既是全国的大趋势，也对"四邑"地区产生直接反响。如清朝咸丰四年（1854），新会爆发红兵起义，10万多农民揭竿而起，响应太平天国起义。起义军围攻新会县城达两个月之久，"四邑"各地起而响应。红兵起义最后遭到清军残酷镇压。起义失败后，不少农民被迫乘船逃往国外，以避迫害。

其三是"四邑"地区在清朝中后期自然灾害频仍，是广东自然灾害较严重的地区之一。这里濒临大海，除了常见的水旱灾害外，每年台风频发。比如，1851—1908年的57年间，新宁（台山）遭受大水灾14次，大台风灾害7次，大旱灾4次，地震4次，瘟疫4次，由此造成了5次大饥荒。③ 自然灾害使本来就很贫困的百姓们的生活愈加困苦不堪。

其四是清朝咸丰、同治年间发生的太平天国运动，使"四邑"地区风声鹤唳。随之，以台山、开平、恩平三县交界地为中心，发生了

---

①　参见梅伟强、张国雄等《五邑华人华侨史》，广东高等教育出版社2001年版。

②　康熙《新会县志》。

③　参见梅伟强、张国雄等《五邑华人华侨史》，广东高等教育出版社2001年版。

土人与客家人之间的械斗，时间长达 12 年（1855—1867）之久，殃及大半个"四邑"地区。"土客械斗"的起因是，广东的平原地区在此之前均已被广府人和潮汕人占据，故这些南迁的中原汉人只能迁居到粤东北和江西、福建交界的梅县山区，并被称为"客家人"（意"客居在他人地方的人"），并说"客家话"。这些客家人后来或迁居台湾，或在清政府的安排下迁居到原广府人居住的地方，从而引发了导致广府人向海外大规模迁移的"土客械斗"。在中国的海外移民史上，"土客械斗"是一个重大历史事件。事件的大略经过是：清初，客家人大量聚居在粤东北的山区，广府人则聚居在珠三角和粤西平原区。广府人的居住地带人口不密集，且物产丰饶。于是，清政府安排北方居住在梅县、惠州一带的客家人迁往珠三角东岸的增城、宝安县和粤西的肇庆、"五邑"地区（"四邑"加上鹤山县，即今江门地区）。这两个地带中，增城、宝安离广东省的中心广州比较近，政府能够掌控局面，故迁往此带的客家人能够与当地广府人和平相处；肇庆、"五邑"地区则与之相反。据当地地方史记载，到清朝中后期，广府人与客家人之间，多次发生大规模的械斗，史称"土客之争"。械斗一旦发生，往往相当惨烈，有时候需要清政府从广州调派军队去才能平息。"土客之争"持续了几十年。其间，骨肉同胞相互残杀数百次，往来拉锯，争斗不止，致田地荒芜，百业凋敝，肃杀之气遍野，惊恐之氛盈巷，人们度日如年，命如蝼蚁。[1] 结局是，一部分客家人重回梅县、惠州一带；一部分客家人西迁至两广交界处；还有部分客家人则以通婚等形式彻底融入当地广府人族群中。最后，江门和肇庆地区再无客家人村落。而广府人的结局也不"完美"，不少人因为家乡械斗而感到人身安全没有保障，只好亡命海外，成为华侨。更有相当数量的土客青年男女被对方掠为俘虏，当作"猪仔"卖往南美洲，仅此一项就有 1 万多人。[2] 总之，"土客械斗"使得"四邑"

---

① 关于"土客械斗"的过程，详见刘平《被遗忘的战争》，上海文艺出版社 2009 年版。

② 梅伟强、张国雄等：《五邑华侨华人史》，广东高等教育出版社 2001 年版，第 31 页。

地区民众被迫向外迁徙，到海外谋生。当时流亡海外的"四邑"地区民众，数新宁（台山）籍最多，也最早。"土客之争"由是成了华侨出国的重要推力，当然，还有其时美国发现"金山"等因素作为拉力。二力合一，终于将大量"四邑"人送到了海外，造就了一个庞大的"海外中国人"群体，同时也造就了一个闻名于世的"中国第一侨乡"。今天居住在荷属加勒比地区的"四邑"人，虽然其祖先不大可能就是当年"土客之争"的直接受害者，但他们基本上都是因为"中国第一侨乡"这一地缘关系而通过网络形式移民过来的。

　　19 世纪中叶太平天国被镇压下去后，到 19 世纪 70 年代，中央政府的权威在形式上已经重新树立，但是，乡间依旧是盗匪出没。特别是在广东农村，匪患频发，各种私人武装横行（包括盗匪武装与各村乡的自治武装），农村枪械多如牛毛，人们司空见惯，见怪不怪。腐败无能的清政府在 1912 年被推翻之后，人们欢庆共和之余，中国却形成了军阀割据局面。这些军阀政府既不能实行新的政治制度，更不能消除国内的连年战乱。对于战乱中的中国北方"共和"政权来说，"四邑"地区属于"天高皇帝远"的地带，匪祸连年、鸡犬不宁只是芝麻绿豆般的小事。近在眼前的广东地方政府，则是个弱势政府，对地方自治，很难有所作为。因此，平定村乡盗匪，平息百姓恐慌，不仅北京的中央政权无能为力，就是近在眼前的广东地方政府也徒叹奈何。当时"四邑"地区最大的匪患是以古兜山为据点的新会帮和以大隆洞为据点的信宜帮两股土匪，在台山南部的广海、海晏等地烧杀抢掠，绑架勒索，祸及台山北部及新会、恩平、开平等县。四邑地区治安恶化，民众谈匪色变，流离失所，加上天灾不断，把大批民众逼上了出洋之路。如果说过去在生活重压之下尚可忍受，忍受不了尚可逃亡，无处逃亡尚可反抗的话，那么，现时赤贫化的"四邑"民众还多了一条出路，这条出路比起忍受、逃亡和反抗还多一线生机和希望。这就是移民海外。在自己的祖国找不到立身之地的"四邑"民众，这时候只得忍痛离乡背井，踏上茫茫的出国之途。这条出路，因其时海外强烈的劳动力需求而变得宽广，"四邑"民中数百年来本已潜藏的海外移民意识也因而得到激活。

　　当然，他们走出国门，并非去如黄鹤，而是冀求赚得少许钱财，养家糊口；最好是时来运转，一朝暴富，腰缠万贯，回归故里，光宗耀祖。总之，他们怀揣"黄金梦"出洋去，希望在海外早日抱金回。已经破产或濒临破产的"四邑"地区贫苦农民、手工业工人、中小商人，当时在自己的祖国甚至连出卖劳动力的市场都找不到。有关早期美洲华侨出国的这一历史背景，可以从侨乡方志的记载中得以印证。例如，《开平县志》载："至光绪初年，侨外浸盛。""光绪中叶以来"，"男多出洋，女司耕作"。其原因是，"天然物产者既不足以赡其身家，而制造物品又未有工业学校及大工厂为之拓张开导焉"。总之，因"国内实业未兴，贫民生计日蹙，以致远涉重洋者日众"①。《恩平县志》亦载："光绪而后，闻邻邑经商海外者，群载而归，心焉向往。乃抛弃父母妻子……远至欧美，或洗衣裳，或种瓜菜，得以汗血所蓄，汇归故乡，邑中得此灌输，困难稍减。"②鸦片战争前后的恩平等地社会，正经历着一个由"男务耕耘、女勤纺织"到"男多出洋、女司耕作"的巨大变化。

　　应该说，当时海内外的消息是不对称的。很多破产农民是在"出洋可以发大财"等不准确消息的诱导下登上了三桅木帆船，从而开始其充满血泪的行程的。在第一次鸦片战争以后，"四邑"地区就不断有人传播各种消息，人们议论纷纷："与其饿着肚子，不如远走高飞。不跑远程，有了金山银山，也不会流进你的口袋的。""在外面干得好，还会升官发财。""春天出去，冬天可以回来，捞一两百个大洋银，不就可以成个家。"这些传闻对急于寻找"出路"的破产农民来说，有挡不住的诱惑力。一些歌谣形象地反映了他们当时的心态："喜鹊喜，贺新年；爹爹去金山赚钱，赚得金银成万两，返来起屋兼买田。""当初穷过鬼，霎时富且贵，唔难屋润又家肥，回忆囊空因命水。运气催，黄白从心遂。否极泰来财积聚，腰缠十万锦衣归。""当初一文冇（四邑土话，意为没有），否极泰来到。旋过个边就富

————————

① 《开平县志》卷五、卷二、卷十三。
② 《恩平县志》卷四，第4页。

豪,移步何难财主佬。时运高,老天庇佑我。卖票霎时中个宝,腰缠十万力唔劳。"① 当时"四邑"地区很多人就是抱着这样的心态出国的。

美洲(包括北美洲、南美洲、中美洲和加勒比海地区)群体性的华侨移民历史,是以新宁(今台山)人为主的"四邑"人移民美国开始而揭开序幕的。中国人移民美洲,首要的因素是航海技术的改进,具体来说,是中国美洲之间的远洋航行中,轮船取代了木船。19世纪30年代以前,中国人出洋都是乘坐中国帆船,航程长,时间长,载客量小,而且受季风等自然因素的影响很大,因此移民流量较小。但在19世纪50年代以后,外轮开始航行于中国沿海港口。美国的旧金山、加拿大的维多利亚等地与中国香港、中国澳门等地之间有定期的轮船往来,在进行货物贸易的同时,也搭载甚至掠夺华工出国。由于轮船运输既省钱又安全,很快成为中国沿海地区的农民远洋航行和移民出国的主要交通工具,就远航美洲来说,则几乎是唯一的交通工具。中国香港与澳门紧邻"四邑"地区,可以轻而易举地被纳入中国内地与美洲的航路中,成为"四邑"农民移民美洲之路。

应指出的是,今天很多研究成果所描绘的"四邑"华侨华人,大多是充满血腥和泪水的异乡故事。这固然是事实,但同时也应看到,在血腥和泪水的背后,也有华侨收获甚至发迹的喜悦。这可以从侨乡方志的记载中得到印证。例如,《开平县志》载:"至光绪初年,侨外浸盛。""光绪中叶以来","男多出洋,女司耕作"。其原因是,"天然物产者既不足以赡其身家,而制造物品又未有工业学校及大工厂为之拓张开导焉"。总之,因"国内实业未兴,贫民生计日蹙,以致远涉重洋者日众"②。《恩平县志》亦载:"光绪而后,闻邻邑经商海外者,群载而归,心焉向往。乃抛弃父母妻子……远至欧美,或洗衣裳,或种瓜菜,得以汗血所蓄,汇归故乡,邑中得此灌输,困难稍减。"③ 20世纪初的台山,虽然只是偏安一隅的乡镇,但是它可能是

---

① 此据梅伟强、张国雄等《五邑华人华侨史》,广东高等教育出版社2001年版。
② 《开平县志》卷五、卷二、卷十三。
③ 《恩平县志》卷四,第4页。

中国最"土豪"的地方。资料显示，1929年以前，台山每年的侨汇在千万美元以上，占全国侨汇总数的1/8，1930年开始每年侨汇增至3000万美元左右，几乎占全国侨汇的1/3，1937年达到1.8亿美元。小小一个台山县稳居全国侨汇第一位。所以，台山一直流行着这样一首民谣："爸爸去金山，快快要寄银，全家靠住你，有银好寄回。"这些从"万国银行"寄回来的侨汇带来的最风光的变化就是：土洋结合的各种洋楼、碉楼和骑楼遍布乡村圩镇，洋楼碉楼的门是用很厚实的进口钢板做的，楼顶有可架长枪的枪眼，因为金山伯多，所以山匪也很多。圩镇开始充斥着各种西洋舶来品和"万国货"，农村出现漂亮的近代化学校，穿着西装讲着半吊子英语的"金山伯"来来往往，"富二代"在吃喝玩乐的节奏中消磨时光，成了一群洋不洋土不土的"啃老族"。台山成了典型的消费型社会，商业和金融繁荣程度堪比广州，大人小孩都在"买买买"！那个年代，在台山等近代广东侨乡，流行着一种不分季节的气候叫混搭风，东风压不倒西风，西风也压不倒东风。这股风的传染性很大，甚至撬动了上海滩的商业模式。由于侨汇太多，在台山各圩镇，兼具邮政和金融功能的各种民间银号和商行风生水起，在侨汇业鼎盛时期，经营侨汇业务的机构多达数百家。冲蒌圩镇的银号也很多，像广昌隆、德安隆、福安公司和仁安药房等银号和商行更是远近闻名。这样的繁荣，都来自于"金山伯"源源不断寄回来的血汗钱。

改革开放时期中国海洋观的演变

——以中国共产党第二代、第三代领导集体为中心的考察

邓文金[*]

摘　要： 改革开放 30 年间，中国经历了一场海洋观念的深刻变革，逐步从传统的海洋观转型发展为现代海洋观，从而适应了海洋世纪对我国各方面工作提出的新要求，有力地推进了中国特色社会主义事业的发展。在中国海洋观从传统向现代的演变中，邓小平、江泽民以他们宽广的视野和务实的精神做出了突出而重大的理论贡献。

关键词： 改革开放时期　海洋观　邓小平　江泽民

改革开放以来，随着我国政府工作重心的转移，特别是我国海洋产业和涉海事业的迅速发展，以及国际海洋形势和我国海洋防卫形势的变化，中国经历了一场海洋观念的深刻变革，逐步从传统的海洋观转型发展为现代海洋观，从而适应了海洋世纪对我国各方面工作提出的新要求，有力地推进了中国特色社会主义事业的发展。故而，认真研究和梳理改革开放以来中国海洋观演变的基本轨迹及其特点，总结其理论思维的经验教训，在新形势下进一步丰富、完善现代海洋观，实现海洋观念的新突破和理论的再创新，不仅具有十分重要的学术价值，而且对新形势下维护我国海洋权益，捍卫我国海洋领土主权，维护我国海洋安全，开发海洋资源，促进我国经济又好又快发展也具有

---

* 邓文金，闽南师范大学闽南文化研究中心教授。

现实指导意义。限于篇幅，本文主要以中国共产党第二代、第三代领导集体为中心，考察和梳理改革开放以来中国海洋观念演变的基本轨迹、主要内容及其特点，不妥之处，望识者指导。

一　海洋观及中国传统海洋观

海洋观是指人们对海洋的看法和态度，是思想和思维的结果，是对海洋的现象、作用、地位和价值的总认识。人们在改造海洋的政治的、经济的、科学的实践活动中，对海洋的认识不断升华，海洋观的内涵也日益丰富。自世界史形成以来，人类海洋观念的演变大致经历了三个历史阶段，即20世纪中期以前以控制海洋交通要道为目的的海权论、《联合国海洋法公约》通过后的海洋权益观，以及冷战后以美国为首的西方发达国家提出的由海向陆观念的演变。随着历史的演进，海洋观形成了当代的海洋观，其基本内涵包括三个方面：（1）海洋国土观。国土是指一个主权国家管辖范围内的全部疆域，它是一个历史范畴。在当代，完整的国土概念包括了领土、领海和领空在内的立体空间。人类目前居住在相对狭小的陆地上，大气层及外存空间还不适合人类居住，海洋就成为人类除陆地之外的最主要的生存空间。1994年11月16日《联合国海洋法公约》生效后，沿海国家和岛屿国不但把领海，而且把受"特定法律制度限制"的其他管辖海域如毗连区、大陆架和专属经济区也纳入了国土范畴，出现了海洋国土的概念，海洋国土是沿海国家和群岛国主权管辖范围内的全部海域。根据《联合国海洋法公约》，目前，海洋国土可被看作两部分：一是沿海国家管辖区域，包括内海水、港口、领海、毗连区、大陆架、专属经济区，以及上述管辖海域的海床和底土及领海上空；二是联合国对国际大洋、深海海底部分资源的划分，用以为资源开发投资先驱者提供勘探，为开发作准备，开发部分也属于先驱国所管辖。按照《联合国海洋法公约》，中国海洋国土面积约为300万平方公里，再加上陆地面积，中国国土面积实际上为1260万平方公里。（2）海洋国防观。《联合国海洋法公约》生效后，人们越来越重视海洋在空间、资源、军事和环境方面的重要性。沿海国家一方面以海洋法为武器，争取海洋空间；另一方面加强海军建设，国防的重点已经转向海洋。在旧的海洋法律制度之下，海防主要是领海问题。《联合国海洋法公约》的生效，以前领海外即公海，以海岸和领海为防卫对象的传统国防观已经过时。海防应该包括国家毗连区、大陆架和专属经济区这些国家管辖区域。同时，还包括海洋法所赋予的在公海和国际海底区域享有的正当利益和海洋权益；海防的手段包括军事、政治、经济、法律、文化、外交等方面；在陆地不可能发生大规模入侵的条件下，要重视海洋斗争。世界和地区安全与海上的安全密切相关。冷战结束后，岛屿主权归属问题与海洋权益纠纷日益突出，海洋对国家军事安全的重要性增加，海洋军事战略地位明显上升，沿海各国的海空军备竞赛不但没有减缓，反而进一步升级。（3）海洋权益观。国家的海洋权益属于国家主权的范畴，是国家的领土向海洋延伸形成的一些权利。根据《联合国海洋法公约》，21 世纪的海洋权益包括专属经济区和大陆架的归属权，海洋资源的享有权和海洋空间的使用权等在内的广泛权益，主要包括：国家在领海区域享有完全的主权，在毗连区享有安全、海关、财政、卫生等几项管制权，在专属经济区和大陆架享有勘探、开发自然资源的主权权利，在公海享有在国际法其他规则限制下的 6 种权利：航海自由、飞越自由、铺设海底电缆和管道的自由、建造国际法所允许的人工岛屿和其他设施的自由、捕鱼自由、科学研究的自由等。沿海国家安全和经济的发展，与国家海洋权益密切相关。故此，当今世界，海洋争夺斗争日益加剧，围绕海洋权益所引起的军事危机和军事冲突，已经上升为国家间武装冲突的重要因素之一。

中国是一个陆海兼具的国家，虽然历史上长期重视陆地，陆地意识极强，并且在明清两代长期实行闭关锁国及禁海政策，导致国人对海洋的政治价值、经济价值和军事价值缺乏应有的认识，明晰而正确的海洋观念迟迟未能形成。尽管如此，我们的先民尤其是知识精英和政治精英对海洋在人类社会生活和国家力量成长过程中的作用还是有所探索。郑和七下西洋，创造了航海史的伟大奇迹。近现代以来以孙中山、毛泽东等为代表的民族精英关心海洋，重视海洋，对海洋的地位和作用均有所论述，代表了中国不同历史阶段海洋观念发展的水平，是中国传统海洋观的主要探索者，为中国传统海洋观向现代海洋观的转型发展，奠定了坚实的理论基础。

郑和是我国古代伟大的航海家，其七下西洋的航海经历，使他认识到海权和海洋的重要性，他于1425年曾向明仁宗谏言："欲国富强，不可置海洋于不顾。财富取之于海，危险亦来自海上。""一旦他国之君夺得南洋，华夏危矣。"① 郑和的上述海权观和海洋观，即使从现代的政治、军事、经济观点看，也是值得肯定的。其海权观的提出，比美国马汉的海权论要早460多年。可惜，郑和的海权观和海洋思想并未被明仁宗所接受，也未引起此后明清历代王朝的重视。

20世纪，孙中山总结近代列强凭借海权优势，破中华之门户，入中华之堂奥，侵吞中华之河山，夺中华之宝藏的历史事实和惨痛教训，指出："自世界大势变迁，国力之盛衰强弱，常在海而不在陆，其海上权力优胜者，其国力常占优胜。"② 第一次世界大战后的1919年，孙中山为姚伯麟所著《战后太平洋问题》一书作序，指出"何谓太平洋问题？即世界之海权问题也。海权之竞争，由地中海而移于大西洋，今后则由大西洋而移于太平洋矣。昔时之地中海问题，大西洋问题，我可付诸不知不问也；惟今后之太平洋问题，则实关于我中华民族之生存，中华民国之运命者。盖太平洋之重心，即中国也；争太平洋之海权，即争中国之门户权耳，谁握此门户，则有此堂奥，有此宝藏也。人方以我为争，我岂能付之，不知不问乎。"③ 可以说孙中山是中国第一个明确提出中国海权问题的人，孙中山的海权观，是近代中国海权观形成的重要标志。从这样的海权观出发，孙中山对海军建设、海港建设和海洋船队建设提出了一套设想。关于海军建设，他指出"海军实为富强之基，彼美英人常谓，制海者，可制世界贸易；制世界贸易，可制世界富源；制世界富源，可制世界，即此故也"④。在孙中山看

---

① 转引自章示平《中国海权》，人民出版社1998年版，第101页。
② 《孙中山全集》第2卷，中华书局1982年版，第564页。
③ 同上书，第119页。
④ 转引自章示平《中国海权》，人民出版社1998年版，第347页。

来，海军建设与发展，与国家兴亡休戚相关，因此，他将海军建设视为国防建设的核心之一，并特别指出"兴船政以扩海军，使民国海军与列强并驾齐驱，在世界称为一等强国。今中国欲富强，非厉行扩张新军备不可"①。当然，孙中山的上述设想，在当时军阀割据、国力衰弱的情况下，难以实现，但仍给后人留下了宝贵的思想财富。

在继承前人尤其是孙中山海洋观的基础上，毛泽东进一步发展了中国传统的海洋观。1949 年 8 月，还在中华人民共和国成立之前，毛泽东就为中国人民解放军海军题词："为了肃清海匪的骚扰，保障海道运输的安全，为了准备力量于适当时机收复台湾，最后统一全部国土；我们一定要建立一支海军，这支海军要能保卫我们的海防，有效地防御帝国主义的可能的侵略。"1952 年 11 月毛泽东主持在北京召开的中共中央政治局扩大会议，在审查海军五年建设计划方案时指出"为了准备力量反对帝国主义从海上来的向我国的侵略，我国必须一个长时期内根据工业建设发展的情况和财政情况，有计划地逐步地建设一支强大的海军"②。1954 年 10 月 8 日，在国防委员会第一次会议上，毛泽东在讲话中指出："中国是个大国，要有强大的海、陆、空军，我国有那样长的海岸线，一定要建立强大的海军。"③ 1958 年6 月，毛泽东在中央军委扩大会议上的讲话中指出：必须大搞造船工业，建立"海上铁路"，以便在今后若干年内建设一支强大的海上战斗力量。1975 年 5 月，毛泽东在与中央政治局成员谈话中又指出："海军要搞好，要使敌人怕。"从上述毛泽东有关海军建设的论述中可以看出，他不仅从保卫海防、防御外敌海上入侵和国家统一安全的角度考虑海军建设问题，还从"保障海道运输安全"的角度，考虑了国家海洋事业的发展，并着眼于建设"海上铁路"和一支强大的海军。虽然毛泽东没有明确提及海权及海洋的概念，但他的建设强大海军的思想都集中体现了建设和维护中国海权的精神，是海洋观在特定的历史阶段的表现形式。

---

① 转引自章示平《中国海权》，人民出版社 1998 年版，第 347 页。
② 《毛泽东军事文集》第 6 卷，中央文献出版社 1993 年版，第 326 页。
③ 同上书，第 359 页。

二　邓小平对中国传统海洋观的重大突破

改革开放以来，随着我国现代化事业建设的迅速发展以及国际海洋形势的发展变化，以邓小平为核心的党的第二代领导集体，以务实的精神和宽广的视野，认真总结新时期国际海洋斗争的经验与教训，着眼于维护我国海洋安全，开发丰富的海洋资源，促进我国经济社会的快速发展，在继承中国传统海洋观合理成分的基础上，提出了许多新命题和新概念，标志着近代以来中国海洋观发展到一个新阶段，实现了对中国传统海洋观的重大突破。

以邓小平为核心的党的第二代领导集体的新海洋观，主要由近海防御的海防战略思想、以"精干""顶用"为目标的海军建设思想、以搁置主权共同开发为内容的处理海洋争端的思想三部分构成。

（一）"近海防御"的海防战略思想

"近海防御"的海防战略思想，是邓小平对我国长期以来海防和海军建设实践经验的高度总结，也是新时期中国国际战略和军事战略的重要组成部分，是邓小平对毛泽东积极防御战略思想的继承、丰富和发展。邓小平的"近海防御"战略思想包含四层含义：首先，近海防御是一种长期防御，它不是权宜之计和短期行为，不论国家的综合国力发展到何种程度，海军战略的防御性质始终不会改变。因此近海防御战略的长期性是与中国和平外交政策和防御性国防战略的长期性相一致的。其次，它是一种积极防御。邓小平指出："我们未来的反侵略战争，究竟采取什么方针，我赞成就是'积极防御'四个字。积极防御本身就不只是一个防御，防御中有进攻。"[①] 由此可见邓小平的近海防御与中国传统的守土防御和近岸防御的消极防御思想有着本质的区别。再次，近海防御是一种区域防御。邓小平根据战略上的需要，把我国的管辖水域以及与之相连的特定水域视

---

① 《邓小平关于新时期军队建设论述选编》，八一出版社1993年版，第44页。

为近海，多次表示"我们的战略是近海作战"①，我们的海军"只在太平洋活动，永远不起到远处去的野心，我们是近海作战"②。因此，邓小平的近海防御战略既不同于"重陆轻海""陆主海从"的传统的近岸守土思想，更与控制海洋、掌握世界的海军霸权战略毫无共同之处，而是立足于维护中国海洋权益和世界和平相统一的海军发展战略。最后，近海防御是一种纵深防御。科学技术的发展使海军各种兵力的活动范围大大增加，依据现代海军和海战发展的这一趋势，邓小平的近海防御战略思想把防御的范围从近岸推到了近海，扩大海军的活动范围，从而增大防御纵深，以保障我国大陆岛屿及其附近驻泊和活动兵力的安全。海区是我国陆上国土的屏障，掩护着我国具有战略意义的地区和城市。我国重要的政治、经济、文化、科技中心，大多集中在沿海地区，这些地区在国家经济发展战略中占有举足轻重的位置。未来战争中的侵略者必然将占领我国沿海地区或摧毁我国沿海地区的经济能力和战争潜力，作为其主要作战目标之一。这样近海战场就将成为陆上战场的大幅度延伸；海军在近海战场所进行的战略防御，将是整个国家战略防御的重要组成部分，换句话说，国家经济建设的客观布局和国家安全战略的需要，决定了我国海军的防御纵深。

近海防御战略所包含的长期防御、积极防御、区域防御、纵深防御相互交织、相互补充，形成完整的、总体的近海防御战略思想。"长期防御是时间要素，区域防御和纵深防御是空间要素，积极防御则是这一战略思想的主轴。"

（二）以"精干""顶用"为目标的海军建设思想

以邓小平为核心的党的第二代领导集体，结合国内外形势的变化以及人民海军的历史使命，在继承毛泽东海军建设思想的基础上发展创新，提出海军建设的目标、任务和具体方略。"建设一支强大的具

---

① 《邓小平关于建设有中国特色社会主义论述专题摘编》，中央文献出版社1992年版，第281页。

② 《邓小平关于新时期军队建设论述选编》，八一出版社1993年版，第44页。

有现代战斗能力的海军"①，这是邓小平为新时期人民海军建设确立
的新目标、新任务，也是邓小平新时期海军建设思想的出发点和归
宿。他曾指出"面临霸权主义强大的海军，没用适当的力量也不行。
这个力量要顶用。我们不需要太多，但要精，要真正是现代化的东
西"②。这是邓小平关于建立一支强大的具有现代战斗能力的海军总
目标的具体要求。他从目标、结构、规模这三个方向对"强大"的、
"具有现代战斗能力"的新目标、新任务作了直接、具体、明了、准
确的解释。具体说，"我们在海军建设规模上，不仅要保持一定的数
量，更重要的是要有较高的质量，使之与保卫我国万里海疆和维护海
洋权益的任务相适应。在战斗能力上，必须是真正过硬顶用的，要有
大批具有高度的政治觉悟、先进的军事思想和较高的科学文化素养的
海军人才；要有性能优良的现代化武器装备；要有严格的训练和科学
的编成，保证人和武器的紧密结合，以发挥最大的战斗效能"③。

　　为了实现建立"精干""顶用"、具有现代战斗能力的海军这一
战略目标、邓小平对中国海军建设的具体途径进行了深入探索，其思
想主要包括：1. 走精干顶用的质量建设之路，恰当处理好数量与质
量、近期与长远、局部与全局、需要与可能、武器装备与人、借鉴与
坚持自己特色等辩证关系；2. 发展海军军事理论，搞好海军军事教
育，通过海军军事科学研究提高海军高技术含量，通过院校教育和部
队训练，培养大批海军现代化所需要的人才；3. 坚定搞现代化的指
导思想，以提高战斗力为标准，在现有国力下加快海军装备建设，强
调海军武器装备发展的计划性、梯次性和成龙配套；4. 发挥海军科
学技术和物质设施上的优势，参与和支援国家经济建设，走出一条军
民兼容、双向发展的新路子；5. 建立数量相当、质量精良的后备力
量，形成与海军相结合的海上武装力量体系，使沿海经济开发与海防
建设相依并存；6. 加强海军政治建设，有针对性地做好具有海军特

　　① 中国人民解放军军兵种历史丛书《海军史》编委会：《海军史》，解放军出版社
1989 年版，第 330 页。
　　② 《邓小平关于新时期军队建设论述选编》，八一出版社 1993 年版，第 44 页。
　　③ 杨国宇主编：《当代中国海军》，中国社会科学出版社 1987 年版，第 2—3 页。

色的思想政治工作，确保人民海军的根本性质。

（三）"搁置主权，共同开发"的处理海洋争端的战略思想

冷战的结束并没有给世界带来真正的和平，当前海洋斗争形势日益尖锐复杂，已经成为各国激烈争夺与对抗的场所，来自海上方向的安全威胁依然存在，甚至在不断加深。当前，我国面临着少数分裂主义分子尤其是"台独"势力分裂祖国的现实危险；我国有些岛屿和海洋资源被侵入和掠夺，我国的海洋权益受到侵犯，霸权主义者仍企图以各种方式干涉我国的内政等。随着海洋经济活动的不断拓展和海洋政治斗争的日益加剧，重视发展海军力量、注重扩大对海洋的军事控制，是 20 世纪 70 年代以来世界各国军事战略的基本发展趋势。有168 个国家和地区以及国际组织参加的第三次联合国海洋法会议，争论达 10 年之久，本身就表明了世人对海洋的高度关注和激烈争夺。在此背景下，要有效地保卫国家安全、领土完整和海洋权益，不仅要有全面经略海洋的海洋经济战略思想，而且又要有维护海洋权益，处理海洋争端的海洋政治战略思想。"他把国防战略思想运用于海洋，创造性地提出了具有崭新政治思维的海洋政治战略。"① 邓小平处理海洋争端战略思想的原则性与灵活性突出表现在：

1. 坚持主权，毫不退让。进入 20 世纪 70 年代以后，我国一些海洋岛屿被侵占，海洋区域被划分，海洋资源被掠夺的严峻局面再次出现，但是正如邓小平所说，今天的中国政府不是晚清政府，今天的中国领导人不是李鸿章。他指出"关于主权问题，中国在这个问题上没有回旋余地，坦率地讲，主权问题不是一个可以讨论的问题"。②

2. 搁置争议，稳定局势。在岛屿、海域主权归属的问题上，争议双方的认识往往相去甚远，大多是严重对峙，互不相让，用邓小平的话说，"始终顶着，僵持下去，总会爆发冲突，甚至武力冲突"。③那么，用什么办法既能够向人民交代，又能够不伤害哪一方，达到稳

---

① 李铁民主编：《邓小平海军建设思想研究》，国防大学出版社 1997 年版，第 47 页。
② 《邓小平文选》第 3 卷，人民出版社 1993 年版，第 12—13 页。
③ 李铁民主编：《邓小平海军建设思想研究》，国防大学出版社 1997 年版，第 47 页。

定局势的目的？邓小平的思路是在不放弃我们主权的前提下，搁置争议，首先是发展国家关系，在两国关系不断发展的过程中逐步解决争议问题。

3. 共同开发，共同得利。邓小平关于共同开发这一原则的提出和战略运用，主要是从解决利益争端，维护和平的海洋政治战略需要出发的。他说"世界上有许多争端，总要找个解决问题的出路"，"找个什么办法，不用战争手段而用和平方式，来解决这种问题"①，譬如，"南沙群岛，历来世界地图是划到中国的，属于中国，现在除台湾占了一个岛外，菲律宾占了几个岛，越南占了几个岛，马来西亚占了几个岛。将来怎么办？一个办法是我们用武力统统把这些岛收回来；一个办法是把主权问题搁置起来，共同开发，这就可以消除多年来积累下来的问题"②。1989年5月16日，邓小平针对钓鱼岛问题再次重申："这个问题可以挂起来……可否采用共同开发的办法加以解决。"③共同开发，是有原则的，即不能损害国家主权，他多次严正声明："国家的主权，国家的安全要始终放在第一位。"④

邓小平处理海洋争端的战略思想不仅提出了解决祖国统一问题以及南沙群岛、钓鱼岛问题的基本方针，而且也揭示出新时期海军建设和海上斗争的规律，从而明确了新时期海军建设的根本任务：保卫国家统一、领土主权和海洋权益，为国家社会主义现代化建设提供和平稳定的海上安全环境。

三　江泽民对中国特色社会主义海洋观的理论新贡献

20世纪90年代以来，面对复杂多变的国际形势和中国海洋安全环境的重大变化，以江泽民为核心的党的第三代领导集体，高瞻远

---

① 《邓小平文选》第3卷，人民出版社1993年版，第49页。
② 同上书，第87页。
③ 同上书，第293页。
④ 同上书，第347页。

瞩，敏锐地把握时代发展的脉搏，洞察跌宕起伏的国际政治风云，从
和平与发展的时代高度、世界格局多极化的广度和经济科技因素上升
的深度上，对中国海洋安全问题进行了深刻的反思和探索，形成了迥
异于传统海洋观的中国特色社会主义新海洋观，从而在理论上实现了
突破和创新。

　　江泽民的中国特色社会主义新海洋观，包含如下四个方面的
内容：

（一）提出了从战略的高度认识海洋的重要思想

　　江泽民的新海洋观是建立在对国际国内安全形势准确判断和完整
把握的基础之上的。他认为当今国际安全形势有三个主要特点：一是
和平与发展仍是当今时代的主题；二是冷战后的世界并不安宁；三是
中国的安全形势面临挑战。在江泽民看来，中国国家安全统一面临的
主要威胁来自海上，信息化战争的挑战主要来自海上，国家巨大的战
略利益来自海上。基于这样一种判断，江泽民强调"一定要从战略的
高度认识海洋，增强全民族的海洋观念"①。具体地说，他特别强调
要从三个高度上认识海洋：

　　最后，要从国家安全的高度上认识海洋。江泽民指出：海洋作为
天然屏障，掩护着我国沿海这一具有战略意义的地区；冷战结束后，
海洋斗争形势日益尖锐复杂，海洋已经成为各国激烈争夺的场所，来
自海上方向的威胁不容忽视；随着高技术在海战领域的广泛应用以及
军事斗争形势的发展演变，在未来高技术战争中海洋战场的地位非常
重要和突出。

　　其次，要从国家发展的高度上认识海洋。江泽民根据海洋战略地
位的第二次历史性飞跃，深刻地指出："海洋蕴藏着远比陆地丰富得
多的资源，是人类生存与发展的重要空间"；"中国人均陆地面积仅
为世界人均陆面积的四分之一，陆地人均资源占有量大大低于世界人
均水平。随着时间推移，我国陆地资源短缺的情况将变得突出起来，

---

　　①　江泽民：《论国防和军队建设》，解放军出版社2000年版，第182页。

势必制约经济发展。可以肯定，开发和利用海洋，对于我国的长远发展将具有越来越重要的意义。"①

最后，要从国家权益的高度上认识海洋。20 世纪 50 年代和 60 年代毛泽东曾多次强调，任何侵犯我国领海的行为，都是"侵犯中华人民共和国领土完整和主权的非法行为"，70 年代和 80 年代，邓小平在谈到南沙群岛及钓鱼岛问题时也多次指出，这是关系国家主权的原则问题，进入 90 年代后，以江泽民为核心的党的第三代领导集体不仅把"维护国家海洋权益"写进党的十五大、十六大报告，而且将维护国家海洋权益同维护国家主权并列起来置于同等重要的高度。

（二）确立了以海洋经济安全为核心的综合安全观

冷战时期的旧安全观是世界上两极对峙格局中冷战思维的产物。这种旧安全观的基本特征为，是"以军事联盟为基础，以加强军备为手段"的较为单一的军事安全模式。在这种安全观的指导下，人们重视的，一是如何应付外来的战争威胁和军事入侵；二是怎样防止来自外部的政治干预、压力和颠覆。反映在海洋安全问题上，便是人们只重视和强调海洋政治安全和海洋军事安全。

依据对国际安全问题的分析，江泽民认为，安全因素多样化、安全利益多元化、安全关系多边化、安全问题国际化，是当前国际安全格局演化的基本趋势。据此，在海洋安全问题上，江泽民提出必须摒弃冷战思维单维性的安全观，确立新的海洋综合安全观。他认为当今海洋安全不再单指海洋政治安全和军事安全，还包括海洋经济安全、科技安全、文化安全、生态安全等。在海洋的政治安全方面，江泽民主张，国家的海洋主权不容他国侵犯，国家的海洋内政不容干涉，在涉及民族利益和国家海洋主权问题上，我们决不屈服于任何外来压力；在海洋经济安全方面，江泽民认为，国与国之间的海上经济贸易关系应建立在平等合作、共同发展的基础上，决不允许以经济和贸易

---

① 转引自黄金声《中华民族迈向新世纪的海洋战略思维》，《海洋开发与管理》2000 年第 1 期。

制裁对他国实施报复;在海洋科技安全方面,江泽民强调,将科学技术纳入和平与发展的轨道,科技成果要维护人类安全,促进人类的繁荣与发展;在海洋军事安全方面,江泽民指出,军事力量是保卫国家领土和主权完整,抵御外来侵略,维护国家统一的重要支柱,强大的国防是国家安全的必要保证,要加强我军质量建设,走中国特色的精兵之路。在新的海洋综合安全观中,江泽民特别强调要重视和突出海洋经济安全。对此,他指出"经济是基础,解决中国的所有问题,归根结底要靠经济的发展"。

(三)提出了建立海洋合作安全模式的新主张

江泽民在科学分析冷战后国际安全形势的基础上,创造性地提出了海洋安全的新模式——海洋合作安全。在他看来,国家海洋安全与国际海洋安全是统一的,任何国家要确保自身的海洋安全,都要同时谋求国际海洋安全。在当今世界上,海洋安全问题不是哪一个国家可以单独解决的,必须开展国际合作。对此,他指出"历史证明,以军事联盟为基础、以增加军备为手段的旧安全观无助于保障国际安全,更不能营造世界的持久和平"。"营造共同安全是防止冲突和战争的可靠前提。"

在江泽民看来,建立合作安全不仅是必要的,也是可能的。这是因为,经济全球化导致各国的经济依存关系不断加深,安全的"连接性"增大,使得国家利益之间不再是一种简单的"零和"结构,而是一种复杂的"共和"结构。同时,在政治多极化的条件下,大国间形成了错综复杂的安全利益关系,都力求将彼此的矛盾尽可能限制在可控范围内,并努力通过协调与合作解决矛盾和分歧。据此,江泽民强调要本着互惠、互利、共同发展的原则,合理有序地开发和利用人类海洋资源。

(四)坚持综合手段与多种措施并举的方略,努力维护海洋安全

我国海洋安全既面临着难得的大好机遇,也面临着严峻的挑战。有损我国海洋安全的领域既有政治的、经济的、军事的、科技的,也

有文化的、环境的和资源的因素。过去那种仅仅通过军事实力或采取某一种手段维护国家海洋安全的做法已不能适应形势发展变化的需要。江泽民指出，世界在变化，我们的思想和行动也要变化，解决问题的方式方法也要随之变化。基于此，江泽民提出要实现海洋安全，必须坚持经济、政治、军事、科技、外交等综合手段和多种措施并举的方略。

1. 坚持科技是第一生产力的思想，通过科技进步和创新实现经济的跨越式发展，从根本上解决国家海洋安全问题。江泽民强调，海洋安全归根到底要靠综合国力，在世界经济全球化趋势加速发展的时代，必须把经济工作做好。一方面，要充分发挥科技进步和技术创新在经济领域的"增效器"作用，依靠科技创新实现经济的跨越式发展；另一方面，在国际交往中要以积极的经济贸易来促进国家间的政治、军事、环境、文化等领域的交流与合作，促进双边对话，最终获得经济和政治问题的双向解决。

2. 继承并发展邓小平的外交思想，把外交斗争作为实现海洋安全经常有效的手段。江泽民坚定地执行邓小平海洋外交战略，并根据新的国际关系提出了"以两手对两手"的外交斗争方针，以接触对接触，以斗争对遏制，既坚持原则，敢于斗争，又策略灵活，善于斗争。他还在多种场合对"中国威胁论"进行了有理有力的驳斥，澄清了周边一些国家的疑虑，维护了中国的和平形象，在一定的程度上减轻了中国发展的外部压力。

3. 坚持经济建设和国防建设两头兼顾，协调发展，充分发挥军事力量在维护国家海洋安全中基本保证和坚强后盾作用。江泽民认为，90年代以来，我军建设所处的历史条件发生了三个重大变化，即国际格局走向多极化、世界新的军事变革的兴起、我国社会主义市场经济的发展，在这种形势下，他最为关注两个方面的问题，一是不变质，二是打得赢。为此，他一方面坚持军队建设一定要服从服务于国家建设大局的思想；另一方面，在军事因素依然比较突出的情况下，强调加强国防和军队建设要"两头兼顾、协调发展"，走中国特色的精兵之路，从而有效地保证国家海洋安全。

4. 采取多种方式，有理有利有节地解决海洋争议。面对新形势下出现的海洋争议问题，江泽民主张采取多种方式予以解决。一是坚持以和平的方式解决海洋争议，他强调，对我国同邻国之间存在的争议，应着眼于维护和平与稳定的大局，通过友好协商和谈判解决，一时解决不了的，可以暂时搁置，求同存异。二是运用海洋法律法规解决争议。江泽民高度重视运用法律法规手段妥善处理各种涉外关系，尤其是解决海洋权益争议问题。我国几部极为重要的海洋法规，诸如《领海及毗连区法》《专属经济区和大陆架法》等都是在此期间颁布的。三是采取"先易后难，分区解决"的步骤解决海洋争议。我国海洋方向存在着错综复杂的争议，不仅有岛屿、海域和资源争议，还将可能涉及海洋占有和海洋利用的各个领域。对此，江泽民强调解决这些海洋争议，原则是"先易后难，分区解决"，这里体现了江泽民务实的政策和灵活的海洋政治斗争的艺术。

四 改革开放时期中国海洋观演变的特点

新时期中国海洋观的演变是全面而深刻的，具有某些突出的特点，概括起来说，主要有如下四个方面：

第一，对海洋重要性的认识发生了重大的转变。新中国成立之初，面对西方的经济封锁和政治压力，面对美国的武装挑衅和台湾国民党反攻大陆的叫器，出于国家安全的需要，毛泽东从战略上把沿海地区作为"海防前线"，发出了"加强防卫、巩固海防"的号召，海洋服从和服务于"巩固国防"的需要，成为天然的战略屏障，这是为维护国家安全而不得已的权宜之计。20世纪80年代以来，国际形势发生了巨大的变化，我国工作重点也发生了转移，第二代领导集体实行了对外开放的政策，开放的重点是沿海地区，通过海洋走向世界。冷战结束后，国际形势总体趋向缓和，《联合国海洋法公约》的通过又使海洋面临着新一轮的分割，出现了新的"蓝色圈地运动"，海洋作为人类除陆地之外的第二生存空间已经取得了全世界的共识。海洋领土争端、海洋资源争夺成为当今国际社会的主要矛盾之一，针对这种情况，江泽民指出，要把中国建设成为海洋强国，要从战略的高度认识海洋。这表明，海洋与中华民族的崛起息息相关，海洋战略直接关系到中国未来的生存和可持续发展，中国未来的繁荣在很大程度上要依赖海洋。中国领导人把海洋上升到战略的高度，顺应了时代的潮流，极大地提高了全民族的海洋意识。

第二，从海军战略的运用上来看，海军战略实现了从近岸防御向近海积极防御的战略转变。毛泽东的巩固海防战略，沿海采取军事措施，拒敌于陆疆之外，其根本目的在于保障国土安全，海军战略的目的在于此，达到了这一目的，海军战略也就完成了。随着时代的发展，特别是《联合国海洋法公约》生效后，这种海军战略和海洋防卫观念显然不再适应新形势的发展。中国海军不仅要反对可能的强敌从海上入侵，而且一个重要的职能是保卫国家海洋岛屿主权和维护海洋权益，大致而言，其范围是指《联合国海洋法公约》应划归中国管辖的全部海域和分布在这些海域中的中国固有的领土以及与中国安全与发展利益密切相关的海域。进入 20 世纪 90 年代后，江泽民指出，中国海洋方向的防卫作战也是积极防御，要继续贯彻近海防卫的战略思想，这是中国和平外交的一个极为重要的内容。

第三，从维护国家海洋利益的手段来看，由以军事手段为主逐渐转向多种手段的综合运用。改革开放前，海洋权益的意识不浓厚，国家海洋战略注重军事上的近岸防御。改革开放后，随着形势的发展，维护国家海洋利益应该是多种手段的综合运用，从军事、政治、外交、法律、科技、环境保护等方面，对外展开综合斗争。没有强大的海军，维护国家的海洋权益是一句空话。因此，中国政府历来注重海军建设，毛泽东、邓小平非常关心海军建设。江泽民也指出，为了维护中国的领海主权和海洋权益，为了确保中国海上方向的安全，我们必须加强海上方向的防御准备，必须把海军建设摆在重要地位，切实提高海军的近海综合作战能力。在政治上和外交上，不断宣示中国主权，为有理有利有节地展开海洋政治斗争，邓小平、江泽民均高度重视运用法律手段解决海洋权益争议问题，除颁布一些重要的国内法外，如《领海和毗连区法》《专属经济区和大陆架法》，还在 1996 年加入《联合国海洋法公约》，运用国际法和国际公约公平合理处理国际海洋事务以及与周边国家的海洋关系，当仁不让地维护中国的海洋权益。发展海洋经济，科学技术是关键。在江泽民的关心支持下，中国有关部门制定了《海洋技术政策（蓝皮书）》《"九五"和 2010 年全国科技兴海实施纲要》等多项海洋科技发展规划，开展国际合作，极大地促进了中国海洋科技的发展。

第四，从海洋争端的解决方式来看，坚持以对话和谈判的方式解决彼此之间的海洋争端。解决海洋争端的方式，不仅为周边海域邻国所关心，也为国际社会所关注。对此，中国领导人在多种场合表明了立场和态度，即坚持以对话和谈判的方式，和平解决双方争端。从邓小平到江泽民，中国领导人不仅首先提出这一原则，而且恪守信用，事实证明，建立在平等基础上的对话、协商谈判，是解决争端、维护和平的正确途径。

民国时期闽南侨乡与南洋华社的跨文化互动及其对海上丝绸之路建设的启示[*]

杨宏云　　周燕玲^{**}

摘　要：华侨华人与侨乡的跨国联系历史以来一直存在。民国时期大量闽南移民频繁往来于侨乡，带动南洋华社与侨乡在物质、精神与家庭制度层面文化的跨国互动。它对传播、传承中国文化，推动中国与东南亚的联系、合作与发展有着重要的意义，也是古代海上丝绸之路的重要内涵。在当今经济全球化和区域一体化成为世界潮流的趋势下，这种具有历史依循的文化跨国实践，是与经济全球化和区域一体化的内在价值取向一致的。本文试图挖掘华侨华人下南洋历史的时代价值，从而为中国面向东南亚构建 21 世纪海上丝绸之路建设提供历史参考。

关键词：闽南侨乡　南洋华社　文化　跨国

从有移民记录的历史以来，华侨华人就一直展现着与祖籍地在经济、文化、认同等多方面互动的图景。这种跨越国家和文化疆界的空间生存状况，具有明显的流动性和跨国性。① 因而，无论从何种角度研究华侨华人，都必须面对他们特有的跨国生存状态。且从跨国的视野思考华侨华人与祖籍地的内在历史联系，亦能为我们深入探讨海外华

---

　*　本文选取民国时期之理由：此时闽南人出现又一个向海外发展的高峰；同时，南洋地区社会与政治变换，华侨返乡人口也较多，两地之间各方面交融十分频繁。

　**　杨宏云，福州大学经济与管理学院副教授、硕士生导师，主要研究方向为东南亚华侨华人史、海洋文化；周燕玲，企业在职人员。

　①　本文所指跨国乃广义的"国家"概念。

侨华人社会发展动态，分析侨乡兴起之源，变化之因提供独特视角。

闽南素有移民海外的传统。海外闽南移民数量庞大，且具有"旅居式"或"暂居式"移动的特征，并习惯性与家乡保持着跨国联系。海外闽南人不仅将侨汇源源不断地寄回家乡，也在故乡和移居地之间频繁往复。相应地，一些有利于国计民生的物质和精神文化在侨乡得以移植与重构。同时，侨乡的文化也经由他们创造性地植入移居地，从而建构起侨乡与南洋华社的跨国文化记忆，这构成古代海上丝绸之路的人文内涵。本文选取民国时期闽南侨乡与南洋华社的文化跨国实践，试图挖掘、梳理华侨华人下南洋历史之于21世纪海上丝绸之路建设的时代人文价值，并从实证上丰富跨国主义的理论。

一　福建闽南文化植入东南亚华社

民国时期，闽南人移民海外数量甚众。同时，海外闽南人返乡也十分频繁。特别是一些发家致富、"荣归故里"的闽南籍华侨，其成功的榜样效应对侨乡非组织、非计划地移植南洋文化、西方文明提供了契机，从而给闽南侨乡的文化带来显著变化。

（一）物质文化的新现象

民国时期的闽南，华侨通过侨汇或其他物质方式直接或间接带给侨乡的文化变化十分明显。据1925年9月上海《申报》载：晋江一县，"计八百余乡，皆聚族而居。大乡者万余人，数见不鲜，小乡者亦百人以上，其生活皆藉南洋为抱注。各乡红砖白瓦之建筑物，弥望皆是"①。许多中西合璧式的民居，俗称"番仔楼"在侨乡鳞次栉比。而与番仔楼异曲同工的则属"骑楼"，其中西同构、多元文化共存的建筑风格体现出浓郁的南洋文化特征。

除建筑外，饮食上，侨乡也深受南洋文化影响。番薯早期自菲岛

---

① 泉州市华侨志编纂委员会编：《泉州市华侨志》，中国社会出版社1996年版，第282页。

传入闽南后，除作为三餐主食外，闽南人还将其制作成薯粉糊、炸薯片等风味小吃。亲友出境、出国探亲，所带的礼品中需有番薯粉；华侨回乡也要喝番薯粥、番薯汤。在侨乡，菜蔬里面喜用辣椒，辣椒油使用也比较普遍。社会地位较高的人家，不但用餐时饮咖啡，平常时间，亦以咖啡代茶来待客。常常清晨未起床的时候，就听见小孩们叫卖咖啡之声。① 这些显然的变迁，很明显源自南洋华侨带来的影响。衣着上，侨乡也出现一些不中不洋、亦中亦洋的"怪现象"。20 世纪30 年代，闽南妇女常头绾旧式圆髻插红花，小脚蹬红缎鞋，却身穿西式花连衫裙。一些归侨或侨属男士，穿戴也别具一格。如上着白领西服，下穿香云纱宽大叉式汉装裤，头戴呢帽，足穿圆口黑布鞋。这种中西合璧的男女服饰打扮，乍看起来不伦不类，但后来穿的人多了，反而成为一度流行的时髦服饰。②

此外，闽南还出现许多新奇的器物。如 1905 年前后在泉州就出现有留声机、钢笔，新式交通工具如自行车、三轮车以及汽车开始成为营运工具。这些带着先进文明标记的物质产品经南洋华侨在侨乡流传，无疑对社会进步起到示范效应。

（二）精神文化的新变化

华侨往来于家乡，带来大量物质文化的同时，进而将南洋华社新的观念导入侨乡，催发了侨乡新的精神文化变化。

1. 新的习俗与信仰

随着华侨的跨国互动，他们将海外的一些信仰也回传到家乡，其中最突出者当属"番王爷"信仰。

清末，石狮永宁郑氏把家中祀奉的一尊神祇带到台湾，经由台湾转往菲律宾，一直供奉于家中。20 世纪 30 年代前后，郑氏自菲律宾告老还乡，该神祇又被带回侨乡祀奉。后其家遭火灾，房屋被毁，但该神祇却安然无损。乡人感其灵应，纷纷虔诚膜拜，后又择址建庙祀

---

① 陈达：《南洋华侨与闽粤社会》，商务印书馆 1938 年版，第 114 页。
② 郑梦星：《晋江侨乡的形成及其民俗》，载福建省晋江市委员会文史资料工作组编《晋江文史资料选辑》第 16 辑，1986 年，第 30 页。

之。因该神祇经过一番周折，形象与前已有所不同，且又来自番邦（乡人对南洋各国之俗称），故乡人称为"番仔爷"或"番王爷"，并成为"当境神"（闽南话称地方神为"当境"）。兹后"番仔爷"信仰不断分香至邻村。每年农历三月初八"番仔爷"诞辰日，乡人还要演木偶戏庆祝，甚为热闹。番王爷信仰从现象上看是"文化逆流"，究其核心则应是文化的跨国移植与重构。文化移植源自"文化认同"，文化重构始自迁移中"造神"力量的叠加。共同因素的作用下，番王爷信仰逐渐从家族保护神上升为侨乡地方保护神。这也是闽南侨乡与南洋华社跨国文化互动的重要体现。

除信仰外，闽南原有的生活习俗经由南洋文化移植也有所变化。如海外青年侨客回乡结婚，先在礼拜堂举行新式的结婚仪式后（晋江旅居菲律宾的华侨有许多人是基督教或天主教的信徒），又回到高烧红烛的祖堂跪拜祖先，再行传统的婚礼。在为"亡故"亲人做"功德"时，其彩扎糊纸的"灵厝"竟也模仿西方人的生活方式，制作西式大洋楼模型，配上持枪守卫的"红头阿三"（即印度门警）、穿洋服的"西崽"等纸俑。但在两边扎造的金银山上，却又装上古典的"二十四孝"故事。① 此类中西兼容的情况，在侨乡甚为普遍。

2. 社会觉悟与风尚

20 世纪 20 年代初，侨乡兴学重教之风在南洋华侨的支持下蔚然兴盛。晋江侨乡始为安海、永宁、金井等村镇先后创办几所新型小学，至 20 世纪 30 年代初，沿海侨乡侨办学校已达 300 多所，基本上达到村村有小学。② 厦门的情况也不例外。"抗战前，厦门市有 11 所中学，39 所小学，其中 5 所中学，17 家小学均系由华侨捐款创办或资助。"③ 而且，此时的侨办教育与传统教育相比差异很大。首先是对女子教育的重视。仅泉州一地，华侨就捐办有毓德女校、竞新女校、嘉福女子职业学校、启明女校等。据陈达 20 世纪 30 年代对侨乡

---

① 郑梦星：《晋江侨乡的形成及其民俗》，载福建省晋江市委员会文史资料工作组编《晋江文史资料选辑》第 16 辑，1986 年，第 31 页。

② 同上书，第 34 页。

③ 华金山：《福建华侨史话》，福建省华侨历史编纂组 1983 年版，第 121 页。

的调查统计，（樟林）侨乡入学女童数占女童总数的20％，而同期的非华侨社区仅为5％。①

侨办教育的另一个重要特点是重视职业教育和商业技能的训练，教学目的在于训练学生的谋生技能，以为其将来下南洋做准备。另外，因华侨所在的南洋地区受西方文化思想影响较早，得风气之先，其在家乡所办侨校多是新式学堂。除传授文化知识外，还设立了体育、唱歌、图画等课，注重德智体的全面发展。它对闽南民风的启迪和新思潮的传播起了重要促进作用。

重教与教育革兴带来了侨乡社会风尚的创新。民国初期，（晋江）围江沾染鸦片与吗啡者甚多，致家破身亡频仍、鸡鸣狗盗猖獗。华侨吴天赞回乡看到此种状况，遂独立创办"去毒社"，劝吸食者入社服药改除。民国十年，围江青年归侨又创建"协进社"以提倡讲究卫生，协助学校改进。1915年，为了突破"风水"观念对侨乡的束缚，华侨发起创设"围江新民村"，并订立规则，以睦民安邻。② 1934年，为消除侨乡铺张浪费，赌博等不良社会风气，归侨李文炳、许志泽等又倡导组织了"衙（口）、金（井）、深（沪）风俗改良会"，后奉命改为"衙金深新运风俗改良会"③，以乡规民约形式，制定改良细则，对移风易俗起了很大的作用。

海外移民是闽南人的一种生活方式，也是其文化的一部分。无论是侨乡的特殊风俗，还是新的社会风气的形成，从中我们都可以看出"侨"的因素和与"侨"关联性。那些因华侨带来的南洋文化在侨乡已适应性地重建，成为侨乡精神文化的重要组成部分。

（三）移民家庭文化的新改变

民国时期出国谋生的华侨，大多是单身的青壮年男子，他们的家

① 陈达：《南洋华侨与闽粤社会》，商务印书馆1938年版，第199—223页。
② 郑振满：《国际化与地方化：近代闽南侨乡的社会变迁》，2004年7月12日至15日，在广州中山大学召开的"近代中国乡村社会权势国际学术研讨会"论文。
③ 郑梦星：《晋江侨乡的形成及其习俗》，载福建省晋江市委员会文史资料工作组编《晋江文史资料选辑》第16辑，1986年，第33—34页。

人一般都留在国内。在侨居地文化的影响下，侨乡移民家庭文化也随之发生了变化。

"出外谋生、汇款养家"的传统观念，使闽南社会自明清以来一直存在着一种跨国、跨地域的特殊家庭结构，即"两头家"形态。虽然很多华侨在家乡已有妻子，但是除非家庭富裕，普遍不能携眷同往南洋，且又不能时常返回故乡。斟酌情形，有些到南洋后又与当地女子组建家庭，形成"两头家"。这与华侨持"落叶归根"思想而不愿抛弃家乡结发妻子的意识有关，也是侨居国客观环境使然。而且，这种婚姻也会被记录于神圣的家谱或族谱中，但家族所持的态度依旧有不同程度的保留甚至歧视。一般写配"吕宋女""遏罗女""安南女"或写娶"番女""狄女"。如《晋邑圳山李氏族谱》载：昭换公次子，回德，生民国二年癸丑（1913）。配口氏，吕宋番女；昭岁公之长子……配蔡氏名郁娘；侧室罗沙溜氏，名霆里，吕宋番女；[1]《丰溪蓝园陈氏族谱》载：台烟，荣土长子，生同治壬申年十一月初八日。娶黄氏口娘，又娶狄女。[2] 而且，对于"两头家"的家庭，即使南洋先娶，也往往视作侧室。不过，对于番仔（即番婆所生的儿子），移民家庭一般会平等对待，也会采取一定的措施加以教化。乡下人对于混血儿亦并不歧视，财产可以按习惯分配，婚姻亦不会遇到困难，祠堂内祭祖时，往往视同纯血的后辈，一般的社交亦并无任何不平等的关系。[3] 这样的教养方式可以理解为家庭和家族对"番仔"的一种调适手段。同时，随着华侨异族通婚的常态化，民国时期华侨力量增强，华侨社会地位上升，番客婶地位亦有不小变化。

番仔和番客婶，是与家族纯洁血缘关系相抵触的，但出于现实功利考量，大多移民家庭对他们逐渐认可。这种家族所倡导的道德标准和行为规范在移民文化的影响下有了较大改变。

---

[1] 《晋邑圳山李氏族谱》，民国十一年续修，引自庄为矶、郑玉山主编《泉州谱牒华侨史料与研究》，中国华侨出版社1994年版，第720页。

[2] 《丰溪蓝园陈氏族谱》，民国十八年（1929）七修本，引自庄为矶、郑玉山主编《泉州谱牒华侨史料与研究》，中国华侨出版社1994年版，第1003—1005页。

[3] 陈达：《浪迹十年》，商务印书馆1946年版，第5页。

二　南洋文化在侨乡重构

华侨华人在侨乡和侨居地之间的跨国移动，将南洋文化创造性地植入侨乡。同时，侨乡文化在南洋华社亦得到传播。这成为华侨华人在海外生存的重要精神寄托。

（一）闽南方言及习俗的南传

1. 闽南方言的植入

语言是文化的载体，任何一个民族在迁移的过程中，首先是把语言这一文化载体传播到新的居住地。闽南方言作为闽南文化的载体，在闽南人移居南洋的过程中，自然也被带到当地。

在印尼、马来西亚闽南移民生活的地区，华人居民基本保存着闽南的风俗习惯和语言。有人从八本印尼语和马来语词典中，查出汉语词汇 511 个。初步发现，其中闽南方言词汇至少有 456 个，占全部汉语词汇的 89.2%。[①] 在菲律宾，闽南方言（闽南语）不但在华侨移民中普遍应用，而且对菲律宾的他加禄语也产生一定影响。如厦门人在菲律宾被称为"sangley"或"厦郎"。"sangley"是"生理"的音译，意思是"贸易"，这是以他们的身份来命名；而"厦郎"则是指他们来自厦门，是以他们的籍贯来命名。[②] 菲律宾的许多蔬菜种子源自华侨引进，他加禄语中许多蔬菜名称也借用了闽南话的拼音。如闽南话"白菜"，他加禄语为 petsay；菜豆，sitaw；筒篙菜，tangoehay 等。此外，华侨在菲律宾有不少人经营中国餐馆，同时也开设一些粮食、食品加工厂生产中国土特产。因而，他加禄语中的食品词汇也有不少闽南话，如 bihen（米粉）、miswa（面线）、miki（面干）、tanghen（冬

---

① 孔远志：《文化交流的历史见证》，《华侨历史》1986 年第 1、2 期。
② 李金明：《福建文化在菲律宾的传播》，载福建省炎黄文化研究会编《闽文化源流与近代福建文化变迁》，海峡文艺出版社 1999 年版，第 465 页。

粉)、tauhu(豆腐)等。①

　　2. 习俗的传承与变异

　　闽南华侨移民大多源自社会底层,对乡土文化的坚持十分牢固,多是离乡不离俗。这是他们侨居国外、努力奋斗的精神支柱。

　　据晋江印尼归侨王鼎力先生介绍,闽南出国的大部分青年男子,他们都有"落叶归根"的愿望,很崇尚"圆",盼望与亲人团圆。因此,他们对从家乡带去的岁时习俗十分重视。如除夕与家乡一样,俗称"年兜夜",要以"薄饼菜"奉祭膺主、门宅诸神,长辈给孩子们"过年钱",各自在大门外"烧火囤",合家大小围坐守岁等,大体与泉州习俗没什么两样。②清明祭祖,也是闽侨习俗之大事。清明日前后,祭扫坟墓,名曰拜山。旅外侨胞,大都由各会馆请求当地政府拨地,作为公共墓地。祭扫之事,虽然间有各家分别办理者,但是大半由会馆或家族公会主持。当然,旅外华侨虽保有家乡的风俗习惯,但毕竟远离故土,这些习俗多少也会发生些变异。如苏门答腊闽南华侨华人清明节扫墓,其过程虽则与闽南大致相同,但一般不修整坟墓、不培土、不锄草等;端午节习俗虽然基本保留,但是没有"赛龙舟";每年农历七月,也像闽南一样,各地按日轮流做"普渡",但演戏敬鬼神,俗称"哑吧普"等活动则无。

　　在菲律宾华社,闽南风俗保留最多的则是结婚礼俗。菲侨女子出嫁时嫁妆很多;婚后新婚夫妇须在祖屋住一个月才能搬出等,皆与晋江人嫁娶婚俗有重大关联。根据陈达描述:在马来亚华侨华人聚集的海伦街(Heeren Street),仿若闽南乡村。旧历新年时,每家门口悬挂灯笼,上有"某府"字样,普通是一对长而圆的,高约二尺半,灯笼是红纸糊成的,字是黑的。比较富有的人家用紫红色木头做桌椅。用斜方形的水门汀铺地。在陈氏祖屋(祠堂):其建筑完全采用闽南的式样,大门有匾曰同发。门上左右边题字。正厅中间供大伯公神

　　① 鲁阳戈:《闽南话在菲律宾》,晋江地区华侨史学术研讨会参考资料,厦门大学南洋研究院所藏(打印件)。

　　② 陈衍德:《泉州文化与菲律宾华人》,载黄少萍主编《闽南文化研究》,中央文献出版社 2003 年版,第 438 页。

像，正厅内有匾曰孝思堂，厅堂上首供迁来马来亚的始祖敦和公及唐孺人神主。① 这些习俗深具闽南文化特色。

华侨对习俗的传承，是他们对故土认同的体现。而习俗作为一种民俗文化，它所具有的凝聚力和向心力，不仅对华侨社会起到整合作用，也加强了华侨与家乡的联系。

（二）闽南"重淫祠、信鬼神"之风影响南洋华侨

信仰是人类精神生活的需求，对离乡背井的人们来说这种需求更为迫切。随着闽南人到南洋谋生，其民间信仰也传播到海外。

1. 妈祖信仰

闽南民间信仰在南洋各地传播最广、影响最大的当推妈祖。在新加坡，早在 1821 年，泉州石狮祥芝的帆船首抵新加坡后，船员们即在直落亚逸海滩设神龛，供奉妈祖；1839 年，又兴建妈祖大庙，并于 1841 年从湄洲岛迎来妈祖圣像，这就是著名的"天福宫"；1828 年，泉漳华侨合建恒山亭，除供奉福德正神外，也供奉妈祖；光绪三年（1877），马来亚永春华侨在会馆中建造了圣母殿。此外，在菲律宾和印尼，乃至其他华侨居住的偏远村落，皆有妈祖神庙，可见海外妈祖信仰的范围之广泛。陈达在南洋调查指出：在南洋众多华侨集聚的区域，通常有两个主要的祭祀场所，其一为祭祀祖先的"公祠"，另一则为祭拜妈祖的"妈祖宫"，凸显妈祖在华侨心目中的重要地位。

在南洋华侨社会中，妈祖已不仅是航海之神，还是商业之神、保护神。当贫穷的华侨在妈祖神像前献上自己菲薄的礼品后，他们便相信已经获得了妈祖的庇护，从此以后，只要努力奋斗，吃苦耐劳，便能取得成功。所以在东南亚的各个市镇，乃至偏僻的乡村，都有华侨从事商业活动的身影。即使是利润微薄的挑担贸易，他们也能承受。同时，他们也把经营成功归功于妈祖的保佑，对其更加笃信。因华侨妈祖信仰的广泛和重要，经过民国时期的发展，到 1954 年，教皇还

① 陈达：《浪迹十年》，商务印书馆 1946 年版，第 74—78 页。

特封妈祖为天主教七圣母之一，并隆重为妈祖加冕。①

2. 保生大帝信仰

闽南华侨出国，除航海旅途安全祈求妈祖庇佑外，华侨还会受到疾病瘟疫的威胁。在缺医少药和科学不发达的情况下，他们自然也只能寄望于神明。因而在家乡已广为传播的吴真人信仰亦在南洋各地传播开来。

早在 1860 年，陈宗淮任印尼三宝垄玛腰时，就特地从中国订制了保生大帝神像。当农历五月初一神像抵达时，大觉寺的和尚们举行了迎接庆典。他们带着成群结队的信徒从港口到华人居住区游行，然后才接到大觉寺供奉。从此，每年的农历五月初一，大觉寺和尚都会带领信徒游行到旧港口，以兹纪念。② 在印尼棉兰海口路的真君庙，内奉"妙道真君"，并有对联云："真丹济世神恩有造，君德昭宣锡福无疆"，当源于闽南官封吴真人的称号。同样，菲律宾、新加坡也有很多人信仰吴真人。尤其是新加坡天福宫除主奉妈祖外，亦奉祀保生大帝。此种帝、妃合祀为华侨在南洋首创，印证了侨乡信仰文化在南洋的传播和变化。

3. 大伯公信仰

闽南民间信仰的一个显著特点，就是把历史上一些有功于民或品德高尚的官吏及各种杰出的人物当作神灵来崇拜。华侨也把这种文化传统带到国外，从而创造出不少海外本土神明，大伯公即是其中之一。

陈达调查后指出："移居南洋的华侨，因热带地方草木茂盛，地气潮湿，毒蛇猛兽甚多，往往或病或死，有些侨民如有不死而能保存者，实属幸之又幸。此种开荒不死之人，嗣后他人即名之为'开山大伯'。再加一个公字者，实表示尊敬之意。所以在马来亚许多地方，

---

① 宋元模：《妈祖信仰在菲律宾的传播》，载福建省莆田乡讯社编《莆田乡讯》1987年 10 月 25 日。

② ［印尼］林天佑：《三宝垄历史——自三宝时代至华人公馆撤销（1416—1931）》，李学民译，暨南大学华侨研究所 1984 年版，第 156 页。

华侨对于土地神皆称为'大伯公'。① 而且,大伯公不仅作为保境之神,亦作为财神供拜。故在普遍经商的华侨社会,大伯公(土地神)的地位和影响经久不衰,至今仍非常盛行。笔者在印尼与菲律宾考察时发现,华侨华人几乎家家户户都供奉有土地神(大伯公),各个商店、商场也都摆有土地神神龛。据曾在泰国考察的吴幼雄教授介绍,泰国华侨华人的情况也大体如此。

闽南信仰文化在南洋的移植与调适,体现出侨乡与南洋华社紧密的文化跨国联系。这使得二者紧密整合在一起,分享着共有的文化记忆。

(三) 闽南宗族制与南洋华侨华人宗乡社团

传统中国是乡土社会,其社会结构是由血缘和地缘两种主要纽带而成,且血缘关系往往与地缘紧密相连。因而,在南洋地区,以地缘为纽带的同乡会组织一直占有重要的地位。仅以新加坡为例,据《新加坡华人社团大观》统计,在 200 所主要的宗亲会中,民国以前建立的有 21 所,占 10.5%,第二次世界大战结束以后至 20 世纪 60 年代建立的有 69 所,占 34.5%,其余多半是 20 世纪 20—30 年代建立的。② 不过,由于新加坡闽南人的祖籍地不如菲律宾那么集中,其以府、县级为单位的同乡会较为普遍,如晋江会馆(1918 年)、安溪会馆(1923 年)、惠安会馆(1923 年)、南安会馆(1926 年)、漳州总会(1929 年)、同安会馆(1931 年)、厦门公会(1938 年)等。而晋江大多以乡为单位,如深沪同乡会、永宁同乡会、石狮同乡会等。华侨地缘组织的林林总总,一定程度上是互相攀比的结果。闽南俗谚"晋江人个个猛",移居海外后亦皆自认不凡,喜欢三五成群,纠合旧好新知,组织小团体。③ 这显然也与闽南人强烈的宗族观念有关。甚至家乡农村的宗族械斗等陋习也在华侨海外生活和相互间关系中有

① 陈达:《南洋华侨与闽粤社会》,商务印书馆 1938 年版,第 274 页。
② 彭松涛主编:《新加坡华人社团大观》,新加坡,1983 年。
③ 施振民:《菲律宾华人文化的持续》,载李亦园主编《东南亚华人社会研究》(上),1986 年,第 168 页。

所反映。

南洋华侨宗亲会、同乡会本质上是闽南传统宗族组织的移植。闽南侨乡浓厚的宗乡观念使那些即使迁移到外地的人们亦习惯于保持原乡的风俗传统和家族文化。但是，海外移民的宗族又不是简单的移植，而是利用祖籍地的血缘纽带和文化资源，结合移居地社会环境需要有所重构。

三　结语

华侨虽身处异域，仍心怀家园。他们走向海外，是为了改善本土"家"的生活，提升本土"家"的地位。当在海外遭遇艰辛困苦时，往往是来自本土文化的慰藉在支撑着他们。当在异域寻求精神寄托时，他们所祈求的往往是源于家乡神灵的庇佑。当在海外获得成功时，他们所期盼的又是早日衣锦还乡，寻求在本乡本土的文化认同，以证实其人生价值。这些既体现了闽南人强烈的根脉意识，又展现了文化在推进侨乡与南洋华社密切联系中的重要作用。而且，华侨给予侨乡文化与经济的回馈，侨乡同样反哺华侨精神上的慰藉，彼此汲取对方营养，构成一幅文化跨国互动的真实场景。其所蕴含的内涵和本质则体现了古代海上丝绸之路文化合作共赢效应。显然，这对传播中华文化，塑造中国与东南亚各国联系、合作与发展，尤其是中国面向东南亚21世纪海上丝绸之路建设的推动，更增添了重要历史依据和人文脉络，也更有说服力。

发挥华侨华人优势，进一步加强福建
面向东盟的海上丝绸之路文化建设

丁毓玲　林　仪[*]

摘　要：建设21世纪海上丝绸之路的战略构想给中国与东盟国家全方位合作带来了新的机遇。福建作为21世纪海上丝绸之路建设核心区，可以借鉴广西在"一带一路"建设中的成功经验，仔细梳理面向东盟的文化资源，发挥华侨华人优势，推动福建与东盟国家在语言、教育、旅游、科研以及文化产业方面的交流与合作。

关键词：华侨华人　福建　东盟　文化建设

福建是侨务大省，拥有海外华侨华人1580万人，分布在世界上188个国家和地区，其中东南亚华侨约占80%，达1250多万人，主要分布在马来西亚、印尼、菲律宾、新加坡、泰国等国家。[①] 在国家"一带一路"倡议中，福建应该把握机遇，发挥华侨华人丰富的人脉资源和国际商业网络的优势，积极拓展与海丝沿线国家和地区，特别是加强与东盟十国的全方位交流，深化合作，为福建的科学发展、跨越发展助力。

---

* 丁毓玲，1965年10月生，泉州市文化广电新闻出版局副局长，福建省泉州海外交通史博物馆馆长，博士。林仪，1982年10月生，福建省泉州海外交通史博物馆馆员，硕士。

① 福建省外事办公室、福建省社会科学院课题组：《福建融入国家"一带一路"建设的路径选择及其相关建议》，载《建设21世纪海上丝绸之路学术研讨会论文汇编》，2014年，第130页。

一 海外华人在东盟的现状

在中国与东盟国家关系发展的过程中，华侨华人是积极的推动者、参与者和践行者。

（一）东盟的华侨华人数量众多

据国侨办最新统计资料显示，目前海外华侨华人已超过 6000 万人，分布在全球 198 个国家和地区。[①] 其中，东盟的海外华侨华人占68.62%，约有 4000 万[②]，人数众多、分布广泛、实力雄厚、影响力大。随着中国与东盟关系的日益加强，华侨华人的社会地位也获得当地政府和社会更大的关注。这些侨胞既熟悉和了解东盟各国的国情，又与中国有着天然的联系，是促进中国和东盟国家发展友好合作关系的天然桥梁。可以通过他们，更好地介绍中国的真实情况，讲述中国的故事，传递中国声音，塑造中国形象。

（二）东盟华侨华人有着较强的经济实力

2013 年《亚洲周刊》评出的全球华商 1000 强中，新加坡 28 家、马来西亚 26 家、印尼 9 家、菲律宾 10 家、泰国 9 家。东盟华侨华人资本也成为当地民族资本的一部分，他们大多开展跨国经营，积极开拓海外市场，海外投资地区分布较广。他们在引进外国资本进入所在国及推动所在国资本投资国际市场方面发挥着重要的中介和桥梁作用。而中国经济的迅猛发展，既为东盟华侨华人经济的发展提供机遇，东盟华侨华人经济的发展又反过来拓宽中国经济在海外市场的发展空间。东盟华侨华人经济在推动中国与东盟国家经济合作方面具有独特优势和潜力。

[①] 这个数据是 2014 年 3 月 5 日国务院侨办主任裴援平在十二届全国人大二次会议新闻中心组织的网络访谈中提出的。

[②] 赵健：《华侨华人——建设 21 世纪海上丝绸之路的独特力量》，《玉林师范学院学报》（哲学社会科学版）2015 年第 3 期。

（三）东盟华侨华人的社会地位不断提升

东盟华侨华人社会地位的提升，最直接的体现便是华侨华人政治话语权不断增强。华侨华人的政治话语权是他们在居住国表达自身意愿的权利和资格。在经济实力不断增强的同时，许多华侨华人渐渐意识到，只有积极参政才能提高他们在所在国的社会地位，维护自身的经济利益。随着国际形势的变化和中国国际地位的不断提高，越来越多的所在国解除了对华人参政的限制，使更多的华侨华人能够参与到居住国的政治建设。[①] 在泰国、马来西亚、印度尼西亚、菲律宾等国家的政坛中，华人及华裔的人数不断增加。华侨华人政治地位的提升不但体现在参政上，而且体现在华侨华人精英群体数量上。他们普遍受过高等教育，精通所在国语言和文化，有较广的人脉关系，有较强的社会活动能力和组织能力，有长期为当地社会服务的良好记录，其付出和贡献为当地各族裔所认同，对当地社会有较大影响力。

（四）华侨华人社团是推动东盟与中国友好关系的重要力量

华侨华人社团是早期移居国外的华侨，为了团结互助，自救自卫，联络感情，共谋生存与发展，或以血缘宗亲，或以地缘同乡，或以业缘同行为纽带，自发建立起来的互助联谊与自治的社会组织形式。华人社团组织的产生有其社会、政治和经济等方面的根源，是华侨华人社会的核心和缩影。对外，这些组织在东盟起着传播和弘扬中华传统文化、促进中国和东盟文化交流、推动华人移民适应新环境等重要作用。对内，它则调节华人社会自身的经济、家庭生活等纠纷，扮演民族融合与扩大交往的关键角色，为东盟国家的创建和发展贡献良多。[②]

---

① 王志章、骆洋：《华侨华人与建设中国国家软实力的内在关系》，《郑州航空工业管理学院学报》2013 年第 4 期。
② 杨宏云：《国家与社会的关系：东南亚华人社团研究的新启示》，《八桂侨刊》2012年第 1 期。

马来西亚是华人社团较多的国家。近年来，中马经贸关系飞速发展，马来西亚华人业缘社团在中马双边贸易与投资中就发挥了重要作用。包括发起、组织及安排商贸团体走访、考察中国，扮演发起者与组织者的角色，接待来自中国的代表、传达相关的信息，大力协助、安排中国贸易团到马访问，促成中国企业对马投资；把获得的信息转化为供商家参考的资料，作为他们经商的依据；在信息互通下，促进彼此合作的机会。马中经济贸易总商会、中华工商联合会等业缘华人社团全力支持中马两国的企业互相投资，让马来西亚更多的产品进入中国市场及协助大马进口商寻找物美价廉的中国货源，并协助中国企业到大马投资发展或寻找商机等方面，发挥了积极作用。菲律宾华社通过三项针对主流社会展开的公益活动也极为引人瞩目，这就是号称菲华"三宝"的义诊、志愿消防及捐建农村校舍运动。这三项公益活动均坚持了多年，对于促进华菲民族关系，提升菲律宾对华人的评价发挥了积极的作用。华侨华人社团不但是华侨华人社会的基础，担负传承华人文化、华文教育和维护华社公共利益的职责，而且在推动当地国与中国友好关系的发展方面具有独特作用。①

（五）华文媒体是促进中国与东盟之间互相了解的重要平台

目前，海外的华文媒体主要包括：华文报纸、华文期刊、华文网络、华文电视等。东盟国家是华文媒体历史最久、数量最多、体系最全的地区。这些华文媒体不仅是华侨华人了解中国的重要渠道，也是当地社会对中国认知的主要信息来源。如马来西亚现有华文报纸18家，华文期刊63种，是海外拥有华文日报最多的国家。新加坡有5份华文报纸、2份华文期刊。泰国则建立了从华文报刊、华文电视台到华语电影及电视剧系统的华文传媒。当前泰国主要有6家华文媒体，在种类数量和发行量上都仅次于泰文报纸。这些媒体大大促进了华侨华人对中国的认同和中华文化在东盟的有效传播。

---

① 赵健：《华侨华人——建设21世纪海上丝绸之路的独特力量》，《玉林师范学院学报》（哲学社会科学版）2015年第3期。

（六） 华文教育对增强中国在东盟的软实力具有重要意义

华文教育是海外华侨华人传播中华文化的重要载体,不仅关乎海外华人族群的文化走向和族群命运,而且与中华文化在海外的发展以及提升中国文化软实力密切相关。特别是在增进华裔青少年对中国历史、文化和现状的了解,对中华文化的认同方面发挥了不可代替的作用。马来西亚是东盟各国中保持华文教育体系最好的国家,目前有华文小学1294所,华文独立中学60所,华文大专3所。在菲律宾和泰国,也有具备一定规模的华文学校。这些学校还吸引了大量非华裔学生学习汉语。华侨华人历来对自身民族文化认同感较强,中华传统文化和民族特性通过华人社团、华文媒体、华文教育得到传承。同时,大量华侨华人在所在国生存发展,也吸纳了当地的文化特性和思想观念。正是这种多元文化的交汇交融,使当地华侨华人成为促进中国与东盟国家交流的重要纽带。①

二　东盟国家的福建华侨华人在"海上丝绸之路"历史上发挥的作用

21世纪海上丝绸之路的渊源是我国古代海上丝绸之路。古老的海上丝绸之路是我国历史上以丝绸贸易为象征、连接中外海上贸易的交通线。由于地缘相近,早在2000多年前中国就与东南亚地区建立了海上联系,这就是海上丝绸之路南海航线。无数的使团、僧侣、商人、贵族和平民通过这条海上丝绸之路,进行了长期的经济文化往来,为中国与东南亚地区的交通与交流创造了有利的先机。郑和七下西洋的壮举则使这一文明进程走向了高峰,为这一地区的和平与对话做出了不可磨灭的贡献。

福建位于中国东南沿海,是海上丝绸之路的重要起点和主要发祥

---

① 赵健:《华侨华人——建设21世纪海上丝绸之路的独特力量》,《玉林师范学院学报》(哲学社会科学版)2015年第3期。

地，有着 3000 多千米的海岸线，曾在中国的对外贸易和文化交流历史上发挥了极其重要的作用。先后涌现了福州甘棠港、泉州后渚港、长乐太平港、漳州月港等重要港口。据《后汉书·郑弘传》记载："旧交趾七郡贡献转运，皆从东冶泝海而至。"东冶就是今天的福州，交趾七郡包括粤、桂、滇及越南等地。海运业促进了福州造船技术的进步和发展，在唐代中期至五代之间，福州成为重要的港口城市和经济文化中心，"百货随潮船入市，万家沽酒户垂帘"。

泉州被联合国教科文组织确认为"海上丝绸之路"起点之一，早在南北朝时期，泉州已成为对外交通的港口。唐代泉州是我国四大外贸港口之一，"云山百越路，市井十洲人"，反映了当时泉州有众多的外国商人、使者。到宋元时期，泉州与埃及亚历山大港齐名，被誉为东方第一大港，呈现出"市井十洲人""涨海声中万国商"的繁荣景象。著名的外国旅行家马可·波罗和伊本·白图泰都赞誉过泉州。

明初，福州对外贸易进入鼎盛时期，福州长乐太平港是郑和七下西洋的扬帆出海地、归帆地和驻泊地。明代中叶以后，由于实行海禁政策，官方的海外交通贸易活动渐趋停滞，而私人对外海上贸易活动却渐趋活跃，漳州月港从中脱颖而出。1567 年明朝统治者同意在漳州月港部分开放海禁，月港成为我国东南沿海的外贸中心。

清初实行禁海、迁界政策后，漳州月港迅速衰落。到康熙中叶，开放海禁，海外交通贸易逐渐恢复，当时在上海、宁波、厦门、广州等地设立海关，以管理海外贸易，厦门港正式取代了漳州月港。鸦片战争以后，厦门被辟为"五口通商口岸"之一，成为福建海上对外贸易和往来的重要基地。"海上丝绸之路"的形成与发展过程也是福建与东南亚各国关系不断发展、深化的过程。福建和东南亚地区早期只有交通贸易联系，没有文化联系；后来发展到贸易、政治、文化、宗教的多重联系；最后大量的福建移民涌入东南亚，成为东南亚华侨社会的重要组成部分。[①] 移民的到来，也为东南亚国家带去当时先进

---

① 陆芸：《福建融入 21 世纪海上丝绸之路建设的重大意义研究》，载《建设 21 世纪海上丝绸之路学术研讨会论文汇编》，2014 年，第 9—10 页。

的农耕技术、手工技术，促进了人文交流。经过漫长的历程，东南亚的华侨华人为当地的社会进步、经济发展发挥了独特的作用。

1. 在商品流通和技术交流方面。福建的商品和器物改变了古代东南亚的生活习性。中国的瓷器通过华侨华人的往返贸易销往东南亚各地，改变了当地居民的生活方式，改善了东南亚人民的饮食健康。同时，通过大量闽籍华侨华人的贸易，中国瓷器经由东南亚源源不断地销往世界各地。福建华侨还把中国饮茶的习惯和种茶、制茶的技术带到东南亚各国，至今影响着海外的茶风。除瓷器和茶叶带来的物质文化影响外，大量福建华侨华人也将福建的制陶工艺、制糖技术、制盐工艺、印刷术、农耕技艺、渔猎技术等移植当地，影响了东南亚各民族的生产与生活风貌。

2. 在文化传播方面。随着福建人到东南亚谋生，其民间信仰也传播到海外。福建地方神灵，如妈祖、吴真人、大伯公、城隍、广泽尊王、纪府王爷等信仰，应福建移民的生活需要，在东南亚各地形成一定的受众群体。在印尼、菲律宾华人中，遍地可见福建地方神灵的庙堂。这种以民间信仰为主的文化互动是福建文化融入东南亚地区的主要表征，体现了福建文化在东南亚各地的普及程度和深远影响。在文学方面一大批明清小说被翻译为马来文、爪哇文和柬埔寨文，广泛流传于东南亚一带，这主要来自福建籍华侨后裔的翻译工作。相应地，带有福建文化的成分也植入翻译小说中，影响着东南亚的文学风格。

3. 在艺术方面。早在宋元时代，闽南侨民就已经将本乡本土的南音带到了东南亚。今天，南音不但作为我国古老的乐种在东南亚华侨中广泛传唱，在菲律宾、印尼、新加坡，马来西亚、泰国以及缅甸等地福建华侨华人密集的城镇，都有南音社的组织和活动，成为当地文化多样性的一部分。除此之外，福建的莆仙戏、芗剧、高甲戏、木偶戏等福建地方曲艺在东盟各地有着广泛的传播和受众。

4. 在语言方面。福建的闽南话与福州话（在东南亚统称"福建话"）在东南亚很多地区都还在使用。闽南话成为许多东南亚话语的借音，涉及人们日常生活的许多方面。在菲律宾，他加禄语中许多蔬菜的名称是闽南话的拼音。如闽南话"白菜",他加禄语为 petsay;菜豆,sitaw;筒蒿菜,tangoehay;芹菜,kintsay;韭菜,kutsay,等等。他加禄语中的食品词汇也有不少闽南话,如 bihen(米粉)、mi-swa(面线)、miki(面干)、tanghen(冬粉)、tauhu(豆腐)、tauye(酱油或豆油)、taugi(豆芽)、saypo(萝卜干或菜脯)。同样,闽南语在印尼语和马来语也大量存在。闽南方言在东南亚的传播和使用,是闽籍华侨华人在当地长期耕耘并与土著人民和谐相处的自然结晶,也是福建文化与东南亚文化和平交流的历史见证。这构成福建在东南亚的文化软实力。①

东南亚华侨华人拥有跨国和跨文化的独特背景,他们不仅深受中华传统文化和价值观的影响,同时也熟悉、了解所在国的情况,其本身可以说是一个集人力资源、资本资源、文化资源、政治资源等多种资源于一体的资源系统。他们不仅在中国与东南亚国家关系发展中起着桥梁和纽带作用,也对中国在东南亚软实力的提升与发展发挥着独特而重要的推动作用。② 而 21 世纪海上丝绸之路建设,将为中国及相关国家,包括华侨华人提供难得的发展机遇。在"一带一路"建设中,海外华侨华人将发挥难以替代的作用。

三　借鉴广西在"一带一路"建设中的先进经验

在"一带一路"倡议提出后,广西凭借其自身的地缘优势,成功地与东盟国家进行对接合作,取得了丰硕的成果。福建在 21 世纪海上丝绸之路核心区建设过程中,可以借鉴广西的成功经验,利用地缘和文缘优势,与东盟国家开展合作交流。

近年来,广西与东盟的经贸往来日益紧密,经贸合作不断深入,与东盟的贸易额稳居西部 12 个省(自治区、直辖市)之首,贸易额

---

① 杨宏云:《华侨华人与福建融入 21 世纪海上丝绸之路:文化视角的思考》,载《建设 21 世纪海上丝绸之路学术研讨会论文汇编》,2014 年,第 128—129 页。

② 许梅:《东南亚华人在中国软实力提升中的推动作用与制约因素》,《东南亚研究》2010 年第 6 期。

年均增长超 30% ,其中边境贸易额比重超过 60% 。东盟已连续 14 年成为广西第一大贸易伙伴、主要外资来源地和广西企业"走出去"的首选地、广西最大入境客源市场,双方合作不断加深,利益纽带日益牢固。所有这些成果,为广西参与"一带一路"对外开放战略布局营造了良好的发展环境。

广西地处"三南"(西南、中南、华南)经济圈和东盟经济圈的交汇点,是我国唯一与东盟国家海陆相通的省份,有着独特的地缘优势:北部湾一湾连七国,中国至中南半岛经济走廊与广西陆路相通,西江黄金水道横贯东西部,使广西成为我国面向东盟开放合作、共建"一带一路"最便捷的陆海大通道。

广西与东盟国家有着相同或相近的历史、民俗和文化,人文交流密切。进入新世纪以来,随着中国东盟合作关系的深入发展,广西与东盟国家的人文交往更加频繁密切,东盟国家纷纷在广西南宁设立使领馆,其中越南、老挝、缅甸、柬埔寨、泰国在南宁设立了总领事馆,马来西亚馆完成了选址工作;中国与东盟双方互派留学生,中国政府还为东盟来华留学生提供奖学金资助,吸引了大量的留学生来华学习,东盟来华留学生数与日俱增。东盟来华留学生中有将近 20% 在广西留学,广西高校还开设有东盟国家的官方语言课程。中国东盟双方还搭建了各种交流平台。中国—东盟文化交流培训中心、中国—东盟技术转移中心、中国—东盟青年联合会、中国—东盟企业家联谊会、中国—东盟青少年培训基地、中国—东盟妇女培训中心等落户南宁。广西与东盟国家城市间合作日益加强,与东盟国家缔结了 30 多对友好城市,数量居全国前列。文化交流合作成果更加丰硕,在南宁成功举办了 8 届的中国—东盟文化论坛,中越青年万人大联欢活动在广西也连续举办了 2 届,还拥有中国(桂林)国际旅游博览会等大型国际性展会平台。广西人文交流纽带作用的发挥,为广西参与"一带一路"对外开放战略布局奠定了扎实的人文和民意基础。[①]

在经贸合作方面,在国家的大力支持下,广西成功搭建了中国—

---

① 张家寿:《广西参与"一带一路"对外开放的战略布局》,《桂海论丛》2015 年第 5 期。

东盟博览会、中国—东盟商务与投资峰会、中国—东盟自由贸易区论坛等重要国际区域性合作平台，并多次举办了中国—东盟交通部长会议、中国—东盟质检部长会议、中国—东盟海关论坛、中国—东盟矿业合作论坛、中国—东盟环保论坛等，形成了中国—东盟合作的"南宁渠道"①，为服务"一带一路"建设发挥了助推器作用。广西还承建了中国—马来西亚钦州产业园和关丹产业园，开创了"两国双园"合作新模式，中国·印尼经贸合作区、中国—柬埔寨现代农业示范中心等一系列产业合作和投资贸易平台建设加快，不断探索共建共享共赢的国际合作新模式。这些战略平台的搭建，为广西参与"一带一路"对外开放战略布局提供了合作平台。

四　发挥文化软实力，与东盟国家开展合作交流

中国与东盟国家都是东方文化的缔造者，经由海上丝绸之路互相碰撞、互相融合，使东方文化焕发生机，在文化、语言、习俗等方面相似或相同，并具有独特的海洋人文气息。2015年3月28日，国家发展改革委、外交部、商务部联合发布的《推动共建丝绸之路经济带和21世纪海上丝绸之路的愿景与行动》中指出，"一带一路"建设，是以"政策沟通、设施联通、贸易畅通、资金融通、民心相通"为主要内容的。"五通"中，最难得的是民心相通，民心相通的核心在于文化相融。国际著名华人研究学者王庚武说过："通过强化文化与软实力含义，丝绸之路的故事将被赋予另一层意义。"也就是说，只有基于文化领域的认同，才能真正疏导民意，实现民心相通，为福建与东盟开展区域间的经贸合作奠定更加坚实的社会基础。

因此，21世纪海上丝绸之路建设需要文化先行，福建应将各项文化资源转化为推进21世纪海上丝绸之路的软实力，依托政府与民间力量，发挥华侨华人的优势，寻找到与东盟国家合作发展的捷径。

---

① 陈武：《发展好海洋合作伙伴关系——深入学习贯彻习近平同志关于共建21世纪"海上丝绸之路"的战略构想》，《人民日报》2014年3月12日。

(一) 推广方言影响、推动信仰传播,延续文化联结

方言是一个地方的文化载体,它能让在异国他乡的人更有凝聚力。通过古代海上丝绸之路,福建的华侨华人源源不断地来到东南亚经商或定居,福建文化也随之在东南亚各地扎根,融合进当地人生活中。早期的东南亚一带闽籍华侨华人,平时聚会惯用福建话聊天,既能联络感情,也能推动福建人之间的经济合作,更有着与故乡文化割舍不断的情怀。然而,福建方言在东南亚却面临着断层的问题。这不仅使福建文化在东南亚的影响日渐削弱,也影响着福建与东南亚的经济联系。①

因此,建议针对东盟国家闽籍华人实施方言建设战略,既有联络感情,也有推动两地经济合作的作用。通过柔性、可接受的方式,如选派福建方言文化推广者到东南亚推广福建方言,以及推动福建的电视台落地东南亚华侨社团等手段,让更多的海外华人了解自己的"乡音",让乡土的情结在海外移民中更好地传承下去。

信仰文化的纽带作用,则是推动福建融入东盟发展的重要途径。通过信仰互动,福建与东南亚各地的妈祖、清水祖师、保生大帝、广泽尊王、关帝、开漳圣王、城隍等民间信仰神祇互动的方式,寻找福建与闽籍华人共同的信仰文化记忆,连接福建与东盟华侨华人的文化共同点。最终,通过闽籍华侨华人的直接或间接示范效应,宣传、传播和建设福建文化,使福建文化在东盟国家落地生根。

(二) 开展多层次教育合作,密切人文交流

挖掘福建与东盟历史文化的联结渊源,依托东盟闽籍华侨华人,在东盟国家中积极开展福建文化艺术的推广和教育,积极促进福建与新加坡、马来西亚、印尼等国家的文化艺术交流,增强福建在东盟国家的知名度和美誉度,使福建构筑面向东盟的海上丝绸之路增加持久

---

① 杨宏云:《华侨华人与福建融入21世纪海上丝绸之路:文化视角的思考》,载《建设21世纪海上丝绸之路学术研讨会论文汇编》,2014年,第130页。

力和生命力。同时，组织开展多层次的教育合作，如组织实施面向东盟地区的官员、老师的培训；在条件许可下，也可积极引进东盟国家高层次人才来闽工作等，从而扩大福建在东盟国家的影响力和吸引力；在青年人层面，可以针对东盟十国学生来福建学习提供奖学金资助，或者互派留学生的教育合作形式；可以邀请海外华裔青少年到福建学习交流、参观访问、寻根访祖，让他们充分感受祖籍地的经济文化建设，增进他们对中国的了解，提高他们学习汉语和中华文化的兴趣。

（三）推动福建与东盟间的文化旅游合作

据不完全统计，新加坡、印尼、马来西亚已经成为福建省外国人接待量前十名的客源国，其中马来西亚是 2014 年福建省外国人接待量增幅最高的客源国。文化寻根游则是三地游客的主要诉求。[①]

因而，福建应抓住联合国世界旅游组织打造"海上丝绸之路"旅游线路的契机，充分挖掘自身有关海上丝绸之路的历史文化内涵，在注重保护的前提下进行可持续性的旅游开发，吸引东盟游客到福建来。如"信仰福建游""南洋贸易航海游""福建海洋文化游""南洋风情文化游""侨乡寻根文化游"等，并积极营销，以旅游促合作，打造福建面向东盟经贸以外的重要文化旅游市场。在获得旅游经济的同时，促进福建与东盟海丝国家的文化交流，实现文化的经济意义，经济的文化内涵。

（四）树立"大传播观"，构建立体化传播体系

借助传播和市场两种手段，彰显福建文化的独特性和时代性，扩大福建文化的知名度和认可度，是福建在东盟国家加大文化软实力建设必不可少的举措。建议政府强化"大传播观"，构建高效迅捷、覆盖沿线国家的现代化、多层次的传播体系。除传统媒体外，互联网、微信、影视纪录片等现代科技手段，需要及时应用于福建文化宣传领

---

①　中国致公党福州市委员会课题组：《进一步加强福州面向东盟的海丝文化软实力建设》，《福建省社会主义学院学报》2015 年第 5 期。

域，实现文化的立体化传播，使福建文化深入东盟国家社会各个层面。近年来，泉州在文化方面所取得的成就有目共睹：联合国教科文组织将全球第一个"世界多元文化展示中心"定址泉州；2013 年，泉州被评为"东亚文化之都"；2014 年，首届"中国阿拉伯城市论坛"在泉州举办；2015 年，第十四届亚洲艺术节暨第二届海上丝绸之路国际艺术节在泉州隆重开幕。可以将泉州的历史文化作为福建文化宣传的一个亮点，拉近与东盟国家年轻人的距离。此外，加强组织引导，利用社会力量，依靠市场推动，提高福建文化产业产品的对外贸易，拓展福建文化产业产品的消费市场，推广反映新时期福建文化艺术成就的影视剧、动画片、歌舞剧，以及工艺品、文化创意产品。可以依托东盟闽籍华人为中介，进入东盟各国人民的娱乐生活之中，以此提升福建在东盟的文化软实力。

（五）加强文化科研型和交流型人才培养

新时期，福建作为 21 世纪海上丝绸之路建设核心区，加强人才培养和聚集，增进对东盟国家的认识与研究尤为必要。福建可利用厦门大学、华侨大学与东南亚华侨华人的历史渊源，推动二者在东南亚开设分校和建设孔子学堂，积极推介福建的教育与文化特色。同时，在高校和学术机构增设菲律宾他加禄语、印尼语、马来语、缅甸语等东盟国家语种学科，或者选派已有人才前往上述国家学习或进修，弥补对这些国家国情、政经了解的缺乏。在密切与东盟的教育联系同时，挖掘福建与东盟人文艺术的渊源，借由东盟闽籍华侨华人的平台，在东盟国家中积极推广和普及福建的文化艺术。譬如南音、木偶、地方戏剧、杂技等文艺团体，以及具有鲜明福建特色的文化艺术项目和现代歌舞可积极赴东盟国家演出交流；举办福建书画展，工艺品展以及文学研讨会等。①

海外华侨华人是中国文化软实力的承载者，是其驻在国文化对外

---

① 杨宏云：《华侨华人与福建融入 21 世纪海上丝绸之路：文化视角的思考》，载《建设 21 世纪海上丝绸之路学术研讨会论文汇编》，2014 年，第 130 页。

交流的使者。长期的侨居生活，使他们融入了驻在国生活的方方面面，通晓驻在国的语言文字、历史文化和法律，熟悉驻在国民众的社会习俗、生活方式，掌握驻在国经济社会发展的状态和需求，积累了中华文化与驻在国文化相互融合的经验。海外华侨华人也是中华文化向世界传播的使者，通过他们向国外传媒、学界、民众、政府和非政府组织，客观地介绍中国，解读"一带一路"，在丝绸之路沿线国家的文化交流中会起到无可替代的作用。同时，海外华侨华人在中国企业走出去和中国与世界经济社会深度接轨过程中发挥着独特的作用，他们有广泛的政、商人脉，拥有与驻在国各界良好的沟通渠道，拥有雄厚的产业实力和全球化生产营销网络。

福建在加快推进 21 世纪海上丝绸之路建设中，可依托东盟闽籍华侨华人的平台，利用福建文化历史上对东盟国家的深远影响，从语言、教育、旅游等文化层面积极推动福建融入面向东盟的新时期海上丝绸之路。这不仅能加深和巩固福建与东盟已有的文化联系，增进福建在东盟的文化软实力；亦可为福建开辟对东盟经贸之外的文化消费市场提供契机，从而实现福建面向东盟海上丝绸之路的经济、文化双赢。

"海丝"战略框架下华侨华人与泉州经济：问题与对策

摘　要：泉州经济发展模式是由典型的"侨乡经济"发展而来的民营经济发展模式，华侨华人在泉州经济中占有极为重要的地位。海外华侨华人通过投资、捐赠、贸易和侨汇等方式，为泉州经济发展提供资金、技术和人才等，是泉州经济发展的重要资源。本文在概述泉州海外华侨华人发展现状、海外侨资及其在泉州经济中的地位和作用的基础上，针对泉州当前存在引进侨资显著下降、进出口总额减少等问题，提出"海丝"战略框架下发挥华侨华人优势，进一步促进泉州经济发展的几点对策措施。

关键词：海丝战略　华侨华人　泉州经济

　　泉州经济发展模式是由典型的"侨乡经济"发展而来的民营经济发展模式，华侨华人在泉州经济发展中占有极为重要的地位。自改革开放以来，泉州民营经济以年均30%以上速度递增，创造了闻名全国的"晋江经验"和"泉州模式"，赢得了"民办特区"美誉，被列为全国18个改革开放典型地区之一。当前泉州在引进海外侨资促进经济发展方面遇到了前所未有的困难，因此如何在"海丝"战略框架下克服困难进一步发挥华侨华人的优势作用、促使泉州经济再上新

---

*　林勇，福建社会科学院华侨华人研究所所长、研究员，泉州师范学院中国经济研究中心清源学者讲座教授。

台阶是当前必须解决的重要课题。

一 泉州华侨华人现状

（一）数量估计及其分布

据最新官方统计，目前福建拥有海外华人华侨 1580 万人，分布在世界 188 个国家和地区，其中约 80% 集中在东南亚，达 1250 多万人；[①] 泉州华侨华人 948 万人，分布于世界 130 多个国家和地区，其中 90% 主要侨居东南亚等海丝沿途国家，具有很强的经济实力，其中不乏商界翘楚、著名侨领如马来西亚李深静、新加坡蔡天宝、菲律宾陈永栽、印尼黄奕聪等。再加上泉州旅港同胞 70 万人，旅澳同胞 6 万人，三者合占福建省 60% 以上，占全国 15% 以上。海外侨胞数量在全国 25 个设区市重点侨乡中位居第一。[②] 与此同时，全市还有归侨、侨眷 254 万人，分布于全市 150 多个乡（镇）中，重点侨乡占全省总数的 75%。东南亚现有华侨华人总数约 3348.6 万人，单泉籍华侨华人人数就占整个东南亚地区华侨华人数量 1/5 强。[③]

（二）经济实力

《福布斯》中文版 2015 华人富豪榜中，前 100 名中就有 13 名泉州籍海外华商。其中，施至成以 142 亿美元身家位列第 10 名；黄惠忠以 90 亿美元身家位列第 22 名；蔡衍明以 89 亿美元身家位列第 23 名；黄惠祥以 87 亿美元身家位列第 26 名；吴奕辉以 58 亿美元身家位列第 41 名；林垲璘以 57 亿美元身家位列第 43 名；黄祖耀以 55 亿美元身家位列第 46 名；许荣茂以 54 亿美元身家位列第 47 名；吴聪满以 48 亿美元身家位列第 57 名；李深静以 46 亿美元身家位列第 62

---

① 辛华：《福建发布"海丝"核心区建设方案，凸显侨台优势》，《福建侨务》2015 年第 6 期。

② 高雪梅：《新"海丝"路上的"先行区"——专访福建泉州市市长康涛》，《瞭望东方周刊》2016 年 1 月 21 日。

③ 庄国土：《东南亚华侨华人数量的新估算》，《厦门大学学报》2009 年第 3 期。

名；陈永栽和郑少坚分别以 44 亿美元身家并列第 64 名；林荣三以 42 亿美元身家位列第 67 名。仅仅这几位的总资产就已超过 900 亿美元了。

同时上榜的泉籍华商还有：陈发树、许连捷、施文博，这三位富豪均以 28 亿美元资产并列第 107 名；陈觉中以 27 亿美元资产位列第 115 名；柯希平和蔡宏图分别以 23 亿美元资产并列第 125 名；林天福以 19 亿美元资产位列第 166 名；林秀成以 18 亿美元资产位列第 170 名；吴笙福以 17 亿美元资产位列第 184 名；丁世忠以 14 亿美元资产位列第 252 名；丁世家以 13 亿美元资产位列第 267 名；蔡天宝以 11 亿美元资产位列第 338 名；黄鸿年以 10 亿美元资产位列第 350 名等。仅仅上述这些海外泉籍华商（国内泉商除外）总资产已远远超过 1000 亿美元。

如今，海外泉商已成为全国地级市人数最多、比例最高、分布最广、影响最大的投资者、经营者群体之一，已从商业贸易走向先进制造、现代服务行业，走向金融、商业地产、城市综合体开发、海洋新兴产业等领域，海内外金融业、房地产业、贸易业、橡胶业都经常活跃着泉籍华商。[1]

（三）人才状况

除了上述泉籍华商人才以外，海外科技、文艺上有专长的海外泉籍乡亲也为数不少。特别是 20 世纪 70 年代以来，随着国家逐步放宽移民限制和侨乡经济发展，泉州形成了新移民潮，新生代华侨、华人大幅增加，华侨华人侨居国或地区范围更广，其中有投资移民，也有留学出国人员。这些新华侨、华人学历普遍较高，并且逐步踏入经济、政治前沿。在科学技术领域，有英国皇家医学院院士、英国华人医学会会长高武图先生等；在文化艺术领域，有新加坡南洋理工大学原校长徐冠林先生、美国华裔艺术家蔡国强先生等。经济地位提升也

---

① 张仲鹏：《泉州：民营经济改革的勇士》，2014 年 5 月 5 日，开封网（http://news. kf. cn/2014/0505/92333. shtml）。

使他们中一部分人成为海外同乡社团骨干，成为推动泉州与海外交流合作、促进泉州对外开放的重要依靠力量。

二　泉州海外侨资概述

华侨华人在泉州经济发展中的重要地位主要体现在侨资方面。侨资是指我国各地吸收和利用海外华侨华人个人及其企业与其他组织的资金①，包括海外华侨华人及港澳台同胞以各种方式为家乡经济发展提供的资金，具体可分为投资、捐赠、贸易和侨汇四类。

（一）投资

泉州利用外资具有明显侨乡特色，外资来源地主要集中于港澳台和东南亚等侨胞集中较多的国家和地区。改革开放至今，海外闽籍乡亲在闽兴办侨资企业②已近3万家，侨资已是福建引进外资的主体，侨资企业已经成为福建外向型经济发展主要支柱。据统计，改革开放至2012年底，福建实际利用外资（按验资口径）857.53亿美元，其中侨资占76.21%。③ 据统计，早在1987年全市侨资企业就已有5480家，共引进先进设备1.2万多台套。④ 根据泉州市外经贸部门统计，1978—2012年，泉州累计批准设立侨（外）商投资企业12738家，投资总额493.5亿美元，合同外资金额312.43亿美元，实际利用侨

---

①　邓建新：《谈谈外资、侨资、港资的利用及其特点》，《外国经济与管理》1987年第1期。

②　对于侨资企业的界定，各地方政府都有其特殊的规定，如北京市政府就认为，只要是港澳同胞和海外侨胞在北京兴办的合作、合资、独资企业都是侨资企业。而泉州隶属福建省，福建省对侨资企业的界定，在《福建省保护华侨投资权益若干规定》（2002年修正）中就明确规定，华侨投资者用于投资中国境内获得的收益在本省投资的，视为华侨投资。参见张赛群《中国侨务政策研究》，知识产权出版社2010年版，第102页。

③　《福建以"侨"带路21世纪海上丝路建设》，2014年5月27日，中国新闻网（北京）、网易财经（http://money.163.com/14/0527/21/9T9H0S5E00254TI5.html）。

④　林群英、江安：《侨乡泉州崛起五千余家侨资企业（1987 - 03 - 31）》，2008年10月6日，新华网福建频道（http://www.fj.xinhuanet.com/news/2008 - 10/06/content_14826910.htm）。

（外）资 269.97 亿美元。其中，港澳资 9280 家，投资总额 276.74 亿
美元，合同外资 210.22 亿美元；台资企业 1438 家，投资总额 30.83
亿美元，合同外资 21.41 亿美元；东南亚华侨投资 1333 家，投资总
额 40.59 亿美元，合同外资 28.31 亿美元。港澳台侨资总额及其合同
外资约分别占到泉州外商投资总额的 70.55% 和 83.2%。[①] 2015 年，
实际利用外资在 2014 年高基数的情况下增长 6.1%，泉州全面完成预
定的 15.8 亿美元年度计划目标任务。全年引进服务业利用外资项目
67 个，占比达到 65.7%，产业结构持续优化；新批"海丝"沿线国
家投资项目 7 家，投资总额 3.72 亿美元，合同外资 5997 万美元，实
际利用外资 1.27 亿美元。[②]

随着全球化日益深化和资本日益国际化，一些经济实力雄厚的泉
籍华商，其资本已经融合于港澳台和其他国家或地区之中。在泉州
"三资"企业中，也有不少是海外华侨华人和港澳台同胞的资金融合
在一起的，有的分不清是海外华侨、华人还是港澳台资本，形成了
"侨引台、侨引外、侨中有港澳台，外港澳台中有侨"的格局。

（二）捐赠

长期以来，泉州市侨捐（含华侨华人及港澳同胞捐赠）稳居福建
第一。根据 2016 年 3 月省侨办数据，自改革开放至 2015 年年底，海
外侨胞、港澳同胞已累计为福建省公益事业捐赠人民币超过 258 亿
元。其中，2015 年全省累计接受海外侨胞、港澳同胞捐赠人民币
8.66 亿元。其中，重点侨乡泉州市长年高居全省最前列，接收侨捐
4.66 亿元，在各设区市中居首位；南安市接收侨捐 1.14 亿元，成为
全国唯一连续 22 年侨捐超亿元的县（市）；晋江市接受侨捐超过 1.6

---

① 泉州市外侨办国外科：《新形势下泉州引进利用侨资的问题调查和对策建议》，载
《2013—2014 年侨务课题调研论文汇编》，福建省人民政府侨务办公室，2015 年 10 月，第
147 页。

② 《2015 年全市利用外资工作凸显四大亮点》，泉州市商务局（http://www.
qzbofcom. gov. cn/content. jsp？ bh = 618）。

亿元，创全省之最。① 据泉州市外事侨务办数据，从 1979 年至 2014 年，泉州市共接受华侨华人和港澳同胞捐资总额超过 103 亿元，2012 年、2013 年、2014 年连续三年超 5 亿元。②

（三）国际贸易和国际投资

泉州与华侨华人住在国之间经贸往来日益频繁，经济外向度不断提高。改革开放以来泉州与 190 多个国家和地区建立了贸易往来关系，出口从 1979 年的 0.02 亿美元发展到 2015 年的 182.93 亿美元，③成为我国服装、运动鞋、陶瓷及工艺品、竹藤制品等出口商品主要产地。④

东盟是泉州制造最早开拓的海外市场，近年来出口增势迅猛，已成泉州最大出口市场，许多泉州服装企业将拓展出口市场目标定在东南亚。泉州出口东盟的产品主要集中在泉州优势产业：五金制品、工程机械及鞋帽服装等。据悉，目前以专卖店形式在东南亚开拓市场的泉州运动鞋品牌已有安踏、特步、361°、匹克、鸿星尔克等。

同时东盟也是泉州企业"走出去"投资海外最重要的市场。早在 2011 年年底，在东盟投资设厂的泉州企业就已有 14 家。⑤ 2015 年共签订对外经济技术合作合同 517 项，比上年增长 6.8%；合同金额 4366 万美元，下降 46.6%；完成营业额 4777 万美元，增长 14.0%。全年派出劳务人员 5856 人，年末在外劳务人员共有 4225 人。批准境

---

① 陈鸿鹏：《省侨办披露改革开放以来福建侨捐大数据：超 258 亿元》，《福建侨报》2016 年 2 月 24 日。
② 殷斯麒：《福建泉州去年获侨捐 5.24 亿元，近 7 成惠及文教领域》，2015 年 2 月 25 日，中国侨网（http://www.chinaqw.com/gqqj/2015/02-25/38957.shtml）。
③ 泉州市统计局、国家统计局泉州调查队：《2015 年泉州市国民经济和社会发展统计公报》，2016 年 3 月 19 日，东南网（http://qz.fjsen.com/2016-03/31/content_17581097_all.htm）。
④ 张仲鹏：《泉州：民营经济改革的勇士》，2014 年 5 月 5 日，开封网（http://news.kf.cn/2014/0505/92333.shtml）。
⑤ 武丽义、周剑峰、杨天舒：《2012 年福建泉州与东盟出口贸易保持高速增长》，2012 年 12 月 8 日，国际在线专稿（http://www.anhuinews.com/zhuyeguanli/system/2012/12/08/005354626.shtml）。

外投资企业 20 家，境外投资总额 5.93 亿美元。① 马来西亚是目前世界各地泉籍华侨华人分布最多的国家，占全马华人总数 30% 以上。而近年来，泉州与马来西亚经贸合作日益密切，特别是近年莲花汽车生产基地落户泉州，对泉州产业结构优化调整具有重要意义。与此同时，泉州也有麦斯威、喜得狼、星泉鞋材、华运控股四家企业在马上市，有万泉河等 2 家企业在马设立分支机构。②

（四）侨汇

侨汇是指国际移民将其在国外所得部分收入寄回原籍国用以赡养家庭和其他用途（如捐赠、投资等）的汇款。1950 年泉州侨汇就达到了 1798 万美元，改革开放后，1978 年侨汇收入为 4829 万美元，1979 年是历年最高，达 5869 万美元。此后一直减少，到 1990 年只有396 万美元。③ 究其原因，主要在于泉州侨资主要来自老移民，主要形式为投资和捐赠，侨汇大部分也转为投资和捐赠，侨属企业、侨资企业和侨捐不断增长也证明了这一判断。

三　华侨华人在泉州经济中的地位和作用

（一）投资

近 40 年来，泉州在经济上取得快速发展，成为中国改革开放 18个典型地区之一。在泉州巨大经济成就背后，侨商投资发挥了至关重要的作用，是泉州经济发展不可或缺的重要力量。

1. 提供发展资金，带动民营经济发展

改革开放以前，由于泉州地处海防前线和其他历史原因，国家投

---

①　泉州市统计局、国家统计局泉州调查队：《2015 年泉州市国民经济和社会发展统计公报》，2016 年 3 月 19 日，东南网（http：//qz. fjsen. com/2016 – 03/31/content_ 17581097_ all. htm）。

②　同上。

③　《泉州市华侨志》，中国社会出版社 1996 年版。转引自山岸猛《侨汇——现代中国经济分析》，厦门大学出版社 2013 年版，第 233—235 页。

资少，工业基础设施差，经济长期处于以农业为主的自给、半自给状态，经济总量居全省地市倒数第二位。改革开放初期，泉州注意扬长避短，充分运用侨资侨力，大力兴办乡镇企业和发展对外经济，弥补了技术和资金这两大"瓶颈"，使泉州在短短几年时间内，实现了产业结构从以农业为主向以工业为主的转变。至20世纪90年代中期，泉州借助于侨资培育了大量民营乡镇企业，为泉州民营经济大发展奠定了坚实基础。近几年，为了能够享受行政审批上的便利，泉州市许多外资企业（其中大部分是侨资企业）选择转为内资企业再进行投资。据泉州市外经贸局统计，每年泉州有20—30家侨资企业转为内资企业，以第二产业尤其是纺织服装鞋帽企业为多。①

2. 推进结构升级，优化产业结构

侨商直接投资给泉州市引进了一批先进技术，填补了一些行业和产业技术空白，大大加速了泉州技术更新和升级速度，优化了泉州经济结构。目前，泉州市正在积极培育光电信息、汽车制造、修船造船等技术密集型产业，由于科教水平、人才储量等方面存在先天缺陷，完全依靠民营企业推动技术进步困难重重。而侨商投资企业，则可以为泉州技术进步和高新产业发展注入强有力的外源力量。

同时，侨资企业引进先进技术设备的间接"溢出"效应，进一步促进了泉州市整体技术进步和产业升级。这主要体现在三个方面：一是可以吸引关联企业机构集聚配套；二是可以为其他企业提供示范作用；三是形成了大量技术管理人才。

3. 借助泉商网络，推动开放发展

经过多年发展，泉州形成了特色鲜明的开放型侨乡经济发展模式：

一是对外贸易实现大幅增长。"十二五"期间，全市进出口总额（以美元计价）年均增长19.2%。其中，出口年均增长17.2%，进口

---

① 泉州市对外经济贸易合作局：《泉州市对外经贸统计》，泉州市对外经济贸易合作局，2011年，第1—2页。转引自吴闽川、涂德基《泉州侨资发展的历史谱系和未来趋势》，《福建行政学院学报》2013年第6期。

年均增长 24.3%。① 2015 年，泉州外贸进出口总额已达 271.04 亿美
元，出口 182.93 亿美元，进口 88.11 亿美元，增长 0.6%，连续 4 个
月保持正增长，比 1—11 月回升 0.2 个百分点。百家重点出口企业出
口领涨全市出口，全年实现出口额 73.53 亿美元，增长 7.7%，增速
比全市平均水平高 7.1 个百分点，拉动全市出口增长 2.9 个百分点。
引人注目的是泉州民营企业出口增长快，全年出口 120.31 亿美元，
增长 6.9%，增幅比全市平均水平高 6.3 个百分点。②

二是海外侨商网络推动了泉州企业融入世界经济进程。泉籍侨商
通过血缘关系和社会联系快速地进入泉州市场进行投资，并通过商业
网络所获得精确的商业信息，而使得乡镇企业成为泉州经济增长点。
借助这一有利条件，积极对外招商引资，推动民营企业与外资嫁接，
形成了面向世界的民生产品出口加工制造基地。在衡量 2015 年泉州
对外贸易的地区性分布时，我们可以发现，泉州重点出口市场保持稳
定，占全市出口额六成以上的亚洲、美国等主要出口市场的出口额保
持较快增长，全年对其出口额分别为 90.35 亿美元和 24.67 亿美元，
分别增长 9.1% 和 5.6%。③

（二）捐赠

侨捐弥补了泉州在基础设施、人力资源积累和社会福利等方面资
金的不足，为经济发展奠定了重要基础。改革开放之后，泉州侨胞捐
赠体现在方方面面，教育文化、体育、医疗卫生、修桥造路、水利水
电、养孤敬老、扶贫救灾、新农村建设、生产设备等均有涉及。2015
年泉州市接受侨捐 4.66 亿元④，在各设区市中居首位，大部分投向文

---

① 泉州市统计局、国家统计局泉州调查队：《2015 年泉州市国民经济和社会发展统计公
报》，2016 年 3 月 19 日，东南网（http://qz.fjsen.com/2016 - 03/31/content_ 17581097_ all.
htm）。

② 《稳中有进，压力犹存——2015 年泉州市经济运行情况分析》，泉州统计信息网
（http://www.qztj.gov.cn/outweb/news.asp? ClassID = 113&id = 6867）。

③ 同上。

④ 陈鸿鹏：《省侨办披露改革开放以来福建侨捐大数据：超 258 亿元》，《福建侨报》
2016 年 2 月 24 日。

化教育领域，共计 2.32 亿元；投入社会事业共计 1.46 亿元，内容涉及捐建养老院、孤儿院、聋哑学校等设施以及用于敬老、慰问、救济困难群体等。①

（三）侨汇

侨汇在早期大部分都用于家庭基本开支，在满足这部分需求以后，主要用于两个方面：一方面是用于教育、医疗和公共设施建设，这一部分已在侨捐部分做过阐述；另一方面就是投资建立侨属企业。

改革开放之后，政府重新鼓励侨属企业发展，泉州归侨、侨眷也积极响应政府号召，早在 1978 年年底，晋江县陈埭公社就率先利用侨乡闲散资金、房屋、劳力，联户办企业。而 1979 年兴建的泉州针织厂则是全国第一家侨属来料加工厂。② 以各地区而言，晋江、石狮、鲤城和南安创办的侨属企业数量最多。到 1983 年 5 月，有"福建第一村"之称的晋江陈埭公社已办起各种小工厂 399 家，其中社队办72 家，社员集资办 327 家。③ 截至 1984 年，晋江县归侨、侨眷兴办企业 1200 多家，总资金上亿元。④ 20 世纪 80 年代中后期至 90 年代前期，为侨属企业繁荣期。据统计，至 1990 年，泉州全市侨务系统有各类侨属企业 162 家，总产值 7800 多万元。同年，全市共有乡镇企业 62625 家，总产值 45.73 亿多元，占全市社会生产总值的61.65%。其中侨资乡镇企业（包括侨属企业和有华侨投资的乡镇企业）数及总产值均占 60% 以上，并有 588 家乡镇侨属企业嫁接外资成为中外合资企业。⑤

---

① 殷斯麒：《2015 年泉州接受侨捐 4.66 亿元 半数投入文教领域》，2016 年 6 月 22日，福州新闻网（http://mt.sohu.com/20160227/n438701158.shtml）。
② 张赛群：《泉州侨属企业发展及其政策建议》，《八桂侨刊》2013 年第 2 期。
③ 沈燕清：《归侨、侨眷与晋江乡镇企业》，《南洋问题研究》1999 年第 1 期。
④ 陈传仁：《海外华人的力量：移民的历史和现状》，世界知识出版社 2007 年版，第300 页。
⑤ 泉州市华侨志编纂委员会编：《泉州市华侨志》，中国社会出版社 1996 年版，第352—353 页。

四　存在问题

（一）引进侨资显著下降

新时期随着华侨华人来华投资由"感情投资"逐渐向"效益投资"转变，其增长趋缓。改革开放初期侨商对泉州投资，更多是"感情经济"，但进入 21 世纪以来，尽管泉州每年外资引进绝对量在省内仍位居前列，但是升幅却呈现下滑趋势，在吸引和利用外资上面临衰减趋势。如 2015 年新签外商直接投资合同项目 102 项，比上年下降 19%，投资总额 20.6 亿美元，下降 38.9%；合同外资金额 9.9 亿美元，下降 35.6%；按验资口径统计，实际利用外资 15.8 亿美元，增长 6.1%。新批外商投资超千万美元（含增资）的项目由上年的 68 家下降到 44 家。在新签利用外资合同中，投向第二产业的合同金额 6.88 亿美元，下降 24.4%，投向第三产业的合同金额 2.92 亿美元，下降 51.2%。[1] 与此同时，泉州进出口总额下降也较为显著。2015 年进出口总额为 271.04 亿美元，比上年下降 12.2%。其中，出口 182.93 亿美元，增长 0.6%；进口 88.11 亿美元，下降 30.5%。[2]

随着海外华侨华人企业新老交替，已经融入驻在国主流社会的二、三代华侨华人已经走上前台，他们在决策对外投资时，考虑更多的是交易成本与持续发展等因素，更趋于关注法律和政策环境。另外，泉州在外资选择上，也正经历从"招商引资"到"招商选资"的转变。面对越来越完善的市场经济运行体系，侨资企业越来越难以通过享受政策优惠获得发展优势，他们更加关心的是如何进入泉州市场及如何以最小成本获得最大效益。

---

① 泉州市统计局、国家统计局泉州调查队：《2015 年泉州市国民经济和社会发展统计公报》，2016 年 3 月 19 日，东南网（http：//qz. fjsen. com/2016－03/31/content_ 17581097_ all. htm）。

② 《稳中有进，压力犹存——2015 年泉州市经济运行情况分析》，泉州统计信息网（http：//www. qztj. gov. cn/outweb/news. asp？ ClassID＝113&id＝6867）。

(二) 到资率偏低

伴随着泉州市外商投资规模不断扩大，面临问题也日益凸显，尤其是外商投资实际到资率偏低。比如截至 2012 年年底，泉州市累计合同利用外资 3124310 万美元，而实际到资为 2699706 万美元，实际到资率（报表口径）仅为 86.4%。近两年实际到资率（验资口径）为 66.59%。① 以往政府在利用侨资过程中比较重视侨资引进数量，容易忽视侨资质量，投资后续服务工作跟进不够，可能致使部分侨资企业停止扩大投资，甚至有少数撤出投资。

(三) 人才引进效率较低

一是载体建设发展不平衡。在博士后科研工作站建设上，经济相对比较发达地区，因为企业总体上具有雄厚经济实力，投入科研经费也相对较多，因此进入博士后科研工作站的博士后科研人员数量也远多于经济相对落后区域。二是专业对口高层次人才紧缺。泉州高校、科研院所较少，有学术研究氛围不够浓，在吸引海外高层次人才来泉从事相关研究方面竞争力较弱。三是引进人才结构不够合理。专职科研人员比重偏低，科技研究型人员比例偏少，管理类占 2/3 以上，从事技术开发、科研项目攻关不足 1/3②，无法满足企业实际需求，影响了企业引进人才积极性。

五　"海丝"战略时期的对策建议

(一) 开辟引进侨资新渠道

加快推进东南亚华裔族群寻根谒祖综合服务平台，涵养侨务资源，为服务国家"一带一路"倡议发挥积极作用；加快支持完善泉

---

① 欧祈福：《泉州市利用外商直接投资问题研究》，《淮海工学院学报》（人文社会科学版）2014 年第 7 期。

② 泉州市外侨办国外科：《新时期国外侨务工作存在的问题与对策》，载《2013—2014 年侨务课题调研论文汇编》，福建省人民政府侨务办公室，2015 年 10 月，第 156 页。

州华侨历史博物馆"奉献史馆"建设，进一步提升该馆对外交流功能；加强与海外泉籍侨领、社团沟通联系，积极做好吸引二代、三代华侨回泉创业的服务工作。

吸引华侨华人回泉创业，创建"泉商创新区"。邀请各国泉籍华侨华人商会、国内各地泉州商会联合参与"21世纪海上丝绸之路华商联盟"，并召开"世界泉商论坛"、举办会展，开展双向投资贸易对接等活动，立足国际国内两个市场，携手更多"海丝"城市开展项目合作。

（二）形成引进海外人才的政策优势

完善海外人才管理服务制度，建立专门的海外人才资源信息交流服务平台，努力优化海外人才资源工作生活环境，在建立海外人才资源信息库基础上，完善"泉州海外专家信息库"。在有条件的国家增加海外人才联络点或工作站。优化融资环境，为海外人才创新创业提供资本支撑，缓解其创业找项目难和融资难问题。

（三）切实加强华侨华人新生代工作

充分利用国际互联网，建设、管理好面向华侨华人的专门网站，及时反映泉州经济社会发展变化，宣传泉籍华侨华人新生代风采，收集侨情信息及海外泉籍华侨华人对家乡建设的意见建议，开展网上为侨服务工作。

（四）不断创新工作方式

丰富泉州侨乡人文内涵，搭建联系华侨华人新生代的新桥梁。在恳亲会、座谈会等形式基础上，专门针对新生代举办一些类似于"嘉年华会"形式的联谊活动。举办"泉州华侨节"系列庆祝活动，在泉州元宵节传统民俗活动等节庆活动基础上，每年同步结合考虑安排文体赛事和活动、武术会演、民俗表演、花车巡游、联欢活动、华侨华人新生代论坛等。

打造港澳台侨协同合作优势

——助推 21 世纪海上丝绸之路核心区建设

林在明[*]

摘　要：改革开放三十多年，港澳台侨依托大陆市场优势实现了巨大的经济与财富增长。随着中国经济进入了新常态，大量港澳台侨企业面临巨大的转型升级压力，要想实现港澳台侨经济的再生与可持续发展，必须在经济新常态面前重构"一带一路"协同合作机制成为一种趋势和可能。本文通过分析当前港澳台侨协同合作所应具有的各种优势资源，前瞻性地构思了协同合作的可行性，并提出在"21世纪海上丝绸之路"建设中构建新型协同合作机制推进策略。

关键词：丝绸之路经济带　21 世纪海上丝绸之路　核心区　协同合作

推进"丝绸之路经济带"和"21 世纪海上丝绸之路"（以下简称"一带一路"）建设，是习近平总书记统筹国内国际两个大局，顺应地区和全球合作潮流，契合沿线国家和地区发展需要，立足当前、着眼长远提出的重大倡议和构想。[①] 2015 年 3 月，经国务院授权，国家发改委、外交部和商务部发布了《推动共建丝绸之路经济带和 21世纪海上丝绸之路的愿景和行动》（以下简称《愿景和行动》）纲领

　＊　林在明，福建社会科学院中国与海上丝绸之路研究中心副所长、副研究员。

　①　《盘点：习近平对"一带一路"倡议的重要论述》（http：//news. youth. cn/sz/201602/t20160212_ 7623980. htm）。

性文件，明确提出"支持福建建设 21 世纪海上丝绸之路核心区"。①
福建作为"21 世纪海上丝绸之路"核心区，"海丝"历史悠久、港口
资源优势突出，海洋经济合作密切、海外人脉资源丰富，文化遗迹深
厚，对丝路沿线国家和地区具有引领、示范、聚集和辐射作用。因
此，要充分发挥海丝历史影响力以及海上海外优势，与港澳台侨共同
携手，构建多层次、常态化协同合作平台和合作机制，推进"21 世
纪海上丝绸之路"核心区与沿线国家和地区互联互通、经贸合作以及
人文交流具有至关重要的意义。

一　"21 世纪海上丝绸之路"核心区的战略布局

加快"21 世纪海上丝绸之路"核心区建设，主动融入国家"一
带一路"倡议，是福建认真贯彻落实中央决策和国家战略，推动经济
社会发展的重大机遇。2015 年 11 月 17 日，经福建省人民政府授权，
省发改委、省外办、省商务厅联合发布了《福建省 21 世纪海上丝绸
之路核心区建设方案》，明确提出了"一路"核心区建设的功能定
位、重点合作方向、主要任务等，为加强与海外华侨华人合作提供决
策指导与政策保障。

（一）"21 世纪海上丝绸之路"核心区的内涵及其定位

福建作为 21 世纪海上丝绸之路唯一的核心区，应该在"一带一
路"特别是"21 世纪海上丝绸之路"建设中发挥更大的作用，这就
需要准确把握和理解"21 世纪海上丝绸之路"核心区的深刻内涵与
功能。在推动"21 世纪海上丝绸之路"核心区建设过程中，要紧紧
围绕其内涵与定位，实行更加主动的开放战略，在互联互通、经贸合
作、体制创新、人文交流等领域，积极发挥海外华侨华人和港澳台优
势，不断提升核心区的引领、示范、聚集、辐射作用。

---

① 国家发改委、外交部和商务部：《推动共建丝绸之路经济带和 21 世纪海上丝绸之路
的愿景和行动》，2015 年 3 月，中华新闻网（http：//news. china. com/domesticgd/10000159/
20150328/19439017. html）。

1. 核心区的内涵。在区域划分中，核心区一般是指城市的核心区域或中心区域，属于"核心—外围区域或边缘区域"关系，是经济学"协同效应"的一种模型。按照增长极理论，"核心区"也可理解为"增长中心"或"增长区域"。因此，核心区是指对人流、物流、资金流、信息流等要素聚集效应强，且区位条件优越、综合实力强、增长潜力大，对周边地区发展具有引领、带动、辐射作用的区域性重要区域。"海丝核心区"，不仅是当前 21 世纪海上丝绸之路的关键节点和重点区域，更是未来海上丝绸之路的战略枢纽、经济要素集聚中心以及文化交汇中心，对 21 世纪海上丝绸之路沿线国家和地区发展具有引领、示范、聚集、辐射作用的区域性中心。作为"21 世纪海上丝绸之路"核心区，必须具备便捷综合立体交通网络、合作开放的平台载体和良好的投资环境，在与 21 世纪海上丝绸之路沿线国家和地区的互联互通、经贸合作、人文交流等方面发挥引领、示范、聚集、辐射作用。

2. 核心区的功能定位。准确把握其功能定位，才能突出"21 世纪海上丝绸之路"核心区战略目标以及未来的发展方向。我们应从以下几个方面准确把握其功能定位：一是互联互通的重要枢纽。良好的区位和便捷的交通，是顺利推进"21 世纪海上丝绸之路"核心区建设的前提。福建要充分发挥濒海靠陆的区位优势和四通八达的交通枢纽优势，积极参与沿线国家铁路、高速公路、港口等重大基础设施建设，构建以福建港口城市为海上合作战略支点、区域间互联互通、安全高效便捷的海陆空运输通道网络。二是经贸合作的前沿平台。要以中国（福建）自由贸易试验区等园区为主要载体，发挥港澳台侨资源优势，做好牵线搭桥、投资服务，帮助企业在"走出去"方面先行一步，与沿线国家实现共谋、共建和共赢。三是体制机制创新的先行区。要用好用足用活中央赋予福建的各种优惠政策，以加快福建自贸试验区建设为突破口，大胆先行先试，率先建立体制机制创新的先行区。四是人文交流的重要纽带。要以海外华侨华人和台港澳同胞为桥梁，以妈祖文化、闽南文化、客家文化等共同文化为基础，扩大福建与沿线国家和地区文化交流合作，不断扩大中华文化影响力。

（二）核心区的发展布局

"21世纪海上丝绸之路"包括国内和国际两个部分，在空间发展布局上也可以从两个方面加以考虑，即对外空间布局和对内空间布局。

1. 对外空间布局。根据福建特色优势和现有的合作基础，对外合作方向应"立足亚太、突出东盟、做实中东、对接台湾"，并积极拓展南亚、中亚、东北非等地区，并延伸到欧洲，北美，澳大利亚、新西兰等国家和地区。因此，"21世纪海上丝绸之路"核心区对外重点打造西、南、北三线，即从福建沿海港口南下，过南海，经马六甲海峡向西至印度洋，延伸至欧洲的西线合作走廊；从福建沿海港口南下，过南海，经印度尼西亚抵达南太平洋的南线合作走廊；从福建沿海港口北上，经韩国、日本，延伸至俄罗斯远东和北美地区的北线合作走廊。其中，西线自古以来就是海上丝绸之路的重要枢纽，也是华侨华人的聚集区，更是建设21世纪海上丝绸之路的重要区域。

2. 对内空间布局，主要以沿海港口城市为支撑引领，以山区城市为承接拓展，合理布局重点领域和区域，形成整体参与和引领国际合作的新优势。从具体空间布局来看，其重心主要放在省内，并分为三个层面。第一层面，支持泉州市建设21世纪海上丝绸之路先行区。泉州是海上丝绸之路起点，海外华侨华人众多、民营经济实力强以及伊斯兰文化积淀浓厚等优势，在参与核心区建设、民营企业"走出去"、海上丝绸之路文化国际交流、国际金融合作创新、制造业绿色转型等方面先行先试，率先打造21世纪海上丝绸之路先行区。第二层面，支持福州、厦门、平潭等港口城市建设海上合作战略支点。福州、厦门具有产业基础强、港口资源丰富和政策开放等综合优势，以加快福州新区、厦门东南国际航运中心建设为主要抓手，深化与东盟海洋合作，打造一批有国际影响力的海上丝绸之路国际交流平台，建设"海丝核心区"互联互通的重要枢纽、经贸合作的中心基地和人文交流的重点地区。平潭、厦门要抓住深化两岸交流合作综合配套改革试验等对台先行先试政策优势，构建两岸携手建设21世纪海上丝绸之路的开放新格局。第三层面，支持三明、南平、龙岩等市建设海上丝绸之路腹地拓展重要支撑。三明、南平、龙岩等市发挥生态、旅游资源优势和朱子文化、客家文化等纽带作用，拓展与海上丝绸之路沿线国家和地区的交流合作，打造国际知名的生态文化旅游目的地。

（三）"21世纪海上丝绸之路"核心区的重点发展领域

福建与"21世纪海上丝绸之路"沿线各国和地区资源禀赋各异，经济互补性较强，彼此合作潜力和空间很大。"21世纪海上丝绸之路"沿线国家和地区间合作领域以政策沟通、设施联通、贸易畅通、资金融通、民心相通为主，但基础设施互联互通是"一带一路"建设的优先领域。

1. 互联互通方面。海上要推进以集约化、专业化、规模化港口群为重点的通道建设，重点打造"两集两散两液"核心港区，构建海上丝绸之路航运枢纽中心，提升其在海上丝绸之路航运网络中的枢纽地位；空中要统筹布局海上丝绸之路的重要航空运输节点，重点推进厦门新机场、福州机场二期扩建工程建设，强化门户枢纽机场功能，将厦门建成我国至东盟的国际航班中转地；陆上要打造服务中西部地区对外开放的重要出海通道，重点推进衢宁、吉永泉、浦梅等铁路，厦门至成都、莆田至炎陵、漳州至梅州等高速公路通道建设，形成港口与铁路、高速公路、机场紧密衔接，并进一步畅通福建连接长三角、珠三角和中西部地区的陆上运输大通道。同时，要深化口岸通关体系建设，推动福建与东盟国家的信息走廊建设，完善信息网络合作与信息传输机制，促进与海上丝绸之路沿线国家和地区信息互联互通，打造便捷的信息传输体系。我们要在交通基础设施的关键通道、关键节点和重点工程取得突破，进一步提升道路通达水平和国际物流运输便利化，为投资贸易合作提供良好条件。

2. 经贸合作方面。在"一带一路"建设中，投资贸易合作是重点合作领域，只有把合作"蛋糕"做大做好，才能激发释放"一路"沿线国家和地区的合作潜力。从产业方面来看，要鼓励企业赴境外投资，将优势产能有序地转移到海上丝绸之路沿线国家和地区，重点支持企业在沿线国家和地区建设产业合作园区或基地，粮食、茶叶、食用菌等生产基地，并积极推动石油化工、机械装备、电子信息等重大产业项目对接合作。从海洋合作方面来看，要加快完善"中国—东盟海产品交易所"以及境外分中心建设，推进境外远洋渔业生产基地、水产养殖基地、冷藏加工基地和服务保障平台建设，同时要加强海洋科技、生态环境保护以及强化海上安全合作。从经贸合作方面来看，发挥福建自贸试验区先行先试和辐射带动作用，营造国际化、市场化、法制化、便利化的营商环境，率先开展对海上丝绸之路沿线国家和地区的开放合作，率先推进跨境电子商务和国际物流服务平台建设，率先推进保税区、出口加工区、保税物流园区、保税港区等海关特殊监管区域的整合优化，为多边经贸合作拓展新途径。从投资促进工作来看，要继续务实办好各类产品展销平台，并依托中国国际投资贸易洽谈会、海峡两岸经贸交易会、中国·海峡项目成果交易会等会展平台，吸引更多沿线国家和地区客商参会，扩大品牌国际影响力。①

3. 人文交流方面。民心相通是"一带一路"建设的社会根基。传承和弘扬丝绸之路友好合作精神，广泛开展文化交流、学术往来、人才交流合作、媒体合作、青年和妇女交往、志愿者服务等，为深化双多边合作奠定坚实的民意基础。在丰富文化交流方面，福建要发挥自身优势，加强对海上丝绸之路相关史料研究、文物收集与保护，以及申报"海上丝绸之路"世界文化遗产；组织福建"南洋文化节""丝海梦寻""丝路帆远""海丝国家图书和图片展"等文化精品赴沿线国家和地区演出、展览，营造和谐友好的文化生态和舆论环境；建立民间文化交流中心，定期举办各种祭祀、民俗活动，增进民间互信；深化青年、非政府组织、社会团体等友好交流。在教育合作方面，支持福建高等院校在海外联合办学或设立分校，扩大高端智库和学术交流以及互派留学生规模。比如，中国—东盟海洋学院、"海上丝绸之路研究院"。同时，加大"一路"沿线城市友好交往力度，缔

---

① 福建省发改委、外办、商务厅：《福建省 21 世纪海上丝绸之路核心区建设方案》，福建省发展和改革委员会印制，2015 年 11 月。

结友好城市，构筑人文交流和密切往来的合作平台。

二 发挥港澳台侨协同合作优势，助推"21 世纪 海上丝绸之路"核心区建设

　　港澳台侨是推动"一带一路"建设不可或缺的独特力量，能在其中发挥独特作用。福建省是侨务大省，"侨"是我们的优势。目前旅居世界各地的闽籍华侨华人达 1580 万，其中约 80% 集中在东南亚。这些东南亚华侨华人移居历史久远，已融入当地社会，且具有一定影响力和经济实力。更重要的是，我们提出"21 世纪海上丝绸之路"建设，与东南亚各国的华侨华人社会息息相关，海外侨胞参与"一带一路"建设的热情很高。因此，我们要将港澳台侨自身事业发展同参与"一带一路"建设积极结合起来，鼓励海外华侨华人在居住国开展与"一带一路"相关的活动，包括经济、社会、文化、教育以及人文交流等方面，凸显华侨华人作为 21 世纪海上丝绸之路参与者、建设者和推动者的重要作用。

（一）华侨华人的独特优势与潜力

　　海外华侨华人是中国企业"走出去"的独特资源，在推动"一带一路"建设中具有天然优势。他们主要集中在"一带一路"沿线国家和地区，而且熟悉住在国社会、法律、文化环境与风土人情，对中国和家乡情况也熟悉，是连接中国与周边国家的"天然桥梁"，应成为"一带一路"建设中不可忽视的重要中介力量。海外侨胞有雄厚的经济科技实力、成熟的生产营销网络、广泛的政界商界人脉以及沟通中外的独特优势，在助推"一带一路"建设中将发挥不可替代的重要作用。其特殊性表现在：

　　1. 人数众多、分布广泛。据不完全统计，全世界有 6000 多万华侨华人，其中绝大多数分布在"一带一路"沿线国家和地区，亚洲是华侨华人传统聚居区。"一带一路"优先战略方向的东南亚地区，聚集的华侨华人超过 3000 万人。华侨华人盘根错节的关系以及根植

于当地社会的经济、科技、教育、文化、传媒等各个领域，具有人数众多、层次较高、组织健全等特点和优势。[①]

2. 组织网络健全，社团影响力大。海外华侨华人社团活动已由传统的联谊、互助转向商贸、科技、教育和文化等领域，规模不断发展壮大，逐渐融入当地主流社会，影响力日益扩大。据不完全统计，全世界有华侨华人社团组织超过 2 万家，分布于经济、社会、文化各领域。改革开放以来，新移民与高新技术、知识经济、新兴产业有关的专业社团大量涌现，大多与国内保持着密切的联系。

3. 经济发达，实力雄厚。长期以来，华侨华人积极拓展自身事业，华商企业经济实力增强，并积累了大量财富和资本，在许多国家成为当地经济发展的重要力量。据估算，全球华商企业资产约 4 万亿美元，其中东南亚华商经济总量为 1.1 万亿—1.2 万亿美元。在东南亚证券交易市场上市企业中，华人上市公司约占 70%。世界华商 500 强中约 1/3 在东盟国家。把"一带一路"建设与华商经济相结合，为海外侨胞提供了广阔的舞台。[②]

4. 人才宝库，精英荟萃。华侨华人重视教育，勤奋努力，华裔新生代受教育程度、经济收入和社会地位有了大幅提升。特别是改革开放以后，移居国外的新华侨华人大多受过良好教育，活跃在高新技术、教育、金融等领域，是创新创业的生力军和科技变革的引领者。《海外华侨华人专业人士报告（2014）》显示，美国具有博士学位的科学家和工程师有约 21% 是华裔，在美国的华侨华人专业人士中，拥有本科及以上学历者约有 240 万人。[③]

5. 互为依托、合作共赢。华侨华人的"天然"优势，能在两国民众间的交流互信等方面发挥不可替代的作用。华侨华人事业的发展

---

①　陶泓汐：《海外华人眼中的"一带一路"》（http：//elite. youth. cn/channel/201506/t20150616_ 6758675. htm）。

②　向晓梅：《21 世纪海上丝绸之路建设应充分发挥华商经济的作用》，2015 年 10 月 16 日，光明网（http：//news. cnr. cn/native/gd/20151016/t20151016_ 520173655. shtml）。

③　王辉耀、苗绿：《海外华侨华人专业人士报告（2014）》，社会科学文献出版社 2014 年版。

壮大与"一带一路"建设互为依托、相向而行。首先，"一带一路"建设要想达到理想的互联互通，需加强"一带一路"沿线各国与中国在人文、体制等诸多方面的沟通交流，广大华侨华人是理想的桥梁、纽带；其次，"一带一路"建设能强化中国与周边及沿线各国的战略互惠关系，为华侨华人的生存、发展及社会地位的获得提供保障。此外，华商可借助"一带一路"建设之势，参与到基础设施互联互通的众多项目运作中，分享经济效益的同时助推"一带一路"倡议的推进和实施。

(二) 港澳同胞的优势与作用

历史实践证明，港澳同胞无论是过去、现在都对内地经济发展做出了重要贡献。今后，将继续发挥港澳同胞的优势作用的同时，特区政府也一定会在国家"一带一路"建设中发挥更大作用。

1. "一带一路"建设中港澳特区的作用。中央在"十三五"规划建议中提到：发挥港澳独特优势，提升港澳在国家经济发展和对外开放中的地位和功能。支持香港巩固国际金融、航运、贸易三大中心地位，参与国家双向开放、"一带一路"建设。支持香港强化全球离岸人民币业务枢纽地位，推动融资、商贸、物流、专业服务等向高端高增值方向发展。支持澳门建设世界旅游休闲中心、中国与葡语国家商贸合作服务平台，促进澳门经济适度多元可持续发展。在"一带一路"建设中，港澳要发挥优势，主动作为，定好自己的位置。港澳地处东南沿海，历史上是我国海上丝绸之路的重要出海口，应将自己定位为"21世纪海上丝绸之路"的重要节点，这将有助于发挥港澳的自身优势和潜力，也能成为21世纪海上丝绸之路建设的排头兵和主力军。

2. 港澳同胞的独特优势。在国家《"一带一路"愿景与行动》中提道："发挥香港、澳门特别行政区独特优势作用，积极参与和助力'一带一路'建设。香港作为国际金融、航运和贸易中心，再加上地理优势得天独厚，有广泛的人才资本、完善的法治制度、良好的企业管理经验，在国家的'一带一路'建设中，香港在金融合作、国际航运、国际贸易等领域都有优势。"特区政府应发挥自身优势，深化与沿海区域合作，参与基建特别是港口投融资、自贸区建设以及国际产能合作等方面中来，能从中寻找到更多的机遇。

（三）闽台合作的优势

2015 年 3 月 28 日，国家发改委、外交部、商务部联合发布的《推动共建丝绸之路经济带和 21 世纪海上丝绸之路的愿景与行动》，明确提出"为台湾地区参与'一带一路'建设做出妥善安排"。台湾同胞 80% 的祖籍地在福建。改革开放以来，福建抓住东部地区率先开放和两岸关系和平发展的历史机遇，充分发挥对台独特优势，加快先行先试，闽台经贸合作、社会融合取得了突破发展，能够为台湾地区参与"一带一路"建设做出妥善安排发挥积极作用。

1. 台湾同胞参与"一带一路"优势。从历史、地缘、经济等层面看，台湾参与"21 世纪海上丝绸之路"具有较强可行性，而且也有助于构筑两岸经济合作新平台、增添新活力，但也面临诸多挑战。福建作为对台开放的窗口，要"为台湾地区参与'一带一路'建设做出妥善安排"，并提供切实可行的路径选择。比如，积极推动福建自贸试验区与台湾自由经济示范区对接，率先开展闽台的港口、海运合作，共同打造环台湾海峡港口群和航运中心。支持福建企业与沿线国家和地区的台资企业加强合作，携手共同拓展东盟等国际市场。

2. 闽台经贸合作优势。积极依托各种闽台合作平台载体，多渠道、全方位探索两岸产业合作新模式，打造两岸经济融合示范区，共同拓展东南亚市场。闽台要共建区域性物流航运中心、商品贸易中心、两岸冷链物流中心、两岸电子商务产业园等商贸合作平台，打造21 世纪海上丝绸之路枢纽城市。要加强两岸金融创新合作示范区，开展跨境人民币借贷款、外币兑换和股权交易等业务，为"一带一路"提供支撑保障。同时，闽台要共同携手开拓内陆腹地，连接"一带一路"沿线国家和地区的"台厦蓉欧"（台湾—厦门—成都—欧洲）、"台平欧"（台湾—平潭—欧洲）海铁联运专列。以"台平欧"海铁联运为例，台湾货物搭乘"海峡号"邮轮至福建平潭码头登岸，由福清江阴铁路支线抵达郑州，通过阿拉山口出关，途经阿拉木图、莫斯科、明斯克、布拉格、柏林等地，最终达到德国汉堡。

3. 闽台人文合作优势。闽台有"五缘"优势，双方对闽南文化、客家文化、妈祖文化、祖地文化等中华文化有强烈的认同感，有利于共同携手开展对外文化交流。但由于蔡英文当局不承认"九二共识"，刻意弱化与大陆经贸关系，推进"新南向政策"等，台湾参与"一带一路"建设面临着新的严峻挑战。尽管如此，闽台加强海丝史料研究、文物收集与遗址保护，挖掘郑和下西洋、闽南文化、客家文化、妈祖文化、南岛语族等"海丝"元素，增强台湾同胞对中华文化的认同感，共同推动海丝沿线国家和地区的人文交流。如共建东盟海洋大学、孔子学院，开展医疗合作项目。

（四）协同合作、共助"21世纪海上丝绸之路"核心区建设

港澳台侨在地缘上联系密切，构建协同合作机制可以更好地发挥各自已有或是正在培育的优势，整合深层次的独特资源，实现创新资源共享、创新人才汇聚，在港澳台侨中形成若干具有全国甚至全球竞争力影响力的核心产业，共同发展。

1. 港澳台侨协同合作，助力"海丝"海陆空综合枢纽大通道建设。"一带一路"沿线国家和地区交通设施互联互通是关键。台港澳侨要充分发挥区位优势，深化港口、机场、信息国际合作，参与福建"21世纪海上丝绸之路"核心区基础设施建设，助力福建打造国际航运枢纽和国际航空门户，构筑面向沿线、联通内外、便捷高效的海陆空综合运输大通道。

2. 港澳台侨协同合作，助力"21世纪海上丝绸之路"商贸网络建设。海外华商网络遍布世界各地，覆盖"一带一路"沿线国家和地区。台港澳侨与沿线国家和地区之间，存在经贸网络、华商网络、社会网络、人才网络等各种网络，有着广阔的合作基础。台港澳侨要充分利用各种网络优势，以及重点侨商、侨团，主动参与福建21世纪海上丝绸之路核心区建设，推动区域性经贸合作中心建设。举办"一带一路"国际论坛暨国际博览会，利用各种平台推进经贸合作，

推动与沿线国家的贸易合作。

3. 港澳台侨协同合作，助力"21 世纪海上丝绸之路"金融中心建设。金融是投资的重要保障。东南亚国家拥有大批闽籍华商银行，较著名的有新加坡华侨银行、大华银行，印尼中亚银行等，香港是世界金融中心，台湾金融市场较为发达，应利用港澳台侨资金融通平台优势，给"走出去"企业提供金融支持，并成为"21 世纪海上丝绸之路"沿线国家和地区实现资金融通的前沿平台。

4. 港澳台侨协同合作，助力"21 世纪海上丝绸之路"旅游中心和集散地建设。旅游也是未来合作的一大重点。港澳台侨要加强合作，开通闽港澳台与东盟各国的海上邮轮，形成海上丝绸之路旅游圈。闽港澳台侨共同成立"中国海上丝绸之路"旅游推广联盟，在沿线国家和地区联合举办"美丽中国、清新福建"专场旅游推介会，并与华人商（协）会合作，在马来西亚和印尼设立福建海外旅游合作推广中心，推动了"一带一路"沿线国家旅游合作迅速发展。

三　港澳台侨协同合作的推进策略

港澳台侨要抓住"21 世纪海上海丝之路"核心区建设的机遇，按照"共商、共建、共享"的原则，从区域基础设施和产能合作入手，积极参与基础设施建设、资源开发、产业转移、贸易金融、科技人文等领域的合作，实现共同繁荣发展。

1. 加强侨务资源建设，推进港澳台侨协同合作。港澳台侨所处的自然禀赋不同、体制机制不同、发展历史路径和发展阶段不同，使得该区域内的发展差别大，同时存在着很大的互补性。他们所在区域各有优势，如香港在金融服务和贸易服务业领域独领风骚，澳门的金融和娱乐服务业领域独特，台湾在现代农业、电子等领域以及成果转化能力方面闻名遐迩，海外华侨经济实力雄厚、商业网络发达。因此，要加强港澳台侨资源整合，探索建立新型的协同合作关系，从而实现福建与港澳台侨在科技、金融和产业上的最大协同和多赢，共同提高科技和产业的竞争力，将为"一带一路"建设奠定坚实基础。

2. 加强沟通协调,创新开放合作机制。一是共建合作机制。加强台港澳侨合作平台建设,推进常态化交流联络机制,构建海上丝绸之路建设协作网络,率先在区域合作重大议题、重点领域取得共识。二是发挥华商网络机制。建立"海外闽商联络点",加强与世界华商网络合作,主动对接"海丝"沿线国家的重点侨商、重点侨团,共同参与"21世纪海上丝绸之路"建设。三是加强与侨商居住地沟通协调。发挥海外华商桥梁和纽带作用,完善与沿线主要城市特别是友好城市政府间交流机制,积极推动与东盟国家有关省(邦、州)的结好事宜,促进城市间的双向交流往来。

3. 突出重点领域,深化与东盟地区华商的经贸合作。东盟是海外华商的聚集地,也是福建走出去的重点区域。要把东盟作为建设"21世纪海上丝绸之路"核心区的重要突破口,不断深化福建与海丝沿线地区华商之间的经贸合作。一是加强与东盟各国的互联互通。加强与东盟国家海运通道建设,推动完善中国—东盟港口城市合作网络和机制。开通闽港澳台之东盟各国的海上邮轮,形成"海上丝绸之路"旅游圈。二是推进与东盟国家重点领域的经贸合作。以扩大橡胶、矿石、粮食、农产品等大宗商品进口为重点,推动设立东盟进口产品保税展示交易平台和进口货物集散中心。三是推动贸易投资金融改革"先行先试"。放宽东盟国家外商的投资限制,加强与东盟金融市场的合作,推出一批服务"海丝"沿线国家和地区经贸合作的金融产品。

4. 构筑合作平台,拓展区域合作新亮点。高标准推动自贸区和保税港区等大平台建设,打造一批促进华商跨境产业合作的开放性重大平台。一是21世纪海上丝绸之路核心区建设要与开放性合作平台相结合,加快培育特色港航物流服务、大宗商品交易、航运金融保险等功能,打造成为"21世纪海上丝绸之路"的开放前沿。二是支持福建企业、开发区到沿线华人聚集区建设境外产业园,并与当地华商协商共建境外生产加工基地。三是吸引东盟华商来福建投资建设专业产业园。加强与东盟国家尤其是新加坡、马来西亚等国在重大产业项目方面合作,要瞄准世界华商500强,发展一批国别(地区)产业示范园区。

5. 夯实基础，加强人文交流与合作。加强人文交流是建设"21世纪海上丝绸之路"的桥梁纽带，是推进共同繁荣的重要基础。一是发挥华侨华人桥梁和纽带作用，积极鼓励海外华商参与"21世纪海上丝绸之路"建设。二是强化华侨华人情感联系。建设"海丝侨缘馆"，强化"海丝"沿线地区的华文教育、华裔少年厦（冬）令营。三是加强海上丝绸之路史料研究、文物收集和遗产保护，组织大型海丝文化交流活动。四是建立海丝友好城市关系。推动福建与马来西亚、新加坡等海上丝绸之路沿线港口城市缔结友好城市，互设办事机构，扩大友城间高层互访、经贸往来、民间交流等活动，厚植福建与各城市合作的社会基础。

四　打造台港澳侨协同合作机制要把握几个问题

面向未来，台港澳侨由于不同文化背景和社会制度、不同发展水平和利益诉求，彼此间共同合作建设"一带一路"，应注意把握以下几个方面：

1. 把握好近期任务与长远目标的相结合。把近期任务与长远目标结合起来，既要积极推进，又不要急于求成。近期要抓住关键的标志性工程，力争尽早开花结果，起到示范效应。同时要积极开展人文交流与民间外交，获得更多的认同和支持，稳步扎实地搞好每项工作。建设"海丝核心区"是一项复杂的系统工程，要始终坚持以我为主，主动谋划全局，自觉履行举旗者、引领者、先行者和示范者的角色，服务港澳台侨协同合作发展目标。

2. 把握好福建的愿景与台港澳侨的诉求相结合。"海丝核心区"建设是福建将自身发展成果更多更好惠及沿线国家的重要探索。把福建的发展愿景与台港澳侨诉求结合起来，注重发挥沿线华商的区位条件、资源禀赋、技术人才、经济互补性等优势，积极寻找各方共同利益的契合点，并在充分协商一致的前提下编制落实具体项目和方案。只有从各方利益出发，深入了解各自诉求和核心关切，最大限度凝聚沿线民意基础，求同存异，寻求为各国人民创造财富、振兴区域经济的最大公约数，才能让沿线地区民众真正受益，战略推进才能顺利并持久。

3. 把握好"走出去"与"请进来"相结合。虽然"一带一路"沿线地区的国情特点、发展水平、面临问题等方面存在巨大差异。要进一步扩大双边投资，在促进福建传统优势产业转移和技术扩散的同时，引进高端产业、先进技术和人才，通过和平合作、开放包容、互学互鉴、互利共赢，共同打造政治互信、经济融合、文化包容的利益共同体、命运共同体和责任共同体，全面提升务实合作水平。

4. 把握好内部资源与外部资源的有效整合。闽籍华侨华人是福建现代化建设的宝贵资源，他们凭借对所在国的社会、法律、文化环境与风土人情的熟悉，成为连接福建与海丝沿线国家和地区的天然纽带和桥梁。海外闽籍华商经济实力强、营销网络广、政界商界联系密切以及科技人才多等独特优势，可以为福建"海丝核心区"建设提供科技与智力支持。要充分重视海外侨务资源，鼓励他们参与项目建设并从中受益，并最大限度凝聚沿线地区民意基础，形成推进"一带一路"合作的强大动力。

5. 把握好政府的作用与市场机制的有机结合。要坚持政府引导、市场运作，把政府的作用与市场机制结合起来，遵循市场规律，发挥企业的主体功能作用。政府的主要工作是签署国际合作协议、制定建设规划、搭建好开放平台，创建多边金融保障机制，为企业"走出去"参与国际竞争提供良好的政策环境和高效率的服务。同时，可以运用公共私营合作制创新模式（简称PPP），积极发展以民营资本为主的"一带一路"股权基金、境外投资基金及政府引导基金，鼓励有实力的企业与政府合作，大胆开拓新的合作方式与技术路线，促成一批PPP创新项目在"一带一路"沿线国家和地区的具体实施。

6. 把握好国际通用做法与中国特色的有效衔接。"一带一路"建设是开放性的，不设准入门槛，凡有合作意愿的地区都可以成为"一带一路"合作伙伴。而这种开放性区域合作机制是对现有国际性区域合作组织普遍具有排他性的创新，能真正实现与周边国家互惠互利、共同发展。因此，在推进"一带一路"建设中，中国不仅需要加强国内各部门的统筹协调，更需要掌握和运用国际上通行的"多利益相关方"模式，把中国特色的合作模式与区域性合作组织有效对接起来，尽量让国内外相关的利益方共同受益，实现共商、共建、共享。

7. 把握好对外投资决策与风险管控统筹考虑。在"一带一路"建设过程中蕴含着各种风险，而最为突出的是政治风险、经济风险、安全风险和经营风险。这就要求我们树立风险意识，未雨绸缪，应遵循国际通行规则严格项目的可行性论证，做好充分的风险评估，建立有效的监控和预警机制，将对外投资风险降到最低。企业要全面客观地评估重大投资风险，主动参加各地区性国际开发银行提供的海外投资保险，也可通过购买保险以及一些创新性的金融工具等来规避风险。

华侨华人在破解我国维护海洋权益与开展周边外交困局中的作用研究[*]

丁大力[**]

摘　要： 近年来，中国的海洋权益受到了周边国家的侵害，周边环境开始复杂化，维护这些权益是必然的选择。维护合法正当的海洋权益与搞好与周边国家的友好关系之间陷入了困局，要破解当前困局，依靠华侨华人的力量是一个可行的选择，特别是东南亚华侨华人在当地具有巨大的影响力，我们可以采取多种措施，让华侨华人发挥其独特的作用。

关键词： 海洋权益　周边外交　困局　华侨华人

自从 2010 年成为世界第二大经济体后，中国的外交越来越呈现出机遇与挑战并存的态势。伴随着综合国力的增强，世界与中国的联系越来越紧密，中国也更加自信和合理地主动融入国际社会，并开始为国际社会的发展提供公共产品。就拿 2014 年来说，中国外交取得了多方面的重要进展，中国成功主办亚信峰会、APEC 会议，并在东亚峰会和 G20 峰会上有较为突出的表现，同时，丝绸之路经济带和 21 世纪海上丝绸之路建设也取得重要进展，中国倡导的亚洲基础设

---

* 本文系 2013 年福建省社会科学规划项目"朝核问题与中国外交实践互动研究"成果之一，项目号：2013C031。本文所研究的周边主要指的是东南亚地区，因为维护海洋权益与开展周边外交工作的困局主要也在该地区。

** 丁大力，北京外国语大学国际关系学博士，华侨大学公共管理学院讲师，研究方向为周边外交、华侨华人问题等。

施投资银行顺利启动，总部设在上海的金砖国家开发银行宣布成立①，中韩自贸区、中澳自贸区也都分别完成签字。但是也应该看到，近年来的中国外交并不是一帆风顺，也面临着诸多挑战。特别是中日关系、中越关系、中菲关系因为海洋争端而陷入了困境，再加上美国的插手，让本来就困难重重的问题更加复杂化。如何破解这样的困局是未来中国外交不得不思考的问题。6000万海外华侨华人是中国特有的财富，由于他们在各自国家，特别是中国周边国家都具有特殊的影响力，所以，我们大可大打"侨牌"，充分发挥华侨华人在破解我国维护海洋权益与开展周边外交的困局中的作用。

一　我国的海洋权益与周边外交现状概述

（一）我国的海洋权益及其现状

海洋权益（sea right）指的是国家在其所临的海洋上的合法权利和利益，主要包括领土主权、司法管辖权、海洋资源开发权、海洋空间利用权、海洋污染管辖权及海洋科学研究权，是国家领土向海洋延伸而形成的权利，按离陆地岸线的近远，权益享有程度也有所不同。②它属于主权范畴的概念，在海权中处于最核心位置，维护海洋权益就是维护国家主权。这也就意味着，一个国家不应该也不会在这个问题上做出牺牲而去换取其他方面的利益，因为主权是不能讨价还价的，否则就意味着主权的丧失。任何政府都不敢轻易冒险放弃主权范围内的权益，因为不但民意不会允许，如果处理不好的话更有可能成为历史罪人。根据此定义，中国的海洋权益就应该包括在领海之内的所有合法权利和利益。同时还包括对所属岛礁、大陆架、专属经济区等及其相关权利和利益的拥有。

《联合国海洋法公约》（以下简称《公约》）是目前各国维护和争

---

① 周方银：《2014年国际政治与中国外交形势分析》，《战略决策研究》2015年第2期。

② 周庭芳：《我国海洋权益之法律保护》，《武汉理工大学学报》（社会科学版）2012年第5期。

夺各类海洋权益的主要依据。从 1958 年起到 1993 年 11 月 16 日，
《公约》共得到了包括中国在内的 60 个国家的批准，一年后，即
1994 年 11 月 16 日，《公约》正式生效。依照《公约》，国家在领海
区域享有完全排他性的主权权利，除了允许外籍船舶无害通过外，这
一权利和陆地领土主权性质是完全相同的。在毗连区享有的权利，也
属于排他性的，主要有安全、海关、财政、卫生等管辖权。这一权利
是由领海主权延伸或衍生的权利。在专属经济区和大陆架享有勘探开
发自然资源的权利，这是一种专属权利，也可以说是仅次于主权的
"准主权"；在专属经济区还有对海洋污染、海洋科学研究、海上人
工设施建设的管辖权，这可以说是上述"准主权"的延伸。[1] 据此分
析，中国的海洋权益具体来说也就应该包括上述内容，问题在于这些
权益的有效享有是以国际社会特别是周边国家的承认为前提的，他国
不承认的话，中国的海洋权益不但得不到保障，还会为此与他国发生
冲突。

　　《公约》一经发布，又引起了各国关于海洋划界争端的高潮，由
于世界上大多数国家相邻或相近，各沿海利益交织在一起，新规定的
出现，似乎又使问题更加复杂化，海洋权益的斗争越来越复杂。对我
国而言，根据《公约》的有关规定，我国领海和毗连区有了国际法
上的依据和保证，200 海里专属经济区和大陆架制度拓展了我国的管
辖区域。但是，随着《公约》的正式生效，我国的周边国家都从自
己的利益出发，不顾历史事实和海洋法的具体实施细则，纷纷把 200
海里划入专属经济区，因此就产生了大范围的重复水线，使我国的许
多海域和岛屿无可争议的历史主权面对不少新的"争议"。我国的四
大海洋（黄海、渤海、东海、南海），除内海渤海外，其他三大海洋
均与其周边国家存在争端问题。过去中国一直秉持邓小平同志的教
海，在与周边国家的海洋争端中，积极呼吁各国"搁置争议，共同开
发"，但是这样的美好愿望并没有得到周边国家的理解和积极响应，

---

　　[1]　王巧荣：《新时期中国的海洋权益管理》，《毛泽东邓小平理论研究》2014 年第 10
期。

它们对中国海洋权益的蚕食不但没有停止，还有愈演愈烈的趋势。近年来，美国的介入，让本来就复杂的局势更加变幻莫测。与中国有海洋争端的国家都想借助美国的力量增加与中国对抗时的砝码，这又恰恰与美国"重返亚太"战略不谋而合。这样的局面迫使中国不得不在继续呼吁谈判解决争端的同时，也开始采取一些实质性的措施来反制周边国家的挑衅。如在相关岛礁的定期巡航、发展航空母舰、加快在实际控制岛礁的建设等。中国的海洋权益越来越受到了政府和民间的关注，国际社会对中国正常的海洋活动也越来越关切，这实际上反映的是中国综合国力提升后，国家利益认知的扩大，也是国际社会对崛起国的不信任和担忧。这其实是一个新兴的大国在成长过程中都会遇到的挑战，只不过中国遇到的挑战在近些年来集中反映在海洋权益的被侵犯，反映在中国开始重视海洋问题，开始关注海洋权益，开始从海路走向世界的时候。

（二）我国周边外交的战略及其现状

外交是一个国家与国际社会交往的最主要渠道。中国在过去很长一段时间一直把大国外交作为外交工作的重点，对美国、俄罗斯、日本和欧洲的外交无论是决策层还是学者都非常重视。这与新中国成立以来一直希望通过自身的努力而融入世界分不开，特别是改革开放以来，中国慢慢接受了西方主导国际社会的现实，希望通过发展与主要西方大国的关系，来改善自身的国际环境。中国在 2010 年超过日本，成为世界第二大经济体的事实说明中国过去的融入策略是成功的，给中国自身的发展带来了切切实实的好处。但是随着中国自身的强大，国际社会对中国的期待也在不断增加，希望中国能够担负更多的国际责任，为国际社会提供更多的公共产品。在所有国家中，周边国家对于中国的日益强大的心情最为复杂。他们既希望能够分享中国崛起的红利，又担心日益强大的中国会像历史上的崛起大国一样对周边国家造成威胁。目前中国反复强调自身崛起的和平性质，不会对任何国家造成威胁，但是不可否认的是这样做的效果并不理想，周边国家对中国的猜疑和妒忌一直持续至今。这样的状况如果得不到改变，那么对于中国未来发展将会十分不利。所以决策层近年来开始重视周边外交，认识到周边外交开展得如何将会影响到我国的进一步崛起。

中央对周边外交的重视在 2013 年 10 月 24 日至 25 日在北京召开的周边外交工作座谈会达到了一个新的高度，这是党中央为做好新形势下周边外交工作召开的一次重要会议。会议由李克强总理主持，中共中央政治局常委张德江、俞正声、刘云山、王岐山、张高丽出席会议，中共中央总书记、国家主席、中央军委主席习近平在会上发表重要讲话。这样的安排也足以看出中央对周边外交工作的重视，必然会在未来的工作中有所作为。习近平强调，做好周边外交工作，是实现"两个一百年"奋斗目标、实现中华民族伟大复兴的中国梦的需要，要更加奋发有为地推进周边外交，为我国发展争取良好的周边环境，使我国发展更多惠及周边国家，实现共同发展。这次会议的重要性在于，这是有最高层亲自参加的专门讨论我国周边外交的会议，可以说这是"顶层设计"层面上对周边外交的有力推动。这既说明了周边外交在中国外交全局中具有重要的地位，也表明中央决心根据形势的变化调整周边外交政策，积极应对近些年周边外交工作中涌现的难题。[1] 在高层的亲自参与和推动下，近两年来我国的周边外交工作取得了不小的进步，但由于国内外的特殊形式，我国的周边外交工作仍然面临着挑战。

广东国际战略研究院周边战略研究中心主任周方银教授在 2015 年 4 月接受《南风窗》记者专访时的观点很有代表性，基本上把 2103 年周边外交工作会议后，我国周边外交的变与不变做了很好的总结。三个主要变化：第一个变化是中国把传统安全上的热点问题稳定住了。2013 年以前，包括钓鱼岛问题、黄岩岛问题在内的问题此起彼伏。但在周边外交工作座谈会以后，特别是 2014 年下半年，这些热点问题逐渐稳定下来。这个稳定很大的一个原因是相关国家认识到中国的外交发生了变化。此前它们的投机心理很强，后来发现中国

---

① 陈琪、管传靖：《中国周边外交的政策调整与新理念》，《当代亚太》2014 年第 3 期。

外交面对挑衅时态度强硬。这种情况下，这些国家的心态可能也发生了变化。它们意识到中小国家与大国的对抗，不管结果怎么样，中小国家付出的代价都是不可承受的。第二个变化是中美在安全合作上加强了，两国关系变得比较稳定了，这是一个比较新的现象。第三个变化是周边安全形势的主要议题发生了变化。2011 年至 2013 年，美国重返亚太一直都是高姿态。学界都在讨论美国重返亚太中国该怎么办，但 2104 年以后情况发生了变化，关注的焦点变成了"一带一路"、互联互通、亚投行，在一定程度上转移了注意力，把区域议题从安全问题转移到发展问题。在某种意义上来讲，我们对亚太周边地区的安全环境在理解上有所改变，虽然问题没有解决，但是严重性和迫切性就会降低。同时也有三点不变：第一，中美战略竞争关系没有发生根本变化，还处在一个比较高的水平。虽然中美有安全合作，但是这种安全合作只是缓解而没有解决中美战略竞争问题。第二，中国周边的热点问题一个都没解决，而且短期内也都看不到解决的迹象。第三，中国与周边国家的宏观关系没有变。这些关系受到结构因素限制。美国在中国周边的同盟体系，在很大程度上决定了中国周边地区安全架构的面貌。这就意味着中国想要在短期内实质性地改变周边安全环境是比较困难的。[①] 由此可以看出，中国的周边外交这两年取得了很大的成绩，特别是在面对与周边国家的争端时，已经由过去的被动应对，开始转向积极出击。这从某种角度也可以看出，中央已经开始改变过去一直在坚持的"韬光养晦"，开始在"有所作为"上下功夫。而在应对周边外交的最大难题——海洋争端时，在坚持"搁置争议，共同开发"的同时，也开始采取实质性步骤来维护自身不断受到侵害的海洋权益。

（三）我国维护海洋权益与保持周边外交健康发展的关系

近年来，我国的周边外交面临的最大挑战就是与周边国家的海洋

---

① 雷默：《中国周边外交应如何着力——专访广东国际战略研究院周边战略研究中心主任周方银》，《南风窗》2015 年第 7 期。

争端，以日本、菲律宾、越南等国为代表的相关国家，借美国"重返亚太"战略的契机，不断挑起与中国的领土主权争端。主权问题事关国家核心利益，中国不可能在这个问题上做出妥协。但是，保持我们周边外交的健康发展的确是我国继续和平崛起的必要保证。维护海洋权益与保持周边外交健康发展之间的关系是否处理得当，将是我国未来周边外交能否成功的关键。在讨论如何解决这个问题之前，应该要先搞清楚二者之间的关系。

第一，保持周边外交健康发展是我国能否有效维护海洋权益的前提和基础。改革开放以来，我国的外交战略基本上遵循的是"大国是关键，周边是首要，发展中国家是基础，多边是重要舞台"，但是如果要为四个方面排序的话，周边的重要性是最强的。我国的周边国家中主要就有两类：大国和发展中国家。所以处理与周边国家的关系实质上也是在处理与这两类国家的关系。所以处理好了周边外交就可以为处理好大国外交和与发展中国家的关系打下坚实的基础。同时也可以营造和平稳定的周边环境。有学者就认为周边外交具有牵一发而动全身的作用。周边发生的事情对中国影响最直接、最迅速；周边既大国众多，关系错综复杂，又多是发展中国家，与中国拥有众多共同利益；周边地区内的各种多边机制日益扩展，全球金融危机的爆发，更凸显了周边的重要性。[①] 保住周边外交的健康发展，才能处理好与周边国家的关系，也才有可能把解决与相关国家的争端置于良性发展的轨道上，否则周边不稳，就算我们可以凭实力在争端中占据优势，从长期来看这样的优势始终是不稳定的，维护海洋权益的有效性也会大打折扣。

第二，能否维护海洋权益是周边外交是否成功的重要依据。外交的目的在于通过对外交往维护和获取国家利益，我国开展周边外交的目的就在于维护和获取位于我国周边的国家利益，其中海洋权益是重要的组成部分。随着周边外交在我国外交工作中地位的上升，以维护海洋权益为代表的周边国家利益就显得格外重要和引人注目。近些年

---

① 张沱生：《关于中国周边外交的几点思考》，《当代亚太》2009 年第 1 期。

来由于与菲律宾、越南、日本等周边国家的海洋争端加剧，中国的海洋权益受到了侵害。由于事关主权，这样的情况不能长期维持下去，中国必须采取措施去防止海洋权益被一步步地蚕食。这样就出现了一个问题：中国的反制措施极可能会影响到与相关国家的关系，处理不好会影响到整个周边环境的稳定。所以如何既维护好海洋权益，又能保持周边环境的健康稳定将是考验中国外交智慧的一大难题。如果海洋权益得不到维护，甚至还进一步被侵害的话，这样的周边外交可以说是失败的。这与我国周边外交的最终目的是相悖的。外交的成功与否就看最终有没有起到维护和获取国家利益的目的。

第三，二者相互影响，相互促进。维护海洋权益和搞好周边外交工作是密不可分的两个方面。我国要维护海洋权益就必然会涉及处理与周边国家的关系，国与国之间在主权问题上的"零和"关系，决定了必然会有一方最终放弃先前声称所拥有的主权。这对任何国家的政府来说都是不可能轻易做出的决定。周边外交工作需要做的其实就是促进与周边国家良好关系的发展，为我国创造和平友好稳定的周边环境。很显然，维护海洋权益背后的主权博弈，很可能对中国与相关国家的良好关系造成伤害，破坏周边外交工作的顺利展开。反过来讲，如果中国搞好了周边外交工作，保持了与大多数周边国家关系的健康发展，让它们真正从中国发展的大潮中获得实实在在的好处，这样就有利于区别对待不同的周边国家，避免与中国有海洋争端的国家怂恿其他国家与中国对抗，面对孤立的少数国家，中国可以更好地维护自身海洋权益，对中国实现"海洋梦"将有积极影响。由此可知，维护海洋权益与搞好周边外交工作是相互联系、相互影响的。处理好了这样的关系，那么二者都会朝良性的方向发展。否则，二者都有可能归于失败。

通过以上分析，我们可以看出当前中国无论是维护海洋权益还是开展周边外交工作都存在着机遇和挑战，其中的挑战归结到一点就是二者相互影响后形成的困局，要让二者都能够向我们期待的方向发展的话，就要梳理清楚，这样的困局是如何形成的，应该如何客观地看待。

二 我国面临维护海洋权益与保持周边外交健康发展的困局

（一）困局的形成

近年来我国与周边国家的关系变得复杂化，尤其在东南亚地区，过去中国力主"搁置争议，共同开发"，该战略取得了良好的效果。特别是中国与东盟的关系日益密切，中国—东盟自由贸易区建立、10+1和10+3机制化、中国加入《东南亚友好合作条约》《中国与东盟全面经济合作框架协议货物贸易协议》《中国与东盟争端解决机制协议》等文件相继签署。中国在东南亚地区的良好外部环境基本上可以得到保证。中日关系一直以来都是"政冷经热"的态势，在历史问题和钓鱼岛争端上一直都在可控的范围内。但是2012年开始情况发生了改变。菲律宾、越南等东南亚国家加大了与中国在海洋问题上的争夺，而日本直接采取了"钓鱼岛国有化"的措施。中国的海洋权益受到了极大挑战。周边环境开始复杂甚至恶化。维护合法正当的海洋权益与搞好与周边国家的友好关系直接陷入了困局，形成了国际关系学中所说的"安全困境"。

（二）原因分析

首先是中国综合国力的不断增强，引起了周边国家对待中国"心态"的复杂化。改革开放以来，中国的综合国力不断上升，1997年亚洲金融危机和2007—2008年金融危机中，中国的良好表现受到了世界的赞誉。2010年经济总量超过日本，成为仅次于美国的世界第二大经济体，极大地刺激了以日本代表的周边国家。东南亚地区的国家和中国比起来无疑都是小国，在与中国的交往中一直都有复杂的心态：既想分享中国崛起的红利，又担心过度依赖中国。"大国平衡"就成了东南亚国家与中国、美国、日本等大国打交道的策略。"9·11"之后，东盟通过加强与中国的政治经济合作填补因美国沉浸于反恐战争而留下的权力真空，南海争端激化时，东盟一些国家又力邀美国重返东南亚，牵制中国崛起带来的影响。然而，这种在中美之间两面下注的做法，使东亚地区经济秩序与安全秩序不但不能在相互促进的过程中协调发展，反而进一步放大了两者之间的张力。① 同时，东南亚国家大多接受一个被历史反复证明的"规律"：新崛起的大国必然会挑战现有大国权威，由此就会引发冲突。由于地理上的原因，周边国家就首当其冲。加上过去中国曾向外输出革命，现在中国日益强大，与中国在社会制度和意识形态上有很大不同的周边国家，也担心中国会"重操旧业"，如果是这样的话，对周边国家的社会稳定会造成极大冲击。在以上心理作祟的影响下，"中国威胁论"得到了强化，中国在包括海洋问题上的一举一动都会刺激到周边国家的敏感神经，即便中国的举动是正常合法的也会如此。所以伴随着中国开始认识到海洋对未来发展的重要性，开始重视过去一直忽视的海洋权益的时候，即便是一个正常的举动都会刺激到周边国家，特别是与中国有海洋争端的国家。

其次，周边国家对现实利益追求的加强，在加剧了与中国争端的同时，也妨碍了中国周边外交的顺利开展。以中国为代表的亚洲新兴国家的群体性崛起，刺激了这些国家对于能源资源的巨大需求。据美国能源信息署估算，非 OECD 成员的亚洲国家液态燃料消耗量以年均2.6%的速度增长，并将于2035年占到世界总消耗量的30%，同样，天然气消耗量年均增长3.9%，到2035年预计占到世界总消耗量的19%，而其中的43%来自中国。② 目前存在争端的海域，资源丰富，正好可以满足周边国家的需要。于是出于争夺资源的现实利益需要，周边国家都加大了对南海的开发，加紧造成所谓的"既成事实"，迫使中国接受。从这个意义上说，争议海域的领土之争也是资源之争，不仅关涉主权利益，更是国家未来可持续发展的关键。③ 为了国家的

---

① 周方银：《中国崛起、东亚格局变迁与东亚秩序的发展方向》，《当代亚太》2012年第5期。

② http：//www.eia.gov/countries/countries/regions—topics.cfm? fiDs— SCS.

③ 李庆四、张腾军：《从海疆争端看中国周边外交的复杂性》，《教学与研究》2014年第6期。

未来，周边国家一再改变过去对南海主权问题的主张和承诺，通过各种手段不断侵害中国的合法海洋权益。这样的做法，不能不影响到中国与相关国家本来良好的关系。为我国周边外交的顺利开展设置了无法回避的障碍。

最后，以美国为代表的域外大国近年来积极介入南海争端，让局势更加复杂化。美国从地理上看并不是南海国家，中国与相关国家的争端区域也并不是美国关注的地方，但美国从来没有完全放弃在西太平洋，特别是南海地区的影响，只要形式改变，美国就会随时介入其中。中国南海研究院院长吴士存认为：自 20 世纪 90 年代以来，美国的南海政策经历数度调整。其大致脉络是"保持中立""有限介入""积极介入"。而其背景，一方面，是伴随着中国综合国力不断增强和海上力量的相对发展、中国南海政策日益清晰和由其主导的南海秩序开始形成、美国亚太再平衡战略不断推进的同时对中国的防范和牵制力度逐步加大；另一方面，是美国的南海"保持中立"政策名存实亡，并在南海争端中越陷越深，而中美两国在南海的较量似乎也到了前所未有的剑拔弩张的程度。① 美国的介入被相关国家看作是与中国争夺海洋权益的一个契机，妄图借助美国这个"靠山"来增加对抗中国的砝码，平衡与中国巨大的实力差距。美国的"亚太再平衡"战略无论怎么解释都无法回避一个事实：中国是其主要的防范目标。日本和东南亚国家与中国的海洋争端正好可以为美国所利用，搅浑海洋问题这潭水，借他人之手牵制中国的崛起。2010 年 7 月，时任美国国务卿希拉里在东盟地区论坛上声称在南海存在国家利益以来，美国频频出击，不仅在各个场合为其亚洲盟友及伙伴站台，还通过频繁的双边及多边军事往来强化其亚洲军事存在。这种煽风点火的行径带来了两个直接后果：一是鼓舞了周边国家咄咄逼人的对华攻势，导致地区局势几度陷于危机边缘。在中国与菲律宾、日本之间发生的多次摩擦中，美国对两国反复进行安全保证，宣称将依据盟约履行防卫义

---

① 吴士存：《美国在南海的"三喜"与"三忧"》，2015 年 7 月 10 日，新华网（http：//sike. news. cn/article. do？action = articleDetail&id = 219420418）。

务，这事实上助长了两国的挑衅心理，令其无后顾之忧。进一步讲，这种盲目支持也使美国更易受到盟国牵连，从而增加中美直接对抗的风险。二是美国的高调介入直接导致区域力量对比失衡，中国首当其冲，在政治、外交、军事等各层面均遭受巨大压力，令解决海疆问题的困难空前加大①。局势的复杂化必然会对中国开展周边外交，维持周边环境的和平稳定造成极大的影响。

面对维护海洋权益与开展周边外交的困局，中国必须想方设法去主动破解，就目前的局势来看，二者之间的矛盾在很长一段时间内都会存在。忽视它将很可能会什么都得不到。所以在分析了困局形成的原因之后就要针对问题和原因，去找到可行的破解方法。无论是加强海军建设，增强我国的海上力量还是在经济上继续深化与周边国家的联系，从经济入手去解决政治问题，无论使用"亲、诚、惠、容"等中国传统文化打消周边国家的疑虑，还是继续坚持政府外交的同时，加强对周边国家的公共外交工作等一些方法都有其可取之处。但笔者认为如果能够让这些方法融会贯通，那么破解困局的可能性就会大大增加。能够在其中起到关键作用的是周边国家中丰富的华侨华人资源，这是其他国家所不具备的条件。采取积极措施，发挥好海外华侨华人的作用，对破解目前的困局大有裨益。同时对于未来中国继续维护海洋权益和营造稳定的周边环境，都会持续发挥重要的作用。

三　华侨华人在我国维护海洋权益和开展周边外交中的特殊地位

根据最新的数据显示，目前我国的海外侨胞达到了 6000 万，如果再加上已经加入外国籍的华人和短期工作和学习的中国公民，这个数字将会更加惊人。海外华侨华人一向吃苦耐劳，在很多驻在国无论是经济上还是政治上都有较高的地位，影响力不容小觑。对此，国务

---

① 吴士存：《美国在南海的"三喜"与"三忧"》，2015 年 7 月 10 日，新华网（ht-tp：//sike. news. cn/article. do？ action = articleDetail&id = 219420418）。

院 2011 年 9 月印发的《国家侨务工作发展纲要（2011—2015 年）》中就开宗明义地指出："我国是侨务资源大国，几千万海外侨胞广泛分布在世界各地，3000 多万归侨侨眷工作、生活在全国各地。在革命、建设和改革的各个历史时期，广大海外侨胞和归侨侨眷为中华民族的独立和解放，为中国的繁荣和发展，为改革开放和现代化建设事业，作出了重要贡献。实践证明，广大海外侨胞和归侨侨眷是我国的重要资源，是国家综合国力的重要组成部分，是维护国家利益的重要力量。努力保护好侨务资源，凝聚侨心、发挥侨力，对于实现中华民族的伟大复兴具有重要意义。"中国政府最高层已经认识到了当前侨务资源的重要性，把它上升到了战略高度，与中华民族的复兴联系在了一起。目前我国在维护海洋权益和开展周边外交中陷入了困局，我们大可以借助广大海外侨胞来破解。

广大海外侨胞在中国面临西方制裁的不利环境中，曾经为中国摆脱困难，发挥了重要作用，对此邓小平也做出了高度评价。20 世纪 80 年代末 90 年代初，国际风云变幻，中国在面临挑战的同时也迎来了大好的发展机遇，邓小平从战略高度反复强调要把经济搞上去，同时再次强调了海外华侨华人的独特作用。1993 年年初，邓小平在同上海各界人士共迎新春，强调重视海外华侨华人的作用时指出："对中国来说，大发展的机遇并不多。中国与世界各国不同，有着自己独特的机遇。比如，我们有几千万爱国同胞在海外，他们对祖国做出了很多贡献。"① 如今，中国强大了，包括海外侨胞在内的整个中华民族可以说是"站起来"了。但崛起也有烦恼，当中国的利益关注范围随着综合国力的增强开始在海洋上正常扩展时，周边国家显得心态复杂，很不适应。它们与中国争夺海洋权益的举动与中国努力营造和平稳定的周边环境的举动不可避免地发生了冲突。解决这一难题的具体措施可以有多种选择，但是无论采取何种手段，广大海外侨胞始终是也应该是可以依靠的力量。

目前亚洲地区的华侨华人大约 4500 万，其中东南亚地区就有

① 《邓小平年谱（1975—1997）》（下），中央文献出版社 2004 年版，第 1359 页。

4220 万，东北亚地区有 137 万左右，中亚、南亚和西亚加起来有 100 万左右。其中华侨华人总数超过 100 万的国家有 7 个：印尼 1600 万，泰国 1000 万，马来西亚 655 万，缅甸 300 万，新加坡 284 万，菲律宾 157 万，柬埔寨 110 万，越南 100 万。这 7 个国家都位于东南亚，其中就有菲律宾、越南这样与中国在海洋问题上争夺的急先锋。如此庞大的数量，加上东南亚的华侨华人在当地经济实力雄厚，政治地位不断提高，社会融入度较高。在亚洲地区，华侨华人超过 10 万人的城市有 20 多个，绝大多数集中在东南亚。[①] 东南亚的华侨华人无论是对住在国上层，还是普通百姓都有重要的独特影响。如果我们能够通过适当的方式，引导华侨华人帮助中国公平合理地说明目前海洋争端的真实情况，让他们向住在国政府和普通群众阐述中国周边外交的和平与诚意，那么很可能会降低周边国家在海洋问题上对中国的敌意，推动周边外交工作的顺利开展。

中国改革开放以来特别是 1997 年金融危机以来，中国和东南亚各国的政治经济关系显著好转。随着中国经济的高速发展，和东南亚各国承受经济巨大冲击及中国同东南亚各国关系的日益改善，华侨华人成为所在国同中国发展政治经济文化关系的重要桥梁，同时也成为提升中国在东南亚软实力的重要资源，东南亚成为中国外资来源、国家侨务政策的重点地区。[②] 东南亚政治、经济、文化等各个领域都有一大批取得成功的华侨华人精英，加上大批的与住在国百姓长期共存的华侨华人，他们对中华民族的传统感情总体来说都是十分浓烈的。

习近平总书记在 2013 年的周边外交工作会议上提出的我国周边外交的基本方针是：坚持与邻为善、以邻为伴，坚持睦邻、安邻、富邻，突出体现亲、诚、惠、容的理念，最终要把“命运共同体”的意识在周边国家落地生根。改革开放以来，我国官方倡导的价值观在国外受到了很大的挑战，特别是在“中国威胁论”的影响之下，中国官方倡导的价值观反而会引起一些国家的警惕和反感。不利于“中

---

① 数据来自国务院侨办的调查。

② 陈遥：《中国在东南亚的软实力与华侨华人的作用——国际关系学和华侨华人学整合的视角》，《华侨大学学报》（哲学社会科学版）2010 年第 2 期。

国声音"的传播。但是中国传统文化所固有的和平友善的理念如果能够在周边国家被理解和接受的话，对于开展周边外交，维护我国的海洋权益都将大有裨益。6000 万的海外华侨华人就有其传播"中国声音"的独特优势，因为他们既具备中华传统文化的背景，又了解住在国的文化，同时他们的生活和教育背景也易于让中国传统文化与现代性相结合。由他们帮助中国宣传传统文化中的和平理念、讲述中国故事无疑更加有效，也更加易于被接受。

大体而言，华人的发展程度多超过或远超过（如东南亚）当地国的平均水平。即以美国而言，华侨华人的平均教育水平和收入也超过美国的全国平均水平。由于华侨华人在居住国社会的普遍成功，由华人体现的中华价值观获得国际社会相当程度的认同。在当代西方世界受困于"现代病"，尤其是过度推崇"物质消费""个人价值""金融炒作""霸权意识"时，华侨华人体现的优秀中华传统文化日益具有其吸引力。中华传统文化之开放兼容和善于学习的特点，也集中体现于华侨华人。华侨华人在坚守中华价值观时，善于学习和应用西方科学知识，也吸收源于西方的"市场、法治、正义、公平、自由、民主、人权"等理念。因此，华侨华人在大部分国家的经济和社会地位均在两代之内达到或超过当地国平均水准。华侨华人体现的价值兼容和善于学习、与时俱进的中华文化特质说明，并非仅有基督教的新教伦理才能与现代化接轨。① 目前周边国家包括与中国有海洋争端的菲律宾、越南和日本等国，自古以来就属于中华文化的辐射范围，由于历史和现实的原因，这些国家也受到了西方文化的深刻影响。既了解中国传统文化，又明白西方式的思维模式的人就易于把中国的和平理念在这些国家中传播，并影响当地政府和人民。很明显，华侨华人具备这样的条件。

我国在周边扩大软实力的影响，开展周边公共外交，也应该通过华侨华人来进行。他们在当地的实力，足以让他们同时影响到住在国各阶层。早在 2008 年 1—2 月，美国芝加哥全球事务委员会联合新加

---

① 庄国土:《中国价值体系的重建与华侨华人》,《南洋问题研究》2011 年第 4 期。

坡东亚研究所的一项调查显示：美国在东亚地区的软实力综合指数在东北亚地区民众（中国、日本、韩国）心目中，仍排名第一；而东南亚民众（印尼与越南）则认为日本更具有影响力。芝加哥全球事务委员会主席波顿指出："中国仍然需要投入更多资源来加强其软实力，尤其是外交、社会与文化领域。中国仍需要很努力来争取本区域的民心与认同感，加强其在亚洲的信誉。"① 在这样的不利局面下，华侨华人就是我们可以依靠的力量，尤其在东南亚，华侨华人的影响力遍及政治、经济、文化、教育等各个领域。印尼、泰国、马来西亚、新加坡、菲律宾等国华人资本占其资本总量的1/3 甚至半数以上。② 除资本雄厚的华人企业集团外，遍布东南亚各地数量众多的华人中小企业，不仅是华人经济的中坚力量，更是当地生产和商品流通的重要力量。就算是在过去我们普遍认为华侨华人不占优势的政治领域，近年来在东南亚地区却独树一帜。泰国华裔政要比比皆是，占了该国政要的近七成。马来西亚是东南亚各国中最早允许华人参政的国家，马华公会是仅次于"巫统"的第二大执政党，民主行动党则是重要的反对党。菲律宾已有至少250 位华裔政要担任内阁部长、国会议员、省长、市长和镇长等。印尼华人直接参政也日益增多，最引人注目的是2014 年11 月19 日就任雅加达省省长的钟万学，他是该省的首位华裔省长。实际上他在2012 年9 月20 日成功当选雅加达专区副省长时，就被认为是华裔新生代参政的一大突破。此外，东南亚国家华人社团不仅数量众多，历史悠久，发展成熟，而且在主流社会占有较高的地位。其中菲律宾的菲华商联总会、马来西亚中华大会堂总会、印尼中华总商会、新加坡中华总商会等龙头社团在主流社会占有特殊地位，为当地社会发展、经济繁荣和福利慈善事业做出了重要贡献，同时也为中国与住在国的友好关系、经贸合作、文化交流等发挥了重要的桥梁作用。

总之，由于华侨华人与中国有割舍不断的联系和情感，以及他们

① 施雪华：《华侨华人与中国在东南亚的公共外交：回顾与展望》，《创新》2013 年第1 期。
② 数据来自国务院侨办的调查。

在住在国各个领域的巨大影响力，都足以成为我们破解目前维护海洋权益与开展周边外交困局的特殊依靠力量。这是必要的也是可能的。数量庞大的华侨华人作为我国在海外最为宝贵和独特的资源，如果能够得到他们的帮助，对于我国未来的发展和中华民族的伟大复兴将会有重大的推动作用。采取多种措施，为他们发挥作用创造条件不仅是破解当前困局的需要，也是我国侨务工作的需要，更是维护我国长远国家利益的需要。

四 通过华侨华人破解当前困局的对策建议

当前我国对海洋权益的日益重视是国力强大以后，根据自身实力对国家利益边界更为有效维护的必然结果。今天我国维护的海洋权益在过去并不是不存在，而是当时的国家实力还不足以支撑我们去有效保护海洋权益不受侵害，这也给一些周边国家有了可乘之机。但中国已经成为世界第二大经济体的今天，面对日益被侵害的海洋权益，中国不可能再被动应对。主动出击成了目前和今后中国在海洋问题上必然的选择。与此同时，中国想要深入发展，中华民族想要实现真正的复兴的话，和平稳定友好的周边环境是一个重要的保障。周边不稳的话，中国未来想真正走出东亚，走向世界的梦想就很难实现。所以中国应该想方设法维持好与周边国家的良好关系，这是战略上的需要。但是维护海洋权益和搞好周边外交之间由于海洋争端的存在，让二者很容易就陷入困局。任其发展的话，很可能会二者皆丢，破坏我国未来的发展。由于华侨华人的特殊地位，使他们具备中国大陆无论是官方还是民间都不具备的天然优势，我们应该采取措施，让他们为破解当前的困局发挥特殊的作用。综合前面的分析，笔者认为，应该主要从以下几个方面加以考虑。

第一，多渠道、多手段促使海外华侨华人理解和认可我国的海洋政策和周边外交战略。要想让华侨华人帮助我们破解目前的困局，那么首先就得让他们了解事情的来龙去脉和真相。只有他们搞清楚了事实和中国的主张，才可以更好地去理解甚至接受，最后也才可能有效地去影响住在国政府和社会大众。南沙诸岛和钓鱼岛自古以来就是我国的神圣领土，这一点周边国家一直没有异议，直到后来由于海洋资源的开发和利用的价值越来越高，相关国家才开始改变过去的态度，纷纷抢占南海岛礁，过去由于中国国力有限，给了它们可乘之机。南沙群岛中的 40 多个岛、礁、沙、滩已被他国侵占。其中菲律宾占据 9 个，马来西亚占据 5 个，越南占据 29 个。[①] 在海洋划界方面，南海周边各国均已宣布建立专属经济区制度，有关国家提出的海洋权利主张侵入中国"九段线"，相互之间也多方重叠，造成较大的"争议面积"。中国与越南、菲律宾、马来西亚、印度尼西亚、文莱等国存在海域划界争议。在海洋资源方面，在南海，20 世纪 60 年代以来，南海周边邻国就开始勘探开发掠夺中国油气资源。南海周边国家已在南沙群岛海域钻井 1000 多口，有 100 多口位于中国南海断续线内。参与采油的国际石油公司超过 200 家。年产油量在 5000 万到 6000 万吨。[②] 对于周边外交，中国提出的"新安全观"和"亲、诚、惠、容"的理念，以及和周边国家形成"命运共同体"构想体现的都是传统文化中的"和谐"概念，中国的发展不会威胁到周边国家，中国愿意与周边国家分享发展的红利。至于海洋争端，中国一向主张用双边和平谈判的方式解决，不希望搞对抗。这些我们需要首先让懂中国语言的华侨华人讲清楚，让他们听懂，让他们理解。这是依靠华侨华人破解困局的第一步。

第二，维护海洋权益和搞好周边外交是困局的两个方面，对华侨华人的引导和期待应该区别开来。不可否认，维护海洋权益很可能会与周边国家发生冲突，而搞好周边外交却是要营造和平稳定的周边环境，通过政治、经济、文化等各领域的交流合作，搞好与周边国家的关系，这易于被周边国家接受。我们必须清醒地认识到：华侨华人在各个住在国的生存并不容易，自身和华人社会的命运受到各种因素的影响。更何况，已经入当地国籍的华人和华裔新生代，他们的思维很

① 李向阳：《2010 亚太地区发展报告：中国周边安全环境评估》，社会科学文献出版社 2010 年版，第 58 页。

② 王巧荣：《新时期中国的海洋权益管理》，《毛泽东邓小平理论研究》2014 年第 10 期。

多时候站在住在国一边,如果我们向他们强推中国的主张,结果反而适得其反。在中菲发生黄岩岛争端后,笔者曾经两次在国侨办举办的活动上听到菲律宾菲华商联总会理事长施文界先生公开提到,希望中国对菲律宾这样的小国不要太强硬,因为中国太大,菲律宾太小,中国的一点小举动都会令菲律宾感到害怕。中菲关系出问题,在菲的华侨华人的生存也会受到很大的影响。施文界先生的想法在华侨华人中很有代表性,所以在海洋争端问题上,最现实的做法就是让华侨华人知道史实以及中国和平解决问题的愿望。我们要理解他们的立场,不能强求。而搞好周边外交则可以充分利用华侨华人资源,中国的和平愿望和维护周边环境稳定的主张,不但符合中国的利益,也同样符合华侨华人的利益。只有中国与周边国家关系搞好了,各个领域的交流合作才会广泛和深入,华侨华人也才可以在各领域与中国合作,获取实实在在的利益。目前周边国家对中国崛起的疑虑,说白了就是对中国的不信任。建立与周边国家的互信,是搞好周边外交的关键。我们通过举办各种活动,创造各种机会去和华侨华人交流,在各领域深入合作,其间可以正式地和非正式地向他们阐述中国周边外交战略的和平性质,告诉他们这一愿望的实现需要他们去向住在国政府和人民宣传和解释。让华侨华人真正体会到中华民族的伟大复兴包括了全世界的华侨华人,这一伟大梦想需要他们做出贡献。历史事实已经证明,在这种时候,华侨华人是最团结的,也的确会伸出援手。

第三,不能忽略对域外国家华侨华人的争取和宣传工作,破解困局需要全世界的华侨华人发出声音。目前,美国介入是局势复杂、困局难解的最重要外部因素。据《环球时报》报道,美国助理国务卿拉塞尔2015年7月21日在华盛顿一个智库研讨会上回答中国学者提问时明确表示,认为美国在南海问题上"恪守中立"立场只是"中国的误解",他还表示:"关于南海,当涉及国际法的遵守问题时,美国非但绝不会'恪守中立',相反还会立场鲜明地站在(国际)制度的一边。"① 这无疑是对菲律宾将中国南海争端提交国际仲裁的支持,

① 《美高官声称在南海"不中立"》,《环球时报》2015年7月23日第1版。

也将会鼓励其他与中国有争端的国家效仿。美国这样的做法是对南海局势的破坏,必须采取应对措施。日本也是我们必须关注的国家,它本身与中国在钓鱼岛和东海防空识别区等问题上有争端,同时它还积极联合与中国有海洋争端的国家共同对付中国。日本首相安倍晋三2015 年 7 月 4 日在东京与越南总理阮晋勇举行了会谈。关于南海问题,双方认为中国推动大规模"填海造岛"和军事设施建设等正在单方面改变现状,对此表示严重关切。据日本共同社报道,日本自卫队 23 日与菲律宾军队在该国西部巴拉望岛举行了首次联合训练。训练地点靠近中国推进填海造岛的南沙群岛。为了抗衡中国,菲律宾对与日本合作寄予厚望。自卫队也有意深化与他国军队的合作,描绘逐渐构筑对华包围网的战略。双方在该想法上达成了一致。[①] 日本和这些国家的合流,让我国处于一种被包围的境地,对维护海洋权益和开展周边外交造成了很大的影响。所以,我们要积极努力引导,支持两国的华侨华人去影响和游说两国政府和百姓,让两国至少保持善意的中立。最新统计显示,日本目前有华侨华人 67 万,主要分布在东京、大阪、横滨等大城市,从事餐饮、娱乐、金融、旅游、高科技等行业。美国目前有华侨华人大概 600 万,主要分布在华盛顿特区、纽约、洛杉矶、芝加哥等大城市,从业范围非常广泛。因为各种原因华人社会在美国地位不高,但是在政治上近年来也不断取得了进步。在涉华政治立场上(如中国统一和中美关系大局、钓鱼岛争端等问题),参政华人基本上对华友好,不少人还曾应国务院侨办的邀请来华访问。我们需要华侨华人在破解当前困局上做中美、中日沟通的桥梁,所以对于这两个国家的华侨华人及其杰出代表,中国应该格外重视,可以尝试制定有针对性的措施,举办有针对性的活动,学者、新闻工作者和参政华人应该是其中的重点,因为他们是最有可能影响到整个美日社会的华侨华人群体。另外,除了美国和日本外,中国也应该在与其他国家和地区的华侨华人交流与合作中,通过各种渠道,让

---

① 《日媒:日本菲律宾首次联合军演 意在制衡中国》,2015 年 6 月 24 日,大公网(http://news.takungpao.com/world/exclusive/2015 – 06/3031392.html)。

他们理解中国目前的主张，让全世界华侨华人能够形成一种共识：目前中国维护海洋权益和开展包括周边外交在内的外交工作是全球华侨华人的共同大事，处理好了对整个中华民族都是好事。一句话：中国兴，华侨华人兴。

以上三个方面的建议只是从宏观上提出，详细的措施应该是在相关部门密切配合，做好调研工作的前提上提出。三条建议并不是孤立的，应该多头并进，这样才能够让广大华侨华人在破解当前困局中更好地发挥作用。但是，必须保持清醒认识的是：依靠华侨华人破解困局只是手段之一，并不是唯一的选择。其他措施也不能荒废，否则只寄希望于华侨华人的话，很可能会达不到预期的效果。

结　论

目前，随着综合国力的增长，我国越来越关注海洋问题，开始重视对受到周边相关国家侵害的海洋权益进行维护，这是中国日益强大的必然结果，也是未来发展的需要。但对于中国来说，和平、稳定和友好的周边环境又是突破近海，走出西太平洋，进而走向世界的重要保障。但周边国家由于对中国崛起的疑虑，中国本身周边外交工作也存在不足，加上美国的介入，让有些周边国家加紧了对中国合法海洋权益的蚕食，对周边外交工作的开展造成了极大的干扰。维护海洋权益与搞好周边外交工作之间陷入了困局。要破解当前困局，借助华侨华人的力量是一个可行的选择，特别是东南亚华侨华人在当地具有巨大的影响力，我们可以采取多种措施，让华侨华人发挥其独特的作用。但是也要客观看待这样的作用，因为华侨华人有其优势，同时也有其不可避免的短板。尽最大努力，拿出最大诚心，站在华侨华人立场上去想问题、提措施才可以让他们发挥应有的作用，这也才是明智之举。